ACCESO GRATIS ***a la Lectura en la Nube***

Para visualizar el libro electrónico en la nube de lectura envíe junto a su nombre y apellidos una fotografía del código de barras situado en la contraportada del libro y otra del ticket de compra a la dirección:

ebooktirant@tirant.com

En un máximo de 72 horas laborales le enviaremos el código de acceso con sus instrucciones.

La visualización del libro en **NUBE DE LECTURA** excluye los usos bibliotecarios y públicos que puedan poner el archivo electrónico a disposición de una comunidad de lectores. Se permite tan solo un uso individual y privado

DERECHO CLIMÁTICO EUROPEO: POLÍTICAS DE LA UNIÓN Y ACCIÓN EXTERIOR

DERECHO CLIMÁTICO EUROPEO: POLÍTICAS DE LA UNIÓN Y ACCIÓN EXTERIOR

Justo Corti Varela
Álvaro Jarillo Aldeanueva
Directores

tirant lo blanch
Valencia, 2024

EDITA: TIRANT LO BLANCH
C/ Artes Gráficas, 14 - 46010 - Valencia
TELFS.: 96/361 00 48 - 50
FAX: 96/369 41 51
Email: tlb@tirant.com
www.tirant.com
Librería virtual: www.tirant.es
ISBN: 978-84-1197-280-2
Depósito legal: V-1799-2024

Índice

Prólogo

La obra colectiva que tengo el honor de prologar aborda una cuestión, el cambio climático, que viene interesando a la comunidad internacional desde hace más de dos décadas, pero que ha ido adquirido mayor importancia, convirtiéndose en un problema global, a medida que el cambio climático se manifiesta de forma cada vez más acusada. Como es obvio, la Unión Europea no podía permanecer ajena a esta realidad y el libro *Derecho climático Europeo: Políticas de la Unión y acción exterior* responde precisamente a la necesidad de ahondar en un complejo grupo de cuestiones jurídicas vinculadas con la preocupación de la Unión por el cambio climático, que está impregnando de modo transversal la acción la Unión, tanto a nivel interno como en su condición de actor internacional. Por ello, la preocupación de la Unión Europea es abordada en el libro desde una perspectiva jurídica, a través del análisis de la regulación europea que plasma las diferentes políticas en áreas afectadas por el cambio climático, pero también abordando las medidas adoptadas en el marco de la acción exterior que acompaña y complementa a aquellas. La justificación de este enfoque es obvia: una dimensión depende de la otra, y sin ambas no se alcanzarían de una manera efectiva los objetivos de mitigación y adaptación que la emergencia climática exige.

Como no podía ser de otra manera, el libro que ahora se publica aborda la respuesta de la Unión Europea frente al cambio climático de forma integral, incorporando distintas perspectivas. Así, los capítulos del libro analizan de forma sucesiva el desarrollo de la acción exterior de la Unión en materia climática (Justo Corti Varela); la influencia que el derecho internacional ha tenido en la normatividad del concepto de transición ecológica (Álvaro Jarillo Aldeanueva); la difícil interacción entre los migrantes climáticos y el estatuto de los refugiados (Susana Borràs Pentinat); la cada vez más frecuente aplicación del derecho internacional de los derechos humanos a los más vulnerables del proceso de la transición climática (Fernando Val Garijo); la condicionalidad climática en la política de cooperación al desarrollo de la Unión (Eduardo Trillo de Martín-Pinillos); las posibilidades de diálogo entre las diferentes experiencias de justicia climática hacia y desde América Latina (María Valeria Berros); la importante cuestión técnica de las declaraciones estatales en el Acuerdo de París, su contenido y sus efectos (Nuria Pastor Palomar); la gobernanza energética dentro y fuera de la Unión (María Dolores Sánchez Galera); o la influencia del cambio climático en la seguridad alimentaria dentro de la Política Exterior de la Unión (Miguel Ángel Martín López y Adriana Fillol Mazo).

Los trabajos publicados, y el libro en su conjunto, tienen un marcado carácter jurídico, pero no olvidan otros elementos relacionados con el cambio climático, en especial algunos componentes sociológicos y otros propios de las relaciones internacionales. Ello se explica, en buena medida, por la experiencia de la mayor parte de los autores, internacionalistas, que imprimen a los estudios publicados en el libro una perspectiva global. No es de extrañar, por lo tanto, que los diferentes capítulos analicen no solo la incidencia europea de los problemas, sino también los efectos y repercusiones mutuos entre el derecho europeo y el derecho internacional.

El libro que ahora ve la luz, dirigido por el profesor Justo Corti Varela y el profesor Álvaro Jarillo Aldeanueva, tiene además otro valor añadido, ya que la mayor parte de estos trabajos son versiones revisadas y ampliadas de las ponencias presentadas en el curso de verano organizado por el módulo Jean Monnet en Derecho Climático Europeo, dentro del Departamento de Derecho Internacional Público de la UNED, que se organizó del 12 al 16 de julio de 2021 en el Centro Asociado UNED de Ávila, y que tuve la oportunidad de inaugurar. Por tanto, es un paso más en la importantísima contribución que el profesor Corti, titular de dicho módulo Jean Monnet, está realizando en el impulso y consolidación de estudios sobre cambio climático y Unión Europea en el seno de la UNED y de la comunidad ius-internacionalista española.

En definitiva, el libro constituye un destacado trabajo transversal que analiza el derecho de la UE y su acción exterior en el ámbito del cambio climático, así como la influencia mutua que tiene con el derecho internacional en estas mismas áreas. Estoy convencida de que los lectores de esta obra se beneficiarán de los notables e interesantes estudios contenidos en el mismo y de que el libro se convertirá en una obra de referencia para los especialistas y otras personas interesadas tanto en la Unión Europea como en el cambio climático.

Madrid, 8 de octubre de 2023

CONCEPCIÓN ESCOBAR HERNÁNDEZ
Catedrática de Derecho Internacional Público,
Universidad Nacional de Educación a Distancia.
Directora del Centro de Estudios de Derecho Internacional
Humanitario y Derechos Humanos de Cruz Roja Española
Antiguo Miembro de la Comisión de Derecho
Internacional de las Naciones Unidas

Palabras previas: los retos de la protección internacional del medioambiente

ISMAEL AZNAR CANO*

Agradezco la oportunidad que se me brinda de escribir unas palabras previas para este libro que compendia reflexiones sobre el Derecho internacional y europeo relacionado con la acción frente al cambio climático. El calentamiento global es uno de los grandes retos (el gran reto, diría) al que se enfrenta nuestra generación y, como ningún otro, requiere de una acción concertada a nivel internacional si queremos darle una respuesta eficaz. Siempre es buena ocasión para detenerse en el análisis de las medidas necesarias para hacerle frente y, tal como muestran los trabajos recogidos en este libro, todas las aportaciones son bienvenidas

Con ánimo de aportar unas breves consideraciones personales a modo de apertura de esta obra, acudiré a mi propia experiencia, que se remonta a mis primeros contactos con las políticas climáticas a finales de 2003 o primeros de 2004. Trabajaba entonces en la Secretaría General Técnica del Ministerio de Medio Ambiente, y la Unión Europea acababa de aprobar una Directiva para regular un novedoso régimen de comercio de derechos de emisión. La norma exigía que la industria y las instalaciones de generación de energía eléctrica informaran anualmente de sus emisiones y tuvieran que cancelar, a continuación, tantos derechos de emisión como emisiones habían generado. Estos derechos, que los distintos actores podían comprar y vender en un mercado de escala europea, venían a establecer el límite máximo de emisiones que podían producirse en la Unión Europea. Individualmente, cada instalación podría generar tantas emisiones como desease siempre que contase con derechos suficientes (pagar por ellos debía constituirse en desincentivo para emitir), pero colectivamente no cabría superar el techo constituido por el total de derechos puestos en el mercado. Para un joven funcionario licenciado en Derecho era un mecanismo fascinante, por ambicioso y novedoso, y su

* Socio de Medio Ambiente y Clima en PwC Tax &Legal, Director General de Calidad y Evaluación Ambiental (Ministerio para la Transición Ecológica y el Reto Demográfico) entre febrero de 2020 y julio de 2022.

implementación desde cero se percibía como un reto de gran alcance. Hoy, veinte años después, el sistema funciona a pleno rendimiento, con miles de instalaciones afectadas, cubre las emisiones de los vuelos intraeuropeos y se prepara para abarcar también las del transporte marítimo; el precio del derecho de emisión roza los 100 euros y constituye un incentivo eficaz para impulsar la descarbonización.

Pero me interesa aquí destacar la lógica del régimen. Como digo, de acuerdo con las reglas que regulan el sistema, cada instalación puede emitir tanto como requiera, pero el conjunto de las instalaciones sujetas al mismo no puede rebasar, en total, un objetivo máximo. Y me interesa destacar esta idea porque sintetiza dos aspectos clave para la acción climática. El primero, la necesidad de emprender esfuerzos colectivos. El calentamiento global viene marcado por la concentración de gases de efecto invernadero en la atmósfera. Da igual dónde se generen, da igual por quién: mientras sigan incrementándose las emisiones a nivel mundial, continuarán elevándose las concentraciones globales y seguiremos avanzando hacia unos niveles de calentamiento que comportan impactos catastróficos e irreversibles. Por el contrario, si de manera concertada logramos reducir conjuntamente nuestras emisiones, aunque unos y otros lo hagan a distintos ritmos y con distinta intensidad, nos encaminaremos hacia una solución (una solución que, eso sí, va a requerir que todos acabemos reduciendo emisiones casi a cero, hasta alcanzar la neutralidad climática).

El segundo aspecto que querría destacar es que se trata de un sistema basado en reglas. Y esto es fundamental. Los límites a la posibilidad de emitir se aceptan porque afectan a todos, porque todos los actores están sujetos a exigencias similares, porque se ha llegado a un acuerdo acerca de cómo debe hacerse, de qué normas rigen el sistema. No sería aceptable que a una industria se le exigiera hacer esfuerzos de reducción y no a su competidora, no se admitiría que una estuviera sujeta a reglas más laxas que otra. Una vez acordadas las normas se cuenta con un régimen equitativo, con igualdad de condiciones, que ofrece a los actores la confianza de que a todos se les va a exigir igual, todos deben hacer un esfuerzo conjunto para reducir emisiones. No es casualidad que apenas cinco años después de la aprobación de la Directiva se plantease una revisión de la misma para armonizar el régimen y garantizar una aplicación más homogénea a nivel europeo.

Este mismo enfoque, con mucha más complejidad, con mayores dificultades, es el que se encuentra presente en las negociaciones internacionales de cambio climático. Tal como se reitera a lo largo de este trabajo académico, hacer frente a este reto ambiental exige que todos reduzcan (reduzcamos) nuestras emisiones de gases de efecto invernadero.

De nada sirve que en unas partes del mundo se emita poco si en otras se emite mucho, que unos hagan esfuerzos ímprobos de reducción si otros incrementan las emisiones. Por ello, es imprescindible que los Estados que conforman la comunidad internacional se pongan de acuerdo en reducir colectivamente las emisiones de gases de efecto invernadero.

Ni que decir tiene que esto no es en absoluto sencillo. Vuelvo a mis dos reflexiones sobre el régimen de comercio de derechos de emisión, que llevaremos ahora al contexto de las relaciones entre Estados soberanos. La primera premisa es clara y poco discutida: esfuerzo colectivo, todos deben reducir. La segunda es más compleja: ¿Cómo? ¿Cuánto reduce cada uno? ¿En qué plazos? ¿Cuáles son las reglas que rigen aquí? Si la respuesta no es sencilla, poner de acuerdo a toda la comunidad internacional todavía lo es menos.

A finales de cada año muchos seguimos con atención las noticias sobre las reuniones de la Conferencia de las Partes (COP) de la Convención Marco de Naciones Unidas para el Cambio Climático (CMNUCC o UNFCCC). Ese es el foro en el que la comunidad internacional se reúne, discute y eventualmente acuerda las reglas del juego. Desde que comenzaron las negociaciones sobre cambio climático, en la Cumbre de la Tierra de 1992, se reconoció el principio de "responsabilidades comunes pero diferenciadas y respectivas capacidades". Este principio venía a sintetizar la idea de que todos los Estados tienen una responsabilidad compartida de hacer frente al cambio climático. Pero, por un lado, esas responsabilidades han de ser también diferentes (unos, los que más han emitido históricamente, son más responsables del calentamiento global), y, por otro, no todos tienen la misma capacidad (unos Estados son más ricos que otros). A lo largo de los trabajos que conforman este libro se analizan muchos aspectos de ese esfuerzo conjunto que debe ser asumido, de forma solidaria, por toda la comunidad internacional. Sobre ese eje giran todas las discusiones internacionales en materia de cambio climático: todos debemos actuar, pero ¿cuánto ha de hacer cada uno según su responsabilidad y su capacidad?

Las negociaciones internacionales, que he conocido de primera mano en foros diversos, desde la CMNUCC hasta la Organización de la Aviación Civil Internacional, son largas y a menudo frustrantes. Es tremendamente difícil poner de acuerdo a casi doscientos países sobre decisiones que comportan un necesario cambio de paradigma, el que exige la transición hacia una economía descarbonizada. A menudo las negociaciones se atascan, discurren con lentitud o, directamente, saltan por los aires, como tuve oportunidad de comprobar en Copenhague en 2009. Sin embargo, en otras ocasiones se alcanzan acuerdos importantes, como ocurrió un año después en Cancún o, significativamente, en París en 2015, donde la comunidad internacional se puso de acuerdo en un conjunto de reglas comunes que debían guiar sus esfuerzos para lograr que el calentamiento global no alcanzase niveles catastróficos.

Esfuerzo colectivo y reglas. O, en otras palabras, Derecho internacional. Ante retos globales, y numerosos retos ambientales lo son, necesitamos que la comunidad internacional acuerde normas para abordarlos, normas que garanticen la eficacia de las acciones que se emprendan, pero, sobre todo, que ofrezcan a los Estados la confianza de que se está llevando a cabo un esfuerzo conjunto, equitativo, en el que todos ponen de su parte.

En el momento de escribir estas palabras, en marzo de 2023, la comunidad internacional acaba de alcanzar un acuerdo histórico para garantizar la protección de los mares más allá de las 200 millas marinas que delimitan la zona económica exclusiva. Hace unos meses, en Montreal, en el marco de la 15ª COP de la Convención de Biodiversidad, se acordaron ambiciosos objetivos a 2030 para proteger nuestro capital natural. Semanas antes se celebraba en Egipto una COP de cambio climático en la que seguían los esfuerzos de concertación para lograr alcanzar los objetivos del Acuerdo de París. Y, si miramos a Europa, en estas mismas fechas se están cerrando las negociaciones entre Consejo y Parlamento Europeo para aprobar el paquete normativo conocido como *Fit for 55*, que recoge el conjunto de Directivas y Reglamentos que deben permitir a la UE alcanzar su objetivo de reducir sus emisiones de gases de efecto invernadero en 2030 en un 55% respecto de las de 1990.

La acción internacional para hacer frente a los retos ambientales globales es compleja, pero no se detiene. Y, cuando se alcanza el consenso necesario, fructifica en normas de Derecho internacional que permiten canalizar y dar forma a esos esfuerzos concertados. Esta publicación recoge muchos de esos compromisos y muestra cómo se puede seguir trabajando para afrontar los actuales desafíos climáticos desde el Derecho y desde la acción internacional de las organizaciones internacionales. El reto es lograr que esos acuerdos se adopten con la celeridad y la ambición necesaria para que la respuesta global resulte eficaz. Y que se cumplan en todos sus términos. Es mucho (¿todo?) lo que nos jugamos.

La diplomacia de la Unión Europea y la acción exterior climática

JUSTO CORTI VARELA*

Sumario: I. Introducción. II. Evolución de las competencias exteriores de la UE en materia climática. III. Diplomacia climática de la UE: del unilateralismo al liderazgo blando. IV. La deslucida estrategia europea en materia de seguridad climática internacional. V. A modo de conclusiones.

Resumen: La Política Exterior y Seguridad Común de la UE es, probablemente, la gran asignatura pendiente que tiene el proceso de integración. La aspiración a ser un *global actor*, sin embargo, sí que se ha cumplido en materia de diplomacia climática. Desde las propuestas iniciales que conformaron el Protocolo de Kioto, las desilusiones vividas en la COP15 de Copenhague, hasta los logros obtenidos en el Convenio de Paris, la UE siempre ha desarrollado una potente acción exterior climática, centrándose en aspectos científicos y económicos. Sin embargo, en materia de seguridad, principalmente por problemas competenciales que dificultan la toma de decisiones, la inclusión de las consecuencias del cambio climático en la agenda exterior europea llegó tarde y no incluye los riesgos climáticos entre los desafíos más importantes, infravalorando claramente las consecuencias climáticas para la seguridad internacional (y europea).

Palabras clave: Unión Europea, Política Exterior y Seguridad Común, Cambio Climático, Acción Exterior Climática

1. INTRODUCCIÓN

La palabra *diplomacia* viene del griego δίπλωμα que en latín se transcribe como diplōma (*diplo*: doblar, y *ma*: objeto, es decir "doblado", en relación a que los certificados que acreditaban la representación se doblaban para preservar su contenido). En el siglo XVIII, los franceses comenzaron a utilizar la palabra *diplomate* para referirse a los representantes de los Estados en las negociaciones internacionales, y de ahí se tradujo como *diplomacy*.

* Profesor Titular de Universidad. Departamento de Derecho Internacional Público (UNED). Titular del módulo *Jean Monnet* en Derecho Climático Europeo (Ref. 620617-EPP-1-2020-1-ES). Email: jcorti@der.uned.es.

Si bien hay antecedentes en Grecia, donde ya había representantes locales que gozaban de inmunidad, incluso en tiempos de guerra, y en la Edad Media (tanto Bizancio como Venecia desarrollaron políticas diplomáticas puntuales, con plenipotenciarios con mandatos concretos) no fue hasta la Italia renacentista cuando nos encontramos con elementos de una diplomacia moderna. La debilidad militar de las repúblicas y principados italianos, sumada a su capacidad económica, propició el establecimiento de representaciones diplomáticas permanentes y despachos continuos, que incluso están recogidos en *El Príncipe* de Maquiavelo[1]. Los grandes Estados nación de comienzo del s. XVI, comenzando por España, siguieron esa estrategia. Incluso aquellos monarcas con dominios repartidos en diferentes partes de Europa, como Carlos V, gozaron de servicios diplomáticos con personal multinacional y multilingüe[2], con representantes permanentes ante las principales casas y una secretaría de coordinación en Madrid, lo que podría recordarnos al actual Servicio de Acción Exterior de la UE. A partir del siglo XX, la diplomacia ha alternado períodos de bilateralidad con etapas de multilateralidad, y, en los últimos tiempos (el Acuerdo de Paris es un ejemplo de ello), se ha caracterizado por una combinación de ambos o por un nuevo multilateralismo.

La capacidad de desarrollar una política exterior, esencialmente a través de la diplomacia dirigida por un ministro o por un alto representante de asuntos exteriores es una de las características que han definido al Estado moderno. Por ello, cuando los Estados miembros de la UE, en el Tratado de Maastricht, encomendaron a la Unión desarrollar una Política Exterior y Seguridad Común (PESC), le estaban asignando un elemento de estatalidad acorde con el espíritu federalista que imperaba entonces. La PESC, sin embargo, no reemplazaba la capacidad de acción exterior de los Estados, por lo que la falta de coordinación y el solapamiento de competencias fueron, desde el principio, un problema a resolver. Y dependiendo de si la acción era un reflejo de una política comunitaria (o de mercado), y por lo tanto se aplicaba el procedimiento de toma de decisión en base a la mayoría cualificada; o de si era una cuestión de política exterior a secas, o más específicamente de defensa, donde primaba la unanimidad en las votaciones del Consejo; la transferencia de competencias, y los procedimientos de toma de decisiones, eran y son

---

1 Mattingly, G., *Renaissance Diplomacy*, Penguin Books, 1964, p. 101.

2 Ochoa Brun, M.A., *Historia de la Diplomacia Española (Tomo.V). La Diplomacia de Carlos V*, Ministerio de Asuntos Exteriores, 2003.

diferentes. Sin perjuicio de lo anterior, la acción climática exterior de la UE se ha convertido en una parte esencial de la PESC, y probablemente sea una de sus actuaciones más exitosas, al menos en lo que se refiere al consenso entre los Estados miembros. Ello no quiere decir que no haya sufrido los mencionados problemas competenciales, que no haya tenido que modificar sus estrategias según las circunstancias internacionales e, incluso, que no se puedan identificar áreas, como la de seguridad, donde todavía queda mucho por hacer.

Este capítulo tratará sobre los conflictos competenciales en materia climática, cómo se gestó la diplomacia climática, qué problemas tuvo que enfrentar a lo largo de los años y cuál puede ser su futuro en la arena internacional, tanto en materia de mitigación y adaptación, como en clave de seguridad.

II. EVOLUCIÓN DE LAS COMPETENCIAS EXTERIORES DE LA UE EN MATERIA CLIMÁTICA

La acción exterior de la UE en materia climática no comenzó con la PESC, es decir, con el Tratado de Maastricht, sino que tuvo otros antecedentes. Como consecuencia de la Conferencia de Estocolmo de 1972, la UE comienza a desarrollar los primeros Programas de Acción Ambiental (1973[3], 1977[4] y 1983[5]) que, a su vez, se concretaron en un centenar de

---

3 Declaración del Consejo de las Comunidades Europeas y de los representantes de los gobiernos de los Estados miembros reunidos en el seno del Consejo, de 22 de noviembre de 1973, *relativa a un Programa de acción de las Comunidades Europeas en materia de medio ambiente.* DOCE C 112/1 de 20.12.73. Edición especial en español Capítulo 15, Tomo 1, p. 7.

4 Resolución del Consejo de las Comunidades Europeas y de los representantes de los gobiernos de los Estados miembros reunidos en el seno del Consejo, de 17 de mayo de 1977, *relativa a la prosecución y la ejecución de una política y de un programa de acción de las Comunidades Europeas en materia de medio ambiente.* DOCE C 139/46 de 13.6.77. Edición especial en español Capítulo 15, Tomo 1, p. 238.

5 Resolución del Consejo de las Comunidades Europeas y de los representantes de los gobiernos de los Estados miembros, reunidos en el seno del Consejo, de 7 de febrero de 1983, *relativa a la prosecución y ejecución de una política y de un programa de acción de las Comunidades Europeas en materia de medio ambiente (1982-1986).* DOCE C 46/1 de 17.02.83. Edición especial en español Capítulo 15, Tomo 4, p. 84. Este último tenía ya una sección V sobre "Acción a nivel internacional" que incluía un

actos normativos europeos[6]. Sin embargo, hasta el Acta Única Europea (AUE), dichos planes normativos contaban con una base jurídica propia en los tratados, sino que se sustentaban bien en cláusulas de flexibilidad del mercado interior (art. 100 TCEE), bien en la cláusula de imprevisión (art. 235 TCEE), ambas necesariamente votadas por unanimidad. Durante esos primeros años, la política medioambiental se reflejó también hacia el exterior a través de la participación de la CEE en convenios internacionales[7], algunos con incidencia climática[8]. Esta dimensión exterior se fun-

---

apartado titulado "Acción en el seno de organizaciones y foros internacionales y cooperación [con] terceros países" (párrafo 37).

6 JANS J. H., VEDDER H., *European Environmental Law after Lisbon*, Europa Law Publishing, 2012, p. 4. La validación del TJCE a dichas competencias, reconociendo que el medioambiente entraba dentro de los objetivos de la CEE, vendría con la Sentencia del Tribunal de Justicia de 7 de febrero de 1985. *Procureur de la République contra Association de défense des brûleurs d'huiles usagées (ADBHU).* Asunto 240/83. ECLI:EU:C:1985:59.

7 El primer convenio medioambiental firmado por la CEE fue el Acuerdo de Paris de 1973 "Convenio para la prevención de la contaminación marina de origen terrestre" al que se adhirió por Decisión del Consejo 75/437/CEE, de 3 de marzo de 1975. DOCE L 194 de 25.07.1975 p. 5. Edición especial en español: Capítulo 15 Tomo 1 p. 98. El segundo fue el Convenio de Barcelona para la protección del mar Mediterráneo contra la contaminación de 1976, así como del Protocolo sobre la prevención de la contaminación del mar Mediterráneo causada por vertidos desde buques y aeronaves, Decisión del Consejo 77/585/CEE de 25 de julio de 1977, DOCE L 240, 19.9.1977, p. 1. Edición especial en español: Capítulo 15, Volumen 2, p. 3. Y el tercero el Convenio de Berna de 1963 por el que se constituye una Comisión para la prevención de la contaminación del Rhin, a la que la CEE se adhirió por el Acuerdo adicional de 3 de diciembre de 1976, publicado en el DOCE L 240 de 19.09.1977 p. 48. Edición especial en español: Capítulo 15 Tomo 2 p. 58. Para un comentario de las negociaciones de éstos ver de YTURRIAGA BARBERÁN, J. A., "Convenio de París de 1974 para la prevención de la contaminación marina de origen terrestre", *Revista de Instituciones Europeas*, Vol.2(1), 1975, pp. 691-699. Para un listado más exhaustivo de los convenios medioambientales antes de la entrada en vigor del AUE ver: BOLEA, M. T. E., "El Medio Ambiente en el Acta Única europea: 1992", *Cuadernos de estrategia*, vol. 16, 1990, pp. 157-173.

8 Por ejemplo, las negociaciones de la Convención de Viena para la protección de la capa de ozono (1985) y su Protocolo de Montreal (1987), en las que participó la CEE, se llevaron a cabo sobre dichas bases, aunque la celebración de ambos en nombre de la Comunidad haya sido posterior. Ver Decisión 88/540/CEE del Consejo de 14 de octubre de 1988, *relativa a la celebración del Convenio de Viena para la protección de la capa de ozono y del Protocolo de Montreal relativo a las sustancias que agotan la capa de ozono.* DOCE L 297, 31.10.1988, pp. 8–9.

damentaba en la doctrina AETR de las competencias externas implícitas[9] del TJUE, según la cual las áreas de competencia compartida desarrolladas internamente por legislación europea se reflejaba hacia el exterior.

Con el AUE se obtuvo una base jurídica para la legislación ambiental (entonces art. 130 TCEE, hoy art. 191 TFUE), pero también un sustento para la acción exterior, ya que se afirmaba que "dentro de sus ámbitos de competencia respectivos" la Comunidad, junto con los Estados miembros, cooperan "con terceros países y las organizaciones internacionales competentes" [...] "sin perjuicio de la competencia de los Estados miembros para negociar en organismos internacionales y para celebrar acuerdos internacionales" (art. 130r.5 AUE). Este mandato fue el que sustentó, por ejemplo, las negociaciones de la Cumbre de Río en 1992 (Conferencia de las Naciones Unidas sobre el medio ambiente y el desarrollo).

Si el AUE trajo la base jurídica para la acción exterior, el Tratado de Maastricht amplío sus objetivos a través del art. 130r(1) TCEE *in fine* (posteriormente art. 174.1 TCEE y actualmente art. 191 TFUE) que incluye dentro de la política medioambiental europea el "fomento de medidas a escala internacional destinadas a hacer frente a los problemas regionales o mundiales del medio ambiente". Además, dicho tratado facilitó la toma de decisiones (para actos internos y externos) al cambiar la unanimidad en el Consejo por la mayoría cualificada, transformación que se profundizará en el Tratado de Ámsterdam donde se incorpora al Parlamento Europeo en el proceso de toma de decisiones ambientales, culminando así el paso al sistema de codecisión (hoy procedimiento legislativo ordinario) que se aplica en la materia. He aquí una particularidad importante de la acción exterior ambiental respecto a la PESC, ya que esta requiere aun, en la mayoría de los casos, la adopción por unanimidad. El hecho de que la acción climática exterior tenga un marco competencial comunitario (como las derivadas de las políticas económicas) y no de Política Exterior, como veremos, dará a la Comisión mayor capacidad en las negociaciones y facilitará la aprobación de sus resultados en el Consejo.

---

9 Sentencia del Tribunal de Justicia de 31 de marzo de 1971. *Comisión contra Consejo. Acuerdo europeo sobre transportes por carretera.* Asunto 22-70. ECLI:EU:C:1971:32. Para un comentario sobre su impacto en acuerdos ambientales en los primeros años: LEENEN, A., "Participation of the EEC in international environmental agreements", *Legal Issues of Eur. Integration,* vol. 11, 1984, pp. 93-112. Para un comentario en perspectiva: KULOVESI, K., CREMONA, M., "The evolution of EU competences in the field of external relations and its impact on environmental governance policies", en BAKKER C., FRANCIONI F. (eds.), *The EU, the US, and global climate governance,* Routledge, 2016, pp. 81-94, esp. pp. 85-86.

Desde el punto de vista competencial, el siguiente cambio vendrá con el Tratado de Lisboa. Hasta ese momento, la acción climática exterior se basaba esencialmente en bases competenciales de la política medioambiental, con la debida coordinación con otras políticas (esencialmente energía), tal como estaba previsto en el art. 6 TCEE desde el AUE. Sin embargo, la acción exterior en materia de medioambiente, desde Kioto, se estaba volcando esencialmente a la lucha contra el cambio climático. De hecho, después del cuarto programa (1987-1992), destinado a incorporar los cambios del AUE, el quinto[10] (1993-2000) se reenfocó hacia el concepto de desarrollo sostenible aprobado en Río. El plan incluía como primera meta la lucha contra el cambio climático (capítulo 5.1), al que define como "problema planetario" y, por ello, dedicaba importantes apartados a la necesidad de firmar e impulsar la cooperación internacional con este objetivo (capítulo 11). El sexto programa[11] (2001-2010) no introdujo modificaciones importantes, aunque profundizó las actuaciones del quinto y reconoció al cambio climático, sin ambigüedades, como el principal reto en materia medioambiental europea. Probablemente, la ausencia de cambios se debió a que, de forma paralela, se creó un programa específico sobre el cambio climático[12] (en dos fases, una de 2000 a 2004 y otra a partir del año 2005), que será la hoja de ruta para la aplicación del Protocolo de Kioto.

Como puede apreciarse, la política climática, nacida dentro de la política ambiental, poco a poco va creciendo hasta el punto de ser una "política dentro de otra política". El crecimiento es tal que, primero la política climática se independiza[13] de la ambiental, y en algunos casos, la absorbe[14].

---

10 Resolución del Consejo y de los representantes de los gobiernos de los Estados miembros, reunidos en el seno del Consejo, de 1 de febrero de 1993, *sobre un Programa comunitario de política y actuación en materia de medio ambiente y desarrollo sostenible.* DOUE C 138, 17.5.1993, pp. 1–4

11 Decisión 1600/2002/CE del Parlamento Europeo y del Consejo, de 22 de julio de 2002, *por la que se establece el Sexto Programa de Acción Comunitario en Materia de Medio Ambiente.* DOUE L 242, 10.9.2002.

12 Comunicación de la Comisión Europea de 8 de marzo de 2000, *sobre políticas y medidas de la UE para reducir las emisiones de gases de efecto invernadero: hacia un Programa Europeo sobre el Cambio Climático (PECC),* COM/2000/0088 final.

13 Por ejemplo, en 2010 se crea en la Comisión Europea una Dirección General Acción Climática (hoy directamente Clima), que es independiente a la DG Medioambiente.

14 Por ejemplo el *Green Deal,* y su programa *Next Generation,* se centra en digitalización y transición climática, incluyendo en esta última muchos elementos que tradicionalmente eran parte de la política medioambiental, como por ejemplo el reciclado (ahora englobado en el nuevo concepto de economía circular).

Los siguientes programas de acción fueron directamente programas "de Medio Ambiente y Acción por el Clima": LIFE I (2014-2020)[15] y LIFE II (2021-2030)[16] y, como puede apreciarse de las referencias, no fueron aprobados por resoluciones del Consejo sino por Reglamentos. Estos cambios se sustentan, competencialmente, en el Tratado de Lisboa que, aunque no realiza grandes cambios en la política medioambiental *strictu sensu*[17], consagra a la acción climática (y la acción exterior que necesariamente la acompaña), dentro de los tratados.

Así, el Tratado de Lisboa agrega al art. 191.1 TFUE *in fine* una apostilla: "el fomento de medidas a escala internacional destinadas a hacer frente a los problemas regionales o mundiales del medio ambiente, *y en particular a luchar contra el cambio climático*". Es decir, crea un objetivo de política exterior fuera del título de la PESC y, probablemente lo más importante, no de naturaleza programática sino vinculante[18]. Este carácter podría, en combinación con el art. 3.2 TFUE, hacer de la acción climática exterior una competencia exclusiva de la UE, y no compartida como lo es el ámbito del medioambiente (art. 4 TFUE).

A pesar de la aparente trascendencia teórica, la práctica diplomática obliga a mantener una estrecha colaboración UE-EM. La complejidad de los acuerdos climáticos hace que cubra necesariamente materias no comunitarias, y por lo tanto se configure a través de los llamados acuerdos mixtos[19], como lo fueron, por ejemplo, el Protocolo de Kioto o el Acuerdo de Paris de 2015. Aun en estos casos, el deber de cooperación sincera (derivado del de cooperación leal del art. 4.3 TUE) obliga a los

---

15 Reglamento (UE) 1293/2013 del Parlamento Europeo y del Consejo, de 11 de diciembre de 2013, *relativo al establecimiento de un Programa de Medio Ambiente y Acción por el Clima (LIFE)*. DOUE L 347, 20.12.2013, pp. 185–208

16 Reglamento (UE) 2021/783 del Parlamento Europeo y del Consejo, de 29 de abril de 2021, *por el que se establece un Programa de Medio Ambiente y Acción por el Clima (LIFE)*. DOUE L 172, 17.5.2021.

17 LEE, M., "The Environmental Implications of the Lisbon Treaty", *Environmental Law Review*, vol. 10, 2008, pp. 131–138.

18 La introducción de mandatos vinculantes en la PESC ha sido calificada como una de las dos grandes innovaciones del Tratado de Lisboa. Ver: VAN VOOREN, B., WESSEL R., "The Role of the Court of Justice in ensuring the unity of the EU's external representation', en Blockmans S., Wessel R.A., (eds.), *Principles and Practices of EU External Representation*, Cleer Working Papers 2012/5, p. 61.

19 HILLION C., KOUTRAKOS P., *Mixed Agreements Revisited – The EU and its Member States in the World*, Oxford: Hart Publishing, 2010.

Estados miembros a actuar siempre bajo la coordinación de la UE[20], como veremos seguidamente.

III. DIPLOMACIA CLIMÁTICA DE LA UE: DEL UNILATERALISMO AL LIDERAZGO BLANDO

Las competencias exteriores de la UE en materia climática posibilitaron que las negociaciones en esta área, aun sin ser una competencia exclusiva como la política comercial común, *de facto* hayan sido llevada adelante por la Comisión Europea, sea a través de un mecanismo informal, como en el Protocolo de Montreal para la protección de la capa de ozono[21], sea asistiendo a un grupo de trabajo en el Consejo, como en los diferentes acuerdos de la Convención Marco de las Naciones Unidas sobre el Cambio Climático[22].

En este último sistema, típico de los acuerdos mixtos que antes mencionábamos, formalmente hay una bicefalia: la Comisión negocia (siguiendo las directrices del Consejo) en nombre de la Unión[23] y los Estados, que están obligados a coordinarse con la Unión en virtud del art. 4.3, eligen por un acuerdo político a un representante común (normalmente la presidencia rotatoria del Consejo, o un grupo de trabajo presidido por ésta) que negocia en nombre de las competencias aun estatales. Aunque podría pensarse que el Consejo, sea a través de las directrices que da a la Comisión en relación con las competencias de la Unión, sea a través de la presidencia rotatoria que coordina las posiciones estatales, tiene la voz cantante en esta bicefalia, lo cierto es que en los acuerdos climáticos ocurre más bien lo contrario. Primero

---

20 Sentencia del Tribunal de Justicia (Gran Sala) de 30 de mayo de 2006. *Comisión contra Irlanda.* Asunto C-459/03. ECLI: EU: C: 2006: 345. Sentencia del Tribunal de Justicia (Gran Sala) de 20 de abril de 2010. Asunto C-246/07. ECLI:EU:C:2010:203. Para un comentario de esta línea jurisprudencial ver CASOLARI, F., "The Principle of Loyal Cooperation: A 'Master Key' for EU External Representation?", en BLOCKMANS S., WESSEL R.A., (eds.), *Principles and Practices of EU External Representation*, Cleer Working Papers 2012/5, p. 11. DELGADO CASTELEIRO A., LARIK J., "The Duty to Remain Silent: Limitless Loyalty in EU External Relations", *European Law Review*, vol. 36, núm. 4, 2011, pp. 524–541.

21 OBERTHÜR S., "The EU as an International Actor: The Protection of the Ozone Layer", *Journal of Common Market Studies*, vol. 37, núm. 4, 1999, pp. 641–659.

22 KULOVESI, CREMONA, *op.cit.* nota 9, p. 88.

23 Ver art. 218 TFUE en combinación con el art. 17 TUE.

porque como la Comisión entiende que las negociaciones climáticas deben ser competencias exclusivas (por el antes mencionado art. 3.2 TFUE), y considera que el TJUE le daría la razón, acude normalmente a las negociaciones sin directrices o mandato del Consejo[24]. Y en segundo lugar porque el mecanismo informal imperante[25] (un equipo de negociación conjunto Consejo-Comisión, presidido formalmente por la presidencia rotatoria del Consejo) le permite mantener su influencia ya que su visión de conjunto es la que permite coordinar la compleja red de intereses económicos y políticos de los acuerdos climáticos. De hecho, la complejidad técnica de los acuerdos climáticos obliga a dividir la actuación en grupos de expertos, en muchos casos representados por una sola persona o *lead negotiatior* (sea de un Estado miembro, sea de la Comisión),[26] que negocia en nombre del presidente del *Working Party*, y éste en el de la Unión[27]. Este sistema informal se encuentra consolidado en la práctica de las negociaciones climáticas, al menos desde 2004, e intenta impedir la falta de coordinación del pasado, como ocurrió, por ejemplo, en las negociaciones de Kioto, donde los ministros de la UE llegaron a una posición común sobre el Mecanismo de Desarrollo Limpio cuando el negociador de la Comisión ya había presentado su

---

24 DELREUX, T., "The EU in international environmental negotiations", en JORDAN A., GRAVEY V. (eds.), *Environmental Policy in the EU: Actors Institutions and Processes,* 4ta edición, Routledge, 2021, pp. 259-275.

25 Se han planteado dudas sobre si la presidencia no debería corresponder a la Comisión. El Tratado de Lisboa, en su art. 27.2, parece otorgar a la Comisión la representación exterior de la Unión todas las materias no cubiertas por el PESC. Y hubo ciertas tensiones en al respecto en las negociaciones del Convenio de Minamata sobre Mercurio. Sin embargo, en la esfera climática, la Comisión parece estar cómoda con este reparto. A favor de la posición de la Comisión: BUICK M., "The EU's Representation in Multilateral Environmental Negotiations after Lisbon", en MORGERA E. (ed.), *The External Environmental Policy of the European Union: EU and International Law Perspectives,* Cambridge University Press, 2012, pp. 76–98. A favor del actual sistema: THOMSON, J., "A Member State's Perspective on the Post Lisbon Framework for the EU's Representation in Multilateral Environmental Negotiations", en MORGERA E., *ibid.,* pp. 96–112.

26 Por ejemplo, en las negociaciones del Acuerdo de Paris los tres *lead negotiatiors* fueron los representantes de Reino Unido, Alemania y la Comisión Europea.

27 OBERTHÜR S., KELLY, C.R., "EU Leadership in International Climate Policy: Achievements and Challenges", *International Spectator,* vol. 43, núm. 3, 2008, pp. 35–50. DELREUX T., KEUKELEIRE, S., "Informal division of labour in EU foreign policymaking", *Journal of European Public Policy,* vol. 24, núm. 10, 2017, pp. 1471–1490.

propuesta y el acuerdo estaba cerrado[28]. A pesar de las ventajas del sistema, durante los primeros años de implantación siguió habiendo situaciones de descoordinación, como en la *Conference of the Parties* (COP) de Copenhague, cuando los diferentes filtros dentro del grupo de trabajo ralentizaron la capacidad de la UE para acordar posiciones internas y no se llegó a tiempo para dar respuesta a los problemas planteados por las otras partes contratantes[29].

La coordinación interna de la bicefalia Consejo-Comisión hoy en día está mucho más perfeccionada desde la creación del Servicio Europeo de Acción Exterior, donde se ha institucionalizado un responsable en diplomacia climática[30]. La labor de impulso a la acción Climática por parte del SEAE y del Alto Representante se plasmó, desde 2011, en las Conclusiones del Consejo sobre Diplomacia Climática[31] y en los documentos de reflexión conjuntos del SEAE y la Comisión Europea[32].

El sistema de negociación que acabamos de explicar fue plasmando, a lo largo del tiempo, una acción climática exterior que, fruto de la acción acumulativa (y de algunos cambios de estrategia) constituye una verdadera política diplomática de la UE en la materia.

---

28 GRUBB M., YAMIN, F., "Climatic collapse at The Hague: What happened, why, and where do we go from here?", *International Affairs*, vol. 77, núm. 2, 2001, pp. 261-276, p. 274.

29 AFIONIS S., "The European Union as a negotiator in the international climate change regime", *International environmental agreements: politics, law and economics*, vol. 11, núm. 4, 2011, pp. 341-360.

30 BIEDENKOPF K., PETRI F., "The European External Action Service and EU Climate Diplomacy: Coordinator and Supporter in Brussels and Beyond", *European Foreign Affairs Review*, vol. 26, núm. 1, 2021, pp. 71-86.

31 Conclusiones del Consejo de la UE del 25 de enero de 2021, *on Climate and Energy Diplomacy–Delivering on the external dimension of the European Green Deal;* y del 18 de julio de 2011, 24 de junio de 2013, 20 de julio de 2015, 15 de febrero de 2016, 26 de febrero de 2018, 18 de febrero de 2019, y 20 de enero de 2020, todas *on European climate diplomacy*.

32 Documento conjunto del SEAE y de la Comisión Europea, *Towards a renewed and strengthened EU climate diplomacy*, 2011. SEAE, *Climate diplomacy action plan*, 2015.

1. La búsqueda del liderazgo a través del unilateralismo

En la literatura académica, y con fuerte impulso político por parte de la UE, existe un consenso de que UE tiene un rol destacado en la promoción y firma de acuerdos internacionales en materia climática[33]. Esta narrativa tiene un doble rol de generador de consensos, hacia dentro y hacia fuera de la UE[34].

El paralelismo entre política interior y política exterior no era una idea nueva ya que se estaba implementando en la misma época en materia de Derechos Humanos. La necesaria coherencia entre política interior y exterior en materia de derechos humanos ya la resaltaba como una necesidad informe Alston/Weiler[35], que no sólo abogaba por liderar por el ejemplo, sino que afirmaba que ambas dimensiones eran "two sides of the same coin"[36]. Entre nosotros la Profa. Concepción Escobar promovió activamente esta idea afirmando que los derechos humanos tienen un carácter horizontal y "transpilar" (es decir afectaban tanto a las cuestiones económicas o comunitarias como de política interior y política exterior) siendo imposible diseccionar los sectores en que pueden o no operar[37].

Sin embargo, en el caso de la política climática (y a diferencia de la de DDHH) la actuación exterior precedió y legitimó la interior. Así se evidencia un doble efecto de "creación" y de "legitimación" de caracter inverso.

---

33 GUPTA, J., RINGIUS, L., "The EU's climate leadership: Reconciling ambition and reality", *International Environmental Agreements: Politics, Law and Economics*, vol. 1/2, 2001, pp. 281–299. YAMIN, F., "The role of the EU in climate negotiations", en GUPTA J., GRUBB M. (eds.), *Climate change and European leadership: A sustainable role for Europe?*, Springer, 2010, pp. 47–66.

34 NIȚOIU, C., "The narrative construction of the European Union in external relations", *Perspectives on European Politics and Society*, vol. 14, núm. 2, 2013, pp. 240-255.

35 CASSESE, A., et al., *Leading by example a human rights agenda for the European Union for the year 2000*, Florencia: European University Institute, 1998; en el que incluye el informe "Agenda of the Comité des Sages The European Union and human rights: Final Project Report on the Agenda for the year 2000" redactado por Philip Alston y J.H.H.Weiler.

36 *Ibid.*, p. 8.

37 ESCOBAR HERNÁNDEZ, C., "Unión Europea, Democracia y Derechos Humanos", en ESCOBAR HERNÁNDEZ, C., *La Unión Europea ante el siglo XXI: Los retos de Niza* (Actas de las XIX Jornadas de la Asociación Española de Profesores de Derecho Internacional y Relaciones Internacionales), BOE, AEPDIRI, Universidad de Cantabria, 2003, pp. 25-50, esp. p.43.

En el primer caso, porque permitió crear, a través de los mecanismos informales que imperan en la política climática exterior[38], consensos que todavía no existían en clave de política interior. Así, en la década de los 90, los países grandes lograron crear una agenda climática en la política exterior cuando la UE no tenía una política climática interna, ni tampoco había consenso para desarrollarla[39]. El liderazgo de Alemania y Reino Unido fue esencial, países que ya se encontraban en procesos internos de descarbonización por el abandono del carbón como fuente de energía, aunque probablemente por razones económicas más que climáticas. Los partidos verdes crecieron mucho en determinados países (Alemania, Francia, Bélgica, Finlandia, Austria) e incluso en algunos entraron en el gobierno al final de la década (Alemania y Bélgica). El ascenso del Partido Verde Europeo, con grupo propio en el Parlamento Europeo desde 1989, también ayudó. Además, confluyó la necesidad política de la Comisión Europea de obtener logros en materia de política exterior, un ámbito en el que se sentía relegada por el carácter intergubernamental de la PESC, y para ello abordó la cuestión como una negociación de política comercial común, a través de mecanismos técnicos más que políticos, ámbito donde contaba con mayor experiencia.

Hacia el exterior, la UE vio la negociación climática (primero en la Convención sobre Cambio Climático de 1991[40] y posteriormente en el Protocolo de Kioto de 1997[41]) como una oportunidad de desmarcarse del liderazgo americano[42]. Después de dos décadas (1970 y 1980) donde los acuerdos ambientales habían sido impulsados esencialmente por las administraciones americanas, en los noventa los Estados Unidos comienzan

---

[38] DELREUX, T. KEUKELEIRE, S., "Informal division of labour in EU foreign policy-making", *Journal of European Public Policy*, vol. 24, núm. 10, 2017, pp. 1471-1490.

[39] CORTI VARELA, J., "Contribuciones de la Unión Europea a los desafíos que representa la protección del medio ambiente: La diplomacia europea en materia de lucha contra el cambio climático", *Cuadernos Europeos de Deusto*, vol. 57, 2017, pp.167-192.

[40] Decisión 94/69/CE del Consejo de 15 de diciembre de 1993 *relativa a la celebración de la Convención marco sobre el cambio climático.* DOCE L 33, 7.2.1994, pp. 11–12,

[41] Decisión 2002/358/CE del Consejo, de 25 de abril de 2002, *relativa a la aprobación, en nombre de la Comunidad Europea, del Protocolo de Kioto de la Convención Marco de las Naciones Unidas sobre el Cambio Climático y al cumplimiento conjunto de los compromisos contraídos con arreglo al mismo.* DOCE L 130, 15.5.2002, p. 1–3.

[42] KELEMEN, R.D., KNIEVEL, T., "The United States, the European Union, and international environmental law: the domestic dimensions of green diplomacy!", *International Journal of Constitutional Law*, 2015, vol. 13, núm. 4, pp. 945-965, esp. p. 946.

a desinteresarse[43]. La apuesta por el control del petróleo en el golfo Pérsico con las dos guerras de Irak parecía desincentivar una política de descarbonización. La UE vio en este vacío una oportunidad y la aprovechó, aunque probablemente el error fue pretender seguir un liderazgo unilateral, de corte moral[44], propio de una gran potencia que ya no era, en lugar de mecanismos más flexibles propios del mundo multipolar que se avecinaba.

La estrategia de la diplomacia climática europea fue presentar propuestas de reducción de emisiones muy ambiciosas (en Kioto, cuya implementación interna estaba aún por diseñar, y en Copenhague, aunque aprobadas internamente, aun faltando implementarse) con la esperanza de que los demás Estados (especialmente los desarrollados ya que para los otros no era obligatorio en virtud del principio de responsabilidades compartidas pero diferenciadas) siguieran su ejemplo[45]. Este liderazgo ha sido calificado de «direccional», «liderazgo a través del ejemplo», «diplomacia de persuasión y argumentación» y se vincula a la idea de la UE como *civilian power*[46]. La estrategia puede decirse que ha tenido efectos dispares. Es verdad que ha logrado poner el problema en la agenda internacional, alcanzando una colaboración muy importante con organismos dependientes de Naciones Unidas y la comunidad científica internacional. Sin embargo, en cuanto a la «exportabilidad del modelo» ha tenido poco impacto fuera de las fronteras de la UE. El principio de responsabilidades compartidas pero diferenciadas dejó fuera a los países en desarrollo. Estados Unidos no llegó a ratificar el Protocolo y Canadá lo abandonó en la cumbre de Durban en 2011. Prácticamente sólo Australia, Nueva Zelanda y Japón se unieron al modelo europeo, a lo que debe sumarse la incorporación tardía de Rusia, todo lo cual llevó a dudar sobre sus efectos reales a largo plazo.

---

43 Por ejemplo, en materia de productos químicos, la influencia de la legislación americana, muy fuerte en los años 60 y 70 en Europa, ha dado paso más recientemente por una influencia de la UE en EEUU. Ver SCOTT, J., "From Brussels with love: The transatlantic travels of European law and the chemistry of regulatory attraction", *The American Journal of Comparative Law*, vol. 57, núm. 4, 2009, pp. 897-942.

44 SAFTY, A., "Moral leadership: Beyond management and governance", *Harvard International Review,* vol. 25, núm. 3, 2003, pp. 84-89.

45 Sobre las tensiones entre el unilateralismo climático europeo y el principio de responsabilidades compartidas pero diferenciadas ver SCOTT J., LAVANYA R., "EU climate change unilateralism." *European Journal of International Law,* vol. 23, núm. 2, 2012, pp. 469-494.

46 OBERTHÜR S., KELLY C.R., "EU Leadership in International Climate Policy: Achievements and Challenges", *The International Spectator: Italian Journal of International Affairs,* núm 43, núm. 3, 2008, pp. 35-50.

El mayor éxito de este período, probablemente, es la creación del Esquema Europeo de Derechos de Emisiones[47] que luego ha servido de base para otros mecanismos similares como, por ejemplo, el programa chino[48]. Desde una perspectiva histórica, sin embargo, se parece más a una profecía autocumplida que a una verdadera estrategia diplomática, ya que los negociadores europeos en Kioto se comprometieron a reducciones que no se sabía cómo se llevarían a cabo[49].

La unidireccionalidad de Kioto comenzó a hacer aguas en la COP15 de 2009 en Copenhague. Con el crecimiento vertiginoso de las emisiones de los países emergentes, y la coincidencia de intereses de éstos con los Estados Unidos, en donde se vivía una crisis financiera sin precedentes, la propuesta de profundización del modelo europeo en base a reducciones absolutas sobre la línea de 1990 se veía como incompatible con el mantenimiento de la competitividad de la economía. La UE planteó la negociación en clave moral y en clave binaria (aceptación o rechazo sin opción de enmiendas), y los demás actores le respondieron con argumentos económicos. Incluso es dudosa la supuesta superioridad moral del planteamiento europeo cuando el mecanismo central (el Esquema de Derecho de Emisión) no tuvo efectos importantes hasta muchos años después y, por lo tanto, la reducción de emisiones inicial parece estar más vinculada al proceso de deslocalización industrial hacia los emergentes que a la política climática[50].

Uno de los principales problemas de la estrategia de la diplomacia climática europea durante esos años fue la rigidez en su planteamiento, que se oponía a una visión mucho más flexible del nuevo eje Pacífico (EEUU-China, y con esta última prácticamente todo el G77) que se orientaba a una reducción no en términos absolutos sino a una mejora en la eficiencia en la

---

47 Directiva 2003/87/CE del Parlamento Europeo y del Consejo, de 13 de octubre de 2003, *por la que se establece un régimen para el comercio de derechos de emisión de gases de efecto invernadero en la Comunidad.* DOCE L 275, 25.10.2003, p. 32–46.

48 CORTI VARELA, J., "El Mercado Chino de Derechos de Emisión", en Giles Carnero, R. M. (coord.), *Desafíos de la Acción Jurídica Internacional y Europea frente al cambio climático,* Atelier (colección internacional), 2018, pp. 73-85.

49 VICTOR, D. G., *The collapse of the Kyoto Protocol and the struggle to slow global warming,* Princeton: Princeton University Press, 2001, esp. p. 115.

50 BORRELL, J., HUERTAS, C., "Después de la COP21, las ambiciones climáticas de la Unión Europea y la cuestión de la justicia social en la lucha contra el cambio climático", *Papeles de Europa,* vol. 29, núm. 2, 2016, pp. 1-11.

relación crecimiento/emisiones[51]. La estrategia negociadora a "libro cerrado" o binaria que, si bien pudo funcionar en Kioto, fue ineficiente en Copenhague. La paradoja fue que la profundización del modelo climático europeo, cada vez más ambicioso en clave interna, en lugar de reforzar su posición internacional la aislaba ya que la alejaba de la realidad de otros socios.

2. Adaptación de la Acción Climática Exterior al nuevo multilateralismo

La creación del SEAE coincidió, tal vez circunstancialmente, con el cambio de estrategia en materia de diplomacia climática. En la COP 17 de Durban (2011) la UE dejó de insistir con un modelo propio para, en cambio, sentarse a negociar, de forma pro-activa, coaliciones y alianzas. En lugar de aspirar a un acuerdo transatlántico al que se sumara el resto, al estilo *Blair House*, comenzó a tejer consensos primero con los emergentes, luego con los menos desarrollados y finalmente con los socios más cercanos. El programa del SEAE para el cambio climático mejoró mucho la coordinación interna en la toma de decisiones. En particular, se sintió, y mucho, la vuelta del protagonismo de las diplomacias de los grandes Estados nacionales en detrimento del impulso institucional de la Comisión, lo que no dejaba de ser una vuelta a los orígenes. Las diplomacias nacionales, por ejemplo, la alemana con Brasil, o la francesa con China, trabajaron fuera del esquema establecido de toma de decisiones, y una vez cerrados los acuerdos, llevaban las propuestas al seno de la UE[52]. Incluso, muchas veces, estos acuerdos llegaban al proceso interno de toma de decisiones cuando ya se habían sumado los grandes actores, como Estados Unidos[53].

El cambio de la estrategia diplomática fue doble. Por una parte, hay un cambio identitario. Se abandona el unilateralismo y se asume, en su lugar, el rol de potencia diplomática media en un entorno cada vez más multipolar[54]. Esto hace desechar la idea de imponer un modelo europeo y

---

51 EGENHOFER, C., GEORGIEV, A., "The Copenhagen accord—A first stab at deciphering the implications for the EU", *CEPS commentary*, 25 diciembre 2009.

52 OBERTHÜR S., GROEN L., "The European Union and the Paris Agreement: leader, mediator, or bystander?", *Wiley Interdisciplinary Reviews: Climate Change*, 2017. DOI: 10.1002/wcc.445.

53 OBERGASSEL, W., et al., *Phoenix from the ashes – An analysis of the Paris Agreement to the United Nations Framework Convention on Climate Change*, Wuppertal Institute for Climate, Environment and Energy, 2016.

54 SALINAS ALCEGA, S., "El Acuerdo de París de diciembre de 2015: la sustitución del multilateralismo por la multipolaridad en la cooperación climática internacional", *Revista Española de Derecho Internacional*, vol. 70, núm. 1, 2018, pp. 53-76

vuelve las negociaciones al punto de partida, a la hoja en blanco. La incorporación de las diplomacias nacionales, probablemente, ayudó a abrazar una estrategia de *realpolitik* y nutrió a la diplomacia climática europea de un *savoir faire* esencial para lograr acuerdos fuera de los despachos. Un ejemplo es la *EU climate diplomacy week*, una acción donde las delegaciones de la UE, y muchas veces bajo el liderazgo de una o varias embajadas de los Estados miembros, han estado promoviendo el debate sobre el cambio climático en la opinión pública local en diversos países[55]. Así, la UE hizo de las diferencias internas una virtud y, en lugar de centrarse en acordar una posición común rígida, dejó hacer a los Estados más grandes (Francia, Alemania, Reino Unido) en la medida que los acuerdos alcanzados sumasen al acuerdo global. Fue una suerte de diplomacia "a distintas velocidades". En segundo lugar, el hecho de abandonar la ambición de liderazgo unilateral posibilitó que la UE se posicionase como mediador[56] entre el norte y el sur global, donde las antiguas metrópolis tenían gran influencia, y entre China y Estados Unidos, donde ya se vislumbraba las primeras señales de guerra comercial. En Durban, y sobre todo en Paris, la UE (más bien sus Estados miembros) se convirtió en el principal impulsor de propuestas concretas en respuesta a las inquietudes externas planteadas, legitimándola como impulsora de puentes[57].

En el Acuerdo de Paris este cambio se concretó en una reducción significativa de las expectativas europeas que, sumado al compromiso de aportar un 50% del Fondo Verde para el Clima, llevó a muchos potenciales beneficiarios a la mesa de negociación. Incluso la fórmula jurídica utilizada permitió a Obama ratificarlo sin pasar por el Senado[58], lo que facilitó la foto final del acuerdo. No puede negarse, sin embargo, que en Paris confluyeron elementos difícilmente repetibles, como es el fuerte compromiso político de Francia y de Estados Unidos, con dos presidencias en horas bajas interesadas en dejar un legado climático al final de su mandato que compensase vía política exterior su baja popularidad interna. Respecto a Francia, es conocido como actuó muchas veces de *motu proprio* y a espaldas

---

55 SEAE, *Climate diplomacy action plan*, Servicio Europeo de Acción Exterior, 2015.

56 BÄCKSTRAND, K., ELGSTRÖM, O., "The EU's role in climate change negotiations: From leader to 'leadiator'" *Journal of European Public Policy*, vol. 20, 2013, pp. 1369–1386.

57 OBERTHÜR, GROEN, 2017, *op.cit.* nota 52.

58 WIRTH, D.A., "Cracking the American Climate Negotiators' Hidden Code: United States Law and the Paris Agreement", *Climate Law*, vol. 6, núm. 1-2, 2016, pp. 152-170.

de la UE y de los socios europeos, y cómo suplió en *Quai d'Orsay* muchos fallos de la delegación europea.[59]

Los resultados de Paris son conocidos por todos. Un sistema flexible de compromisos a través de objetivos nacionales y planes de desarrollo, revisables cada cinco años (a partir de 2023) con objetivos cada vez más ambiciosos que se adoptan después de realizar una evaluación de situación; a lo que se le añade un sistema de transparencia y un monitoreo constante de la ejecución de los compromisos asumidos. La gran apuesta de la UE para cumplir su parte del acuerdo es el *European Green Deal* que pretende alcanzar la neutralidad de emisiones en 2050 "sin dejar a nadie atrás".[60] El contexto en el que éste se iniciaba no podría ser mejor. Probablemente la principal aportación del Acuerdo de Paris, y por consiguiente de la diplomacia climática europea, es que ha puesto al cambio climático en lo alto de la agenda internacional, al nivel de la geopolítica[61], y en particular en el centro de la gobernanza económica. Estados Unidos y China se han sumado, con sus particularidades, a la toma de medidas, lo cual ha sido bienvenido por la UE[62]. La pregunta es cómo y con qué herramientas. Y es en las respuestas a estas dos preguntas, en particular en la vertiente externa de los planes nacionales de mitigación, en donde se está jugando hoy en día el éxito de la acción climática exterior.

La gobernanza climática internacional no es ya cuestión solo de Estados, sino que es policéntrica[63], *softlaw gobernance*[64], y en este contexto el diseño de normas técnicas en los organismos internacionales tales como la Orga-

---

59 FUHR, L., SCHALATEK, L., VEROLME, H., "COP 21 and the Paris Agreement: A Force Awakened", *Chinese Journal of Urban and Environmental Studies*, vol. 4, núm. 1, 2016. DOI: 10.1142/S2345748116500093.

60 Comunicación de la Comisión Europea de 11 de diciembre de 2019, *The European Green Deal*, COM(2019) 640 final.

61 KIRTON, J. J., KOKOTSIS, E., *The Global Governance of Climate Change: G7, G20, and UN Leadership*, Routledge, 2015.

62 Conclusiones del Consejo de la Unión Europea de 25 de enero de 2021, *on Climate and Energy Diplomacy–Delivering on the external dimension of the European Green Deal*, ST 5545/21.

63 OBERTHÜR, S., DUPONT, C., "The European Union's international climate leadership: towards a grand climate strategy?", *Journal of European Public Policy*, vol. 28, núm. 7, 2021, pp. 1095-1114. Ribera, T., "El Acuerdo de París ¿una buena noticia para el clima y el multilateralismo?", *Tiempo de Paz*, vol. 120, 2016, pp 5-8.

64 FAJARDO DEL CASTILLO, T., "El Acuerdo de París sobre el cambio climático: sus aportaciones al desarrollo progresivo del derecho internacional y las consecuencias de la retirada de los Estados Unidos", *Revista Española de Derecho Internacional*, vol. 7, 2018, pp. 23-51.

nización Internacional de la Aviación Civil, la Organización Marítima Internacional o la Organización Mundial del Comercio (OMC) reemplaza a los grandes foros de las COP. Así, el consenso existente en la importancia del cambio climático como problema global ha atomizado su abordaje en estos espacios donde confluyen actores estatales y no estatales, técnicos y políticos, por lo que la acción diplomática se hace mucho más compleja y diluida[65].

La UE cuenta, tras el Brexit y la consolidación de China no ya como actor emergente sino como superpotencia, con un peso relativo mucho menor del que contaba incluso hace pocos años, lo que sumado a la parcelación del espacio con actores no estatales hace que su capacidad de influencia en estos foros se vea aún más reducida.

Por ello, la creación de una *grand strategy* climática, con una prospectiva de largo plazo, resulta de suma importancia. Es en este contexto donde el *Green Deal* muta de política ejemplarizante a estrategia de modelo de desarrollo. Si bien durante la segunda década de este siglo la aceleración de las políticas climáticas europeas se centró en el ámbito de la energía, el nuevo modelo amplia la acción a prácticamente todo el mercado, incluso podemos decir a toda la economía, convirtiendo al objetivo de descarbonización en un verdadero caballo de troya para un cambio de modelo de desarrollo, donde los instrumentos de reajuste y distribución (*Just Transition Mechanism*) también están presentes.

Esta diversificación de la política climática interna se refleja también en la acción climática exterior. Ya hay estrategias regionales que conectan el *Green Deal* con las principales regionales del globo[66] y se diversifican los instrumentos europeos hasta ahora ofrecidos (como los esquemas de derechos de emisión) hacia nuevas herramientas[67]. Por ejemplo, la Comisión Europea, dentro de su paquete *Fit for 55* propuso un Mecanismo de Ajuste en Frontera, que finalmente fue aprobado en mayo de 2023[68]. Este permi-

---

65 JORDAN, A., HUITEMA, D., VAN ASSELT, H., FORSTER, J. (eds.), *Governing Climate Change: Polycentricity in Action?*, Cambridge University Press, 2018.

66 COMISIÓN EUROPEA, *EU as a global leader. The European Green Deal*, 2019.

67 ADELLE, C., BIEDENKOPF, K., TORNEY, D. (eds.), *European Union External Environmental Policy: Rules, Regulation and Governance Beyond Borders*, Palgrave Macmillan, 2018.

68 El sistema funcionaria de modo que los importadores europeos deberán comprar derechos de emisión por las mercancías que desean importar, siguiendo las normas de comercio de emisión de la UE, con lo que se incrementará *de facto* el precio del producto. Si, en cambio, el productor del tercer Estado puede demostrar que ha pagado un precio (en su mercado de origen) por el carbón emitido,

tirá equilibrar el precio de aquellos productos provenientes de mercados con estándares climáticos menores, en particular cuando el país de origen carece de mecanismos de lucha contra el cambio climático equivalentes al europeo. La idea no es nueva, pero con la subida efectiva del precio de los derechos de emisión, la medida será imprescindible para mantener la competitividad de la economía europea. Dado que siempre se ha considerado difícil de compatibilizar con las reglas de la OMC[69], se vislumbra un interesante debate en dicha organización. Estados Unidos, Reino Unido y Canadá parecen apoyar algún tipo de mecanismo similar[70], por lo que aquí la diplomacia climática europea tendría socios en los cuales apoyarse.

Otro ejemplo es la inclusión de cláusulas climáticas en los acuerdos comerciales[71], en especial en aquellos con repercusiones en el campo de la

---

se excepcionará al importador de la compra de derechos de emisión. Con esto se pretende, por una parte, impedir que mediante la importación se genere una competencia desleal para la producción europea, pero a la vez, incentivar la creación y funcionamiento de mercados de derechos de emisión en terceros Estados. La propuesta ha sido criticada por el PE que reclama, en caso de implementarse, se garantice la transferencia tecnológica y la financiación de la transición energética a los países menos desarrollados. Parlamento Europeo, *REPORT towards a WTO-compatible EU carbon border adjustment mechanism*, 2021. A pesar de dichas críticas, fue aprobado por el Reglamento (UE) 2023/956 del Parlamento Europeo y del Consejo de 10 de mayo de 2023 *por el que se establece un Mecanismo de Ajuste en Frontera por Carbono,* DOUE L 130, 16.5.2023, p. 52–104.

69 FERNÁNDEZ PONS, X., "La propuesta de la Unión Europea relativa a un impuesto sobre el carbono en frontera y su compatibilidad con las normas de la Organización Mundial del Comercio", *Revista de Educación y Derecho,* vol. 21, 2020, doi https://doi.org/10.1344/REYD2020.21.31302. PORTERFIELD, M.C., "Border Adjustments for Carbon Taxes, PPMs, and the WTO", *University of Pennsylvania Journal of International Law,* vol. 41(4), 2019, pp. 1-41. PAUWELYN, J., "Chapter 15: Carbon leakage measures and border tax adjustments under WTO law", en VAN CALSTER G., PRÉVOST D. (eds.), *Research Handbook on Environment, Health and the WTO,* Cheltenham: Edward Elgar, 2013, pp. 448-506. Will, U., *Climate Border Adjustments and WTO Law – Extending the EU Emissions Trading System to Imported Goods and Services,* Boston – Leiden: Brill – Nijhoff, 2019. PIRLOT, A., *Environmental Border Tax Adjustments and International Trade – Fostering Environmental Protection,* Cheltenham: Edward Elgar, 2017.

70 OHARENKO,-Y., "An EU Carbon Border Adjustment Mechanism: Can it Make Global Trade Greener While Respecting WTO Rules?", *International Institute for Sustainable Development,* 17 mayo 2021.

71 GILES CARNERO, R., "La oportunidad de una cláusula ambiental de elementos esenciales en acuerdos comerciales de la Unión Europea con Estados terceros: a propósito del Acuerdo Unión Europea-Mercosur", Fundación Carolina, Documentos de Trabajo núm. 44, 2021.

energía, y en los convenios de cooperación al desarrollo[72]. En relación con la política de cooperación al desarrollo, la UE viene incluyendo en sus convenios con terceros países la obligación de crear planes nacionales de adaptación desde hace por lo menos veinte años. Sin embargo, esta condicionalidad no era coherente con otros contenidos de la cooperación, habiendo numerosos ejemplos de medidas contradictorias (por ejemplo la promoción de biocombustibles) que se oponían a los objetivos del cambio climático y, por lo tanto, neutralizaban los posibles beneficios. De ahí la necesidad de superar la estrategia diplomática climática de la condicionalidad y de dirigirla hacia el desarrollo sostenible, tal como establece la nueva generación de tratados comerciales desde 2015[73]. Sin embargo, la ausencia de este tipo de condicionantes en acuerdos tan importantes como el UE-Mercosur demuestra lo difícil que resulta implementar este tipo de acciones diplomáticas a pesar de las evidencias descritas por la doctrina[74].

Para ser efectivos en este tipo de acción climática polifacética se necesita superar las cuestiones de encaje económico y avanzar hacia una verdadera gobernanza climática que incluya actuaciones en todos los campos de la política exterior, incluida la seguridad climática, cuestión que trataremos a continuación.

3. La deslucida estrategia europea en materia de seguridad climática internacional

Cuando hablamos de seguridad climática, uno de los problemas a los que nos enfrentamos es a la definición misma del concepto, ya que no hay consenso siquiera sobre el de seguridad ambiental.[75] Los problemas conceptuales y de indefinición de contenidos sobre lo que entendemos por "seguridad climática", como ocurre con el de transición ecológica[76], han

---

[72] TRILLO DE MARTÍN PINILLOS, E., "La condicionalidad medioambiental de la política de cooperación al desarrollo de la unión europea en el contexto del cambio climático", *European Climate Law Papers,* vol. 2/2021, UNED.

[73] PÉREZ DE LAS HERAS, B., "The European Union's external policy on climate change adaptation: from conditionality-driven action to sustainable development", *Revista Catalana de Dret Ambiental,* vol. VI, núm. 2, 2015, pp. 1 – 24.

[74] GILES CARNERO 2021, *op.cit.* nota 71.

[75] CASADO CLARO, M. F., "El Cambio Climático: un caso de securitización exitosa del medio ambiente", *Relaciones Internacionales,* vol. 34, 2017, pp. 31-50.

[76] JARILLO ALDEANUEVA, A., "El Concepto de Transición Ecológica: ¿Paradigma o Derecho?", *European Climate Law Papers,* vol. 7/2021, UNED.

sido resaltados por varios autores[77]. Por ello, algunos prefieren hablar de impactos del cambio climático en materia de paz y seguridad[78], que exacerban otras amenazas a la seguridad provocando, entre otros problemas, escasez de agua o alimentos, pandemias o desplazamientos[79] en lugar del de seguridad climática. Sin embargo, como veremos, la UE utiliza este concepto y, por lo tanto, en este trabajo se seguirá este criterio.

Si bien la UE fue relativamente pionera en introducir los impactos climáticos sobre las cuestiones de seguridad internacional, incluso mencionándolos en la estrategia europea de seguridad de 2003[80]; e impulsando el debate sobre seguridad climática en el Consejo de Seguridad de Naciones Unidas, iniciado por el Reino Unido en 2007, a través de un documento del Alto Representante[81]; no fue hasta la creación del SEAE cuando realmente se comienza a trabajar en una estrategia europea de seguridad climática. Dicho año, la estrategia de acción climática hacia el exterior incluyó un *strand* dedicado a analizar y reducir los riesgos de fragilidad climática para impulsar la paz y seguridad internacional[82]. En 2012 se incorporó al SEAE la Red de Diplomacia Verde, que había sido creada por el Consejo

---

77 STANG, G., DIMSDALE, T., "The EU and climate security", Planetary *Security Initiative, Policy Brief*, enero 2017, p. 4. BREMBERG N., SONNSJÖ H., MOBJÖRK M., "The EU and climate-related security risks: A community of practice in the making?", *Journal of European Integration*, vol. 41, núm. 5, 2019, pp. 623–639. Sonnsjö H., Bremberg, N., *Climate Change in an EU Security Context; The Role of the European External Action Service*, Stockholm University Research Report, 2016. REMLING E., BARNHOORN A., "A Reassessment of the European Union's Response to Climate-related Security Risks", *SIPRI Insights on Peace and Security Paper*, vol. 2021/2, p. 5.

78 DETGES, A., et al., *10 Insights on Climate Impacts and Peace. A Summary of What We Know*, ADELPHI, Potsdam Institute for Climate Impact Research, Berlin/ Potsdam, 2020.

79 Informe del Alto Representante para la PESC *on Climate Change and International Security*–S113/08 14, 2008.

80 BREMBERG, N., MOBJÖRK M., "European Union steps up its efforts to become the global leader on addressing climate-related security risks", *SIPRI Essay*, 2008.

81 Informe del Alto Representante, *op.cit.* nota 79. Este documento abrió la atención de la política de seguridad a temas climáticos, por ejemplo, incluyendo un apartado específico sobre el mismo en el Informe de la implementación de la Política Europea de Seguridad de diciembre de ese mismo año. Informe del Consejo de la UE de 11 de diciembre de 2008 *on the implementation of the European Security Strategy: Providing security in a changing world*, S407/08.

82 SEAE y COMISIÓN EUROPEA, 2011, *op.cit.* nota 32.

en 2003 para facilitar las negociaciones de acuerdos medioambientales[83]. En 2016, la Estrategia Global en Política Exterior y Seguridad mencionó que el cambio climático y la degradación medioambiental exacerban los riesgos de conflictos y, recordando las palabras de Solana, constituyen una amenaza exponencial que cataliza la escasez de agua y alimentos, pandemias y desplazamientos[84]. En febrero de 2018, las Conclusiones del Consejo de Asuntos Exteriores sobre Diplomacia Climática llamaron a "integrar aún más el nexo entre cambio climático y seguridad en el diálogo político, la prevención de conflictos, el desarrollo y la acción humanitaria y las estrategias sobre el riesgo de desastre"[85]. Y en junio del mismo año, la Alta Representante Mongherini, en una reunión de alto nivel con representantes de países de la UE y de terceros Estados, definió las áreas prioritarias en materia de Clima, Paz y Seguridad[86].

Como ha puesto de manifiesto la literatura académica, estos llamados políticos a tener una estrategia climática europea en materia de seguridad no se han concretado en medidas específicas[87], aunque, por supuesto, hay

---

[83] BROWN, O., LE MORE, A., RAASTEEN, J., "Europe and climate security: Is Europe delivering on its rhetoric?", *Climate-fragility policy paper*, European Institute for Peace – Climate Security Expert Network, 2020.

[84] Informe de la Alta Representante para la PESC: *Shared Vision, Common Action: A Stronger Europe. A Global Strategy for the European Union's Foreign and Security Policy*, Junio 2016

[85] Conclusiones del Consejo de la Unión Europea de 26 de febrero de 2018, *sobre la diplomacia climática*, Doc. 6125/18. Llamadas similares se repiten en las reuniones de 2019 y 2020: Conclusiones del Consejo de la UE de 13 de mayo de 2019, *sobre el Sahel*, Doc. 9103/19, Conclusiones del Consejo de la Unión Europea de 20 de enero de 2020, *sobre diplomacia climática*, Doc. 5033/20.

[86] "Elevate climate-security nexus to highest political level in national, regional and multilateral fora; Deploy maximum political and diplomatic efforts to support Paris Agreement implementation; Mobilise and improve reporting and early warning systems–focusing on most exposed countries and regions; Put the premium on prevention: building state and societal resilience; Promote the role of women as agents of social, economic and political change; Make action on the ground a source of sustainability, strength and peace. SEAE, *Climate, Peace and Security: The Time for Action*, Servicio Europeo de Acción Exterior, 2018.

[87] BROWN, LE MORE, RAASTEEN, 2020, *op.cit.* nota 83. REMLING, BARNHOORN, 2021, *op.cit.* nota 77. VÁZQUEZ, B., "El cambio climático en la agenda de seguridad de la Unión Europea", *Relaciones Internacionales*, vol. 29, núm. 58, 2020, doi https://doi.org/10.24215/23142766e093. ZWOLSKI K., KAUNERT C., "The EU and climate security: A case of successful norm entrepreneurship?", *European Security*, vol. 20, núm. 1, 2011, pp. 21–43. BREMBERG N., SONNSJÖ H., MOBJÖRK, M., "The EU and cli-

divergencias[88]. La principal crítica es que la UE ha pretendido abordar el tema de la seguridad climática esencialmente a través de la promoción de estrategias de mitigación, mediante la diplomacia climática tradicional que explicamos en los apartados anteriores, lo que no funcionaría en el ámbito de la seguridad[89].

Así, si bien la UE fue pionera en referirse a la seguridad climática internacional, lo cierto es que, hoy en día, es un concepto ampliamente utilizado en los foros internacionales, por lo que la inacción de la UE hace que, poco a poco, vaya quedando relegado su protagonismo inicial. El propio Consejo de la UE en sus conclusiones de 2021 reconoció que la seguridad climática ya es una realidad en la agenda de Naciones Unidas, particularmente en el Consejo de Seguridad, además de otras organizaciones regionales[90], con lo que el objetivo inicial de ponerla en la agenda ya se habría alcanzado. En el Consejo de Seguridad el debate comenzó en 2013 en conversaciones informales (reuniones según la "fórmula Arria") que en 2018 se convirtieron en el llamado "Grupo de Amigos"[91]. Es verdad que muchas de estas reuniones fueron organizadas por Estados miembros

---

mate-related security risks: A community of practice in the making?", *Journal of European Integration*, vol. 41, núm. 5, 2019, pp. 623–639; FETZEK S., VAN SCHAIK, L., "Europe's responsibility to prepare: Managing climate security risks in a changing world", The Center for Climate and Security, 2018.

88 A favor de que los avances son importantes: TÄNZLER, D., IVLEVA, D., HAUSOTTER, T., "EU climate change diplomacy in a post-Covid-19 world", Dirección General para Políticas Externas de la Unión, Parlamento Europeo, PE 653.643, 2021.

89 REMLING, BARNHOORN, 2021, *op.cit.* nota 77, p. 5. PÉREZ DE LAS HERAS, B., "Climate security in the European Union's foreign policy: Addressing the responsibility to prepare for conflict prevention", *Journal of Contemporary European Studies*, vol. 28, núm. 3, 2020, pp. 1–13.

90 Conclusiones del Consejo Europeo 2021, *op.cit.* nota 62. Entre otras se menciona al grupo informal de expertos de Estados miembros del Consejo de Seguridad de NNUU sobre Clima y Seguridad, y al debate tenido en dicho Consejo de Seguridad en Julio de 2020 sobre el Mecanismo de Seguridad Climática, creado en 2018 por el Departamento de Asuntos Políticos y Consolidación de la Paz, el Programa para el Desarrollo y el Programa para el Medioambiente, todos de NNUU. El mecanismo está financiado, por Estados europeos, sea por aportaciones financieras (Suecia, Noruega, Alemania y Reino Unido), sea por cesión de personal (Bélgica, Holanda, Dinamarca y Francia). Sin embargo, no consta que haya una coordinación de la UE al respecto. Ver Naciones Unidas, "Climate Security Mechanism. Progress Report" Mayo 2021.

91 BROWN, LE MORE, RAASTEEN, 2020, *op.cit.* nota 83.

(Reino Unido[92], España[93], Francia, Italia y Suecia[94], Holanda[95], Alemania[96], Francia[97], Irlanda[98]). Incluso el propio "Grupo de Amigos" (impulsado por Alemania[99]) Pero no queda claro que haya habido coordinación de actuación entre ellos por parte del SEAE, lo que sería consecuencia del *gap* institucional en materia de seguridad climática[100]. Es más, los debates abiertos en el Consejo de Seguridad en la materia, salvo el primero y el segundo, impulsados por

---

92 Junto con Pakistán, impulsó la primera reunión el 15 de febrero de 2013 sobre "Security dimensions of climate change", centrada en la suba del nivel del mar y su afectación a las islas Marshall. Disponible en: https://www.un.org/press/en/2013/130215_MI.doc.htm

93 Junto con Malasia, el 30 de junio de 2015, "Climate change as a threat multiplier for global security". UN News, "Climate change recognized as 'threat multiplier'", disponible en: https://www.spainun.org/climatechange/page/90/?lang=es

94 Estos tres, junto con Japón, el 14 de diciembre de 2017. Ver la nota de prensa "Climate change: Preparing for security implications of rising temperatures", disponible en: https://www.un.org/webcast/pdfs/171205arria-temperature.pdf.

95 En colaboración con Bolivia, Costa de Marfil, Bélgica, República Dominicana, Alemania, Indonesia e Italia, el 26 de octubre de 2018, sobre "Water, Peace and Security". Ver la nota de prensa disponible en: https://www.securitycouncilreport.org/whatsinblue/2018/10/water-peace-and-security-arria-formula-meeting.php

96 Junto con Kuwait, el 7 de noviembre de 2018, y junto con Kuwait, Estonia y Perú, el 9 de diciembre de 2019, en ambos casos sobre "Protection of the Environment During Armed Conflict". Ver la nota de prensa disponible en: https://www.securitycouncilreport.org/whatsinblue/2018/11/protection-of-the-environment-during-armed-conflict-arria-formula-meeting.php

97 El 22 April 2020, sobre "Climate and security risks: the latest data". Ver la nota de prensa disponible en: https://www.securitycouncilreport.org/whatsinblue/2020/04/arria-formula-meeting-on-climate-and-security-risks-the-latest-data.php

98 Junto con Vietnam, Nigeria, San Vicente y Granadinas, y Túnez, el 28 de octubre 2021 "Sea-Level Rise". Ver la nota de prensa disponible en: https://www.securitycouncilreport.org/whatsinblue/2021/10/climate-and-security-arria-formula-meeting-on-sea-level-rise.php

99 Junto con Nauru, el 26 de septiembre de 2018. Ver la nota de prensa disponible en: https://www.un.org/sg/en/content/dsg/statement/2018-09-26/deputy-secretary-generals-remarks-group-friends-climate-and

100 SONNSJÖ, BREMBERG, 2016, *op.cit.* nota 77, p. 15. YOUNGS, R., *Climate Change and European Security,* Taylor & Francis, 2014, p. 49. Remling, Barnhoorn, *op.cit.* nota 77, p. 5.

Reino Unido[101] y Alemania[102] respectivamente, el resto han sido iniciativa de Estados no europeos[103]. Aunque también es verdad que otros más generales, claramente resultados del impulso europeo, sí que abordan las cuestiones climáticas junto con otros factores[104]. Ninguno de ellos llegó a cristalizar en una resolución. Cuando se estuvo lo más cerca fue en la de resolución de diciembre de 2021, impulsada por Irlanda y Nigeria, que desgraciadamente no fue aprobada por el veto ruso[105].

A pesar de esta relativa pérdida de liderazgo europeo, queda margen para la iniciativa. Las resoluciones del Consejo de Seguridad que mencionan al cambio climático lo hacen incidentalmente, y normalmente reconociendo sus efectos desestabilizadores, junto con las sequías y otros desastres naturales, en ciertos países de África[106]. Hasta el momento, el Consejo de Seguridad, principalmente por el rechazo de Rusia y

---

101 El 17 de abril de 2007, "Impact of Climate Change on Peace and Security". Ver la nota de prensa disponible en: https://www.un.org/press/en/2007/sc9000.doc.htm

102 El 20 de julio de 2011, "Maintenance of international peace and security: the impact of climate change". Ver la nota de prensa disponible en: https://www.un.org/press/en/2011/sc10332.doc.htm

103 Por ejemplo, el del 25 de enero de 2019, "Addressing the Impacts of climate-related disasters on international Peace and Security", impulsado por República Dominicana. Ver la nota de prensa disponible en: https://media.un.org/en/asset/k10/k1078gpep2

104 El 23 de noviembre de 2011 "New Challenges to International Peace and Security" (impulsado por Porgutal), el 30 de julio de 2015 "Peace and Security Challenges Facing Small Island Developing States" (impulsado por Nueva Zelanda), el 26 de mayo de 2016 "Peace and Security in Africa–Challenges in the Sahel Region" (impulsado por Egipto y España), el 22 de noviembre de 2016 "Maintenance of Peace and Security: Water, Peace and Security" (impulsado por Senegal), el 20 de diciembre de 2017 "Addressing complex contemporary challenges to international peace and security" (impulsado por Japón).

105 Propuesta de resolución del Consejo de Seguridad de Naciones Unidas, votada el 13 de diciembre de 2021, S/2021/990. La resolución fue votada favorablemente por 12 miembros del Consejo y contaba con el apoyo de 113 Estados de la NNUU. Rusia (utilizando su derecho a veto) y la India votaron en contra, y China se abstuvo. Para un comentario ver: Security Council Report "The UN Security Council and Climate Change: Tracking the Agenda after the 2021 Veto" núm. 4/2022. Disponible en: https://www.securitycouncilreport.org/atf/cf/%7B65BFCF9B-6D27-4E9C-8CD3-CF6E4FF96FF9%7D/unsc_climatechange_2022.pdf

106 Por ejemplo, las Resoluciones del Consejo de Seguridad de Naciones Unidas S/RES/2349 (2017) "On Lake Chad"; S/RES/2408 (2018) "The Situation in Soma-

del Grupo de los 77 que no ven una relación directa entre el cambio climático y los problemas de seguridad internacional, no ha podido reconocer al Cambio Climático como un elemento a tratar dentro de su ámbito de competencia. Por ello, todas las acciones que se han llevado en su seno son no vinculantes. Hay quienes ven en las Resoluciones del Consejo de Seguridad en materia del Covid[107] una expansión del ámbito de actuación que puede ser un precedente para el cambio climático[108], posición que se refuerza por la petición del Secretario General y de varios líderes mundiales al Consejo de Seguridad de abordarlo de un modo mucho más directo en el último debate abierto de alto nivel sobre Cambio Climático y Seguridad[109].

Para finalizar, unos apuntes en materia de seguridad y defensa. Si la coordinación de una política exterior general en materia de seguridad climática ha sido difícil, debería ser aún más complicado hacerlo en materia de defensa. Paradójicamente, en este aspecto se ha avanzado hacia decisiones concretas. Una explicación sería el empuje que está teniendo el SEAE hacia temas de defensa. El motivo puede estar en que los temas relacionados con cambio climático, muchas veces relacionados con acción humanitaria, son mucho menos conflictivos que otros relacionados con la política de defensa.

El *Climate Change and Defence Roadmap* presentado por el Alto Representante Josep Borrell en 2020, además de prometer reducir las emisiones en el sector de la defensa, promete prepararlo para "climate-related challenges"[110]. Siguiendo las tres dimensiones de la política de Defensa, el *Roadmap* pide que, en la dimensión operativa, las consecuencias del cambio climático deban ser tenidas en cuenta. Esto quiere decir que se deberán implementar sistemas de alerta temprana y de seguimiento estratégico en todas las misiones, civiles y militares, que

---

lia"; S/RES/2423 (2018) "The Situation In Mali"; S/RES 2429 (2018) "Reports of the Secretary- General on the Sudan and South Sudan"; entre otras.

107 La Resolución del Consejo de Seguridad de Naciones Unidas del 1 de julio de 2020, *on Covid*, S/RES/2532 (2020).

108 VIVEKANANDA, J., DAY, A., WOLFMAIER, S., *What Can the UN Security Council Do on Climate and Security?*, Climate Security Expert Network. Berlin, 2020.

109 Ver la nota de Prensa SC/14445 del Consejo de Seguridad de Naciones Unidas de 23 de febrero de 2021. Disponible en: https://www.un.org/press/en/2021/sc14445.doc.htm

110 SEAE, *Climate Change and Defence Roadmap*, Servicio Europeo de Acción Exterior, 2020, p. 3.

desarrolle la UE. En segundo lugar, respecto al desarrollo de capacidad, la reducción de emisiones deberá ser una prioridad en el diseño y desarrollo del equipamiento militar, que estará además adaptado a situaciones climáticas más adversas productos de la subida de temperaturas globales. Y la tercera dimensión, la relativa a la diplomacia de la defensa, pretende impulsar los elementos climáticos en los foros internacionales, como por ejemplo en la OTAN.

A pesar del grado de concreción del *Roadmap* hay autores que ya han alzado críticas sobre las dificultades de implementación, aunque resaltan que introducir estas estrategias resulta esencial para la garantizar el éxito de las misiones y el cumplimiento de los objetivos de la Política de Defensa[111].

La guerra entre Rusia y Ucrania, y su consiguiente crisis energética, no ha hecho más que reforzar los lazos entre cambio climático y seguridad. El documento de marzo de 2022 "Una Brújula Estratégica para la Seguridad y la Defensa"[112] destaca el papel de desestabilización y de generación de conflicto que tiene los efectos negativos del cambio climático. La descarbonización así como la reducción de la dependencia de otras materias primas, que forman parte del proceso de transición ecológica, reforzará la posición geo-estratégica de la UE. Entre las medidas que se proponen, siempre en aplicación de la hoja de ruta antes mencionada, es que para 2023 todos los Estados miembros elaboren "estrategias nacionales para preparar a sus fuerzas armadas de cara al cambio climático"[113], que pasa a ser un elemento central de la estrategia europea de seguridad y defensa.

IV. A MODO DE CONCLUSIONES

La Unión Europea ha transitado un largo camino desde el impulso de la política ambiental, como parte de la construcción del mercado, que poco a poco se comenzó a reflejar en el exterior, hasta la construcción de una política climática, en parte creada a consecuencia de la acción exterior,

---

111 MEYER, C., VANTAGGIATO, F, YOUNGS, R., "Preparing the CSDP for the new security environment created by climate change", Dirección General para Políticas Externas de la Unión, Parlamento Europeo, PE 653.639, 2021.

112 Documento de la Secretaria General del Consejo de la Unión Europea de 21 de marzo de 2022, *Una Brújula Estratégica para la Seguridad y la Defensa – Por una Unión Europea que proteja a sus ciudadanos, defienda sus valores e intereses y contribuya a la paz y la seguridad internacionales*, Doc. 7371/22.

113 *Ibid.*, p. 29.

y que luego se ha ampliado interna y externamente hasta convertirse en un elemento central (incluso calificable de "legitimante" en términos políticos) del proceso de integración europea. La ampliación ha sido tal que áreas aparentemente lejanas a la visión clásica de la lucha contra el cambio climático, tal es el caso de sus relaciones con la política de seguridad y defensa, son hoy parte de la actuación europea.

Desde una perspectiva histórica, los aparentemente complicados problemas competenciales iniciales, que todavía aún están presentes en materia de representación exterior de la Unión dependiendo si son competencias compartidas o son de naturaleza intergubernamental sujeta a coordinación (como en materia de seguridad y defensa), se han ido superado poco a poco y, en cierta medida, han permitido solventar otras deficiencias.

El unilateralismo en la diplomacia climática europea fue el período más largo, y seguramente para algunos, el más exitoso, ya que el Protocolo de Kioto fue el primer paso importante en la gobernanza internacional del cambio climático. Sin embargo, cuando se analiza el período, comprendemos que su gran éxito fue más bien una estrategia de promoción interna, facilitada por un contexto internacional particular; y el declive del mismo no es más que una vuelta a la normalidad en relación con el peso real de la Unión Europea como actor global. Así, la influencia que ha tenido la decisión política de crear la PESC (en principio, poco o nada relacionada con el cambio climático), y la posterior mejora con la incorporación a la misma de un SEAE, ha influido más en la diplomacia climática europea que los informes científicos sobre el aumento de temperatura. El interés de la Comisión por obtener un éxito internacional en Kioto fue, sin duda, el principal impulsor del acuerdo; y la *realpolitik* que trajeron los diplomáticos nacionales que se incorporaron al SEAE fue la que posibilitó un cambio de estrategia (y el uso de los medios de las tres diplomacias nacionales más importantes) y con ello el consiguiente éxito de Paris. Así, el *mantra* de la UE como actor global se va diluyendo, a la vez que aumenta el peso real de la UE como mediador entre diferentes protagonistas de un mundo multipolar.

Si la estrategia del ejemplo (o superioridad moral) fue un fracaso relativo, ¿por qué insistir en ella con el Pacto Verde? Aquí creemos que la lectura debe ser distinta, como decía Ortega y Gasset, porque las circunstancias también lo son. En los años 90 y en la primera década del 2000 el interés internacional estaba en la transición del antiguo bloque soviético, el auge del terrorismo islamista y la asimilación del ascenso de China, en ese orden. En los tres, la UE desarrolló su política con mayor o menor éxito, aunque difícilmente podemos afirmar que su actuación la haya consagrado, tal como era su pretensión, en un verdadero "actor global".

Y si destacó con la diplomacia climática fue, esencialmente, porque al resto no le interesaba. Otros podrán decir que es el precio que tienen que pagar los pioneros. Veremos en los próximos años, si efectivamente Estados Unidos y China se ponen a la vanguardia de energías renovables, si la anticipación realmente ha sido una ventaja. La pandemia del covid, tanto por su origen como por las deficiencias ambientales que desnudó, ha sido el detonante de un cambio de ciclo que se avecinaba y, ahora sí, el cambio climático (y más concretamente la descarbonización de la economía), está en el centro de las agendas de las grandes potencias, tanto en clave de política interna como externa. La guerra de Ucrania no hace más que reafirmar esta tendencia, especialmente en clave de seguridad energética, con un evidente reforzamiento de la importancia de la seguridad de los suministros de otros insumos esenciales para la transición, como son el litio, las tierras raras o las células fotovoltaicas. En el corto plazo se impone una readaptación forzada del modelo energético, a través del ahorro y el aumento del precio de la energía (todavía fósil) que viene por otras vías, pero a largo plazo se impone la transición acelerada y la industrialización de la cadena de suministros de la nueva industria energética descarbonizada (eólica, fotovoltaica, baterías, hidrógeno), restricciones a la cesión de tecnología a terceros Estados (lo cual puede contradecir los acuerdos de Paris), y finalmente la reorientación estratégica de nuevas cadenas de suministros (la de materias primas para la nueva industria de transición), que pasarán a ser esenciales desde el punto de vista de la seguridad interior/exterior.

Tal es el interés en los temas climáticos que la acción climática exterior avanza hacia espacios hasta ahora sagrados de la política exterior, como el de la seguridad y defensa. Ya no es un tabú hablar de estos temas en el Consejo de Seguridad, aunque su introducción es mérito más bien de diplomacias nacionales de algunos Estados miembros que de una acción coordinada de la Unión. El relanzamiento de la política de defensa puede ser una oportunidad para reorganizar y coordinar la posición europea en materia climática, ya que su impulso coincide con el consenso generalizado de la cuestión climática como elemento legitimante de la Unión (la nueva "brújula estratégica" que mencionábamos antes). He aquí una nueva ventana de oportunidad para reimpulsar la acción climática exterior europea.

El difuso concepto de transición ecológica y su fuerza normativa

ÁLVARO JARILLO ALDEANUEVA*

Resumen: Este capítulo es una aproximación a los elementos del concepto de transición ecológica que es invocado en números instrumentos normativos y en nuestra propia Ley de Cambio Climático y Transición energética. A través de un estudio pormenorizado de los textos, se desgrana los elementos del concepto de transición ecológica a partir de su carácter dinámico y de su relación con otros conceptos como el desarrollo sostenible y la transición energética. Como parte del trabajo, se propone una definición propia del término y se describen una serie de características que permiten delimitar el concepto y diferenciarlo de otros habitualmente utilizados como la resiliencia y la sostenibilidad. Una vez delimitado el concepto, se analiza la naturaleza del bien jurídico que se quiere proteger con la inclusión de este término en los instrumentos normativos, así como el impacto que está teniendo su utilización en la generación de un nuevo paradigma que afecta a instituciones públicas, operadores privados e individuos.

Palabras clave: Transición ecológica, Ley de Cambio Climático y Transición energética, Resiliencia, Sostenibilidad.

I. EL CONCEPTO DE TRANSICIÓN ECOLÓGICA

La idea de la transición ecológica como proceso de cambio está muy presente en el lenguaje político de los últimos años y en las iniciativas relacionadas con el cambio climático, pero su uso excesivo no quiere decir que exista una idea clara sobre su verdadero significado ni sobre la correcta delimitación del concepto. Tal como anunció García Pelayo,

1 * Profesor Contratado Doctor. Departamento de Derecho Internacional Público (UNED). Email: ajarillo@der.uned.es.

"los vocablos políticos van perdiendo algo de su significación originaria no solamente a medida que pasan de boca en boca en la cotidianeidad de la praxis política, sino también a medida que cambian las coyunturas históricas"[1]. En el pasado reciente, también surgieron otros términos que hacían referencia a otros procesos dinámicos que tuvimos ocasión de comentar, tales como la democratización, el estado de Derecho[2], el desarrollo sostenible o la globalización[3]. En el caso de la transición ecológica, es frecuente que estos conceptos se utilicen en distintos ámbitos jurídicos, políticos y en diversas disciplinas (como el Derecho climático o las Ciencias ambientales). Al igual que con la democratización o la globalización, el hecho de que nos refiramos a procesos dinámicos dificulta la adecuada delimitación conceptual de los términos y exige una constante evaluación de indicadores objetivos que permitan valorar las distintas etapas del proceso[4]. En los últimos años se han sumado nuevos términos, como la resiliencia[5], que contribuyen a crear cierta confusión o ambigüedad cuando se utilizan en demasía.

Este uso excesivo de los conceptos se suele realizar para sustentar la acción política o para justificar la acción normativa, como ocurrió con la sostenibilidad o con la democratización. Cuando se comenzaron a utilizar estos términos, fue difícil lograr el consenso en torno a cuáles debían ser esos indicadores, relativamente objetivos, que determinan, por ejemplo, cuando un Estado es más o menos democrático[6]. No obstante, existen modelos como

---

1 GARCÍA PELAYO, M., *Obras Completas*, Centro de Estudios Constitucionales, Madrid, 1991, pp. 1619-1620.

2 *Vid.* JARILLO ALDEANUEVA, A., *Pueblos y democracia en Derecho Internacional*, Tirant lo Blanc, Valencia, 2012, pp.114-115.

3 *Vid.* JARILLO ALDEANUEVA, A., "Globalización: concepto y papel del Estado", *Boletín de la Facultad de Derecho de la UNED*, núm. 18, 2001, pp. 215-234.

4 Así han venido haciendo a través de los informes periódicos algunas organizaciones no gubernamentales como *Freedom House* o *International IDEA* que evalúan periódicamente el grado de "libertad y democracia" establecido en distintos Estados, al igual que hacen otros organismos internacionales como el PNUD con sus informes sobre desarrollo humano.

5 La Comisión Europea ha definido este concepto como "la capacidad no solo de resistir y superar los retos, sino también de llevar a efecto transiciones de manera sostenible, justa y democrática": Comunicación de la Comisión Europea de 9 de septiembre de 2020, *Informe sobre prospectiva estratégica de 2020. Prospectiva estratégica: trazar el rumbo hacia una Europa más resiliente*, COM(2020) 493 final, p.2

6 *Vid.* WHITEEHEAD, L., *The International Dimensions of Democratization: Europe and the Americas*, Oxford University Press, Nueva York, 1996.

el índice de desarrollo humano del PNUD que combina datos objetivos, como los índices de mortalidad infantil, con otros los referidos a derechos humanos, como la libertad de prensa o el derecho de participación política[7]. A diferencia de estos procesos, y de otros tan complejos de conceptualizar como lo fue el de la globalización en sus primeros años de formación[8], en el caso de la transición ecológica nos encontramos frente a un cambio surgido de una necesidad previa: la reacción frente a los efectos nocivos del cambio climático. La nueva *transición verde* sí dispone de indicadores objetivos y cuantificables de carácter científico que han permitido diagnosticar la situación como una verdadera "emergencia climática"[9].

En efecto, los indicadores objetivos de las diciplinas científicas han confirmado los efectos dañinos del cambio climático que nos han situado en ese grave nivel de emergencia climática[10]. Este diagnóstico, así como el consenso científico en torno a él, han sido determinantes para sumar compromisos en la lucha contra el cambio climático y para iniciar el proceso de transición ecológica. En conjunto, la relación entre los indicadores objetivos de carácter científico y la percepción del deterioro medioambiental por parte de la ciudadanía dio lugar a una exigencia que se hacía evidente para la todos los actores: la necesidad del cambio de modelo productivo y del propio modelo de convivencia (que incluye aspectos como, por ejemplo, la movilidad). Como vemos en los siguientes apartados, a partir de esta necesidad de cambio es donde apareció el concepto de transición ecológica

---

7 *Vid.* Informe sobre Desarrollo Humano 2002, *Profundizar la democracia en un mundo fragmentado*, PNUD, Ed. Mundi-Prensa Libros, 2002, p.14: "La democratización verdadera es algo más que las elecciones. Necesita la consolidación de instituciones democráticas y el fortalecimiento de las prácticas democráticas, con la inclusión de normas y valores democráticos en todos los ámbitos de la sociedad."

8 *Vid.* JARILLO ALDEANUEVA, A., "Globalización: concepto y papel del Estado", *Boletín de la Facultad de Derecho de la UNED*, núm. 18, 2001, pp. 215-238.

9 A modo de ejemplo, el resumen del último informe del Grupo Intergubernamental de Expertos sobre el Cambio Climático (IPCC), se refiere a indicadores como "emisiones antropogénicas netas globales de gases de efecto invernadero", "temperatura global de la superficie del planeta" o el "rango de temperatura total de la superficie global causada por el hombre". *Vid.* Synthesis Report (*SYR*) of the Sixth Assessment Report, Intergovernmental Panel on Climate Change, 2023, disponible en: https://www.ipcc.ch/report/sixth-assessment-report-cycle/

10 A este respecto, véase el último informe del Grupo Intergubernamental de Expertos sobre el Cambio Climático (IPCC), publicado en marzo de 2023, que está disponible en este enlace: https://www.ipcc.ch/report/sixth-assessment-report-cycle/

que debe hacer posible esa evolución hacia el nuevo modelo, de forma progresiva y justa para que nadie se quede atrás.

Hace más de treinta años, el primer informe del Grupo Intergubernamental de Expertos sobre el Cambio Climático ya alarmó sobre la importancia de promover políticas educativas que facilitaran cambios estructurales en los procesos de producción y de consumo[11]. Estas ideas del cambio de modelo son las que han conformado durante estas décadas el concepto más amplio de transición ecológica. Parece que, en lengua inglesa, el término "ecological transition" hace referencia a los cambios adaptativos que experimentan las distintas especies en las situaciones de estrés ecológico, lo cual ha derivado en su utilización para referirnos los procesos adaptativos que, como seres humanos, debemos realizar ante las crisis que experimenta nuestro entorno[12].

En el ámbito del Derecho internacional, hemos vivido otras situaciones de emergencia de carácter regional o internacional, como crisis humanitarias, conflictos armados o amenazas a la seguridad que han exigido reacciones coordinadas. En este sentido, los desafíos que presenta el cambio climático pueden concebirse como parte de un interés general ineludible para todos los Estados conforme a la responsabilidad compartida que tienen respecto del medioambiente. En el año 2013, un informe elaborado por varias agencias de las Naciones Unidas subrayaba esta responsabilidad compartida y su relación con los bienes comunes (conocidos como *global commons*)[13]. Así, el informe asumía que «la gobernanza de los bienes comunes globales representa un aspecto específico de la gobernanza ambiental»[14] y concluía que «para lograr la coherencia en la gobernanza mundial, las tres dimensiones del desarrollo sostenible (crecimiento económico sostenible, inclusión social y protección del medio ambiente

---

11 Grupo Intergubernamental de Expertos sobre el Cambio Climático (Report of the Response Strategic Working Group, Intergovernmental Panel on Climate Change), Primer Informe, 1990: p.214 "A priority should be placed on education and information because attitudinal and behavioral changes can bring about structural change in production and consumption processes."

12 *Vid.* LEVIN, D., "The ecological transition in speciation", *New Phytologist*, 2004, vol. 161, núm. 1, p. 91-96.

13 Vid. *Global governance and governance of the global commons in the global partnership for development beyond 2015* (Thematic Think Piece), UN System Task Team on the Post-2015 Development Agenda (OHCHR, OHRLLS, UNDESA, UNEP, UNFPA), enero 2013.

14 *Ibid.*, p.5

y los bienes comunes mundiales) deben integrarse a nivel mundial»[15]. No obstante, las sucesivas reuniones de la Conferencia de Estados Parte de la Convención Marco de las Naciones Unidas sobre el Cambio Climático han puesto en evidencia los distintos ritmos que los países quieren seguir en ese proceso que tiene como fundamento el artículo 2.2 del Acuerdo de París que consagra el conocido principio de «responsabilidades comunes, pero diferenciadas[16]» y afirma: «El presente Acuerdo se aplicará de modo que refleje la equidad y el principio de las responsabilidades comunes pero diferenciadas y las capacidades respectivas, a la luz de las diferentes circunstancias nacionales»[17].

Podemos decir que hay consenso y acuerdo unánime en la necesidad de actuar, pero aún hay mucha ambigüedad en torno al cómo, a qué ritmo o, por qué no decirlo, a qué precio. En este contexto, el uso excesivo de términos como "transición" y "resiliencia" ha venido acompañado también de una utilización abusiva de otros calificativos que acompañan a la transición, tales como justa, inclusiva, democrática, verde o digital[18]. Todos ellos hacen referencia a un cambio de modelo productivo y de relación con la naturaleza que, como vemos en este capítulo, afecta a todos los ámbitos de nuestra vida. Así, por ejemplo, nuestro Plan Nacional de Adaptación al Cambio Climático 2021-2030 ofrece propuestas que denomina "respuestas adaptativas" que reflejan la necesidad de adaptación como respuesta a los nuevos retos y necesidades y que, al mismo, tiempo exigen la participación de todos los sectores afectados por los efectos del cambio climático[19].

---

15 *Ibid.*, p.8

16 *Vid.* STONE, C.D., "Common But Differentiated Responsibilities in International Law", *American Journal of International Law*, vol.98, núm. 2, 2004, pp. 276–301.

17 *Instrumento de ratificación del Acuerdo de París*, hecho en París el 12 de diciembre de 2015, BOE nº 28, de 2 de febrero de 2017, art.2.2.

18 A modo de ejemplo, nuestro Ministerio para la transición ecológica y el reto demográfico, ha aprobado diversos instrumentos que hacen referencia a esos calificativos, tales como la *Estrategia de transición justa*, la *Estrategia de Cambio Climático y Energía Limpia* o la *Estrategia Nacional de Infraestructura Verde y de la Conectividad y Restauración Ecológicas.*

19 *Vid.* Ministerio para la Transición Ecológica y el Reto Demográfico, *Plan Nacional de Adaptación al Cambio Climático 2021-2030*, p.54: "Las respuestas adaptativas difícilmente serán adecuadas y efectivas sin la implicación activa de aquellas personas y comunidades afectadas o capaces de aportar respuestas ante los riesgos identificados [...] deben contemplar fórmulas apropiadas que permitan la implicación de la sociedad en el diagnóstico, la definición de objetivos, la identificación o el diseño de medidas, su aplicación y la evaluación del proceso".

A comienzos del presente siglo, los informes anuales del Programa de Naciones Unidas para el Desarrollo (PNUD) hacían mucho énfasis en la revolución tecnológica que estábamos iniciando[20] o en la consolidación democrática promovida desde los procesos de democratización de finales del siglo pasado[21]. En el momento actual, la Agenda 2030 y los compromisos del Acuerdo de París han centrado las prioridades del PNUD que, en el informe referido al año 2020, reitera la idea del cambio de ciclo del Holoceno hacia la nueva fase del Antropoceno[22]:

> *"Entre los científicos existe la creencia generalizada de que estamos saliendo del Holoceno, que ha durado aproximadamente 12.000 años y durante el cual nació la civilización humana tal como la conocemos. La comunidad científica sugiere que nos estamos adentrando en una nueva época geológica, el Antropoceno, en la que los seres humanos somos una fuerza dominante que condiciona el futuro del planeta"*[23].

Este informe ofrece numerosos datos e indicadores que confirman el daño que la actividad humana ha provocado en la naturaleza y en todos los ecosistemas. La constatación de esta evidencia científica y de las consecuencias del cambio climático, llevan al PNUD a sugerir un cambio de modelo que supere la tradicional visión antropocéntrica del desarrollo e invita a que se implante un nuevo tipo de desarrollo en el que el hombre no sea la medida de todas las cosas. Es bien conocida la frase de Thomas Hobbes en *El Leviatán*[24] en la que afirmaba que "el hombre es un lobo para el hombre", reflexión orientada a buscar nuevas formas de convivencia social que evitaran las guerras y las barbaries de la época.

---

20 PNUD, *Informe sobre Desarrollo Humano 2001, Poner el adelanto tecnológico al servicio del desarrollo humano,* Programa de Naciones Unidas para el Desarrollo, 2001,

21 PNUD, *Informe sobre Desarrollo Humano 2002, Profundizar la democracia en un mundo fragmentado.* Programa de Naciones Unidas para el Desarrollo, 2002.

22 *Vid.* GIMENO PRESA, M.C., *Derecho y medioambiente en el Antropoceno,* Aranzadi, 2022; VIDAS, D. ZALASIEWICZ, J. y WILLIAMS, M., "What Is the Anthropocene—and Why Is It Relevant for International Law?", *Yearbook of International Environmental Law,* vol.25, núm. 1, 2014, pp. 3–23.

23 *Vid.* PNUD, *Informe sobre Desarrollo Humano 2020, La próxima frontera. El desarrollo humano y el Antropoceno,* Programa de Naciones Unidas para el Desarrollo, 2020, p.4.

24 HOBBES, T., *Leviatán: la materia, forma y poder de un Estado eclesiástico y civil,* Alianza, Madrid, 2001. En realidad, también se afirma que esa frase la extrajo Hobbes de la obra dramática Asinaria, del comediógrafo latino Plauto (250-184 a. de C.), en la que se afirmaba que "lobo es el hombre para el hombre" (en latín, *lupus est homo homini*).

En nuestro caso particular, la necesidad del cambio de ciclo parte de la aceptación del grave impacto causado por la actividad humana sobre la naturaleza (el hombre es un lobo para el planeta) y de la emergencia que ha provocado el cambio climático. En este sentido, a modo de breve apunte sobre el fundamento jurídico-filosófico que sustenta las obligaciones de los sujetos del ordenamiento jurídico, el desarrollo del contractualismo de Rousseau[25] ha llevado a que, en la actualidad, se haga referencia a un «nuevo contrato social» que incorpore en ese pacto la relación del hombre con el medioambiente[26]. De igual forma, en el marco del Derecho positivo (definido por obligaciones recogidas en tratados, como las del Acuerdo de París[27]) y en la relación de esas obligaciones estatales respecto de los bienes comunes (bajo el principio ya mencionado de responsabilidades comunes, pero diferenciadas) es conveniente subrayar la vigencia de autores del positivismo jurídico del siglo XX, tales como Jellinek[28] o Kelsen[29]. Sus tesis, conformadas en el

---

25 *Vid.* ROUSSEAU, J. J., *El Contrato Social*, Íntegra, Madrid, 2000, Libro I, Capítulo VII, p.31: "El cuerpo político, o el soberano, que no existe sino por la santidad del contrato, no puede nunca obligarse, ni aún con otro, a nada que derogue este acto primitivo, ni enajenar parte de sí mismo, ni someterse tampoco a otro soberano. Violar el pacto por el cual existe sería anonadarse, y lo que nada es, nada produce."

26 Nuestra propia Ley de cambio climático afirma en el preámbulo: "el Acuerdo de París de 2015, el desarrollo de sus reglas en Katowice y la Agenda 2030 para el Desarrollo Sostenible marcan el inicio de una agenda global hacia el desarrollo sostenible, que conlleva la transformación del modelo económico y de un nuevo contrato social de prosperidad inclusiva dentro de los límites del planeta." (Ley 7/2021, de 20 de mayo, de cambio climático y transición energética, BOE nº121, de 21 de mayo de 2021, p. 62010).
Entre las organizaciones que han utilizado este término, podemos mencionar organizaciones privadas como el McKinsey Global Institute que elaboró un informe titulado "The social contract in the 21st century", instituciones académica como el Centro de Innovación en Tecnología para el Desarrollo (itdUPM) de la Universidad Politécnica de Madrid que organizó un foro en esta materia bajo el título "Construyendo un nuevo contrato social" y organizaciones sindicales como la Confederación Sindical Internacional que aprobó una declaración final en su quinto congreso celebrado en Australia titulada "Un nuevo contrato social".

27 Instrumento de ratificación del Acuerdo de París, hecho en París el 12 de diciembre de 2015, BOE núm. 28, de 2 de febrero de 2017.

28 *Vid.* JELLINEK, G., *Teoría General del Estado*, Comares, Granada, 2000, p.329: "La positividad del Derecho descansa, pues, en última instancia, en la *convicción* de su obligatoriedad; sobre este elemento puramente subjetivo, se edifica todo el orden jurídico."

29 *Vid.* KELSEN, H., *Problemas capitales de la Teoría Jurídica del Estado*, Porrúa, México, 1987, p.157: "Cuando decimos que la ley encierra la voluntad del Estado,

ámbito de la Ciencia Jurídica, son muy importantes para que, en este siglo XXI, encontremos el camino para delimitar, en el ámbito del Derecho climático, la necesidad que ellos subrayaron de vincular el orden jurídico interno de los Estados con la fuerza normativa del ordenamiento jurídico internacional.

Podemos decir que estamos asistiendo a un verdadero cambio de fase en nuestra relación con el medioambiente, el Holoceno ha durado miles de años y ha permitido el equilibrio (más o menos armónico) con la naturaleza, pero en el actual Antropoceno la actividad humana tiene un impacto medioambiental con graves consecuencias (el incremento de la temperatura es una de las más graves) y desequilibrios que deben corregirse mientras estemos a tiempo. En este sentido, la Declaración de Emergencia Climática aprobada por el Gobierno de España en enero de 2020 presentó a la transición como la única alternativa viable: "El único camino posible es la transformación hacia la neutralidad climática"[30]. De igual forma, un par de meses antes, el Parlamento Europeo también había llamado la atención sobre esa emergencia afirmando que la acción sobre el cambio climático "debe basarse en la ciencia e implicar a los ciudadanos y a todos los sectores de la sociedad y la economía, incluida la industria, de forma socialmente equilibrada y sostenible"[31].

Ante este reto, la transición ecológica se plantea como la oportunidad de intervenir en nuestra relación con la naturaleza para corregir esos efectos adversos, o al menos contenerlos lo más posible, de forma que el conjunto de cambios logre (entre otros extremos) la reducción de las emisiones de dióxido de carbono y se corrija el progresivo calentamiento del planeta. Por ello, uno de sus objetivos principales, aunque no el único, es lograr la denominada neutralidad climática, también conocida como neutralidad de carbono, que supondría un nivel de emisiones de dióxido de carbono netas, iguales o inferiores a cero, de forma que se equilibren

---

decimos simplemente que se establecen en ella los substratos de hecho que deben considerarse como actos propios del Estado, que el Estado 'quiere', es decir, que deben serle imputados al Estado, y no a los sujetos físicos agentes, a los que por esta circunstancia llamamos 'órganos'. Queremos decir, pura y simplemente, que es la ley donde ha de descubrirse la regla conforme a la cual se imputan aquellos actos al Estado."

30 Esta Declaración puede consultarse en el siguiente enlace: https://www.miteco.gob.es/es/prensa/200121cmindeclaracionemergencia_tcm30-506549.pdf.

31 Resolución del Parlamento Europeo, de 28 de noviembre de 2019, *sobre la situación de emergencia climática y medioambiental*, ref. 2019/2930(RSP), párr. B.

los gases emitidos a la atmósfera con lo que la naturaleza puede absorber por otras vías[32].

Con el objetivo de analizar sus elementos y características, podemos aportar una definición propia que concibe la transición ecológica como:

> *El proceso de adaptación y cambio que se desarrolla en todos los ámbitos de la sociedad, especialmente en los sectores económicos y productivos, para mitigar los efectos del cambio climático y para lograr, de forma justa, la neutralidad de carbono.*

A partir de esa definición, concebimos la transición como un concepto dinámico y, en principio, temporal. Es dinámico porque, por su propia naturaleza, nos enfrentamos a un proceso que se ajustará a las necesidades de cada sociedad. Esto implica que, a su vez, se entienda como un concepto flexible que requerirá de más o menos ajustes para reducir el impacto de la acción humana en los distintos espacios donde se promueva esa transición. Es temporal porque su carácter transitorio indica que, en principio, no tiene carácter indefinido. Se concibe como un verdadero cambio en el modelo productivo lo que supondrá, a su vez, un nuevo enfoque en las políticas relacionadas con la energía, transportes y consumo, por citar solo algunos ejemplos.

Para ilustrar en qué consiste este cambio de modelo, podemos acudir a la propia Ley de cambio climático y transición energética[33] que subraya en el preámbulo los cambios que conllevará para el consumo[34], así como las nuevas oportunidades que ofrece la transición hacia un modelo más eco-

---

32 *Vid.* Reglamento (UE) del Parlamento Europeo y del Consejo, de 30 de junio de 2021, *por el que se establece el marco para lograr la neutralidad climática y se modifican los Reglamentos (CE) n.o 401/2009 y (UE) 2018/1999 («Legislación europea sobre el clima»)*, DOUE L 243, 9.7.2021, p. 1–17, art.2.1: "Las emisiones y absorciones de gases de efecto invernadero reguladas en el Derecho de la Unión estarán equilibradas dentro de la Unión a más tardar en 2050, por lo que en esa fecha las emisiones netas deben haberse reducido a cero y, a partir de entonces, la Unión tendrá como objetivo lograr unas emisiones negativas."

33 Ley 7/2021, de 20 de mayo, de cambio climático y transición energética, BOE núm. 121, de 21 de mayo de 2021.

34 *Ibid.*, p. 62012: "La obligación de limitar las emisiones condiciona las políticas sectoriales e implica cambios en los patrones de consumo. Pero esta transformación conlleva ventajas relacionadas con la modernización del modelo productivo y el sistema energético, y ofrece oportunidades de empleo, de negocio y de crecimiento siempre que se incorpore una perspectiva de medio y largo plazo que facilite la descarbonización ordenada de la economía".

lógico[35]. El artículo primero afirma que el objeto de la norma es "facilitar la descarbonización de la economía española, su transición a un modelo circular, de modo que se garantice el uso racional y solidario de los recursos; y promover la adaptación a los impactos del cambio climático y la implantación de un modelo de desarrollo sostenible que genere empleo decente y contribuya a la reducción de las desigualdades."[36] No obstante, hay cierta indeterminación en la pregunta de cuándo terminará ese proceso de transición. Como primera idea, podemos decir que el fin principal es iniciar el nuevo camino que nos aleje de los daños causados por el cambio climático[37] y nos oriente hacia un nuevo modelo productivo que, siendo menos cortoplacista y mucho más respetuoso con el medio ambiente, logre el objetivo final de la neutralidad climática[38].

II. LAS CARACTERÍSTICAS DE LA TRANSICIÓN

Debemos partir del hecho de que ni en la normativa española ni en el Derecho de la UE existe una definición precisa del término transición ecológica, al menos que haya sido aprobado en el momento de publicar este trabajo. En el ámbito de la UE, es muy significativo el apartado de "definiciones" que figura en los reglamentos comunitarios o en los preámbulos de otros instrumentos normativos que han permitido delimitar nuevos

---

35 *Ibid.*, pp. 66013-62014: "La transición hacia un modelo productivo más ecológico que sea socialmente beneficioso, en un país con altas tasas de desempleo como España, se logrará promoviendo la transición ecológica de las empresas, las metodologías de trabajo y del mercado laboral en general. Estos esfuerzos crearán oportunidades de empleo decente, incrementando la eficiencia de los recursos y construyendo sociedades sostenibles con bajas emisiones de carbono."

36 *Ibid.*, p. 62021: Art.1: objeto de la Ley.

37 *Ibid.*, p. 62013: "Las políticas de adaptación para lograr la anticipación a los impactos y favorecer la recuperación tras los daños son necesarias en todos los sectores de nuestra economía, así como la introducción de la variable climática en las políticas sectoriales."

38 *Ibid.*, p. 62011 : "La ley pone en el centro de la acción política la lucha contra el cambio climático y la transición energética, como vector clave de la economía y la sociedad para construir el futuro [...] Es el marco institucional para facilitar de manera predecible la progresiva adecuación de la realidad del país a las exigencias que regulan la acción climática y garantizar la coordinación de las políticas sectoriales, asegurando coherencia entre ellas y sinergias para alcanzar el objetivo de la neutralidad climática."

conceptos como la economía circular[39] o la resiliencia[40]. A pesar de que no exista una definición precisa de la transición ecológica, en España se utiliza de forma constante en las normas e instrumentos políticos más relevantes; a modo de ejemplo, la *Ley 7/2021, de 20 de mayo, de cambio climático y transición energética* la menciona en treinta y nueve ocasiones, y el *Plan de recuperación, transformación y resiliencia*[41] realiza noventa y dos menciones de la "transición ecológica", sin contar las referencias genéricas a la "transición".

No obstante, como hemos afirmado anteriormente, el sentido general del término nos lleva a identificarlo con la transición de un modelo productivo contaminante a otro más respetuoso con el medio ambiente. En este sentido, podemos considerarlo como sucesor del concepto de "desarrollo sostenible" que ha sido utilizado durante décadas y que incorporaba tres dimensiones: económica, social y medioambiental. En el caso del desarrollo sostenible, suelen mencionarse dos hitos vinculados al nacimiento de este concepto: el informe Meadows de 1972 que se presentó en la Conferencia de Naciones Unidas celebrada en Estocolmo que apuntaba la necesidad de realizar una transición de un modelo de crecimiento a un equilibrio global[42] y el Informe Bruntland, elaborado también en el marco de las Naciones Unidas, que en 1987 dedicaba un apartado específico al

39 El artículo 2 del Reglamento (UE) 2020/852 del Parlamento Europeo y del Consejo, de 19 de junio de 2020, *relativo al establecimiento de un marco para facilitar las inversiones sostenibles y por el que se modifica el Reglamento (UE) 2019/2088,* DOUE L 198, 22.6.2020, p. 13–43, define la economía circular como "un sistema económico en el que el valor de los productos, materiales y demás recursos de la economía dura el mayor tiempo posible, potenciando su uso eficiente en la producción y el consumo, reduciendo de este modo el impacto medioambiental de su uso, y reduciendo al mínimo los residuos y la liberación de sustancias peligrosas en todas las fases del ciclo de vida, en su caso mediante la aplicación de la jerarquía de residuos".

40 La Comisión Europea ha definido este concepto como "la capacidad no solo de resistir y superar los retos, sino también de llevar a efecto transiciones de manera sostenible, justa y democrática", Comunicación de la Comisión Europea de 9 de septiembre de 2020, *Informe sobre prospectiva estratégica de 2020. Prospectiva estratégica: trazar el rumbo hacia una Europa más resiliente,* COM(2020) 493 final, p.2.

41 Resolución de 29 de abril de 2021, de la Subsecretaría, por la que se publica el Acuerdo del Consejo de Ministros de 27 de abril de 2021, por el que aprueba el Plan de Recuperación, Transformación y Resiliencia, BOE núm. 103, de 30 de abril de 2021.

42 El informe se tituló *Los límites del crecimiento* y puede consultarse íntegro en este enlace: https://donellameadows.org/wp-content/userfiles/Limits-to-Growth-digital-scan-version.pdf

concepto de desarrollo duradero[43]. Es evidente que ha sido uno de los conceptos más invocados para lograr un desarrollo que fuera más respetuoso con el medioambiente y con la utilización adecuada de los recursos finitos del planeta. En su momento inspiró grandes iniciativas como los Objetivos de Desarrollo del Milenio[44], pero pronto quedó superado por la magnitud del problema que presentaba el cambio climático, el cual requirió unas estrategias más exigentes e intervencionistas para evitar la crisis climática que se anunciaba.

La aprobación de la Agenda 2030 en el año 2015[45] y la puesta en marcha de los Objetivos de Desarrollo Sostenible (conocidos como ODS) fueron el punto de inflexión que impulsó los grandes compromisos en la lucha contra el cambio climático y la consolidación del concepto de transición ecológica. Supusieron un paso adelante respecto de los anteriores Objetivos de Desarrollo del Milenio (de septiembre de 2000) ya que, con los nuevos ODS, se quería superar el tradicional planteamiento norte-sur para lograr una verdadera agenda global[46]. Esa Agenda lleva en el mismo título el objetivo de "Agenda 2030 para el Desarrollo Sostenible", e incluye algunos objetivos que apuntan la idea del cambio en el proceso, tales como el 8 (*Promover el crecimiento económico sostenido, inclusivo y sostenible, el empleo*

---

43 *Vid.* Informe de 4 de agosto de 1987, de la Comisión Mundial sobre el Medio Ambiente y el Desarrollo a la Asamblea General de Naciones Unidas, A/42/427, p.23, pàrr.27: "Está en manos de la humanidad hacer que el desarrollo sea sostenible, duradero, o sea, asegurar que satisfaga las necesidades del presente sin comprometer la capacidad de las futuras generaciones para satisfacer las propias. El concepto de desarrollo duradera implica límites, no límites absolutos, sino limitaciones que imponen a los recursos del medio ambiente el estado actual de la tecnología y de la organización social y la capacidad de la biósfera de absorber los efectos de las actividades humanas."

44 Resolución de la Asamblea General de Naciones Unidas de 13 de septiembre de 2000, *Declaración del Milenio*, A/RES/55/2.

45 Resolución de la Asamblea General de Naciones Unidas de 21 de octubre d3 2015, *Transformar nuestro mundo: la Agenda 2030 para el Desarrollo Sostenible*, A/RES/70/1.

46 En este sentido, la Agenda contempla un objetivo específico para conseguir "alianzas para lograr los objetivos"(objetivo 17), que ha llevado a organismos como la CEPAL (Comisión Económica para América Latina y el Caribe) a afirmar que este objetivo exige "aumentar el apoyo internacional para realizar actividades de creación de capacidad eficaces y específicas en los países en desarrollo a fin de respaldar los planes nacionales de implementación de todos los Objetivos de Desarrollo Sostenible, incluso mediante la cooperación Norte-Sur, Sur-Sur y triangular." CEPAL, *La Agenda 2030 y los Objetivos de Desarrollo Sostenible: una oportunidad para América Latina y el Caribe*, LC/G.2681-P/Rev.3, p.78.

pleno y productivo y el trabajo decente para todos) orientado a "desvincular el crecimiento económico de la degradación del medio ambiente" (8.4) y el 13 (*Adoptar medidas urgentes para combatir el cambio climático y sus efectos*), referido a "fortalecer la resiliencia y la capacidad de adaptación a los riesgos relacionados con el clima" (13.1).

La vocación universal y el objetivo transformador de la Agenda 2030 se deduce del propio título de la Agenda ("transformar nuestro mundo"), y del comienzo del Preámbulo en el que se confirma su impacto global: "La presente Agenda es un plan de acción en favor de las personas, el planeta y la prosperidad". Si bien el documento también ha sido objeto de críticas[47], a los dos meses de su aprobación por la Asamblea General de las Naciones Unidas, en diciembre de 2015, se logró el otro hito que acompañó este impulso transformador en el plano normativo: el Acuerdo de París. Este tratado[48], celebrado en el marco de la Convención Marco de las Naciones Unidas sobre el Cambio Climático, tampoco contempla de forma expresa el concepto de transición ecológica, pero sí hace referencia a conceptos dinámicos que invitan a "promover la resiliencia al clima" y a transformar el modelo de desarrollo para lograr un "desarrollo con bajas emisiones de gases de efecto invernadero" (art.2.1.b).

Para ofrecer una aproximación a la naturaleza y características de este proceso transformador, vamos a ilustrar nuestro análisis con el ejemplo el Pacto Verde europeo[49] que es el instrumento de referencia para la transición que está experimentando España junto con el resto de los países de la Unión Europea. En este contexto europeo, podemos sistematizar el proceso de transición ecológica en torno a las siguientes características:

Transversal. El proceso de transición ecológica afecta a una pluralidad de sectores que son muy heterogéneos. Así, afecta a ámbitos como la construcción, el transporte o la agricultura. En cuanto a los destinatarios de las obligaciones que se establecen, abarca al sector público y al privado,

---

47 *Vid.* WEBER, H., "Politics of 'Leaving No One Behind': Contesting the 2030 Sustainable Development Goals Agenda", *Globalizations*, vol. 14, núm. 3, 2017, pp.399-414. Entre las críticas que realiza esta autora, insiste en la idea de que la Agenda 2030 es el resultado de un proyecto político elaborado por actores que se benefician de la continuidad del modelo neoliberal.

48 *Vid.* Instrumento de ratificación del Acuerdo de París, hecho en París el 12 de diciembre de 2015, BOE núm. 28, de 2 de febrero de 2017.

49 Comunicación de la Comisión Europea de 11 de diciembre de 2019, *El Pacto Verde Europeo*, COM(2019) 640 final.

incluyendo a los propios consumidores que también son destinatarios de muchas iniciativas. Incluye a las grandes áreas urbanas, afectadas por todos los cambios en la movilidad y a las zonas rurales, relacionadas con la agricultura y otras actividades extractivas. El conjunto del proceso es muy heterogéneo y solo puede conducirse a través de iniciativas transversales impulsadas a través de políticas públicas e iniciativas privadas. El objetivo es sumar a todos los agentes y actores que participan en todas las fases de proceso de producción. Así, por ejemplo, el Pacto Verde afirma la necesidad de configurar nuevas políticas transformadoras y establece una serie de objetivos que se entienden como un punto de partida para los Estados miembros y para la propia Unión[50].

Estos objetivos afectan a ámbitos tan amplios y variados como: la movilización de la industria en favor de una economía limpia y circular; el uso eficiente de la energía y los recursos en la construcción y renovación de edificios; y la necesidad de acelerar la transición a una movilidad sostenible e inteligente. El fin último es combatir el deterioro medioambiental con un enfoque sistémico que aborde los efectos negativos del cambio climático y afrontar otros retos como la pérdida de biodiversidad o la pérdida de recursos vinculada con la escasez de alimentos[51]. La idea subyacente es la necesidad de aplicar la transversalidad en todas las políticas de la Unión, igual que nuestro Ministerio para la Transición Ecológica y el Reto Demográfico es determinante en el desarrollo de iniciativas legislativas en ámbitos que antes eran responsabilidad de otros departamentos ministeriales.

Justa. Una de las máximas que más se repite cuando nos referimos a la transición ecológica es "que nadie se quede atrás". Esta idea está incluida en los ODS de la Agenda 2030[52] y se concreta en la necesidad de lograr

---

50 *Vid. Ibid.*, p. 3: "Esta Comunicación presenta una hoja de ruta inicial de las políticas y medidas clave necesarias para hacer realidad el Pacto Verde Europeo. Se irá actualizando a medida que evolucionen las necesidades y se formulen las distintas respuestas políticas. Todas las actuaciones y políticas de la UE deberán contribuir a los objetivos del Pacto Verde Europeo."

51 *Ibid.*, p. 8: "Aproximadamente la mitad de las emisiones totales de gases de efecto invernadero y más del 90 % de la pérdida de biodiversidad y del estrés hídrico se debe a la extracción de recursos y la transformación de materiales, combustibles y alimentos".

52 Así, en el objetivo 6 (Garantizar la disponibilidad y la gestión sostenible del agua y el saneamiento para todos) menciona la necesidad de "lograr el acceso universal y equitativo al agua potable a un precio asequible para todos", en el objetivo 17 (Fortalecer los medios de implementación y revitalizar la Alianza Mundial para el Desarrollo Sostenible) subraya la importancia de "promover un sistema de co-

una transición justa. Al igual que ocurriera en el pasado con los procesos de reconversión industrial y con los cambios que tuvieron lugar en la política agrícola de la UE, la transición tiene importantes impactos y costes socio-económicos. Por ello, instituciones como la Comisión Europea reiteran la necesidad de facilitar las ayudas y los apoyos financieros necesarios para atenuar el impacto en los sectores más afectados[53]. De igual forma, la transición aspira a lograr una mayor cohesión social e incluso, en países como España, a mejorar el equilibrio territorial entre regiones[54]. Para ello, es importante subrayar las oportunidades que ofrece desde el punto de vista de la innovación, el empleo y el impulso de procesos ya en marcha como la digitalización.

En el caso particular de la UE y de los Estados miembros, el paquete de ayudas y estímulos financieros contemplados en el Mecanismo para una Transición Justa ha movilizado 100.000 millones de euros a través de herramientas como el Fondo de Transición Justa, que es un instrumento fundamental para que la equidad oriente el conjunto del proceso y no se incremente la desigualdad, sino que, al contrario, se logren nuevos

---

mercio multilateral universal, basado en normas, abierto, no discriminatorio y equitativo" y en el objetivo 2 (Poner fin al hambre, lograr la seguridad alimentaria y la mejora de la nutrición y promover la agricultura sostenible) se refiere a "] promover el acceso a los beneficios que se deriven de la utilización de los recursos genéticos y los conocimientos tradicionales conexos y su distribución justa y equitativa, según lo convenido internacionalmente." (Resolución de la Asamblea General de Naciones Unidas de 21 de octubre de 2015, *Transformar nuestro mundo: la Agenda 2030 para el Desarrollo Sostenible*, A/RES/70/1)

53 *Vid.* Comunicación de la Comisión Europea de 11 de diciembre de 2019, *El Pacto Verde Europeo*, COM(2019) 640 final, p.19: "Como parte del Plan de Inversiones para una Europa Sostenible, la Comisión propondrá un Mecanismo para una Transición Justa, con un Fondo de Transición Justa, para que nadie se quede rezagado. La transición solo puede tener éxito si se lleva a cabo de manera justa e integradora. Los más vulnerables son los que están más expuestos a los efectos nocivos del cambio climático y la degradación del medio ambiente [...] No todos los Estados miembros, regiones y ciudades parten del mismo punto para iniciar la transición, ni tiene la misma capacidad de respuesta. Estos retos requieren una enérgica respuesta política a todos los niveles."

54 *Ibid.*, p.18: "Al menos el 30 % del Fondo InvestEU contribuirá a la lucha contra el cambio climático. Por otra parte, los proyectos estarán sujetos a una prueba de sostenibilidad para verificar su contribución a los objetivos sociales y en materia de cambio climático y medio ambiente. InvestEU ofrece además a los Estados miembros la posibilidad de utilizar la garantía presupuestaria de la UE, por ejemplo, para cumplir objetivos de política de cohesión relacionados con el clima en sus territorios y regiones."

equilibrios que la reduzcan. A modo de ejemplo, el mencionado Fondo tiene como objetivos apoyar la reconversión de los territorios afectados de los Estados miembros[55], así como apoyar acciones orientadas a la creación de nuevas empresas[56], la formación y el reciclaje de trabajadores, la transformación de instalaciones con altas emisiones de carbono y otras acciones destinadas a la reducción de emisiones y a la protección del empleo[57]. La pandemia de COVID-19 puso de manifiesto la necesidad de impulsar estímulos que, se forma solidaria, garantizaran una "transición justa y asequible" para todos[58]. En esta misma línea, la guerra de Ucrania ha incrementado esa necesidad de la Unión para, en palabras de Consejo Europeo, "acelerar la transición ecológica"[59].

---

55 Reglamento (UE) 2021/1056 del Parlamento y del Consejo, de 24 de junio de 2021, *por el que se establece el Fondo de Transición Justa*, DOUE L 231, 30.6.2021, p. 1–20, considerando 5: "El presente Reglamento debe establecer el Fondo de Transición Justa (FTJ), que es uno de los pilares del Mecanismo para una Transición Justa que se aplica en el marco de la política de cohesión. Los objetivos del FTJ son mitigar los efectos negativos de la transición climática prestando apoyo a los territorios más perjudicados y a los trabajadores afectados y promover una transición socioeconómica equilibrada."

56 *Ibid.*, considerando 16: "Con el fin de mejorar la diversificación económica de los territorios afectados por la transición, el FTJ debe prestar apoyo a las empresas y a los agentes económicos, en particular mediante el apoyo a las inversiones productivas en las microempresas y las pequeñas y medianas empresas(pymes)."

57 *Ibid.*, considerando 13: "El FTJ también debe proporcionar toda forma adecuada de apoyo a los solicitantes de empleo, incluida la asistencia en su búsqueda de trabajo y su inclusión activa en el mercado laboral. Todos los solicitantes de empleo que hayan perdido su trabajo en sectores afectados por la transición en una región incluida en el plan territorial de transición justa deben poder optar a recibir apoyo del FTJ."

58 *Vid.* Conclusiones del Consejo de la Unión Europea, de 25 de junio de 2020, *sobre la respuesta a la pandemia de COVID-19 en el sector energético de la UE: el camino hacia la recuperación*, Ref. 8382/2/20 REV 2, párrafo 21, p. 6: "El Consejo de la Unión Europea [...] subraya la importancia de apoyar y movilizar a los ciudadanos y a las comunidades locales, y de seguir aspirando a una transición justa y asequible, así como la necesidad de apoyar a las empresas y a las regiones y de hacer frente a la pobreza energética protegiendo a los consumidores vulnerables."

59 *Vid.* Conclusiones del Consejo Europeo de 23 de marzo de 2023, Ref. EUCO 4/23, párrafo 22, p.9: "El Consejo Europeo invita a los colegisladores a que lleguen rápidamente a un acuerdo sobre todas las propuestas pertinentes para acelerar la transición ecológica y a que impulsen sin demora los trabajos sobre la propuesta de revisión de la configuración del mercado interior de la electricidad de la UE con vistas a lograr su adopción antes de que termine 2023."

Participativa. Una de las claves de esta transición es que no puede estar diseñada *de arriba abajo,* sino que debe fomentar la participación de la sociedad civil y de todos los agentes sociales, políticos y educativos. Al ser un proceso global y con vocación holística, debe superar la dicotomía de la economía *versus* la naturaleza, así como el tradicional enfoque binario que solo distinguía entre los beneficios empresariales y los costes medioambientales[60]. Ese enfrentamiento tradicional entre defensores del progreso económico frente a los activistas del medioambiente debe modificarse radicalmente en el nuevo proceso integrador que ha dejado de ser plano y cortoplacista para ser mucho más complejo e inclusivo. En el proceso de transición ecológica se promueve una nueva relación con la naturaleza y el proceso se concibe como un prisma, complejo y con muchos lados y aristas en las que los distintos intereses convergen para generar nuevas oportunidades. Es un proceso a largo plazo y con vocación de permanencia.

Constructiva. La percepción que se tenía de la protección del medio ambiente en el pasado estaba orientada a la protección a través de la sanción, de la cual surgieron principios (muy importantes para aquella época) como el de *quien contamina paga*[61]. El deterioro progresivo del medioambiente por la acción humana y los efectos del cambio climático obligaron a estrategias más ambiciosas que no se limiten a la mera sanción o a la estricta protección, sino que la sostenibilidad oriente el conjunto del proceso productivo en todas las fases, de forma que se desarrolle un nuevo modelo más respetuoso con el medio ambiente. A modo de ejemplo, podemos mencionar el cambio que se ha producido en la jerarquía de residuos de la UE[62], donde la prevención ocupa un lugar central por

---

60 Sobre los desafíos del desarrollo sostenible en la época actual, vid., RODRIGO, A. J., *El desafío del desarrollo sostenible. Los principios del Derecho internacional relativos al desarrollo sostenible,* Centro de Estudios Internacionales, Marcial Pons, 2015.

61 Sobre este principio, *vid.* CHUECA SANCHO, A. G., "'Quien contamina, paga', en el Derecho de la Unión Europea", *Revista de derecho de la Unión Europea,* núm. 15, 2008 pp.183-196; JUSTE RUIZ, J. y CASTILLO DAUDI, M., *La protección del medio ambiente en el ámbito internacional y en la Unión Europea,* Valencia, Tirant lo Blanch, 2014; HAJER, M. y VERSTEEG, W., "A Decade of Discourse Analysis of Environmental Politics: Achievements, Challenges, Perspectives", *Journal of Environmental Policy and Planning,* vol.7, núm. 3, 2005, pp.175-184; LUPPI, B., PARISI, F. y RAJAGOPALAN, S., "The rise and fall of the polluter-pays principle in developing countries", *International Review of Law and Economics,* vol. 32, núm. 1, 2012, pp. 135-144.

62 La Directiva 2008/98/CE del Parlamento Europeo y del Consejo, de 19 de noviembre de 2008, *sobre los residuos y por la que se derogan determinadas Directivas,*

encima de las tradicionales actividades de eliminación y reciclaje (de forma que los Estados, sin abandonar los compromisos de eliminación y reciclaje, asumen nuevos retos en todas las fases, como el diseño y el ensamblaje, lo que facilita la reutilización)[63].

De igual forma, las tradicionales reivindicaciones de establecer mecanismos fiscales que graven las actividades contaminantes se acompañan ahora por estímulos que fomenten nuevas oportunidades de trabajo y *palancas de cambio* que impulsen la transición. En este sentido, el Banco Europeo de Inversiones (BEI) ha asumido un papel central y se ha convertido en el *banco climático* de la Unión" El objetivo es que en el 2025 su cuota de financiación destinada a la acción por el clima y la sostenibilidad medioambiental alcance el 50% de sus operaciones. De hecho, el BEI ha reiterado que no financiará nuevos proyectos relacionados con energías fósiles a partir de 2021. La guerra de Ucrania ha llevado a la UE a tomar medidas de emergencia y ha puesto de manifiesto la necesidad de apostar por la autonomía energética de la Unión y por las fuentes de energía limpias[64]. A modo de ejemplo, entre las distintas acciones que ha comenzado a desarrollar el BEI, el instrumento de préstamo al sector público tiene como objetivo prestar 10.000 millones EUR a las distintas administraciones con el fin de apoyar acciones como la transformación de infraestructuras de transporte, la renovación de edificios o las redes de calefacción[65]. Todo ello, muestra cómo la transi-

---

DOUE L 312, 22.11.2008, p. 3–30, sitúa a la prevención en un lugar privilegiado frente al enfoque cortoplacista que solo prestaba atención a la eliminación de los residuos. Esta norma es paradigmática del cambio de mentalidad y del ánimo transformador del legislador comunitario, que adopta un enfoque a largo plazo en la política de residuos en la que se prioriza la prevención.

63 *Vid.* Real Decreto 1055/2022, de 27 de diciembre, de envases y residuos de envases, BOE núm. 311, de 28 de diciembre de 2022.

64 *Vid.* Reglamento (UE) 2022/1854 del Consejo, de 6 de octubre de 2022, *relativo a una intervención de emergencia para hacer frente a los elevados precios de la energía*, DOUE L 261 L. 7.10.2022, p. 1–21, considerando 19: "La electrificación es clave para reducir la dependencia de la Unión con respecto a los combustibles fósiles y garantizar la autonomía estratégica a largo plazo de la Unión Europea, dado que induce a limitar la magnitud de la actual crisis energética y a prevenir las futuras."

65 Una de las herramientas esenciales para impulsar ese apoyo financiero ha sido el conocido como *Reglamento de taxonomía* que ayuda a determinar el "grado de sostenibilidad medioambiental de una inversión" (art.1) en torno a seis grandes objetivos medioambientales (art.9): Reglamento (UE) 2020/852 del Parlamento Europeo y del Consejo, de 18 de junio de 2020, *relativo al establecimiento de un marco para facilitar las inversiones sostenibles y por el que se modifica el Reglamento (UE) 2019/2088*, DOUE L 198, 22.6.2020, p. 13–43.

ción ecológica se presenta como una oportunidad en ámbitos como la generación de nuevos empleos, la implantación de procesos de digitalización respetuosos con el medio ambiente o la mayor cohesión social y territorial.

Global. El hecho de concebir al clima como un interés compartido por todos los Estados y como un bien jurídico que debe ser protegido configura al reto de la transición ecológica como un desafío global. Es bien conocido el principio de responsabilidades compartidas, pero diferenciadas que, desde los años setenta[66], subraya la interrelación entre el bienestar de los países desarrollados y la prosperidad de los países en desarrollo, así como su diferente responsabilidad en la contribución en la degradación ambiental y, por tanto, su diferente responsabilidad[67].

En el actual proceso de transición ecológica, es evidente también que las acciones se desarrollan a diferentes velocidades en los distintos niveles (internacional, estatal, regional y local) y que la disparidad de esfuerzos que realizan unos u otros siempre estará presente[68]. Pero ello no es óbice para defender la importancia de seguir avanzando en aquellos espacios, como la UE, en los que existe un claro compromiso político y ciudadano con el reto de la transición. La idea de actuar localmente con una visión global está presente desde hace mucho tiempo en la defensa del medio ambiente y la transición ecológica le ha aportado una dimensión holística que, en el ámbito interno, compromete a sectores de la sociedad que antes no estaban tan implicados en el proceso. En el ámbito internacional, implica a todos los Estados y organizaciones internacionales. En este sentido, en el momento de cerrar la redacción de este capítulo, la Asamblea General ha solicitado al Tribunal Internacional de Justicia una opinión consultiva referida al alcance de las obligaciones de los Estados respecto de la protección del medio ambiente[69], así como

---

66 *Vid.* Resolución 320 (S-VI) de la Asamblea General de Naciones Unidas, *Declaración sobre el establecimiento de un nuevo orden económico internacional,* de 1 de mayo de 1974.

67 *Vid.* BORRÀS, S., "Análisis jurídico del principio de responsabilidades comunes, pero diferenciadas", *Seqüência: estudos jurídicos e políticos,* vol. 25, núm. 49, 2004, pp. 153-198.

68 Uno de los mejores ejemplos de este compromiso asumido por todos de forma solidaria es el llamado "Fondo de pérdidas y daños" incorporado en la COP 27 (Sharm el Sheij, 20 de noviembre de 2022) para compensar el impacto del cambio climático en los países en desarrollo.

69 *Vid.* Solicitud de una opinión consultiva de 1 de marzo de 2023 de la Asamblea General de Naciones Unidas a la Corte Internacional de Justicia *sobre las obligaciones de los Estados con respecto al cambio climático,* A/77/L.58, p.4: "¿Cuáles son las

respecto de las responsabilidades que se pudieran derivar por los daños que se produzcan[70]. En esta petición, la Asamblea General comienza su argumentación afirmando la dimensión global del proceso y reconoce que "el cambio climático es un desafío civilizacional sin precedentes y que el bienestar de las generaciones presentes y futuras depende de que le demos una respuesta inmediata y urgente".

III. EL PARADIGMA COMO META Y EL PAPEL DEL INDIVIDUO

Ante la situación de emergencia climática, la transición ecológica se promueve desde las organizaciones internacionales como el nuevo paradigma que debe orientar el conjunto de la actividad humana. Es un paradigma porque se ofrece como modelo tras un largo debate científico que ha confirmado que, en caso de que no actuemos, la consecuencia será el colapso medioambiental[71]. Conforme al diccionario de la RAE, un paradigma es una "teoría o conjunto de teorías cuyo núcleo central se acepta sin cuestionar y que suministra la base y modelo para resolver problemas y avanzar en el conocimiento", lo cual se ajusta a la idea de promover un nuevo modelo de desarrollo.

La pregunta que surge es: ¿se trata de una transformación completa del modelo de desarrollo o la transición ecológica opera como una modifica-

---

obligaciones que tienen los Estados en virtud del derecho internacional de garantizar la protección del sistema climático y otros elementos del medio ambiente frente a las emisiones antropógenas de gases de efecto invernadero en favor de los Estados y de las generaciones presentes y futuras?"

70 *Ibid.*, p.4: "¿Cuáles son las consecuencias jurídicas que se derivan de esas obligaciones para los Estados que, por sus actos y omisiones, hayan causado daños significativos al sistema climático y a otros elementos del medio ambiente, con respecto a: i) Los Estados, incluidos, en particular, los pequeños Estados insulares en desarrollo, que, debido a sus circunstancias geográficas y a su nivel de desarrollo, se ven perjudicados o especialmente afectados por los efectos adversos del cambio climático o son particularmente vulnerables a ellos; ii) Los pueblos y las personas de las generaciones presentes y futuras afectados por los efectos adversos del cambio climático?"

71 Ministerio para la Transición Justa y el Reto Demográfico, *Estrategia de Transición Justa*, 2020, p.9: "Las continuas alertas y llamadas a la acción de la comunidad científica sobre la fragilidad del equilibrio ecológico del planeta nos obligan a adoptar medidas que faciliten un cambio ágil en el modelo económico para evitar consecuencias graves sobre las sociedades, los ecosistemas y las economías."

ción en el actual modelo de desarrollo sin llegar a cambiarlo totalmente? El punto de partida no debe ser la aceptación de la transición ecológica como un nuevo dogma que, por contraposición a otros como el capitalismo liberal, deba ser aceptado de forma unívoca y radical. Así, algunos autores afirman la necesidad del cambio de paradigma, pero aceptan la diversidad de enfoques y visiones que debe integrar ese proceso de transición[72]. El caso de la Unión Europea es un buen ejemplo de modelo que, partiendo del enfoque antropocéntrico del originario mercado interior de las primeras Comunidades Europeas, ha evolucionado hacia un mayor compromiso con el medioambiente y ha asumido otras responsabilidades en ámbitos tan específicos como, por ejemplo, el bienestar animal[73]. Para algunos autores, como Oliver Clerc, esta evolución podría ser mucho más ambiciosa y aceptar las especies y los hábitats protegidos como parte del proyecto europeo al igual que los demás objetivos de la Unión[74].

Podemos afirmar que la transición ecológica, al menos tal como se concibe en la Unión Europea, no renuncia a la esencia del tradicional modelo de producción de las economías liberales, pero aspira a transformarlo parcialmente. En este sentido, si volvemos al ejemplo del Pacto Verde (que actúa como foco y piedra angular del proceso), vemos que sus objetivos se orientan a fines tan amplios y diversos como los nuevos recursos energéticos (energía limpia, asequible y segura), las nuevas formas de movilidad

---

72 *Vid.* MERÇON J, et.al., "From local landscapes to international policy: contributions of the biocultural paradigm to global sustainability", *Global Sustainability,* vol. 2, núm. e7, 2019, p. 6: "The current plurality of biocultural discourses reflects the diversity of socio-cultural positions, communities of practice and political orientations involved in their construction and application. Some tensions between these stances are inevitable and can provide meaningful challenges for further dialogue and political changes."

73 *Vid.* Tratado de Funcionamiento de la Unión Europea, art.13: "Al formular y aplicar las políticas de la Unión en materia de agricultura, pesca, transporte, mercado interior, investigación y desarrollo tecnológico y espacio, la Unión y los Estados miembros tendrán plenamente en cuenta las exigencias en materia de bienestar de los animales como seres sensibles"; Ley 7/2023, de 28 de marzo, de protección de los derechos y el bienestar de los animales, BOE núm. 75, de 29 de marzo de 2023.

74 *Vid.* CLERC, O., "L'Union européenne face au défi de l'anthropocène: du droit du développement durable aux droits de la nature ?", *Revue Québécoise de droit International,* vol. 2, núm. 1, 2018 (Hors-série novembre 2018 – L'Union européenne et les 60 ans du Traité de Rome: Enjeux et défis contemporains), p.70: "[...] l'acceptation du partage de la terre et des mers avec des non humains, l'idée selon laquelle les espèces et les habitats protégés font partie du projet politique européen humain au même titre que les autres objectifs de l'Union européenne".

(sostenible e inteligente) o las nuevas formas de consumo en torno a un sistema alimentario justo y saludable (estrategia *De la granja a la mesa*)[75]. El concepto de transición ecológica debe considerarse como un concepto más amplio que el de desarrollo sostenible, ya que no solo se dirige a los actores y agentes que intervienen el proceso de producción, sino que se orienta al conjunto de la sociedad. En el contexto del cambio climático es frecuente ver referencias a las partes interesadas y a los actores que participan en el proceso y se suele utilizar el término "stakeholders" para estos actores que no son sujetos del ordenamiento jurídico internacional. Así, en la cumbre de Glasgow de la COP26, en noviembre de 2021, la Declaración final reconoce su importancia en varios puntos, como los referidos a su papel en la mitigación de los efectos adversos del cambio climático a nivel local, regional y nacional (párrafo 38), a la importancia del diálogo entre los Estados parte y estos otros actores en las acciones de sensibilización y de fomento de la participación de todos los sectores de la población, (párrafo 46, 55 y 64) o a su relevancia a la hora de evaluar junto a los Estados el balance global de la implementación de las medidas (párrafo 77).[76]

En este contexto, la recuperación de la pandemia de la COVID-19 ha sido concebida por la UE y por las Naciones Unidas como una oportunidad para promover una salida de la crisis que incorpore los ODS de la Agenda 2030 y que sea respetuosa con las nuevas exigencias de la transición ecológica. Así, la Asamblea General ha pedido a los Estados miembros que "adopten un enfoque que tenga en cuenta el clima y el medio ambiente en relación con las actividades de recuperación de la COVID-19, entre otras cosas armonizando las inversiones y las políticas nacionales con la Agenda 2030 para el Desarrollo Sostenible y los objetivos del Acuerdo de París [...] a fin de reconstruir para mejorar y acelerar la transición hacia economías y sociedades con bajas emisiones"[77].

---

75 Comunicación de la Comisión Europea de 20 de mayo de 2020, *Estrategia «de la granja a la mesa» para un sistema alimentario justo, saludable y respetuoso con el medio ambiente*, COM(2020) 381 final.

76 Convención Marco de Naciones Unidas sobre Cambio Climático, C*onference of the Parties serving as the meeting of the Parties to the Paris Agreement, Glasgow, "Glasgow Climate Pact" (Decision -/CP.26. Advance unedited version)*, 31 octubre al 12 de noviembre 2021. El acuerdo final puede consultarse en: https://unfccc.int/sites/default/files/resource/cop26_auv_2f_cover_decision.pdf

77 *Vid.* Resolución 75/217 de la Asamblea General de Naciones Unidas de 29 de diciembre de 2020, *Protección del clima mundial para las generaciones presentes y futuras*, A/RES/75/217, p.6, párr. 2

Una de las diferencias sustanciales respecto de anteriores conceptos como el desarrollo sostenible, es el papel que el propio individuo debe tener en el proceso. A modo de ejemplo, la Ley del Clima Europea afirma en su considerando sexto que "lograr la neutralidad climática requiere de la contribución de todos los sectores económicos"[78]. También es novedosa la participación de los consumidores como piezas claves del nuevo *engranaje* que supone la transición ecológica y son numerosas las referencias a su capacidad de actuación en ámbitos como la economía circular, la movilidad sostenible o la alimentación saludable. En este sentido, si en el pasado era frecuente interpelar a los agentes del proceso productivo para que desarrollaran prácticas menos contaminantes (por ejemplo en los procesos de fabricación o en los transportes de mercancías), la nueva transición ecológica aspira a movilizar a las empresas y a los consumidores para modificar los hábitos de compra y para que seleccionen entre los productos que generan menos impacto ambiental (por ejemplo, con el consumo de proximidad promovido por la UE con la estrategia *De la granja a la mesa*[79]) o para que sean conscientes del impacto ambiental que generan sus desplazamientos particulares y los derivados del transporte y la fabricación de productos. La propia Asamblea General ha hecho llamamientos a las empresas para que contribuyan en las medidas de adaptación y mitigación del cambio climático[80] invitándolas a desarrollar modelos de negocio más sostenibles y a promover la economía circular[81]. En el caso español, desde las administraciones públicas se han elaborado distintas iniciativas en esa

---

78 Reglamento de la Comisión de 4 de marzo de 2020 *por el que se establece el marco para lograr la neutralidad climática y se modifica el Reglamento (UE) 2018/1999 («Ley del Clima Europea»),* COM(2020) 80 final.

79 Comunicación de la Comisión Europea de 20 de mayo de 2020, *Estrategia "de la granja a la mesa" para un sistema alimentario justo, saludable y respetuoso con el medio ambiente,* COM(2020) 381 final.

80 *Vid.* Resolución 75/211 de la Asamblea General de Naciones Unidas de 29 de diciembre de 2020, *Iniciativa empresarial para el desarrollo sostenible,* A/RES/75/211, p.4: "[...] La iniciativa empresarial puede ayudar a abordar los problemas ambientales mediante la introducción de nuevas tecnologías para la mitigación del cambio climático y la adaptación a él y medidas de resiliencia, así como promoviendo prácticas y modalidades de consumo sostenibles desde el punto de vista ambiental."

81 *Vid. Ibid.*, p.5: "[...] Las empresas tendrán un papel esencial en la transición hacia el desarrollo sostenible y una economía más eficiente en el uso de los recursos, que incluirá conceptos como la economía circular, mediante la adaptación de sus modelos de negocio y cadenas de valor".

misma dirección para que los agentes económicos y productivos reduzcan la huella de carbono[82].

La transición ecológica se plantea como un proceso urgente e ineludible para corregir la emergencia climática que estamos viviendo y para reconstruir (sin eliminar) el actual modelo económico y productivo. El medioambiente y el propio individuo se sitúan en el núcleo de la estrategia, de forma que el proceso de cambio se presenta como un paradigma para el individuo y para todo su entorno, con la paradoja de que no podrá funcionar sin el propio individuo, lo cual evidencia la necesidad de implicar a toda la ciudadanía. Es un proceso largo, complejo e incierto, pero es la única alternativa que tenemos para reaccionar frente a la emergencia sin renunciar a la esencia del modelo económico que ha facilitado el bienestar de nuestras sociedades.

En esta línea de avanzar en el cambio de modelo, la transición ecológica suele promoverse juntamente con la transición digital, dado que ambas se conciben como oportunidad de cambio hacia un modelo que, además de ofrecer nuevos nichos de oportunidades laborales, se caracterice por la reducción del impacto medioambiental. De esta forma, ambos procesos, el ecológico y el digital, se conciben como simultáneos y complementarios, hasta el punto de que la Comisión Europea ha llegado a hablar de una "doble transición".[83] Dado que el anterior modelo también ha generado desigualdades y un gran daño ecológico, la transición, a diferencia del anterior modelo económico, deberá corregir esas distorsiones y facilitar un modelo más justo e inclusivo que tienda a ser plenamente respetuoso con la naturaleza y que facilite una mayor cohesión social y territorial[84].

---

82 *Vid.* Real Decreto 163/2014, de 14 de marzo, por el que se crea el registro de huella de carbono, compensación y proyectos de absorción de dióxido de carbono, BOE núm. 77, de 29 de marzo de 2014.

83 *Vid.* Comunicación de la Comisión Europea de 29 de junio de 2022, *Informe de prospectiva estratégica 2022. Hermanamiento de las transiciones ecológica y digital en el nuevo contexto geopolítico*, COM(2022) 289 final; JRC "Towards a green and digital future. Key requirements for successful twin transitions in the European Union", Joint Research Centre, Oficina de publicaciones de la Unión Europea, 2022.

84 *Vid.* Comunicación de la Comisión Europea de 29 de junio de 2022, *Informe de prospectiva estratégica 2022. Hermanamiento de las transiciones ecológica y digital en el nuevo contexto geopolítico*, COM(2022) 289 final, p.17: "Las estrategias e inversiones en desarrollo regional, respaldadas por la política de cohesión, deben sustentar la doble transición, reduciendo al mismo tiempo las disparidades económicas, sociales y tecnológicas, en particular la injusticia medioambiental".

La idea que resume este cambio de paradigma, en el que todos estamos llamados a participar, es la necesidad de prestar más atención a los mecanismos de colaboración en todos los niveles[85]. Es evidente que el sistema económico se ha construido sobre las relaciones de competencia que son necesarias para que el mercado funcione de forma eficiente, pero, ante los desafíos de la cohesión social y la crisis medioambiental, la colaboración global (y sus oportunidades) deben ocupar un lugar prioritario en la transición ecológica. No es un proceso orientado a una meta única (que podría asimilarse a la neutralidad climática) como si se tratara de una nueva carrera competitiva lineal, es una nueva forma de caminar juntos donde lo importante no sea la meta sino promover un desarrollo que no descuide a las personas ni al planeta[86]. Este objetivo se puede resumir en la petición que hizo la Asamblea General a los Estados para que "adopten enfoques holísticos e integrados del desarrollo sostenible, en sus tres dimensiones, que orienten a la humanidad hacia una vida en armonía con la naturaleza y lleven a la adopción de medidas para restablecer la salud y la integridad de los ecosistemas de la Tierra"[87].

IV. EL BIEN JURÍDICO PROTEGIDO: APROXIMACIÓN A LA FUERZA NORMATIVA DE LA TRANSICIÓN

Una vez que hemos confirmado que la transición ecológica es un paradigma que orienta la acción política y actúa como modelo para el conjunto de la sociedad, ahora debemos realizar una aproximación[88] a su configura-

---

85 En este sentido de fomentar más la colaboración que la competitividad, se recomienda la lectura de la entrevista realizada a Carlos Mataix, Director del Centro de Innovación en Tecnología para el Desarrollo Humano de la Universidad Politécnica de Madrid: "Las caras de la transición verde", El Mundo, 28 de mayo de 2021, disponible en: https://www.elmundo.es/ciencia-y-salud/medio-ambiente/2021/05/28/60af6d2721efa04b328b4642.html.

86 *Vid.* GARCÍA SAN JOSÉ, D., "La humanidad como catalizadora de obligaciones *omnium et erga omnes* en la lucha contra el cambio climático", *Revista Electrónica de Estudios Internacionales*, núm. 43, junio 2022, DOI: 10.17103/reei.43.09.

87 *Vid.* Resolución 75/220 de la Asamblea General de Naciones Unidas, de 29 de diciembre de 2020, *Armonía con la Naturaleza*, A/RES/75/220 p.6, parr.8.

88 Dadas las limitaciones del presente estudio, así como el estado "embrionario" en el que se encuentra el término de "transición ecológica" en lo que se refiere a su recepción e interpretación jurisprudencial, hemos considerado oportuno adoptar este enfoque de análisis (limitado a una primera "aproximación"), lo que no

ción jurídica, prestando especial atención al bien jurídico que protege y a la fuerza normativa del concepto. Este análisis normativo parte de la ausencia, comentada anteriormente, de una definición precisa del término en los textos normativos españoles o en la legislación de la Unión Europea.[89] En el ámbito del medioambiente, el *Diccionario de pensamiento ecológico* de Bourg concibe la transición como un proceso de transformación en el que un sistema cambia de un estado estable a otro[90]. Por su parte, algunos autores franceses han concebido esta transición como "una evolución hacia un nuevo modelo desarrollo económico y social, un modelo de desarrollo sostenible que renueva nuestra forma de consumir, producir, trabajar, vivir juntos para abordar los principales problemas ambientales: los del cambio climático, la escasez recursos, la pérdida acelerada de la biodiversidad y la multiplicación de los riesgos para la salud ambiental"[91]. El compromiso de algunos países (como España, Francia o Italia) con el concepto de transición ecológica los ha llevado a usar esa denominación para a los ministerios responsables de guiar el proceso[92]. En el caso de España, es evidente que el nuevo nombre del Ministerio de Medioambiente, ahora denominado Ministerio para la Transición Ecológica y el Reto Demográfico, apunta la intencionalidad del Gobierno y su compromiso con el proceso.

Por su similitud, podemos comparar la implantación de la transición ecológica con la evolución del concepto de desarrollo sostenible que hemos mencionado anteriormente, el cual ha tenido su impacto en el ordenamiento jurídico internacional[93] y ha llevado a algunos autores como Kim a afirmar que de él se derivan efectos jurídicos para los sujetos de este

---

es óbice para realizar futuros estudios que desarrollen una verdadera delimitación del concepto que permita especificar con mayor rigor académico la naturaleza, los elementos y la fuerza jurídica del concepto.

89 Para una reflexión sobre los elementos científicos y sociológicos de este concepto, *vid.* GARCÍA, E., "La transición ecológica: definición y trayectorias complejas", *Ambienta: la revista del Ministerio de Medio Ambiente*, núm. 125, 2018, pp. 86-100.

90 *Vid.* BOURG, D., PAPAUX, A., *Dictionaire de la pensé écologique*, PUF, París, 2015.

91 *Transición ecológica y desarrollo sostenible en el proyecto ETRES*, Proyecto Erasmus+ (Ref. 2016-1-FR01-KA202-023941), disponible en: https://etreserasmus.eu/?EducationTransitionEcologiqueEs/download&file=Transicin_Eco_Traduccin_final.pdf.

92 En el caso francés se denomina *Ministère de la Transition écologique et de la Cohésion des territoires* y en el caso italiano tuvo la denominación de *Ministero della transizione ecologica* que luego fue cambiado por el de *Ministero dell'Ambiente e della Sicurezza Energetica.*

93 *Vid.* BUSTILLO BOLADO, R.O. y GÓMEZ MANRESA, M.F., *Desarrollo sostenible: análisis jurisprudencial y de políticas públicas*, Thomson Reuters-Aranzadi, 2014; FER-

ordenamiento[94]. Los llamamientos hacia un nuevo modelo de desarrollo sostenible[95] se recogieron en distintas iniciativas como los informes anuales de desarrollo humano del PNUD, pero, sobre todo, obtuvieron un importante reconocimiento en la Resolución de la Asamblea General por la que se aprueba la Agenda 2030 con sus correspondientes ODS[96] que, como ya se ha comentado, supuso un gran punto de inflexión junto con el Acuerdo de París. En el proceso de codificación del Derecho internacional, es bien conocida la labor realizada por la Comisión de Derecho Internacional y la de la Sexta Comisión (Asuntos Jurídicos) de la Asamblea General de las Naciones Unidas. En el ámbito de los derechos humanos y en grandes procesos con evidentes implicaciones políticas (como el proceso de descolonización) se demostró en el pasado la posibilidad de transformar las iniciativas políticas en compromisos internacionales que otorgaban fuerza jurídica a los acuerdos y que, incluso, establecían mecanismos de vigilancia y protección de los derechos reconocidos. En el caso del desarrollo sostenible y de la Agenda 2030, tal como ha señalado el profesor Fernández Liesa, nos encontramos aún en un momento crítico en el que "el desarrollo sostenible es un discurso que cambia la realidad jurídica y que resulta de un enfoque cosmopolita propio de la modernidad que todavía no se ha realizado"[97].

En la transición ecológica, la primera reflexión que debemos tener en cuenta es la amplitud del bien jurídico protegido. El punto de partida clásico que se suele utilizar al abordar este tema es el difícil equilibrio entre la explotación de los recursos naturales (soberanía exclusiva del Estado)

NÁNDEZ LIESA, C., "El desarrollo sostenible y la teoría del derecho internacional", *Revista Iberoamericana de Estudios de Desarrollo,* vol. 11, núm. 2, 2022, pp. 54-77.

94 *Vid.* KIM, R. E., "The Nexus between International Law and the Sustainable Development Goals", R*eview of European Community and International Environmental Law,* vol. 25, núm. 1, 2016, p.21: "Regardless of the exact legal status, it is reasonable to conclude that the concept of sustainable development has 'practical legal consequences. The concept has been invoked by international courts and tribunals to modify the application of other norms. It is a de facto principle, whose relevance has been independent of the specific treaty formulation."

95 *Vid.* KLARIN, T., "The Concept of Sustainable Development: From its Beginning to the Contemporary Issues", *Zagreb International Review of Economics & Business,* vol. 21, núm. 1, 2018, pp. 67-94.

96 Resolución 70/1 de la Asamblea General de Naciones Unidas, de 21 de octubre de 2015, *Transformar nuestro mundo: la Agenda 2030 para el Desarrollo Sostenible,* A/RES/70/1.

97 FERNÁNDEZ LIESA, C., "El desarrollo sostenible y la teoría del derecho internacional", *Revista Iberoamericana de Estudios de Desarrollo,* vol. 11, núm. 2, 2022, p.75.

y el respeto de las obligaciones contraídas en el ámbito del Derecho internacional del medioambiente[98]. En el ordenamiento internacional, la ausencia de un poder ordenador superior a los Estados y el principio de igualdad soberana conllevan que los Estados actúen como creadores y destinatarios de obligaciones, lo cual no quiere decir que el bien jurídico protegido tenga siempre relación directa con los intereses y elementos del Estado. Así ocurre, por ejemplo, en el Derecho Internacional de los Derechos Humanos donde la persona y sus derechos son el bien jurídico a proteger o en el propio Derecho Internacional del Medioambiente, en el que los Estados asumen compromisos con el objetivo de proteger los espacios que recaen dentro de su propia soberanía territorial junto con otros intereses más amplios que superan sus propias fronteras (como ocurre con la contaminación de los mares, la capa de ozono o la biosfera)[99]. La transición ecológica se sitúa en ese ámbito supranacional ya que, tal como se recoge en el Acuerdo de París,[100] el bien jurídico a proteger es la propia naturaleza del planeta (que se especifica en indicadores objetivos como la acumulación de gases que provocan el efecto invernadero o los indicadores sobre la temperatura).

---

98 Desde los años setenta, la Asamblea General ya subrayó que "en la exploración, explotación y el desarrollo de sus recursos naturales, los Estados no deben causar efectos perjudiciales sensibles en zonas situadas fuera de su jurisdicción nacional" (Resolución 2995 (XXVII) de la Asamblea General de Naciones unidas de 15 de diciembre de 1972, *Cooperación entre los Estados en el campo del medio ambiente*)." *Vid.* GUTIÉRREZ ESPADA, G., "La contribución del Derecho internacional del medio a ambiente al desarrollo del Derecho internacional contemporáneo", *Anuario español de derecho internacional*, núm. 14, 1998, p.145: "Son tres, posiblemente, las normas consuetudinarias de carácter general [...]: la obligación de utilizar el propio territorio de modo que no se ocasiones perjuicios al medio ambiente de otros estados [...] el deber de información, consulta y notificación de situaciones de emergencia [...] y el principio que consagra el uso equitativo de los recursos naturales compartidos."

99 *Vid.* WEBSTER, E., MAI, L., "Transnational environmental law in the Anthropocene", *Transnational Legal Theory*, vol.11, núm. 1-2, 2020, pp.1-15; Kim, R. E. y Bosselmann, K., "International Environmental Law in the Anthropocene: Towards a Purposive System of Multilateral Environmental Agreements", *Transnational Environmental Law*, vol. 2, núm. 2, 2013, pp. 285–309.

100 *Vid. Instrumento de ratificación del Acuerdo de París*, hecho en París el 12 de diciembre de 2015, BOE núm. 28, de 2 de febrero de 2017: "Observando la importancia de garantizar la integridad de todos los ecosistemas, incluidos los océanos, y la protección de la biodiversidad, reconocida por algunas culturas como la Madre Tierra, y observando también la importancia que tiene para algunos el concepto de «justicia climática», al adoptar medidas para hacer frente al cambio climático."

El consenso en torno a los efectos del cambio climático y la preocupación por su protección por parte de los sujetos del ordenamiento jurídico ha facilitado que surjan iniciativas tendentes a reconocer una incipiente subjetividad de la naturaleza y del planeta[101]. Debemos recordar que la propia Agenda 2030 comienza afirmando que es un "plan de acción a favor de las personas, el planeta y la prosperidad". Algunas autoras, como Marie-Angèle Hermitte[102] y Valeria Berros[103] se han hecho eco del progresivo reconocimiento de esta subjetividad que ya ha sido incorporada (con distintas fórmulas) en algunas constituciones de países como Ecuador, Bolivia, Argentina, India o Nueva Zelanda[104]. La idea que subyace es que la propia naturaleza, así como espacios de la biosfera de especial relevancia como determinados glaciares, bosques o ríos, ven reconocida una subjetividad que les ofrece una suerte de protección reforzada frente a la acción humana. Estos estudios son muy interesantes desde el punto de vista de la técnica jurídica y, en lo que respecta a nuestra argumentación, son significativos del compromiso de algunos Estados con la protección de la naturaleza y con la necesidad de cambiar el modelo de convivencia vigente hasta ahora. En este sentido, estas tesis guardan relación con otras iniciativas como el concepto de los "límites del planeta" que se menciona en diversas normas de la UE[105]. A pesar de que no se ha especificado ni cuantificado de forma precisa el concepto, ello no es óbice para que se invoque como un límite que no se debe sobrepasar para que no se rompa el equilibrio logrado en el período del Holoceno.

---

101 *Vid.* RYAN, E., "Environmental Rights for the 21st Century: A Comprehensive Analysis of the Public Trust Doctrine and Rights of Nature Movement", *Cardozo Law Review*, vol. 42, mayo 2021; VILLAVICENCIO CALZADILLA, P., y KOTZÉ, L., "Living in Harmony with Nature? A Critical Appraisal of the Rights of Mother Earth in Bolivia", *Transnational Environmental Law*, vol. 7, núm. 3, 2018, pp. 397-424

102 HERMITTE, M-A., "La nature, ¿sujet de droit?", *Annales. Histoire, Sciences Sociales*, vol. 66, núm. 1, 2011, pp. 173-212.

103 BERROS, M.V. COLOMBO, R., "Miradas emergentes sobre el estatuto jurídico de los ríos, cuencas y glaciares", *Quarterly Journal of Environmental Law*, núm. 1, 2017, pp. 32-72.

104 La aportación de referencia en este ámbito es el artículo: STONE, C. D., "Should Trees Have Standing? – Towards Legal Rights for Natural Objects", *Southern California Law Review*, núm. 45, 1972, pp.450-501.

105 A modo de ejemplo, podemos mencionar la Decisión 1386/2013/UE del Parlamento Europeo y del Consejo, de 20 de noviembre de 2013, *relativa al Programa General de Acción de la Unión en materia de Medio Ambiente hasta 2020 «Vivir bien, respetando los límites de nuestro planeta»*. DOUE L 354, 28.12.2013, p. 171–200.

En cuanto a la fuerza jurídica del concepto de transición ecológica, hemos comentado que su utilización excesiva en contextos muy heterogéneos no ayuda a precisar su fuerza normativa, más aún cuando hay gran dispersión normativa ya que suele invocarse en los preámbulos y considerandos de instrumentos jurídicos y políticos sin especificarse su delimitación y alcance. En el caso del concepto de la resiliencia, hemos indicado que este término aparecía recogido expresamente en el Acuerdo de París ya citado y en otros instrumentos[106], pero no ocurre así con la transición ecológica. Podemos decir que es un concepto que, aunque está aún en una etapa embrionaria, su utilización se ha multiplicado de forma exponencial porque es suficientemente amplio y versátil para recoger en un solo término la suma de las distintas obligaciones relacionadas con el cambio de modelo económico y de convivencia.

A la hora de aproximarnos a su fuerza jurídica en el ámbito universal, son de utilidad las reflexiones doctrinales en torno a conceptos próximos (que no idénticos) como el ya mencionado del desarrollo sostenible. El profesor Rodrigo[107] y la profesora Sánchez Galera[108] han analizado su fuerza jurídica y la cuestión de si es un principio jurídico o un objetivo político. Ambos autores analizan la dispersión normativa existente y otros aspectos propios de la técnica jurídica, como la recepción que realiza la jurisprudencia del término, para concluir que la sostenibilidad no puede concebirse como una norma de Derecho Internacional general, pero sí como "un nuevo paradigma de acción, ya sea a nivel internacional, regional o local"[109] que, sin duda, influirá en la acción política y normativa de los Estados. En este mismo sentido, podemos concluir que la transición ecológica no está contemplada de forma específica en el Derecho Internacional como obligación jurídica de la cual se deriven otras obligaciones específicas para los Estados, lo cual nos sitúa, al menos en el ámbito universal, en el mismo plano del paradigma de acción.

---

106 Comunicación de la Comisión Europea de 9 de septiembre de 2020, *Informe sobre prospectiva estratégica de 2020. Prospectiva estratégica: trazar el rumbo hacia una Europa más resiliente,* COM(2020) 493 final, p.2

107 RODRIGO, ÁNGEL J., *El desafío del desarrollo sostenible. Los principios de Derecho internacional relativos al desarrollo sostenible,* Centro de Estudios Internacionales, Marcial Pons, Madrid, 2015.

108 SÁNCHEZ GALERA, M. D., "El paradigma de la sostenibilidad: Gobernanza global y el modelo europeo de `desarrollo sostenible", *Relaciones Internacionales,* núm. 34, 2017, pp.9-30.

109 *Vid. Ibid.,* p.24.

En el contexto de la Unión Europea, sí existe un mayor compromiso respecto de la protección del medioambiente y del desarrollo sostenible. En la originaria CEE no había referencia alguna en los tratados a la protección del medioambiente ya que aquella Comunidad se concebía con un enfoque primordialmente económico. En ausencia de base jurídica, a medida que los Estados avanzaron en la cooperación política y en la armonización de legislaciones, surgió la necesidad de incorporar algunos compromisos referidos a la protección del medioambiente. Para ello, las instituciones europeas acudieron a la teoría de los poderes implícitos a través del *cajón de sastre* del art.235 (actual artículo 352 del TFUE) que permitió a la Unión adoptar actos comunitarios cuando era necesario para alcanzar los objetivos asignados por los tratados y los poderes de acción necesarios no se habían previsto expresamente en los tratados[110].

En el momento actual, la UE sí cuenta con una sólida base legal que fundamenta su política medioambiental; entre otros, podemos mencionar el artículo 3 del TUE[111] que menciona expresamente el desarrollo sostenible, el conjunto del Título XX del TFUE referido al Medio Ambiente (cuyo el art.191 menciona la lucha contra el cambio climático) y la Carta de los Derechos Fundamentales de la UE, cuyo artículo 37, referido a la protección del medioambiente, establece que "en las políticas de la Unión se integrarán y garantizarán, conforme al principio de desarrollo sostenible, un nivel elevado de protección del medio ambiente y la mejora de su calidad". Todos estos compromisos facilitaron el desarrollo del prolífico paquete de normas de derecho derivado referidas a la protección del medioambiente que está en vigor en la UE y en los Estados miembros.

En el caso de España, las obligaciones contraídas en el plano internacional y nuestra pertenencia a la Unión Europea han favorecido el desarrollo de una legislación nacional que contempla de forma específica el concepto de transición y especifica medidas concretas que se derivan de este proceso

---

110 Respecto de las bases competenciales de la política medioambiental de la UE, *vid.* en esta misma obra el capítulo elaborado por el profesor Corti Varela, en particular el apartado titulado "Evolución de las competencias exteriores de la UE en materia climática".

111 El artículo 3.3 del TUE se refiere al establecimiento del mercado interior, pero afirma, a continuación, que la Unión "obrará en pro del desarrollo sostenible de Europa basado en un crecimiento económico equilibrado y en la estabilidad de los precios, en una economía social de mercado altamente competitiva, tendente al pleno empleo y al progreso social, y en un nivel elevado de protección y mejora de la calidad del medio ambiente."

de cambio del modelo productivo y de convivencia. Podemos decir que los derechos y obligaciones específicamente recogidos en nuestra Ley de Cambio Climático y Transición Energética[112] materializan o ejemplifican en qué consiste esa transición ecológica. Así, el Título III aborda las medidas relacionadas con la transición energética y los combustibles y afirma, a modo de ejemplo, que "no se otorgarán nuevas autorizaciones de exploración, permisos de investigación y concesiones de explotación de hidrocarburos en todo el territorio nacional". De igual forma, el Título VII contempla aspectos concretos referidos a la lucha contra el cambio climático y la transición energética y establece como obligación presupuestaria para la Administración que "al menos un porcentaje de los Presupuestos Generales del Estado, equivalente al acordado en el marco Financiero Plurianual de la Unión Europea, deberá tener impacto positivo en la lucha contra el cambio climático".

En esta línea, la Ley también tiene obligaciones específicas para el sector privado, como las que establece para el establecimiento progresivo de puntos de recarga eléctrica en las gasolineras[113]. Todos estos ejemplos confirman que, si bien no podemos afirmar la fuerza jurídica del concepto entendido de forma aislada, sí constatamos que las referencias al proceso dinámico de la transición ecológica son importantes para configurar y establecer el marco de referencia en el que se encuadran las obligaciones específicas contempladas en nuestro ordenamiento jurídico nacional.

En suma, podemos decir que el concepto de transición ecológica, como tal, no tiene fuerza jurídica ni en el plano internacional (incluido el europeo) ni en el nacional y, por tanto, no puede concebirse como un concepto unívoco que implique obligaciones jurídicas específicas. No obstante lo anterior, el hecho de que sea incorporado en los distintos instrumentos jurídicos y políticos permite que sea invocado como paradigma de acción y como concepto aglutinador de otras obligaciones concretas recogidas en las distintas legislaciones. Así, en el ámbito de la UE, las normas de

---

112 Ley 7/2021, de 20 de mayo, de cambio climático y transición energética, BOE núm. 121, de 21 de mayo de 2021.

113 El artículo 15.2 de la Ley establece: "Quienes ostenten la titularidad de las instalaciones de suministro de combustibles y carburantes a vehículos cuyo volumen anual agregado de ventas de gasolina y gasóleo A en 2019 sea superior o igual a 10 millones de litros instalarán, por cada una de estas instalaciones, al menos una infraestructura de recarga eléctrica de potencia igual o superior a 150 kW en corriente continua, que deberá prestar servicio en un plazo de veintiún meses a partir de la entrada en vigor de esta ley."

derecho derivado referidas, por ejemplo, a la gestión de residuos o a la economía circular[114] están concretando las obligaciones finalistas propias del proceso de transición ecológica. En este mismo sentido, la legislación española (en los distintos niveles administrativos) referida a la movilidad sostenible[115] o a la utilización de fuentes de energía renovables[116] realizan la misma función de materializar las obligaciones específicas inherentes a ese proceso de transición. Por ello, aunque en esta primera aproximación no podamos afirmar su fuerza jurídica (al menos como concepto jurídico unívoco con elementos bien delimitados y capaz de generar obligaciones concretas), sí podemos afirmar que el concepto de transición ecológica ejerce una importante función como principio orientador y puede ser de gran utilidad para jueces y legisladores a la hora de interpretar el sentido y alcance de otras obligaciones específicas que, estas sí, están contempladas en las normas con suficiente concreción para generar obligaciones y derechos específicos.

V. REFLEXIONES FINALES

Como reflexión final de lo argumentado en esta aproximación al concepto de transición ecológica, podemos realizar las siguientes conclusiones:

- La transición ecológica se entiende como un proceso dinámico, indeterminado en el tiempo y guiado por objetivos. No tiene un momento específico de comienzo ni de final, pero los indicadores

---

114 *Vid.*, entre otras, Directiva 94/62/CE del Parlamento Europeo y del Consejo, de 20 de diciembre de 1994, relativa a los envases y residuos de envases, DOCE L 365 de 31.12.1994, p. 10; Reglamento (CE) 1013/2006 del Parlamento Europeo y del Consejo, de 14 de junio de 2006, relativo a los traslados de residuos, DOCE L 190, 12.7.2006, p. 1–98; Directiva (UE) 2019/904 del Parlamento Europeo y del Consejo, de 5 de junio de 2019, relativa a la reducción del impacto de determinados productos de plástico en el medio ambiente, DOUE L 155, 12.6.2019, p. 1–19.

115 Al margen de las distintas normas que las comunidades autónomas han elaborado en materia de transportes y movilidad sostenible, el Gobierno ha aprobado recientemente el Proyecto de Ley de Movilidad Sostenible que ha remitido a las Cortes para su aprobación en 2023. Vid. Boletín Oficial de las Cortes Generales, Congreso de los Diputados, XIV legislatura, 27 de enero de 2023, núm. 136-1, (121/000136) Proyecto de Ley de Movilidad Sostenible pp.1-95.

116 *Vid.*, por ejemplo, Real Decreto 413/2014, de 6 de junio, por el que se regula la actividad de producción de energía eléctrica a partir de fuentes de energía renovables, cogeneración y residuos, BOE núm. 140, de 10 de junio de 2014.

climáticos, fundamentados en datos materiales y en criterios científicos, contribuyen a determinar y ajustar esos objetivos en torno a los que se orienta el proceso. Al igual que ocurrió con otros procesos, como el de la globalización, esta transición afecta a todos los sectores y ámbitos de la sociedad, por lo que la transversalidad es una característica fundamental de la acción política y de las iniciativas legislativas en la materia. La vocación universal y el carácter inclusivo e integrador de esta transición exigen que tenga una dimensión holística, que sea flexible y que se adapte a las necesidades de cada sector y región.

- Es un proceso poliédrico, multidireccional y a largo plazo que tiene como objetivos principales: corregir los daños medioambientales, mitigar las consecuencias medioambientales de la acción humana y adaptar nuestro modelo productivo y de convivencia a las prioridades de la agenda climática. La visión a largo plazo debe garantizar la sostenibilidad del modelo para llegar al fin deseado de la neutralidad climática. El propósito es superar la visión cortoplacista de la mera sanción del daño ambiental y añadir las variables de la mitigación, adaptación y prevención. En este sentido, la actual emergencia climática exige un enfoque poliédrico en el que todos podamos participar para adaptar nuestros comportamientos a las urgentes exigencias climáticas.
- La transición ecológica se presenta como un paradigma alternativo al modelo anterior de las economías de mercado altamente competitivas. No pretende romper este modelo ni renunciar por completo al enfoque antropocéntrico de la economía, pero sí corregirlo y adaptarlo para que sea más sostenible y respetuoso con el medio ambiente. La transición ecológica justa tiene herramientas para compensar el impacto de la adaptación al nuevo modelo y para impulsar las oportunidades que ya está ofreciendo la nueva economía verde. No se trata de renunciar al bienestar logrado gracias al anterior modelo de las economías competitivas, sino de reorientarlo para lograr un mejor ajuste con el equilibrio medioambiental y con los límites del planeta. Más aún, el conjunto del proceso de cambio permitirá, a su vez, modernizar los procesos de producción y mejorar la cohesión social y territorial; todo ello concibiendo el cambio como una necesidad urgente, pero también como una oportunidad.
- En este proceso, el Estado tiene un papel regulador determinante en el ámbito interno para delimitar ese marco en el que los agentes

y operadores, así como el conjunto de la ciudadanía, continúen participando en el sistema de producción y consumo bajo las nuevas normas. En el ámbito internacional, el fallo que emita el Tribunal Internacional de Justicia en la opinión consultiva sobre el alcance de las obligaciones de los Estados respecto de la protección del medio ambiente será una oportunidad para mejorar la coherencia y la unidad del sistema internacional de protección del medioambiente.

- Como concepto, la transición ecológica se promueve desde la acción política y normativa. Su puesta en marcha ayuda a configurar, estructurar y sistematizar otras obligaciones específicas que sí tienen plena fuerza normativa. En el momento actual, tanto en la Unión Europea como en España, están en vigor numerosas obligaciones relacionadas con la transición ecológica que afectan a los agentes económicos y a los actores participantes en el proceso de producción, desde las grandes empresas energéticas hasta los consumidores individuales. El conjunto de estas obligaciones conforma el núcleo normativo de la transición ecológica que actúa como un marco aglutinador (dinámico y flexible) que acogerá las nuevas propuestas e iniciativas normativas que mejor ayuden a lograr el objetivo final de la neutralidad climática. Algunos ámbitos como la economía circular, la gestión de residuos y la nueva movilidad están en la vanguardia de este proceso al que se irán sumando otras iniciativas hasta lograr esa dimensión holística y global.

- La transición ecológica tiene como destinatarios a todos los sectores de la sociedad, públicos y privados, y concibe al individuo y a la propia naturaleza como destinatarios de las obligaciones y como bienes jurídicos que deben ser protegidos. Algunos conceptos como la subjetividad jurídica de la naturaleza (personalizada en entornos como los ríos o las regiones especialmente protegidas) o los límites del planeta están siendo incorporados en los sistemas normativos nacionales e internacionales, lo que indica que todos, individuos y naturaleza, seremos beneficiarios del proceso. El concepto de transición justa persigue *que nadie se quede atrás* y entiende al individuo como beneficiario de las normas, pero también como responsable de sus comportamientos.

- Los apoyos económicos y los estímulos financieros, promovidos por los Estados y por organizaciones como la UE, con el Banco Europeo de Inversiones liderando las iniciativas, son esenciales para accionar esas *palancas de cambio* que faciliten el proceso. En el pasado reciente, la UE y España fueron un ejemplo de cambio social y de reconversión del sistema productivo. Ahora es el momento de liderar este nuevo proceso, que quiere garantizar nuestro sistema de bienestar económico y social, pero corrigiendo los excesos del pasado, reduciendo las desigualdades y reparando los desajustes climáticos. La nueva economía sostenible y los nuevos hábitos de convivencia social nos permitirán garantizar el respeto del medioambiente y lograr el equilibrio climático, todo ello para conseguir la deseada justicia climática.

El refugio climático en la Unión Europea: la otra migración olvidada

SUSANA BORRÀS-PENTINAT*

Resumen: Partiendo de la idea de que el cambio climático es factor de migraciones internacionales (la realidad migratoria), el capítulo estudia las diferentes posibilidades de brindar protección internacional, según el derecho internacional y derecho de la UE vigente, a las personas en movimiento en contexto de emergencia climática. A partir de dicho análisis, se aboga por cambiar la política de asilo y migración de la UE, la cual se considera muy limitativa para dar solución al problema de las migraciones climáticas; y en particular se ponen de relieve la ausencia de soluciones en el Pacto Europeo sobre Migraciones y Asilo, el cual se basa principalmente en el retorno y la externalización de fronteras, priorizado la seguridad de las fronteras sobre el acceso al asilo y la adecuada atención y protección a las personas migradas y refugiadas. En las modificaciones sugeridas destaca la introducción del principio de responsabilidades comunes pero diferenciadas en el diseño de las políticas migratorias climáticas, y las interrelaciones entre las migraciones climáticas y la protección de los derechos humanos a través de la protección de los vulnerables.

---

* Profesora Agregada de Derecho Internacional Público y Relaciones Internacionales, Universitat Rovira i Virgili. E-mail: susana.borras@urv.cat. ORCID: 0000-0002-8264-1252 Este trabajo se enmarca en el Proyecto CLIMOVE con financiación del programa de investigación e innovación Horizonte 2020 de la Unión Europea en el marco del acuerdo de subvención Marie Skłodowska-Curie (H2020-MSCA-IF-2020) nº 101031252. Este trabajo refleja únicamente la opinión de la autora y la REA no se hace responsable del uso que pueda hacerse de la información que contiene. Parte de la investigación realizada también se engloba en el proyecto: ADAPTAR: ADAptación y desPlazados climáTicos: Actuaciones para su pRotección" (Ref. TED2021-130570B-100), que se inició en diciembre de 2022, y es financiado por los fondos Next Generation EU.

Palabras clave: Migraciones climáticas, asilo y refugio, protección internacional, Pacto Europeo sobre Migraciones y Asilo, responsabilidades comunes pero diferenciadas.

I. INTRODUCCIÓN

Según la Organización Internacional para las Migraciones (OIM), la migración climática "[…] son personas o grupos de personas que debido a, principalmente, cambios repentinos y graduales en el medio ambiente, inducidos por el cambio climático que inciden negativamente en sus vidas o en sus condiciones de vida, se ven obligadas, o deciden, a abandonar sus viviendas habituales, ya sea de manera temporal o permanente, y se desplazan a otras partes de su propio país o fuera del mismo"[1]. Así, el cambio climático constituye un cambio en el medio ambiente que puede contribuir al movimiento de personas, siendo la "migración climática", otra forma de "migración ambiental"[2].

Según los datos de la Organización Internacional para las Migraciones (OIM), contenidos en su último Informe sobre las Migraciones en el Mundo de 2020[3], se calcula que en el mundo hay 272 millones de personas en movimiento. Es decir, un 3,3% de la población mundial es migrante,

---

1 PARA LAS MIGRACIONES (OIM), *Cambio climático, degradación ambiental y migración,* No. 18, Organización Internacional para las Migraciones, Ginebra, 2011. También ver Glosario sobre Migración (2ª edición únicamente en inglés). Derecho Internacional sobre Migración, núm. 25, OIM, Ginebra, 2012. Puede consultarse en: http://publications.iom.int/bookstore/index.php?main_page=product_info&cPath=56&products_id=1380.

2 Según la OIM "Los migrantes por motivos ambientales son personas o grupos de personas que, principalmente en razón de un cambio repentino o progresivo en el medio ambiente, que incide adversamente en sus vidas o en las condiciones de vida, se ven obligados a abandonar el lugar habitual de residencia, u optan por hacerlo, ya sea temporalmente o con carácter permanente, y que se desplazan dentro del país o al extranjero." En OIM, *Glossary on Migration,* 2da edición, Derecho Internacional sobre Migración, núm. 25, 2011, p. 33, Ginebra. Puede consultarse en: http://publications.iom.int/bookstore/index.php?main_page=product_info&cPath=56&products_id=1380. A pesar de que en este trabajo se utiliza la denominación de "migraciones climáticas", en ocasiones se refiere a los términos "ambiental" o migraciones ambientales, por ser conceptos más amplios que integran el cambio climático.

3 OIM, *Informe de las Naciones Unidas sobre las Migraciones en el Mundo, 2020.* Organización Internacional para las Migraciones. Disponible en: https://publications.iom.int/es/books/informe-sobre-las-migraciones-en-el-mundo-2020.

de las cuales, según el Alto Comisionado de las Naciones Unidas para los Refugiados (ACNUR), 82,4 millones estaban desplazadas por la fuerza a finales de 2020 por causas políticas, debido, principalmente, a motivos de persecución, conflictos, violencia, violaciones de los derechos humanos o eventos que perturbaron gravemente el orden público. De estos millones, 24,8 millones son personas refugiadas o solicitantes de asilo y 48 millones desplazadas internamente[4]. A pesar de la importancia de estas estadísticas, estas no logran reflejar la globalidad de los movimientos de personas, ya que no se incluyen como causa del desplazamiento a aquellas que huyen por los impactos del cambio climático, si bien es verdad que en varios casos es posible conectar las causas "políticas" de su desplazamiento con alteraciones climáticas. En este sentido, si bien, tanto, tanto la OIM como ACNUR evitan utilizar el término de persona "refugiada climática" por no estar entre las causas de persecución que dar lugar al estatuto de refugio (raza, religión, nacionalidad, pertenencia a grupo social u opinión política). Así, la OIM entiende que estas personas son "migrantes climáticas"[5] y el ACNUR "personas desplazadas por los efectos adversos de los desastres y el cambio climático"[6]. No obstante, el ACNUR ha admitido que en algunas circunstancias estas personas pueden obtener protección como "refugiadas"[7]. Además, en enero de 2020, el ACNUR nombró un "Asesor Especial sobre Acción Climática" con el fin de asesorar sobre: el marco jurídico de protección de estas personas; la reducción de la degradación ambiental en contextos de desplazamiento, la mejora la preparación y fortalecer la resiliencia de las personas desplazadas y de las comunidades de acogida ante los efectos del cambio climático y en la reducción del impacto ambiental de las operaciones de ACNUR[8].

---

4 Ver ACNUR, *Datos básicos, 2020.* Alto Comisionado de las Naciones Unidas para los Refugiados Disponible en: https://www.acnur.org/es-es/datos-basicos.html.

5 OIM, *Glossary on Migration, op.cit.* nota 2.

6 ACNUR, "Legal considerations regarding claims for international protection made in the context of the adverse effects of climate change and disasters", Alto Comisionado de las Naciones Unidas para los Refugiados, 1 octubre 2020, p. 10. Disponible en: www.refworld.org/docid/5f75f2734.html.

7 *Ibid.*, p. 10.

8 Ver ACNUR, *Marco Estratégico para la Acción Climática,* Alto Comisionado de las Naciones Unidas para los Refugiados, 2020. Disponible en: https://www.acnur.org/publications/pub_apa/620daabc4/marco-estrategico-de-acnur-para-la-accion-climatica.html.

A pesar de ser una realidad en aumento, la respuesta internacional, incluida la de la Unión Europea (en adelante, UE), ha sido limitada, y la protección de las personas que se desplazan debido a la degradación ambiental sigue siendo inadecuada, especialmente en un contexto de emergencia climática, en el que millones de personas se ven obligadas a abandonar sus hogares. No sólo no se reconoce al "refugiado climático", sino que tampoco existe un marco multilateral global de protección para quienes huyen de la creciente degradación ambiental. Mientras tanto, miles de personas han perdido la vida en el mar tratando de llegar a la UE y casi el 90% de las personas refugiadas y migrantes han pagado al crimen organizado y a los traficantes de personas para cruzar las fronteras[9].

Es relevante abordar el refugio climático en la UE por varias razones. En primer lugar, por consideraciones basadas en la justicia climática, que exigen visibilizar la responsabilidad de la UE por haber contribuido históricamente, y actualmente, a generar el cambio climático, siendo el tercer emisor de gases efecto invernadero, por detrás de China y de EEUU (representando un 7% de las emisiones mundiales)[10]; en segundo lugar, por una cuestión de legitimidad democrática de la UE, en la medida que los impactos climáticos tienen una implicación muy importante sobre los derechos humanos; en tercer lugar, los anteriores razonamientos exigen la necesaria coherencia interna de las políticas de la UE, acorde con el liderazgo climático que la UE abandera internacionalmente; y, en último lugar, porque ante la intensificación de los impactos climáticos, junto con el aumento de población mundial, las migraciones climáticas serán especialmente numerosas y también afectaran al continente europeo. Ante esta cuestión es importante tener en cuenta que la "migración interna", incluyendo las que podrían ser debidas al cambio climático, en la UE están reguladas principalmente por las disposiciones sobre la libre circulación de personas, según los Tratados de la UE y la Carta de Derechos Fundamentales de la UE. Por lo tanto, el principal reto se centra en las personas que llegan a la UE desde el exterior, cruzando fronteras internacionales.

En este orden de ideas, este capítulo analiza la conveniencia de reconocer y proteger a las personas refugiadas climáticas a nivel de la UE y superar

---

9 UNODC, *Annual Report*, Oficina de las Naciones Unidas contra la Droga y el Delito, 2018. Disponible en: https://www.unodc.org/documents/AnnualReport/Annual-Report_2018.pdf.

10 PNUMA, *Emissions Gap Report*, Programa de las Naciones Unidas para el Medio Ambiente, 2020, p. 6.

las limitaciones y lagunas que existen en el actual marco normativo de la UE a la luz de estos retos y en la forma en que la UE responde interna e internacionalmente, buscando mecanismos institucionales para reforzar la gobernanza de la migración en el marco de la crisis ambiental y climática mundial.

Para examinar estas cuestiones, en este capítulo se aborda, en primer lugar, el contexto global de la migración climática como una realidad, generalmente invisibilizada. En segundo lugar, se apuntan las limitaciones jurídico-políticas en la protección de la migración climática a nivel internacional, las cuales, tal y como se analiza en tercer lugar, se reproducen en el contexto del marco actual de la política de asilo y migración de la UE. Finalmente, partiendo de las limitaciones, la cuarta y última parte del capítulo se centra en las posibilidades existentes en el marco normativo de la UE para proteger y defender los derechos humanos de las personas que se desplazan debido a los impactos del cambio climático.

II. LA REALIDAD DE LA MIGRACIÓN CLIMÁTICA COMO UN FENÓMENO GLOBAL INVISIBILIZADO

La determinación de quienes son las personas migrantes por motivos climáticos no ha dejado de ser controvertida por la complejidad misma de la realidad migratoria humana[11].

Conociendo quién es una persona migrante climática, es necesario empezar a comprender que esta realidad humana afecta a millones de personas y que se incrementará a medida que la degradación ambiental y los efectos del cambio climático vayan en aumento. En efecto, el número de desplazamientos internos por desastres vinculados al cambio climático ya suman más del doble de los que han huido a través de las fronteras como

---

11 MAYER, B., *The Concept of Climate Migration. Advocacy and its Prospects*, Edwards Elgar, Cheltenham, 2016; COURNIL, C., "The inadequacy of international refugee law in response to environmental migration", en MAYER, B. y CRÉPEAU, F., *Research Handbook on Climate Change, Migration and the Law*, Edward Elgar, Cheltenham, 2017; KÄLIN, W., "Conceptualizing Climate-Induced Displacement", en *Climate Change and Displacement: Multidisciplinary Perspectives*, pp. 81-103 o BORRÀS, S., FELIPE, B., "Las Migraciones Ambientales: un Análisis de las Actualizaciones Jurídico-políticas", en LYRA JUBILUT, L., PIRES RAMOS, E., CLARO, C., y DE SALLES CAVEDON-CAPDEVILLE, F. (eds.), *Refugiados Ambientais*, Boa Vista: Editora da UFRR, 2018, pp. 102- 142.

personas refugiadas por causas políticas[12]. Así lo constata el Centro de Monitoreo de Desplazamiento Interno (IDMC, por sus siglas en inglés), que afirma que en 2019 cerca de 1,900 desastres generaron 24,9 millones de desplazamientos en 140 países y territorios. Este es el número más elevado registrado desde 2012, superando tres veces la cifra de desplazamientos por conflictos y violencia[13]. Sin embargo, estas cifras, a pesar de ser tan elocuentes, logran visibilizar la evidencia real y global del movimiento de personas por degradación ambiental.

Esta también es una realidad existente en el mismo territorio de la UE. Según el IDMC, en 2020, 37,7 mil personas fueron desplazadas forzosamente dentro de la UE a causa de desastres climáticos. El principal motivo fueron los incendios forestales, con 21 mil desplazamientos debidos a temperaturas extremas y sequías, muy probablemente relacionadas con el cambio climático en la región[14].

La misma complejidad de determinar el alcance de las migraciones climáticas, tanto a nivel estadístico como conceptual, ha tenido un claro reflejo en las limitaciones político-jurídicas, que, tradicionalmente, las han considerado como una consecuencia más de los eventos catastróficos, de manera que su regulación por parte de cada Estado se ha realizado a través de sus políticas de atención y reducción del riesgo por desastres. Esto es así, principalmente, por la complejidad de los factores que interactúan y por entender que la migración ambiental es un problema interno de los Estados, ya que, en la mayor parte de los casos, es un desplazamiento humano que se produce, generalmente, sin el cruce de fronteras internacionales. Precisamente porque suele afectar a aquellos grupos de población más ecodependientes[15], más vulnerabilizados[16] y con menos recursos para ser

---

12 PNUMA, 2020, *op.cit.* nota 10.

13 Ver GRID, *Informe mundial sobre desplazamiento interno,* Internal Displacement Monitoring Centre, 2020. Disponible en: https://www.internal-displacement.org/global-report/grid2020/spanish.html.

14 *Ibid.*

15 La "eco-dependencia" se refiere a la necesaria relación que existe ente los seres vivos y los ecosistemas, y como la existencia y supervivencia de los seres humanos está determinada por estos eco-sistemas, de forma tal que su destrucción compromete la vida de todos los seres vivos, incluida la de los seres humanos. Ver a RIECHMANN, J., *Interdependientes y* ecodependientes. *Ensayos desde una ética ecológica (y hacia ella),* Proteus, 2012.

16 El término "personas vulnerabilizadas", en lugar de grupos o personas vulnerables, con el fin de destacar que ningún ser humano, ni grupo poblacional es

resilientes, para adaptarse a los cambios ambientales y para evitar y/o minimizar sus consecuencias. Es decir, la carga de la degradación ambiental se desplaza a los países, que menos contribuyen a la emergencia ecosocial[17] y más sufren sus consecuencias.

A pesar de existir y de la gravedad de la situación, cuando se habla de personas refugiadas o desplazadas climáticas se hace referencia a una realidad, por lo tanto, invisibilizada por las esferas político-jurídicas, pero que responde a un reclamo más extenso: el del reconocimiento y garantía del derecho humano a disfrutar de un medio ambiente saludable, así como el derecho humano básico de la libertad de circulación de las personas y la libertad de residencia. De acuerdo con el artículo 13 de la Declaración Universal de los Derechos Humanos 1948[18] establece que "Toda persona tiene derecho a circular libremente y a elegir su lugar de residencia en el territorio de un Estado. 2. Toda persona tiene derecho a salir de cualquier país incluso del propio y a regresar a su país". Según esta disposición, se reconoce a toda persona el derecho a abandonar el Estado del que es nacional, así como el de retornar a él, pero se guarda un estrepitoso silencio acerca de la correlativa obligación de los otros Estados de aceptar su entrada en el territorio de su propia jurisdicción. Se habla, por tanto, de un derecho de salida, pero no se dice nada del derecho de entrada, excepto los casos en que se huye por persecución (política, étnica o religiosa), en cuyo caso se aplica el derecho de asilo[19].

---

vulnerable por naturaleza. Según Flores-Sandí "[...] son las condiciones y factores de exclusión o discriminación, lo que hacen que muchas personas y grupos de personas vivan en situación de vulnerabilidad y de bajo disfrute de los derechos humanos. Por esto, el término adecuado es personas o grupos vulnerabilizados o en situación de vulnerabilidad. Estas son todas aquellas poblaciones que, por el estigma y la discriminación, viven en una situación de desigualdad, y de acuerdo a esto todas las personas pueden ser vulnerabilizadas en algún momento". Ver FLORES-SANDÍ, G., "Gestión de la accesibilidad y derecho a la salud", *Acta Médica Costarricense,* vol. 54, núm. 3, 2012, pp. 181-188. Disponible en: https://www.redalyc.org/articulo.oa?id=43423197010.

17 El término "emergencia ecosocial" hace referencia a la emergencia ecológica y social, con el fin de visibilizar la gravedad de la situación de desigualdad social y de la degradación ambiental, que contribuye a una mayor fragilidad de la situación vital.

18 Proclamada por la Resolución 217 A (III) de la Asamblea General de las Naciones Unidas, el 10 de diciembre de 1948.

19 Así, por ejemplo, en la Organización de Estados Americanos, el Tratado sobre asilo y refugio político de Montevideo de 1939, suscrito en Montevideo, Uruguay, en 1939; en la UE, ver el artículo 67, apartado 2, y los artículos 78

Además, hay muchas pruebas de que la migración y el desplazamiento relacionados con el medio ambiente, ya se están produciendo y aumentarán en el futuro. Las estimaciones que prevén el número de personas que se trasladarán a causa del cambio climático pueden variar entre 25 millones y mil millones para mediados de siglo, según la OIM[20]. El mismo Banco Mundial afirma que el cambio climático podría obligar a unos 216 millones de personas de seis regiones a desplazarse dentro de sus países para el año 2050[21]. Y en un informe del grupo Christian Aid también se estima que al menos mil millones de personas se verán obligadas a abandonar sus hogares en 2050, ante la escasez de recursos naturales, provocada por el cambio climático[22]. La propia disparidad de las cifras es indicativa de la complejidad e incertidumbre del fenómeno de la migración climática.

Así, la misma OIM[23] sostiene que son varios los factores que influyen en los contextos migratorios y que a veces es difícil separar los desencadenantes del cambio climático de los aspectos políticos, sociales y económicos, entre otros. Sin embargo, el medio ambiente y el cambio climático son factores determinantes, que desempeñan un papel notable y cada vez más

y 80 del Tratado de Funcionamiento de la Unión Europea (TFUE) y el Artículo 18 de la Carta de los Derechos Fundamentales de la Unión Europea. Como se analiza más adelante, la UE, desde 1999, ha adoptado un conjunto de instrumentos jurídicos para establecer un Sistema Europeo Común de Asilo (SECA) para armonizar a nivel europeo la legislación, las condiciones de acogida y otros aspectos vinculados al sistema de protección internacional. Así, el Reglamento (UE) 604/2013 del Parlamento Europeo y el Consejo (Reglamento Dublín III), *que sustituye al Reglamento (CE) nº 343/2003 del Consejo (Reglamento Dublín II), establece los criterios y mecanismos para decidir sobre qué país recae la responsabilidad de examinar una solicitud de asilo, es el que actualmente está en vigor,* DOUE L 180, 29.6.2013, p. 31–59. En la actualidad el SECA está siendo revisado por la UE. Ver Consejo Europeo, Consejo de la UE, en: https://www.consilium.europa.eu/es/policies/eu-migration-policy/eu-asylum-reform/.

20 IOM, "Migration and Climate Change" *Migration Research Series No. 31*, 2008.

21 Ver BANCO MUNDIAL, *Groundswell: actuar frente a la migración interna provocada por impactos climáticos*, 2021. Este informe incluye nuevas proyecciones de tres regiones: Asia oriental y el Pacífico, Norte de África, y Europa oriental y Asia central. Se basa en el primer informe *Groundswell: prepararse para las migraciones internas provocadas por impactos climáticos,* publicado en 2018, que abarcó África al sur del Sahara, Asia meridional y América Latina.

22 CHRISTIAN AID, *Human Tide: The Real Migration Crisis,* Christian Aid Report, 2007.

23 OIM, 2008, *op.cit.* nota 20.

decisivo en la movilidad humana. El aumento de la frecuencia e intensidad de las catástrofes súbitas y graduales relacionadas con el clima implica una mayor probabilidad de que se produzcan emergencias humanitarias, que den lugar a desplazamientos de población. Las consecuencias adversas del calentamiento, la variabilidad del clima y otros efectos del cambio climático sobre las condiciones de vida, la salud pública, la seguridad alimentaria y la disponibilidad de agua pueden exacerbar las vulnerabilidades preexistentes y fomentar la migración: la subida del nivel del mar puede provocar la inhabitabilidad de las zonas costeras y las islas de baja altitud sobre el nivel del mar y la escasez de recursos naturales, generando tensiones y eventualmente conflictos y, a su vez, migraciones forzadas.

A pesar de la evidencia de que los cambios ambientales, las catástrofes y la degradación son motores de la migración, todavía no existe un reconocimiento y, por tanto, una protección internacional del "refugio climático". Así se refirió el anterior Relator Especial sobre los derechos humanos de los migrantes, en su informe final de 2011 al Consejo de Derechos Humanos, quien apuntó la necesidad de reconocer los efectos del cambio climático sobre los desplazamientos de personas[24] y los posteriores informes del Relator Especial sobre los derechos humanos de los migrantes, el preparado por el ex relator François Crépeau, A/67/299 de 2012[25] y el del nuevo Relator, Felipe González Morales, A/77/189 de 2022[26].

---

24 Ver Informe del Relator Especial sobre los derechos humanos de los migrantes, Sr. Jorge Bustamante, del 21 de marzo de 2011, a la Asamblea General de Naciones Unidas, A/HRC/17/33, párrs. 47 a 62. Disponible en: https://undocs.org/Home/Mobile?FinalSymbol=A%2FHRC%2F17%2F33&Language=E&DeviceType=Desktop&LangRequested=False. Asimismo, se han pronunciado los informes del Relator Especial sobre los derechos humanos de los desplazados internos (A/66/285) y del Relator Especial sobre una vivienda adecuada como elemento integrante del derecho a un nivel de vida adecuada y sobre el derecho de no discriminación a este respecto (A/64/255).

25 Informe del Relator Especial sobre los derechos humanos de los migrantes, François Crépeau, del 13 de agosto de 2012 a la Asamblea General de Naciones Unidas, A/67/299, párr 21. Disponible en: https://daccess-ods.un.org/tmp/209140.721708536.html.

26 Informe del Relator Especial sobre los derechos humanos de los migrantes, Felipe González Morales, del 19 de julio de 2022, a la Asamblea General de Naciones Unidas, A/77/189. Disponible en: https://www.ohchr.org/es/documents/thematic-reports/a77189-report-special-rapporteur-human-rights-migrants.

III. LIMITACIONES EN LA PROTECCIÓN INTERNACIONAL DE LAS PERSONAS EN MOVIMIENTO EN CONTEXTOS DE EMERGENCIA CLIMÁTICA

La Convención de Ginebra de 1951[27] define el estatuto de "refugiado", refiriéndose a la persona que ha cruzado una frontera internacional "debido a fundados temores de ser perseguida por motivos de raza, religión, nacionalidad, pertenencia a determinado grupo social u opiniones políticas" (Artículo 1.A.2).

Esta definición es muy importante, puesto que delimita el otorgamiento de protección, a través del derecho de asilo (art. 14 de la Declaración Universal de Derechos Humanos)[28], para aquellas personas que son perseguidas o tienen el temor de serlo por lo motivos políticos especificados en esta definición[29]. Este derecho, además de comprender el derecho a salir del propio país (artículo 13) y el derecho a la nacionalidad (artículo 15), proporciona la protección internacional, prohibiendo a los Estados

27 Convención sobre el Estatuto de los Refugiados, Ginebra, 28 de julio de 1951, Naciones Unidas, *UN Treaty Series*, vol. 189, N. 2545.

28 *Ibid.*

29 Así mismo se expresa el artículo 12 de la Carta Africana de Derechos Humanos establece que: "todas las personas tienen derecho, en caso de persecución, a buscar y obtener asilo en otros países de conformidad con las leyes de esos países y las convenciones internacionales." También, el artículo 22 de la Carta Americana de Derechos Humanos establece que: "toda persona tiene el derecho a buscar y obtener asilo en un territorio extranjero, de conformidad con la legislación del estado y convenciones internacionales, en caso de que esté siendo perseguido por delitos políticos o delitos comunes conexos." El artículo 28 de la Carta Árabe de Derechos Humanos proclama que: "Toda persona tiene derecho a solicitar asilo político en otros países para escapar de la persecución. Este derecho no podrá ser disfrutado por personas enfrentarse a un proceso judicial por un delito penal ordinario. Los refugiados políticos no deben ser extraditables." El artículo 16 de la Declaración de Derechos Humanos de la ASEAN establece que: "Toda persona tiene derecho a buscar y recibir asilo en otro Estado de conformidad con las leyes de dicho Estado y los acuerdos internacionales aplicables." No obstante, es importante señalar que ni el Convenio Europeo de Derechos Humanos, ni la Carta de Derechos Fundamentales de la Unión Europea incluyen disposiciones particulares sobre el derecho a solicitar asilo. Esto claramente demuestra que cuando se redactó la Convención de Ginebra de 1951 sobre el estatuto de los Refugiados, se adaptó a las especificidades del contexto europeo en ese momento, de modo que no hubo más necesidad de desarrollar el derecho a solicitar asilo en las convenciones regionales posteriores.

expulsar o devolver a una persona al territorio de cualquier país en el que su vida o su libertad se encuentran amenazadas o en el que pueda sufrir tortura, tratos inhumanos o vulneración de sus derechos humanos fundamentales (artículo 14, conocido como principio del *non-refoulement,* previsto también en el artículo 33 de la Convención sobre el Estatuto de los Refugiados de 1951)[30].

A pesar de que la Convención de 1951, enmendada por su Protocolo de 1967, se considera como el principal instrumento de protección de las personas refugiadas y como una norma de Derecho internacional consuetudinario[31], se ha reconocido, en general, que los términos de "refugia-

---

[30] La Convención contra la Tortura y otros Tratos o Penas Crueles, Inhumanos o Degradantes de 1984 también reconoce el principio de no devolución en su artículo 3: "1. Ningún Estado Parte procederá a la expulsión, devolución o extradición de una persona a otro Estado cuando haya razones fundadas para creer que estaría en peligro de ser sometida a tortura. 2. A los efectos de determinar si existen esas razones, las autoridades competentes tendrán en cuenta todas las consideraciones pertinentes, inclusive, cuando proceda, la existencia en el Estado de que se trate de un cuadro persistente de violaciones manifiestas, patentes o masivas de los derechos humanos." La Declaración de Cartagena sobre los Refugiados (1984) señala en la quinta conclusión: "Reiterar la importancia y significación del principio de no devolución (incluyendo la prohibición del rechazo en las fronteras), como piedra angular de la protección internacional de los refugiados. Este principio imperativo en cuanto a los refugiados debe reconocerse y respetarse en el estado actual del derecho internacional, como un principio de *ius cogens*." La Convención de la OUA por la que se regulan los aspectos específicos de problemas de los refugiados en África de 1969, reconoce el principio de no devolución en el artículo 2: "Ninguna persona será sometida por un Estado miembro a medidas tales como la negativa de admisión en la frontera, la devolución o la expulsión que la obligarían a regresar o a permanecer en un territorio donde su vida, su integridad corporal o su libertad estarían amenazadas..." Incluso, el artículo 19 de la Carta de los Derechos Fundamentales de la Unión Europea (2000/C 364/01) lo reconoce estableciendo que "Artículo 19 Protección en caso de devolución, expulsión y extradición 1. Se prohíben las expulsiones colectivas. 2. Nadie podrá ser devuelto, expulsado o extraditado a un Estado en el que corra un grave riesgo de ser sometido a la pena de muerte, a tortura o a otras penas o tratos inhumanos o degradantes." El TJUE que sostuvo en su Sentencia de la gran sala en el asunto Elgafaji, que el artículo 3 del CEDH (relativo a la no–devolución) "...forma parte de los principios generales del Derecho comunitario, cuyo respeto garantiza el Tribunal..." Sentencia del Tribunal de Justicia de la UE (gran sala) del 17 de febrero de 2009, *Elgafaji contra Staatssecretaris van Justitie*, asunto C-465/07, ECLI:EU:C:2009:94, § 28.

[31] Declaración de los Estados Parte de la Convención de 1951 y/o el Protocolo sobre el Estatuto de los Refugiados de 1967, párr. 4, Doc. ONU HCR/MMSP/2001/09, 16 de enero de 2002, disponible en: www.acnur.org/biblioteca/pdf/0747.pdf.

dos climáticos" y "refugiados ambientales" no son, en términos jurídicos, nomenclaturas exactas o útiles y, por lo tanto, deben evitarse. Así se refiere, por ejemplo, el Relator Especial sobre los derechos humanos de los migrantes, el cual reconoce que, "[...] con respecto a la migración inducida por el cambio climático, la legislación y la práctica establecidas en torno al estatuto del refugiado no necesariamente se aplicarán a la mayoría de ellos y, tal vez, no deberían aplicarse. Aun cuando las perturbaciones debidas al cambio climático pueden acrecentar los desplazamientos de refugiados, puede ser poco práctico, y hasta indeseable, ampliar la definición correspondiente a la legislación internacional sobre refugiados"[32].

No obstante, es necesario precisar que la Convención de 1951 puede aplicarse en situaciones específicas, por ejemplo, cuando "las víctimas de desastres naturales huyen debido a que su gobierno ha retenido u obstruido deliberadamente la asistencia con el fin de castigarlas o marginarlas debido a alguno de los cinco motivos [de la Convención]"[33]. Estas acciones pueden llevarse a cabo durante conflictos armados, situaciones de violencia generalizada, desorden público o inestabilidad política e incluso en tiempo de paz. En concreto, tanto ACNUR como el Relator sobre los derechos humanos de los migrantes entienden que la Convención de Ginebra podría aplicarse cuando haya una acción o inacción por parte de las autoridades nacionales constitutiva de persecución. En concreto, cuando exista una denegación de protección por parte de las autoridades nacionales frente a los efectos adversos del cambio climático, que pueda equivaler a persecución; cuando las autoridades nacionales utilicen los efectos perjudiciales del cambio climático para perseguir a determinados grupos o personas; o cuando existan violaciones graves de los derechos humanos o conflictos armados generados por el cambio climático que hagan que las personas huyan por el temor fundado a sufrir persecución[34].

---

32 Ver A/67/299 de 2012, *op.cit.* nota 25, párr. 62.

33 ACNUR, "Desplazamiento forzado en el contexto del cambio climático: Desafíos para los Estados en virtud del derecho internacional", presentado en la sexta reunión del Grupo de Trabajo Especial sobre la cooperación a largo plazo en el marco de la Convención, 20 de mayo de 2009, pp. 9-10.

34 ACNUR, *Ibid.* También consultar el Informe del Relator Especial sobre los derechos humanos de los migrantes, A/77/189 de 2022, *op.cit.* nota 26.

Desde esta conceptualización internacional, en la región africana a través de la Convención de la OUA sobre los Refugiados de 1969[35] y en la región americana, con la Declaración de Cartagena sobre los Refugiados de 1984[36] se ha ampliado la definición de refugiado para África y América Latina, incluyendo entre las causas para desplazarse las situaciones que han alterado gravemente el orden público[37], que, de cierta forma, podría resultar equiparable a la degradación ambiental, como la causante de hambrunas y sequías.

Respecto a la UE, ni el Tratado de Funcionamiento de la Unión Europea (TFUE) ni la Carta de Derechos Fundamentales de la Unión Europea definen "asilo" y "refugio", aunque la UE, a través de su política común de asilo, debe ajustarse a la Convención de Ginebra y, por lo tanto, a una definición de la situación de refugio, que, aunque no se ajuste a la realidad de la movilidad climática aporta los elementos esenciales para ampliar la protección. De hecho, actualmente en la UE no existen instrumentos jurídicos que regulen específicamente la protección de las personas migrantes climáticas, con excepción de las personas desplazadas climáticas en el territorio de la Unión, las cuales vendrían cubiertas, como se ha mencionado anteriormente, por la libre circulación de personas. Así la atención sobre la migración climática desde la UE se ha centrado en los movimientos forzados dentro de sus propias fronteras, olvidando su posición como región de acogida. Las migraciones climáticas, sin embargo, no han podido pasar desapercibidas por la UE. En efecto, en los últimos años se ha observado un mayor interés por la cuestión, a medida que los efectos del cambio climático han sido más frecuentes e intensos, por lo que el discurso político de la UE ha ido evolucionando, no tanto en la perspectiva de la protección,

---

35 Aprobada por la Asamblea de Jefes de Estado y de Gobierno en su sexto período ordinario de sesiones (Addis Abeba, 10 de septiembre de 1969). Entrada en vigor: el 20 de junio de 1974, conforme con lo dispuesto en el artículo 2 Texto: Serie de Tratados de las Naciones Unidas, 1, 14 691.

36 OAS Doc. OEA/Ser.L/V/II.66/doc.10 rev. 1, 190–93 conclusión III(3) (1984).

37 La Convención de la OUA añade a la definición de persona refugiada que establece Ginebra que se otorgará el estatuto de persona refugiada a las personas obligadas a salir de su país de origen "[...] a causa de una agresión exterior, una ocupación o una dominación extranjera, o de acontecimientos que perturben gravemente el orden público". Y la Declaración de Cartagena también aplica la condición de refugiado a las personas cuya "[...] vida, seguridad o libertad han sido amenazadas por la violencia generalizada, la agresión extranjera, los conflictos internos, la violación masiva de derechos humanos u otras circunstancias que hayan perturbado gravemente el orden público". *op.cit.* nota 36.

sino en torno a la posible amenaza del fenómeno, centrándose en su propia seguridad interna, básicamente porque la UE linda con algunas de las regiones más vulnerables al cambio climático.

IV. LIMITACIONES DISCURSIVAS A LA PROTECCIÓN DE LAS PERSONAS REFUGIADAS CLIMÁTICAS EN LA UE

Así, tal y como ha sucedido en el ámbito internacional, la UE a pesar de su liderazgo en la política climática mundial, ha tenido grandes dificultades para alcanzar una claridad conceptual y consenso sobre los refugiados climáticos, sin que se haya logrado un marco o instrumento jurídico de reconocimiento y protección. De hecho, la aproximación a la realidad de la migración climática en la UE ha sido más desde la vertiente política y bajo el prisma de la securización de la migración, la adaptación y la cooperación al desarrollo, esquivando la cuestión humanitaria de la protección de las personas migradas climáticas. Tal y como se analiza más adelante en este apartado, casi todas las instituciones de la UE empezaron a comprometerse con la migración y el desplazamiento relacionados con el medio ambiente a finales de los años 90, recopilando información, encargando proyectos de investigación y organizando actos para debatir el tema con las distintas partes interesadas. El Parlamento Europeo fue la primera institución de la UE que realizó un trabajo de base en este sentido, pero con dos limitaciones principales en el proceso: en primer lugar, sólo los diputados verdes del Parlamento Europeo promovieron un encuadre discursivo de la cuestión; y, en segundo lugar, las iniciativas se centraron únicamente en el fenómeno de los "refugiados climáticos". Estas limitaciones, junto a la falta de una amplia voluntad política y una visión incompleta de los problemas en presencia, por parte de las demás instituciones, frustraron estos esfuerzos.

Una de las primeras aproximaciones fue la Resolución del Parlamento Europeo de 1999 sobre "Medio ambiente, seguridad y política exterior"[38], en la que se incluyó el término "refugiados climáticos" como un reto para las políticas de migración y justicia de la UE, la asistencia al desarrollo y el gasto en ayuda humanitaria, así como un problema por el aumento de los problemas de seguridad y de inestabilidad regional para la UE.

---

38 Resolución del Parlamento Europeo de 28 de enero de 1999, *sobre medio ambiente, seguridad y política exterior*, A4-0005/1999, DOUE C 128 de 7.5.1999, p. 92.

En el año 2001 varios eurodiputados verdes intentaron, sin éxito, insertar una referencia a los refugiados ambientales en un informe del Parlamento Europeo sobre la política común europea de asilo. Tras varias declaraciones escritas en las que se pedía atribuir un estatus comunitario a los refugiados ecológicos y situar el principio de injerencia ecológica en las prerrogativas comunitarias, el Parlamento Europeo no adoptó, finalmente, ninguna resolución formal[39].

A partir de enero de 2007, la Comisión Europea tomó las riendas del asunto mediante la financiación del proyecto EACH-FOR ("Escenarios de cambio ambiental y migración forzosa")[40] en el marco del VI Programa Marco (prioridad 8.1 Investigación orientada a las políticas). Sin duda, un proyecto de referencia científica, pero que no logró trascender a la esfera política, a pesar que, en abril de 2007, el Parlamento Europeo creó una Comisión Temporal sobre el Cambio Climático (CLIM)[41] con el fin de formular propuestas sobre la futura política integrada de la UE en materia de cambio climático y coordinar la posición del Parlamento en las negociaciones sobre el marco internacional de la política climática después de 2012. La votación del informe final tuvo lugar en sesión plenaria, antes de que finalizara el mandato de la CLIM en febrero de 2009[42].

A pesar de estos inicios, el relato de la securización de la migración climática permeó profundamente, hasta el punto de que el Alto Representante de la Política Exterior y de Seguridad Común y la Comisión Europea presentaron, en marzo de 2008, un documento al Consejo sobre "Cambio climático y seguridad internacional"[43], en el que se afirmaba que el cambio climático podría traspasar a otros ámbitos como el de la migración. Aunque

---

39 Ver SGRO, A., "Towards recognition of environmental refugees by the European Union", *Revue Asylon(s)*, núm. 6, 2008.

40 WARNER, K., STAL, M., DUN, O. y AFIFI, T., "Researching Environmental Change and Migration: Evaluation of EACH-FOR Methodology and Application in 23 Case Studies Worldwide", en LACZKO, F. y AGHAZARM, C. (eds.) *Migration, Environment and Climate Change: Assessing the Evidence*, OIM, Ginebra, 2009, pp. 197-244.

41 Decisión del Parlamento Europeo de 25 de abril de 2007 *para la creación de una comisión temporal sobre el cambio climático*, P6_TA(2007)0151.

42 Resolución del Parlamento Europeo de 4 de febrero de 2009, *2050: El futuro empieza hoy–Recomendaciones para la futura política integrada de la UE en materia de cambio climático*, A6-0495/2008. Disponible en: https://www.europarl.europa.eu/doceo/document/A-6-2008-0495_ES.html.

43 Documento del Alto Representante y de la Comisión Europea al Consejo Europeo de 14 de marzo de 2008, *El cambio climático y la seguridad internacional*, S113/08.

no se tomó ninguna medida para avanzar en la agenda política, el documento describía la migración inducida por el medio ambiente como una "amenaza" que podría aumentar el potencial de conflicto en los países de tránsito y destino. El documento también señalaba que Europa "debe esperar un aumento sustancial de la presión migratoria" y recomendaba una mejora de las capacidades de la UE mediante la creación de conocimientos y sistemas de seguimiento y alerta temprana. Además, subrayaba el papel del liderazgo multilateral de la UE para promover la seguridad climática global, considerando "la tensión migratoria adicional desencadenada por el medio ambiente en el desarrollo de una política migratoria europea global, en relación con todos los organismos internacionales pertinentes"[44].

Con el fin de centrar de nuevo la atención de las instituciones europeas en la necesidad de reconocer las migraciones climáticas, el Grupo de los Verdes/Alianza Libre Europea (ALE) retomaron sus esfuerzos y celebraron un seminario sobre los refugiados climáticos, en junio de 2008. El resultado fue una Declaración final, cuyas conclusiones instaban a las instituciones europeas a desarrollar una estrategia europea sobre migraciones climáticas para "organizar la protección jurídica de las víctimas de las perturbaciones climáticas y de los posibles desplazados (actuales o futuros) que no se benefician hoy de ningún reconocimiento"[45]. Además, se pidió que se iniciara un debate en la ONU sobre la situación de los migrantes climáticos y sobre la posibilidad de adoptar un protocolo de la CMNUCC sobre la migración forzada por el clima. Ese debate se realizó, en enero de 2008, por la OIM y el Programa de las Naciones Unidas para el Medio Ambiente en una reunión común denominada "Migración y Medio Ambiente"[46], con el fin de aumentar la conciencia y la sensibilidad de la Comisión Europea respecto de estas cuestiones. Quizás este debate de reflexión fuera el detonante para que poco después, la Comisión Europea adoptara una perspectiva un poco más allá de la seguridad, mediante una Comunicación sobre "Una política común de inmigración para Europa: Principios,

---

[44] *Ibid.*

[45] Declaración del grupo parlamentario Greens/EFA del 11 de junio de 2008, *on climate migrations,* adoptada en la Conferencia sobre Migraciones Climáticas del Parlamento Europeo, Bruselas 11 de junio de 2008, p. 4.

[46] OIM, "Migración y Medio Ambiente", Comité Permanente de Programas y Finanzas de la Organización Internacional para las Migraciones, SCPF/21, 2008. Disponible en: https://www.iom.int/sites/g/files/tmzbdl486/files/2019-01/SCPF_21s.pdf

acciones e instrumentos"[47] y un Plan de Política denominado "Asilo–un enfoque integrado de la protección en toda la UE"[48]. La Comunicación proponía diez principios comunes sobre los que construir una política común de inmigración, agrupados en los tres ejes principales de las políticas de la UE: prosperidad, solidaridad y seguridad. Paralelamente, pero en un documento separado, el Plan de Política de Asilo ofrecía opciones para configurar la segunda fase del Sistema Europeo Común de Asilo (SECA).

El Plan pretendía mejorar la definición de las normas de protección a nivel de la UE mediante la modificación, a lo largo de 2009, de los instrumentos jurídicos existentes, como la directiva sobre los requisitos para determinar la consideración de refugiado o persona necesitada de protección internacional. Aunque el Plan de Política no hace una referencia específica a los refugiados climáticos o a las migraciones inducidas por el cambio climático, no cabe duda de que se abría una oportunidad. Una tendencia importante identificada en el Plan de Política es que un porcentaje cada vez mayor de solicitantes recibe protección subsidiaria u otros tipos de estatus de protección basados en la legislación nacional, en lugar de recibir la condición de refugiado según la Convención de Ginebra, debido probablemente al hecho de que una parte cada vez mayor de los conflictos y persecuciones actuales no están cubiertos por la Convención ginebrina. Por lo tanto, era importante durante la segunda fase del SECA prestar especial atención a las formas de protección subsidiarias y de otro tipo. Uno de los objetivos generales del SECA es "garantizar el acceso a las personas que necesitan protección". Este compromiso podría marcar el inicio de los trabajos de la Comisión sobre la cuestión de los refugiados ambientales. Por último, las propuestas aprobadas por el Consejo Europeo el 15 de octubre de 2008[49], condujeron inicialmente a la adopción de un Pacto Europeo sobre la Inmigración con vistas al nuevo programa quinquenal

---

47 Comunicación de la Comisión Europea de 17 de junio de 2008 al Parlamento Europeo, al Consejo, al Comité Económico y Social Europeo y al Comité de las Regiones, *Una Política Común de Emigración para Europa: Principios, medidas e instrumentos,* COM(2008) 359 final.

48 Comunicación de la Comisión Europea del 17 de junio de 2008, al Parlamento Europeo, al Consejo, al Comité Económico y Social Europeo y al Comité de las Regiones, *Plan de política de asilo un planteamiento integrado de la protección en toda la UE,* COM(2008) 360 final.

49 Conclusiones del Consejo Europeo de Bruselas de 15 y 16 de octubre de 2008, ref. 14368/08. Disponible en: https://data.consilium.europa.eu/doc/document/ST-14368-2008-INIT/es/pdf

en el ámbito de la justicia, la libertad y la seguridad, que se aprobó en el segundo semestre de 2009.

Además de considerar las migraciones climáticas en términos de seguridad, la Comisión Europea las abordó también desde la perspectiva de la adaptación. En particular, a través del Libro Blanco sobre la adaptación al cambio climático, publicado en otoño de 2008, el cual era una continuación del Libro Verde de la Comisión Europea del 29 de junio de 2007 sobre la adaptación al cambio climático en Europa[50]. En este sentido, el Plan de Acción para la aplicación del Programa de Estocolmo (2010-15) contenía un punto en el que se pedía a la Comisión Europea que emitiera una Comunicación con referencia específica a la migración internacional inducida por el clima, incluidos los posibles efectos sobre la migración en la UE. Sin embargo, la Comunicación final, que se denominó "Enfoque global sobre la migración y la movilidad", prestó poca atención al asunto.

En un estudio de 2011, titulado "Climate Refugees: Legal and Policy Responses to Environmentally Induced Migration", encargado por el Parlamento Europeo (Comisión de Libertades Civiles, Justicia y Asuntos de Interior), se exploraban las lagunas de protección y las posibles respuestas políticas, recomendaciones y propuestas de acciones concretas para reconocer formalmente a los refugiados climáticos dentro del actual marco legal y político de la UE. En este sentido, la Dirección General de Migración y Asuntos de Interior de la Comisión había sugerido un estatuto de "migración forzada permanente" como nueva categoría para resolver el problema de los refugiados. Sin embargo, en un documento de trabajo de los servicios de la Comisión Europea (CSWD) sobre "Cambio climático, degradación ambiental y migración" (que acompañaba a la mencionada estrategia de la UE sobre la adaptación al cambio climático), publicado en abril de 2013[51], se centró la atención en el Sur Global, afirmando que los flujos migratorios hacia Europa debidos al estrés climático eran poco probables. En consecuencia, el documento se centró en las recomendaciones para las políticas de la UE con una perspectiva exterior, como el desarrollo,

---

50 Libro Blanco de la Comisión Europea del 1 de abril de 2009, *Adapting to climate change: Towards a European framework for action*; COM(2009) 147 final.

51 Documento de Trabajo de la Comisión Europea, *Climate change, environmental degradation, and migration,* que acompaña la Comunicación de la Comisión Europea al Parlamento Europeo, al Consejo, al Comité Económico y Social y al Comité de las Regiones, *An EU Strategy on adaptation to climate change,* SWD/2013/0138 final.

la política exterior y la ayuda humanitaria. Tras señalar que la mayoría de los movimientos migratorios se producirían a nivel interno, el documento concluía que no era necesaria una "protección de tipo refugiado" en relación con la migración inducida por el clima, puesto que era una cuestión a abordar desde la cooperación al desarrollo.

En mayo de 2013, los Verdes/ALE adoptaron un documento de posición titulado "Cambio climático, refugiados y migración"[52], que identificaba una serie de instrumentos políticos de la UE que podrían ampliarse para incluir la migración inducida por el clima y conceder el estatus de protección subsidiaria.

Dos años más tarde, en 2015, la serie Science for Environmental Policy de la Comisión Europea publicó "Migration in Response to Environmental Change"[53]. Este documento no solo recogía todos los resultados de la investigación, sino que también reconocía que los patrones de migración a la UE se veían afectados por el cambio climático, incluyendo a las personas nacionales de la UE que podían desplazarse entre los Estados miembros debido a los acontecimientos climáticos y ambientales. Esta última consideración iba más allá de cualquier consideración basada en los "refugiados climáticos" según el Derecho internacional actual, ya que estas situaciones de migración interna en la UE están reguladas principalmente por las disposiciones sobre la libre circulación de personas, según el Derecho de la UE, y en cierta medida por las disposiciones establecidas en la Carta de Derechos Fundamentales de la UE. Por lo tanto, el principal reto sigue siendo el de las personas que llegan a la UE desde el exterior.

Con la "crisis migratoria", iniciada en 2015, el discurso gira de planteamientos basado en la protección de la migración, a los de prevención -o evitación- de la misma. La "Agenda Europea de Migración", adoptada por la Comisión Europea en 2015, identificó el cambio climático como un factor que alimentaba, de forma directa e inmediata, la migración irregu-

---

52 Posición del Grupo Parlamentario Greens/EFA, *Climate change, refugees and migration*, preparada por Hélène Flautre, Jean Lambert, Ska Keller y Barbara Lochbihler, mayo de 2013.

53 Documento preparado por la Unidad de Comunicación Científica (UWE) para la DG Medio Ambiente de la Comisión Europea en la serie *Science for Environment Policy,* bajo el título "Migration in response to environmental change" núm. temático 51. Disponible en: http://ec.europa.eu/science-environment-policy.

lar y el desplazamiento forzado, e hizo un llamamiento a la "prevención y mitigación de estas amenazas"[54].

En ese contexto, el Parlamento Europeo adoptó la Resolución de 12 de abril de 2016 sobre la situación en el Mediterráneo y la necesidad de un enfoque holístico de la UE sobre la migración[55]. Sin embargo, no fue hasta la Resolución de 2017, denominada "Abordar los movimientos de refugiados y migrantes: el papel de la acción exterior de la UE"[56], cuando el Parlamento Europeo subrayó que "la cooperación al desarrollo de la UE debe seguir abordando y atajando eficazmente las causas profundas de los desplazamientos forzados y la migración", tratando el cambio climático como una de estas causas profundas. Esta fue la primera vez en la que la migración se abordaba de forma holística, desde sus causas (y responsabilidades) y no solo desde sus consecuencias, interpelando a la necesaria coherencia entre las políticas de la Unión. En esta línea, también se pedía a los Estados miembros que asumieran su responsabilidad global ante el cambio climático, aplicando el Acuerdo de París y adoptando "un papel de liderazgo en el reconocimiento del impacto del cambio climático en los desplazamientos masivos, ya que es probable que la escala y la frecuencia de los desplazamientos aumenten". En consecuencia, la Resolución exigía que la UE y sus Estados miembros pusieran más recursos financieros a disposición de los países más afectados por el cambio climático, y pedía un estatus de protección internacional especial para aquella migración forzada por los fenómenos climáticos.

En su Resolución de 2018 "Sobre el progreso de los Pactos Mundiales de las Naciones Unidas para una Migración Segura, Ordenada y Regular y sobre los Refugiados"[57], el Parlamento Europeo pidió a todos los miembros

---

54 Comunicación de la Comisión Europea de 13 de mayo de 2015 para el Parlamento Europeo, el Consejo, el Comité Económico y Social Europeo y el Comité de las Regiones, *una Agenda Europea de Migración,* COM(2015) 240 final.

55 Resolución del Parlamenot Europeo de 12 de abril de 2016, *on the situation in the Mediterranean and the need for a holistic EU approach to migration,* P8_TA(2016)0102. Disponible en: https://www.europarl. europa.eu/ doceo/ document/TA-8-2016-0102_EN.pdf

56 Resolución del Parlamento Europeo del 5 de abril de 2017, *on addressing refugee and migrant movements: the role of EU External Action,* 2015/2342(INI).

57 Resolución del Parlamento Europeo, de 18 de abril de 2018, *sobre los avances con respecto al pacto mundial de las Naciones Unidas para una migración segura, ordenada y regular y al pacto mundial de las Naciones Unidas sobre los refugiados* (2018/2642(RSP)) (2019/C 390/09).

de la ONU, pero más concretamente a los países de la UE, que se centraran especialmente en los factores impulsores de la migración irregular y el desplazamiento forzado, incluidos el cambio climático y los desastres naturales.

La UE también ha optado por abordar las causas profundas de estas formas de migración, abogando con la iniciativa del Pacto Verde Europeo para mejorar las políticas climáticas globales, y los programas de desarrollo regional para reducir el impacto del cambio climático en las regiones y poblaciones ya vulnerables que se ven obligadas a huir. Por ello, a partir de 2018, la Comisión Europea hizo una propuesta para abordar las principales causas de la migración irregular, es decir, el subdesarrollo, la demografía, la falta de oportunidades, el cambio climático y la desigualdad. Así en el Pacto Verde Europeo de 2019[58], la Comisión Europea reconoció que el cambio climático es un factor de migración e inestabilidad, conflicto e inseguridad alimentaria. A pesar de esta aproximación, en una audiencia celebrada en 2020, el Comité Económico y Social destacó la falta de una definición precisa para abordar adecuadamente la cuestión de la migración climática[59].

En esa misma línea, la Comisión LIBE del Parlamento Europeo publicó en 2020 el Informe "Cambio climático y migración Retos jurídicos y políticos y respuestas a la migración inducida por el medio ambiente"[60], que establece las necesidades que surgen en el contexto de los cambios ambientales adversos, incluyendo el desplazamiento ambiental, aunque también se refiere a la migración como estrategia de adaptación al cambio climático. Así se recomienda la integración de consideraciones ambientales y de movilidad en todas las políticas, estrategias y programas, el reconocimiento de la migración ambiental como un proceso de adaptación y la necesidad de reforzar las distintas formas de ayuda a los países

---

58 Comunicación de la Comisión del 11 de diciembre de 2019, *El Pacto Verde Europeo*, COM(2019) 640 final.

59 Presentación del Comité Económico y Social (Unión Europea) del 11 de marzo de 2020, *"Climate refugees" – from understanding to addressing this challenging phenomenon*. Disponible en: https://www.eesc.europa.eu/en/agenda/our-events/events/climate-refugees/presentations.

60 Documento encargado por el Comité de Libertades Civiles, Justicia y Asuntos de Interior del Parlamento, *Climate Change and Migration Legal and policy challenges and responses to environmentally induced migration*, PE 655.591, julio de 2020. Disponible en: https://www.europarl.europa.eu/RegData/etudes/STUD/2020/655591/IPOL_STU(2020)655591_EN.pdf.

especialmente afectados por desastres ambientales y climáticos, así como reforzar las políticas de la UE sobre el cambio climático.

A pesar de estos esfuerzos y de no haber logrado una protección de las personas refugiadas climáticas en la UE, existen en el actual marco jurídico europeo posibilidades de protección indirecta para las personas refugiadas y a personas necesitadas de protección internacional, a través conocido como Sistema Europeo Común de Asilo (SECA), así como otros instrumentos jurídicos disponibles, que podrían utilizarse para ampliar la protección más allá del desplazamiento climático interno.

V. POSIBILIDADES EN EL RECONOCIMIENTO Y PROTECCIÓN DE LOS REFUGIADOS CLIMÁTICOS EN LA UE

Las disposiciones generales del Título V del TFUE, relativo al "Espacio de libertad, seguridad y justicia" establecen de forma general que la UE "desarrollará una política común de asilo, inmigración y control de las fronteras exteriores que esté basada en la solidaridad entre los Estados miembros y sea equitativa con respecto a los nacionales de terceros países" (artículo 67.2 TFUE). Así la finalidad es establecer una "política común" que abarque: el control de las fronteras, el asilo y la migración. Este no es un ámbito sujeto a la competencia exclusiva de la UE, puesto que el uso del término "política común" apunta claramente a una voluntad de ampliación, coordinación y continuidad que puede resultar importante en el futuro. Sin duda, la ampliación de esta política a la migración relacionada con el medio ambiente representa un enorme desafío.

En este contexto, aunque los Tratados pueden proporcionar un mandato suficientemente amplio para una revisión de la política de asilo e inmigración, para regular el estatus de los "migrantes climáticos", no existe en la actualidad un instrumento de la UE ni una política coherente que los mencione. Sin embargo, la política común de asilo (SECA), que se encuadra en el "Espacio de Libertad, Seguridad y Justicia" (artículos 77 a 80 TFUE), proporciona un mandato general para el desarrollo de políticas comunes en los principales ámbitos de la política de migración y asilo.

En concreto, el artículo 78 establece como referente esencial la Convención de Ginebra en el desarrollo de esta política común de asilo mediante: i) un estatuto uniforme de asilo en toda la Unión; ii) un estatuto uniforme de protección subsidiaria; iii) un sistema común de protección temporal en caso de afluencia masiva; y, iv) la asociación y cooperación con terceros países para gestionar los flujos de personas. Y el artículo 80 del TFUE sitúa el principio de solidaridad y de reparto equitativo de la responsabilidad en el centro de todo el sistema de la Unión, proporcionando una base jurídica para la aplicación de estos principios en las políticas de la Unión en materia de asilo, migración y control de las fronteras. Con tal fin, se han creado agencias como la Oficina Europea de Apoyo al Asilo (EASO), rebautizada con el nombre de Agencia de Asilo de la Unión Europea.

A nivel de Derecho derivado, existen normas comunes mínimas de procedimiento y estatuto común y uniforme de concesión de asilo en toda la UE, que permiten la posibilidad de procurar protección a las personas en movimiento internacional inducido por los impactos del cambio climático, comprendiendo las normas que regulan en la UE el estatuto de refugio y el asilo, la protección temporal y la protección subsidiaria. Dentro de las normas que configuran el patrimonio jurídico SECA es interesante destacar la siguiente normativa sobre requisitos, sobre la protección temporal, la protección subsidiaria, los visados humanitarios y la prohibición del no retorno.

A pesar de que esta normativa está siendo revisada por la Comisión, a partir del nuevo Pacto sobre Migración y Asilo, presentado el 23 de septiembre de 2020[61] como un nuevo marco europeo común global de protección, a través de vías legales y una mejor integración, no se aborda el cambio climático como una razón reconocida para la migración ni los desastres climáticos se enumeran como un motivo legítimo para solicitar asilo. Por ello, resulta de interés, a continuación, analizar las posibilidades interpretativas del marco jurídico de Derecho derivado de la UE.

1. El estatuto de refugio y asilo

El estatuto de refugio en la UE se regula, en primer lugar, por el artículo 18 de la Carta de Derechos Fundamentales de la Unión Europea (CDFUE), garantizando el derecho de asilo a todo nacional de un tercer país que necesite protección internacional. La única limitación fundamental es que para poder solicitarlo hay que llegar al territorio de uno de los Estados miembros. Por lo tanto, no hay en la actualidad posibles vías legales que permitan entrar en la UE con el fin de solicitar asilo, de hecho, se incentiva que las personas entren ilegalmente para hacerlo.

---

61 *Vid.* Comunicación de la Comisión Europea de 23 de septiembre de 2020, *relativa al Nuevo Pacto sobre Migración y Asilo,* COM (2020) 609 final.

En este sentido, la Directiva 2013/32/UE del Parlamento Europeo y del Consejo, de 26 de junio de 2013 sobre procedimientos comunes para la concesión o la retirada de la protección internacional[62] establece la armonización de los procedimientos de asilo, con el fin de asegurar la calidad del proceso de decisión en materia de asilo en los Estados miembros. Conforme a su artículo 9.1 se reconoce la legalidad de la presencia de los solicitantes de asilo, incluso los climáticos. en el Estado miembro hasta la resolución de la autoridad decisoria competente.

Otra directiva relevante es la Directiva 2013/33/UE del Parlamento Europeo y del Consejo, de 25 de junio de 2013 por la que se aprueban normas para la acogida de los solicitantes de protección internacional[63] tiene como objetivo garantizar la igualdad de trato de los solicitantes de protección internacional en toda la Unión y mejorar las condiciones de acogida. Y la Directiva 2011/95/UE del Parlamento Europeo y del Consejo, de 13 de diciembre de 2011 por la que se establecen normas relativas a los requisitos para el reconocimiento de nacionales de terceros países o apátridas como beneficiarios de protección internacional, a un estatuto uniforme para los refugiados o para las personas con derecho a protección subsidiaria y al contenido de la protección concedida ("Directiva de Calificación")[64]. El objetivo de esta Directiva es asegurar que los Estados miembros apliquen criterios comunes para la identificación de personas merecedoras de protección temporal, así como asegurar la disponibilidad de un mínimo de prestaciones para estas personas.

Conforme a esta última Directiva, la definición de refugiado incluida en su artículo 2.d) sigue las mismas exigencias de la Convención de Ginebra, es decir: la persecución por motivos de raza, religión, nacionalidad, opiniones políticas o pertenencia a determinado grupo social. En este sentido, existen dificultades en la caracterización del "cambio climático"

---

62 Directiva 2013/32/UE del Parlamento Europeo y del Consejo, de 26 de junio de 2013, *sobre procedimientos comunes para la concesión o la retirada de la protección internacional.* DOUE L 180, 29.06.2013, pp. 60-95.

63 Directiva 2013/33/UE del Parlamento Europeo y del Consejo, de 26 de junio de 2013, *por la que se aprueban normas para la acogida de los solicitantes de protección internacional.* DOUE L 180, 29.6.2013, pp. 96-116.

64 Directiva 2011/95/UE del Parlamento Europeo y del Consejo, de 13 de diciembre de 2011, *por la que se establecen normas relativas a los requisitos para el reconocimiento de nacionales de terceros países o apátridas como beneficiarios de protección internacional, a un estatuto uniforme para los refugiados o para las personas con derecho a protección subsidiaria y al contenido de la protección concedida.* DOUE L 337, 20.12.2011, pp. 9–26

o "degradación ambiental" como causa constitutiva de "persecución". La "persecución" implica violaciones de los derechos humanos, que son suficientemente graves, debido a su naturaleza inherente o debido a su repetición. Parte también del problema, en el contexto del cambio climático, es identificar un agente "perseguidor". Las personas refugiadas huyen de su propio gobierno (o de agentes privados de los cuales el gobierno no puede o no quiere protegerlos de ellos), pero una persona que huye de los efectos del cambio climático no escapa de su gobierno, sino que más bien está buscando protección en los países que han contribuido al cambio climático[65].

Respecto al elemento de la "persecución", se requiere que tal persecución sea por motivos de raza, religión, nacionalidad, opinión política o pertenencia a determinado grupo social y debe constituir una violación grave o sostenida o sistemática de los derechos humanos[66]. El artículo 10 de la mencionada Directiva 2011/95/UE particulariza qué se entiende por grupo social y hace referencia o bien, a miembros de un grupo que comparten una característica innata o antecedentes comunes inmodificables, o bien, una característica esencial identitaria irrenunciable, o bien, un grupo que posee una identidad diferenciada en el país. En relación con el cambio climático, esta cuestión no deja de ser problemática, por cuanto los impactos del cambio climático son en gran medida indiscriminados, en lugar de estar vinculados a las características particulares, como los antecedentes de una persona o sus creencias. Además, si bien el cambio climático afecta más negativamente algunos países, en virtud de su geografía y sus recursos, no lo hace con base a una característica personal particular, como la

---

65 MCADAM, J. "El Desplazamiento provocado por el cambio climático y el Derecho Internacional". Evento paralelo al Diálogo del Alto Comisionado sobre los desafíos en materia de protección 8 de diciembre de 2010, Palacio de las Naciones, p.2.

66 Este elemento, sin embargo, no ha sido un impedimento para incluir, en muchas legislaciones internas de los Estados, la consideración de persona refugiada a aquellas personas perseguidas por motivos de género cuando estas violaciones de derechos humanos tienen relación con la identidad de género debido a sus preferencias sexuales, es decir, mujeres, personas LGTBIQ+ (siglas que designan colectivamente lésbico, gay, bisexual, trans, intersexual, queer, incluyendo muchas otras personas que no se identifican con ningún otro género o siglas). Por ejemplo, en España la Ley 12/2009, de 30 de octubre, reguladora del derecho de asilo y de la protección subsidiaria reconoce la persecución por motivos de género u orientación sexual, como causa de asilo. Este reconocimiento formal supone una evolución con respecto a la legislación anterior y un avance muy importante hacia la igualdad entre mujeres y hombres y hacia el reconocimiento de las violencias que sufre la población LGTBIQ+.

nacionalidad o la raza de sus habitantes. En consecuencia, los refugiados climáticos, a pesar de ver vulnerados sus derechos humanos[67], su condición no es identitaria ni diferenciable y puede afectar por completo a la sociedad del país.

En este sentido, solo cabría la posibilidad de reconocer el refugio climático cuando, tras un desastre natural, un Estado niega asistencia y protección o persigue a una persona o personas por motivos de raza, religión, nacionalidad, opiniones políticas o pertenencia a un determinado grupo social. Así lo plantea Scott en relación con los activistas climáticos[68].

2. *La protección subsidiaria*

No siendo posible acogerse a la protección del estatuto de refugio es importante analizar la protección subsidiaria, como una posibilidad de protección. El artículo 18 de la Directiva 2011/95/UE, regula su otorgamiento siempre que: a) no se reúnan los requisitos para ser refugiado; b) concurran motivos fundados para creer que presenta riesgo real de sufrir daños graves, o bien, condena a pena de muerte o su ejecución, o bien, tortura o tratos humanos o degradantes, o bien, amenazas graves e individuales de un civil debido a violencia indiscriminada en una situación de conflicto armado; y c) que todo ello se produzca en su país de origen (arts. 2.f y 15 de la Directiva).

Ninguno de los motivos sería aplicable a las personas desplazadas por motivos ambientales o climáticos[69]. En este sentido, el TJUE ha aclarado

---

67 Ver Informe del Relator Especial sobre los derechos humanos y el medio ambiente A/HRC/31/52 de 2016. También las Resoluciones del Consejo de Derechos Humanos 7/23 (2008); 10/14 (2009); 18/22 (2011); 26/27 (2014); 29/15 (2015); 32/33 (2016). Asimismo, consultar Informe del Relator Especial sobre los derechos humanos de los migrantes A/67/299 de 2012 y el Informe del nuevo Relator Especial sobre los derechos humanos de los migrantes, A/77/189 de 2022, ambos *op.cit.* nota 25 y 26.

68 SCOTT, M., *Climate Change, Disasters, and the Refugee Convention*, Cambridge University Press, 2020.

69 KOLMANNSKOG V., MYRSTAD F., "Environmental Displacement in European Asylum Law", *European Journal of Migration and Law*, vol. 11, núm. 4, 2009, pp. 313-326. También ESPÓSITO, C., TORRES CAMPRUBÍ, A., "Cambio Climático y Derechos Humanos: El desafío de los 'nuevos refugiados'", *Revista de Derecho Ambiental de la Universidad de Palermo*, vol. 1, núm. 1, 2012, pp. 7-32, p. 19.

en su Sentencia de 17 de febrero de 2009, Meki Elgafaji, Noor Elgafaji c. Staatssecretaris van Justitie, C-465/07[70] que la existencia de un conflicto armado es el único criterio para apreciar la existencia de una amenaza grave e individual. Sin embargo, en lo que respecta al apartado b), cabe señalar que el legislador vinculó la aplicación de esta disposición al contenido del artículo 3 del CEDH, sobre prohibición de tortura y de los malos tratos, sin ir más allá en aplicar otros criterios para calificar el umbral de gravedad que el que exige el CEDH.

En el asunto M'Bodj[71], el TJUE ha señalado precisamente que "el artículo 15, letra b) [...] debe interpretarse en el sentido de que el perjuicio grave [...] no abarca una situación en la que el trato inhumano o degradante [...] al que puede ser sometido un solicitante que padece una enfermedad grave si es devuelto a su país de origen, es el resultado del hecho de que no se dispone de un tratamiento adecuado en dicho país, a menos que dicho solicitante sea privado intencionadamente de asistencia sanitaria" (§41). De este razonamiento se deduce que el perjuicio grave debe proceder de un tercero (en otras palabras, se requiere un agente de perjuicio grave) y no puede basarse en el resultado de "una deficiencia general del sistema sanitario del país de origen" (§35). Aplicado a los efectos del cambio climático, esto parece significar que, en virtud de la letra b) del artículo 15 de la Directiva sobre los requisitos, el perjuicio grave no puede proceder de una situación en un país afectado por el cambio climático.

La cuestión que se plantea es si toda persona que entra en el ámbito de aplicación del artículo 3 del CEDH debe recibir automáticamente una protección subsidiaria. El TJUE, en el asunto Elgafaji antes mencionado, aclara que "el artículo 15, letra c), de la Directiva es una disposición cuyo contenido es diferente al del artículo 3 del CEDH y cuya interpretación debe realizarse, por tanto, de forma independiente, aunque respetando los derechos fundamentales, tal como están garantizados en el CEDH" (§28). Así, hasta ahora, el TEDH no ha interpretado que el artículo 3 del CEDH abarque las condiciones ambientales.

---

70 Sentencia del Tribunal de Justicia de la Unión Europea (Gran Sala) de 17 de febrero de 2009, *Meki Elgafaji y Noor Elgafaji contra Staatssecretaris van Justitie*, asunto C-465/07, ECLI:EU:C:2009:94, párr. 35-39.

71 Sentencia del Tribunal de Justicia de la Unión Europea (Gran Sala) de 18 de diciembre de 2014 *Mohamed M'Bodj contra État Belge*, asunto C-542/13, ECLI:EU:C:2014:2452.

Además, se ha argumentado que las circunstancias derivadas del artículo 15 deben considerarse únicamente "situaciones provocadas por el hombre, y no, por ejemplo, situaciones derivadas de naturales o situaciones de hambruna". Asimismo, la Directiva de Calificación refundida, adoptada en diciembre de 2011, no modifica los motivos de protección y, por tanto, no tiene ninguna repercusión en la protección que podría concederse a los desplazados por motivos ambientales[72].

En este orden de ideas, si bien el TJUE podría excluir las migraciones inducidas por el clima de la protección subsidiaria, cabría tomar en consideración dicha situación en virtud del artículo 4 de la CDFUE, el equivalente al artículo 3 del CEDH, adoptando así un razonamiento similar al mantenido en la jurisprudencia del TEDH y del Comité de Derechos Humanos del Pacto Internacional de Derechos Civiles y Políticos[73].

No obstante, las limitaciones apuntadas para reconocer la "protección subsidiaria", algunos países de la UE ya han contemplado en su ordenamiento jurídico, algunas disposiciones legales destinadas a ofrecer esta protección a las personas refugiadas climáticas. Este es el caso, por ejemplo, de Italia, que reconoce un permiso especial de residencia "Per calamità" (por calamidad)[74], cuando una persona no puede regresar a su país debido a una catástrofe natural como un huracán, una inundación o un terremoto. En este caso, se puede solicitar un permiso de residencia por catástrofe, válido durante 6 meses. Si al cabo de 6 meses sigue sin poder regresar a su país debido a la catástrofe natural, se puede renovar su permiso de residencia. Chipre es otro ejemplo. A través de su Ley de Refugiados de 2000 (6(I)/2000) prevé el reconocimiento de los refugiados, aplicando la Convención sobre el Estatuto de los Refugiados, y establece la posibilidad de otorgar la protección subsidiaria para las personas que corren el riesgo

---

72 SGRO, A., "Developing EU responses to environmentally-induced displacement: a legal and political challenge about to be overcome?" en TERMINSKI, B., *Environmental refugee: Theoretical frameworks and current challenges*, Warsaw University Press, 2012.

73 Dictamen de 23 de septiembre de 2020 aprobado por el Comité de Derechos Humanos (Naciones Unidas) a tenor del art. 5, párrafo 4, del Protocolo Facultativo, respecto de la comunicación núm. 2728/2016, Doc. CCPR/C/127/D/2728/2016.

74 Legge 18 diciembre 2020, n. 173. Gazzetta Ufficiale Serie Generale n.314 del 19 de diciembre de 2020. También ver Posición del Grupo Parlamentario Greens/EFA, *op.cit* nota 52, pp. 12 y ss. También consultar FELIPE, B., *Migraciones climáticas Avances en el reconocimiento, la protección jurídica y la difusión de estas realidades,* Proyecto Migraciones Climáticas: Una iniciativa de la Fundación Ecología y Desarrollo (ECODES), 2021.

de sufrir una perturbación grave del medio ambiente. Incluso, fuera de la Europa ha habido algún país, como Argentina, que en mayo de 2022, ha aprobado el "Programa especial de visado humanitario para personas nacionales y residentes en los Estados Unidos mexicanos, Centroamérica y el Caribe desplazadas por desastres socio-naturales"[75] para articular una protección especial a las personas afectadas por desastres provenientes de estas regiones.

3. La protección temporal

Otra posibilidad viene por el otorgamiento de la protección temporal. En este sentido, la norma de referencia es la Directiva 2001/55/CE del Consejo, de 20 de julio de 2001, que abarca tanto las normas mínimas para la concesión de protección temporal en caso de afluencia masiva de personas desplazadas como las medidas para promover un esfuerzo equitativo entre los Estados miembros en la acogida de dichas personas y la asunción de sus consecuencias (Directiva de Protección Temporal)[76]. Su objetivo es establecer normas mínimas para la concesión de protección temporal en caso de afluencia masiva de personas desplazadas procedentes de terceros países que no pueden regresar a su país de origen. También promueve el equilibrio entre los Estados miembros a la hora de acoger a estas personas y de asumir las consecuencias de la acogida.

A diferencia de la Directiva sobre los requisitos, su ámbito de aplicación personal no se limita a las personas necesitadas de protección internacional *strictu sensu*, es decir, los refugiados en el sentido de la Convención de Ginebra o las

---

75 Disposición 891/2022, de la Dirección Nacional de Migraciones (Argentina). DI-2022-891-APN-DNM#M. Disponible en: https://www.argentina.gob.ar/normativa/nacional/disposici%C3%B3n-891-2022-364999/texto.

76 Directiva 2001/55/CE del Consejo, de 20 de julio de 2001, *relativa a las normas mínimas para la concesión de protección temporal en caso de afluencia masiva de personas desplazadas y a medidas de fomento de un esfuerzo equitativo entre los Estados miembros para acoger a dichas personas y asumir las consecuencias de su acogida*, DOCE L 212, 7.8.2001, p. 12–23. En la nueva propuesta de Pacto sobre Migración y Asilo, la Comisión Europea ha presentado una Propuesta de Reglamento para otorgar una protección inmediata situaciones de crisis y de fuerza mayor en el ámbito de la migración y el asilo y que derogaría esta Directiva de Protección Temporal. Ver Propuesta de Reglamento del Parlamento Europeo y del Consejo relativo a las situaciones de crisis y de fuerza mayor en el ámbito de la migración y el asilo COM (2020) 613 final.

personas bajo protección subsidiaria. Es decir, las circunstancias descritas en la Directiva en las que puede activarse no se entienden como una lista exhaustiva, sino que también puede argumentarse que las personas desplazadas a raíz de un acontecimiento ambiental grave "corren un riesgo grave" o son víctimas de "violaciones sistemáticas o generalizadas de los derechos humanos". Así la Directiva se pensó contemplando otras opciones que desbordan los límites de la Convención de Ginebra, ofreciendo a los Estados miembros margen en la transposición para incluir a los refugiados climáticos.

A pesar de las posibilidades de protección que ofrece esta Directiva, existen también limitaciones intrínsecas importantes. En primer lugar, es un mecanismo político de reparto de cargas dentro de la UE y requiere de una decisión del Consejo para la activación de la Directiva, como ha sucedido recientemente con las personas que han huido de la invasión rusa de Ucrania[77]. Además, en segundo lugar, esta protección se creó para la circunstancia excepcional de una afluencia masiva de personas desplazadas y, por lo tanto, no proporciona una protección individual, sino que ofrece una protección colectiva a un grupo determinado, que el Consejo debe definir caso por caso. En definitiva, sólo puede aplicarse a un grupo numeroso de personas que huyen de un conflicto armado, o a personas que corren un grave riesgo o son víctimas de violaciones sistemáticas o generalizadas de los derechos humanos. Incluso si se aplicara este sistema, las personas desplazadas debido a daños ambientales permanentes o duraderos seguirían sin recibir ninguna protección. En la invasión de Ucrania, si bien ha sido un mecanismo fundamental para abordar la emergencia humanitaria, ha desvelado la discrecionalidad política en la que puede activarse esta protección temporal.

La prueba está en que esta Directiva hasta ahora nunca se había activado[78] ni tan siquiera para la situación de la guerra de los Balcanes que motivó su adopción. Esta Directiva pide a los Estados miembros de la UE que acepten una propuesta de la Comisión que, en caso de guerra u otros

---

77 Ver Decisión de Ejecución (UE) 2022/382 del Consejo de 4 de marzo de 2022, *por la que se constata la existencia de una afluencia masiva de personas desplazadas procedentes de Ucrania en el sentido del artículo 5 de la Directiva 2001/55/CE y con el efecto de que se inicie la protección temporal.* DOUE, núm. 71, 4.3.2022, pp. 1-6.

78 En el caso concreto de las personas desplazados por el conflicto en Libia y la ola de migración tras la revolución en Túnez, la Comisión declaró que la afluencia de personas no estaba calificada como "masiva" según la Directiva 2001/55/CE. ABASS A., KINGAH S., NITA S. "Regional responses to the Libyan crisis", *UNU-CRIS Policy Brief*, núm. 1, septiembre 2011, p. 5-6. Disponible en: https://cris.unu.edu/sites/cris.unu.edu/files/PB-2011-1.pdf

motivos de desplazamiento, un determinado grupo nacional pueda optar a para recibir protección temporal. Una vez que un grupo pueda recibir protección temporal, cada Estado miembro puede decidir -de forma individual y voluntaria- el alcance de la protección. En este sentido, cabe apuntar que mientras la existencia de una afluencia masiva de personas desplazadas sea decidida por el Consejo, a propuesta de la Comisión, habrá grandes obstáculos políticos para activar el mecanismo de protección temporal, quedando además dicha protección a la entera discreción de cada Estado miembro de la UE.

4. El visado humanitario europeo

Una posibilidad de carácter temporal y externa al sistema europeo de asilo puede ser el visado humanitario, que, a pesar de no ser un sistema armonizado entre los Estados, permite responder a situaciones de grave perturbación de la vida pública como consecuencia de una gran catástrofe natural que afecte a un país concreto.

El Reglamento (CE) nº 810/2009 del Parlamento Europeo y del Consejo de 13 de julio de 2009, por el que se establece un Código comunitario sobre visados[79] regula los procedimientos y requisitos para expedir visados de tránsito o estancias por un período inferior a tres meses. Así, el artículo 25 reconoce a los Estados miembros la facultad de expedir un visado de validez territorial limitada por razones humanitarias, siempre que sea un caso excepcional y voluntario.

En 2018, el Parlamento Europeo, a través de la Comisión de Libertades Civiles, Justicia y Asuntos de Interior, adoptó el Informe con recomendaciones destinadas a la Comisión sobre los visados humanitarios (2018/2271(INL))[80], con la finalidad de recomendar el establecimiento de un sistema que permitiría presentar y evaluar las solicitudes de visado en el consulado o embajada de cualquier Estado miembro fuera de la UE. Una vez otorgado, el visado humanitario permitiría al solicitante llegar al país que haya expedido el visado humanitario (ya que se trataría de un visado

---

79 Reglamento (CE) 810/2009 del Parlamento Europeo y del Consejo, de 13 de julio de 2009, *por el que se establece un Código comunitario sobre visados (Código de visados).* DOUE L 243, 15.9.2009, pp. 1-58.

80 Informe A8-0423/2018 de la Comisión sobre Libertades Civiles, Justicia y Asuntos de interior (Parlamento Europeo) de 4 de diciembre de 2018 con recomendaciones a la Comisión Europea, *on Humanitarian Visas.* Ref. 2018/2271(INL).

de validez territorial limitada), de forma legal y segura, con el único objetivo de presentar la correspondiente solicitud de protección internacional.

Si bien la expedición de este tipo de visados humanitarios puede ser una opción para los refugiados climáticos, no constituye el reconocimiento de un verdadero estatuto de protección debido a su excepcionalidad, temporalidad y la discrecionalidad de los Estados. Así, en la Sentencia del TJUE Asunto C-638/16 PPU X y X c. Bélgica, de 7 de marzo de 2017[81], en relación con la interpretación acerca de la aplicación del Reglamento a la solicitud de los visados humanitarios, establece que, a falta de una regulación europea sobre los visados humanitarios de larga duración, corresponde a los Estados miembros expedir un visado humanitario a las personas que deseen entrar en su territorio con base en su Derecho nacional. En este sentido se establece que los Estados miembros no están obligados, en virtud del Derecho de la Unión, a expedir visados humanitarios para las personas que deseen entrar en su territorio con la intención de pedir asilo, pero son libres de hacerlo sobre la base de su Derecho nacional.

5. La no devolución

Tal y como se ha mencionado anteriormente, en los Tratados de la UE no se incluye ninguna definición de refugio y asilo. Sólo el derecho de asilo está regulado en el artículo 18 de la CDFUE y en su artículo 19 se prohíben las expulsiones colectivas, protegiendo a las personas de ser devueltas, expulsadas o extraditadas a un Estado en el que corran un grave riesgo de pena de muerte, tortura u otras penas o tratos inhumanos o degradantes (art. 19.2)[82].

Esta cuestión es especialmente relevante porque el movimiento forzado de personas producido por el cambio climático tiene que haber un enfoque basado en los derechos, especialmente a la luz de la decisión del Comité de los Derechos Humanos del Pacto Internacional de Derechos Civiles y Políticos (CDH) sobre el caso *Teitiota c. Nueva Zelanda*[83], la cual abre la posibilidad de reinterpretar el derecho de asilo conforme a las circunstan-

[81] Sentencia del Tribunal de Justicia de la Unión Europea de 7 de marzo de 2017, *X y X contra Estado belga*, asunto C-638/16 PPU, ECLI:EU:C:2017:173, párr. 43.

[82] También se incluye en el TFUE (art. 78) y en otras disposiciones de Derecho derivado de la UE, como la Directiva de Retorno 2008/115/CE (arts. 4, 5 y 9), la Directiva de Protección Temporal (art. 3) y la Directiva de Requisitos (art. 21).

[83] *Op.cit.* nota 73.

cias que enfrentan las personas migrantes climáticas[84]. En este sentido, el CDH reitera la interdependencia entre los derechos sociales y económicos, así como los derechos civiles y políticos, como el derecho a la vida, que supone el reconocimiento de las personas a disfrutar de una vida digna y a estar libres de actos u omisiones que causarían su muerte antinatural o prematura. En relación con el principio de no devolución, el CDH menciona que la obligación de proteger y de no extraditar, deportar o expulsar a una persona de su territorio, surge cuando hay motivos fundados para creer que existe un riesgo real de daños irreparables para la vida de estas personas, debido a los efectos del cambio climático[85].

El principio de non-refoulement, regulado en la Directiva de Retorno 2008/115/CE, exige a los Estados miembros que suspendan una decisión de retorno en caso de que éste no sea posible y también permite explícitamente a los Estados miembros retirar una decisión de retorno y conceder un estatuto de residencia. Igualmente, existe la posibilidad, de acuerdo con esta Directiva, de otorgar permisos de trabajo estacionales como una solución temporal para estas personas en las épocas de mayor vulnerabilidad climática[86].

La posibilidad de incorporar la decisión del CDH vendría, por lo tanto, por la oportunidad de interpretar y revisar la Directiva de Retorno, integrando los factores ambientales y climáticos graves en los que sería necesario suspender la expulsión, procurando la protección a las personas refugiadas climáticas, de acuerdo con los artículos 18 y 19 de la CDFUE. Sin embargo, estas son posibles interpretaciones, que dependen de ser consolidadas por una profunda revisión de las políticas de la UE, tal y como se pretende con el Pacto Europeo sobre Migración y Asilo.

---

84 La observación general número 36 del Comité de Derechos Humanos señala que la implementación de la obligación de los Estados de respetar y garantizar el derecho a la vida implica la adopción de medidas para proteger el medio ambiente frente al cambio climático. Observación General núm. 36, de 30 de octubre de 2018, del Comité de Derechos Humanos (Naciones Unidas) sobre el art. 6: derecho a la vida, del Pacto Internacional de Derechos Civiles y Políticos, CCPR/C/GC/36.

85 Ver BORRÀS, S., VILLAVICENCIO, P., "El principio de no devolución en tiempos de emergencia climática: una revisión necesaria para la protección del refugio y el asilo climático", *Revista española de derecho internacional,* vol. 73, núm. 2, 2021, pp. 399-407.

86 Ver SALVADOR GIMENO, S., "La Respuesta Jurídica de la Unión Europea ante las Migraciones Climáticas. ¿Es Suficiente?", *Revista de Estudios Europeos,* vol. 79, enero-junio, 2022, pp. 115-138.

VI. EL PACTO EUROPEO SOBRE MIGRACIÓN Y ASILO: SIN CAMBIOS EN EL HORIZONTE

Los movimientos migratorios de personas en los últimos años han mostrado la complejidad, pero también las limitaciones existentes en la gestión de la migración en la UE. Por ello, el nuevo Pacto Europeo de Migración y Asilo, presentado por la Comisión Europea el 23 de septiembre de 2020[87] aborda una revisión de la política de migración, asilo, integración y gestión de las fronteras. Su objetivo es crear procesos migratorios más eficaces y justos, reduciendo las rutas inseguras e irregulares y promoviendo vías legales, sostenibles y seguras para quienes necesitan protección. El nuevo Pacto, que supone un progreso desde que en 2016 se planteara la reforma del SECA[88], gira en torno a la solidaridad y la responsabilidad, sustituyendo el sistema, establecido en 2015, de cuotas obligatorias de reparto de los solicitantes de protección internacional entre los diferentes Estados Miembros por un "mecanismo de solidaridad obligatoria"[89].

Así, el Pacto introduce: una gestión eficaz y justa de las fronteras exteriores, que incluya controles de identidad, salud y seguridad; normas de asilo justas y eficaces, que agilizan los procedimientos de asilo y retorno; un nuevo mecanismo de solidaridad para situaciones de búsqueda y rescate, presión y crisis; una mayor previsión, preparación y respuesta ante las crisis; un enfoque eficiente y coordinado por la UE para los retornos; una gobernanza global a nivel de la UE para una mejor gestión y aplicación de

87 Comunicación de la Comisión Europea de 23 de septiembre de 2020, *relativa al Nuevo Pacto sobre Migración y Asilo,* COM(2020) 609 final, p. 2; Documento de Trabajo de la Comisión Europea de 23 de septiembre de 2020, acompañando a la *Proposal on Asylum and Migration Management and amending Council Directive (EC) 2003/109, and the proposed Regulation (EU)XXX/XXX [Asylum and Migration Fund].* SWD(2020) 207 final, p. 28.

88 Comisión Europea presentó en 2016 sus primeras propuestas legislativas para una reforma integral del SECA, en concreto: la reforma del Reglamento de Dublín, un Reglamento de Cualificación, un Reglamento de Procedimientos de Asilo, el Reglamento EURODAC, el Reglamento de la nueva Agencia Europea de Asilo en sustitución de la actual EASO, un Reglamento Marco para Reasentamientos y una nueva Directiva de Acogida. En 2018 presentó propuestas de reforma de la Directiva de Retorno, así como el Reglamento de la nueva FRONTEX y nuevo Código de Visados e Interoperabilidad del Sistema de Información de Visados. Ver: https://www.consilium.europa.eu/es/policies/eu-migration-policy/eu-asylum-reform/.

89 MANCHÓN CAMPILLO, F., "El Pacto sobre Migración y Asilo ¿Una Nueva Oportunidad para Europa?", *Boletín IEEE,* vol. 20, 2020, p. 670.

las políticas de asilo y migración; asociaciones mutuamente beneficiosas con terceros países clave de origen y tránsito; desarrollo de vías legales sostenibles para quienes necesitan protección y para atraer talento a la UE; y apoyo a políticas de integración eficaces[90].

Si bien la propuesta reconoce como el cambio climático afecta al movimiento de personas, no se aportan respuestas adecuadas. Y es que, en general, el Pacto presenta severas deficiencias: se basa principalmente en el retorno y la externalización de fronteras, priorizado la seguridad de las fronteras sobre el acceso al asilo y la adecuada atención y protección a las personas migradas y refugiadas, introduciendo medidas que están claramente destinadas a complicar la posibilidad de que las personas que huyen de la persecución y los conflictos puedan buscar u obtener protección en la UE. Así, se restringe una de las posibilidades que se tenía para proteger, al menos temporalmente, a las personas migradas por el cambio climático. En efecto, el Pacto propone la sustitución de la Directiva de Protección Temporal por un Reglamento de Protección Inmediata, estableciendo unos criterios de selección más estrictos, dificultando aún más la protección de las personas migrantes climáticas y dando más protagonismo a los Estados miembros. Otra medida regresiva en este sentido es la propuesta de establecer un proceso de preselección para las solicitudes de asilo en las fronteras exteriores previsto en el Reglamento de Gestión del Asilo y la Migración. Con el convencimiento que es en la frontera exterior donde la UE debe colmar las lagunas entre los controles de las fronteras exteriores y los procedimientos de retorno, se propone un proceso más rápido de las solicitudes de asilo, seguido de un procedimiento de retorno inmediato en caso de rechazo, promoviendo a los Estados miembros a aumentar el uso de la noción de "tercer país seguro", lo que lleva a la expulsión de los solicitantes de asilo legítimos a países fuera de la UE donde sus derechos no siempre están garantizados.

Además, el Pacto pide que se renueve la asociación con terceros países y refleja la antigua política de la UE de externalizar el coste y la responsabilidad de la gestión de sus fronteras exteriores. Vincular cuestiones políticas como la ayuda al desarrollo, las concesiones comerciales, la seguridad, la educación, la agricultura y la facilitación de visados para los nacionales de terceros países a la voluntad de esos países de cooperar en la gestión de la

---

90 ACOSTA SÁNCHEZ, M., "El nuevo pacto sobre migración y asilo en la Unión Europea y su repercusión sobre la política común de seguridad y defensa", *Revista de Estudios Internacionales Mediterráneos*, núm. 32, 2022, pp. 94–117.

migración genera una presión adicional a los países más afectados por los impactos climáticos, incorporando un nuevo nivel coercitivo al sugerir la posibilidad de aplicar medidas restrictivas de visado a los terceros países que no estén dispuestos a cooperar. En definitiva, se sigue ignorando las implicaciones políticas, económicas, sociales y ambientales de la grave situación de la migración forzosa en el mundo, sin atender a la legislación europea e internacional de protección de los derechos humanos de las personas migrantes.

VII. CONCLUSIONES

La afluencia de migrantes y solicitantes de asilo a Europa ha puesto de manifiesto cuantas personas están desprotegidas y la necesidad de unas políticas europeas de asilo y migración más justas y eficaces, que atiendan al respeto de los derechos humanos. Además, la crisis ha surgido no sólo por factores de empuje en origen, sino también por el hecho de que el Derecho internacional no confiere un derecho general de entrada en un país extranjero, excepto para las personas migrantes que reúnen las condiciones para recibir protección, en virtud del derecho de los refugiados o de medidas complementarias.

Las personas en movimiento por los efectos del cambio climático son testigos de realidades de desarraigo en sus territorios, propiciadas por graves vulneraciones de los derechos humanos más fundamentales, alimentadas por una dinámica civilizatoria que acumula el capital y que no reproduce ni cuida la vida. Su invisibilidad ante los marcos jurídicos constituye la complicidad necesaria para garantizar la no transparencia de los negocios transnacionales y de las causas subyacentes al expolio de recursos naturales, que subyacen a los desastres y a los impactos del cambio climático y de las cuales la UE también es responsable.

No obstante, al igual que ocurre a nivel internacional, actualmente no existe un enfoque global del fenómeno a nivel de la UE, lo que contribuye a la amenaza que suponen las condiciones de vida y la propia vida de miles de personas. Tampoco existen respuestas políticas adecuadas ni un marco normativo bien estructurado para abordar la migración humana relacionada con el medio ambiente. De hecho, con el actual marco jurídico de la UE, las personas desplazadas por los impactos del cambio climático sólo podían recibir ayuda en caso de una afluencia masiva generada por una catástrofe, de acuerdo con la Directiva de Protección Temporal.

Sin duda, la situación de emergencia climática y la emergencia humanitaria que genera la situación de desplazamiento climático requiere, urgentemente, un marco europeo sólido para abordar, de forma apropiada, la cuestión de la migración climática, pero para ello no solo se requieren políticas y normas adecuadas, sino sobre todo el establecimiento de redes de protección y de solidaridad que permitan el movimiento seguro de personas.

Cambio climático, derechos humanos y condicionalidad de la Unión Europea

FERNANDO VAL GARIJO*

Sumario: I. Introducción. II. Cambio climático y derechos humanos. III. La nueva condicionalidad de la UE en materia climática. IV. Conclusión.

Resumen: La estrecha relación entre cambio climático y derechos humanos, de la que cada vez existe una conciencia más clara, revela aspectos de la lucha contra el calentamiento global y sus consecuencias que requieren centrar los esfuerzos en las consecuencias humanas del cambio climático. Una visión de conjunto de los efectos negativos del cambio climático sobre determinados derechos humanos da paso a la consideración de cuestiones específicas, como la protección y apoyo debidos a los defensores de los derechos humanos relacionados con el medio ambiente en determinadas regiones de la comunidad internacional, así como la condicionalidad como práctica y técnica adoptada por la UE para avanzar en la consecución de sus objetivos climáticos.

Palabras clave: Cambio climático, derechos humanos, defensores de los derechos humanos relacionados con el medio ambiente, condicionalidad

I. INTRODUCCIÓN

Uno de los aspectos más actuales de la integración europea es la voluntad de la UE de ejercer un liderazgo global en la acción por el clima. Por un lado, la UE ha adoptado una serie de objetivos políticos ambiciosos en materia de neutralidad climática y de drástica reducción de las emisiones de gases de efecto invernadero. Por otro, la UE ha hecho de la lucha contra el cambio climático un elemento central de su política exterior y de seguridad común (PESC). Este imperativo reciente para la acción exterior se concreta, de una parte, en el desarrollo de una diplomacia climática[1] que

---

* Profesor Contratado Doctor. Departamento de Derecho Internacional Público (UNED). Email: fval@der.uned.es.

[1] A este respecto, *vid,* CORTI VARELA, J.: "La diplomacia de la UE y la acción exterior climática", en la presente obra.

actúa a nivel tanto bilateral como multilateral, tomando como referencia la Convención Marco de Naciones Unidas sobre el Cambio Climático (1992) y las sucesivas Conferencias de las Naciones Unidas sobre esta cuestión. Por otro, un aspecto muy importante de la política exterior de la UE es la financiación de la lucha contra el cambio climático a través del apoyo financiero en esta materia a los países en vías de desarrollo. Dentro de este amplio panorama de la acción exterior, resulta interesante estudiar de qué modo la lucha contra el cambio climático y la promoción y protección de los derechos humanos se encuentran relacionadas.

Este capítulo parte de la idea de que cambio climático y derechos humanos están estrechamente vinculados, reforzándose mutuamente, y por ello en una de sus secciones intenta proporcionar una relación de los derechos humanos más afectados y de las formas más evidentes de afectación. Esta relación no pretende ser exhaustiva ni innovadora, y se ciñe a los aspectos más evidentes del vínculo entre derechos humanos y cambio climático. Aspectos evidentes, sí, pero que no siempre se tienen presentes en el debate público y, nos atrevemos a afirmar, en la toma de decisiones. En relación con todos los derechos mencionados los diversos Estados están obligados a adoptar medidas para prevenir o paliar los efectos negativos del cambio climático sobre el ejercicio y disfrute de esos mismos derechos, como consecuencia de ser partes en diversos instrumentos internacionales de protección de los derechos humanos, e independientemente de los tratados en materia de cambio climático. Una vez tratada de forma genérica la relación entre derechos humanos y cambio climático, el capítulo aborda el problema específico de los defensores de los derechos humanos relacionados con el medio ambiente y el cambio climático, intentando dar cuenta de los desafíos y amenazas que deben afrontar, y de los mecanismos de apoyo y protección que puede activar la UE a favor de estas personas. Por último, esta contribución aborda brevemente la cuestión de la condicionalidad climática como práctica de la UE para promover sus objetivos en el ámbito del cambio climático.

Por su condición de fenómeno natural de enorme complejidad, el cambio climático tiene repercusiones no siempre fácilmente predecibles sobre múltiples aspectos de la realidad natural, económica y humana. Explorar la relación entre derechos humanos y cambio climático resulta esencial para comprender mejor el reto que la humanidad tiene ante sí en esta lucha, así como para anticipar algunas de las batallas políticas y jurídicas que necesariamente habrán de librarse.

II. CAMBIO CLIMÁTICO Y DERECHOS HUMANOS

Existe una conciencia cada vez más clara y difundida del impacto que el cambio climático tiene para el ejercicio y protección de los derechos humanos de las generaciones presentes y futuras. El punto de partida de esta toma progresiva de conciencia es la consideración del medio ambiente como el ámbito natural necesario para el disfrute de los mencionados derechos. Un medio ambiente limpio y sano es así, por un lado, requisito o condición de posibilidad para el ejercicio de derechos como el derecho a la alimentación, al agua, a la salud, a las instalaciones de saneamiento, o al propio derecho a la vida, por citar solo algunos ejemplos obvios. Por otro lado, un medio ambiente no degradado aparece cada vez más como parte integrante del catálogo de derechos humanos que los individuos pretenden ejercer, y que los poderes públicos deben tutelar y promover en beneficio de ciudadanos y comunidades de todo el planeta, que aspiran de forma cada vez más consciente y decidida a unos estándares adecuados de vida que incluyan la protección medioambiental.

Los efectos negativos del cambio climático sobre el medio ambiente pueden consistir en graves impactos inmediatos o en formas más graduales de degradación ambiental que dificultan y limitan de modo significativo el acceso a los recursos básicos para la vida humana, lo cual a su vez tiene un efecto negativo en el ejercicio y disfrute de derechos básicos. El impacto del cambio climático en los derechos humanos no es una posibilidad hipotética, abstracta y futura, sino una realidad tangible, con frecuencia mensurable, y del todo real, tal y como se ha venido subrayando desde instancias internacionales especializadas en la protección de los derechos humanos[2]. Este estado de cosas ha sido reconocido de modo explícito en el Acuerdo de París (2015), primer tratado internacional en referirse al vínculo entre la acción por el clima y los derechos humanos, vínculo del que se derivan para los Estados parte en dichos acuerdos obligaciones de respeto y promoción de los derechos humanos a la hora de formular sus políticas climáticas.

---

2 *Vid.* Informe anual del Alto Comisionado de las Naciones Unidas para los Derechos Humanos de 28 de abril de 2018: *Corregir el déficit de protección de los derechos humanos en el contexto de la migración y el desplazamiento de personas a través de fronteras internacionales a raíz de los efectos adversos del cambio climático y apoyar los planes de adaptación y mitigación de los países en desarrollo destinados a corregir dicho déficit de protección*, A/HRC/38/21P.5.

El cambio climático es un fenómeno complejo que afecta a las temperaturas, modifica las condiciones hidrológicas ambientales, altera la vida de los ecosistemas naturales y con frecuencia tiene un impacto muy significativo en la producción agrícola. Por su potencia de transformación y degradación del entorno, el cambio climático genera desplazamientos y migraciones[3], que en un futuro próximo podrían afectar a comunidades enteras, como por ejemplo a comunidades humanas que viven en zonas árticas afectadas por el deshielo, o a las poblaciones de algunas islas y zonas costeras afectadas por la subida del nivel del mar originada por el ascenso de las temperaturas. Es fácil imaginar cómo estos desplazamientos pueden limitar gravemente, o impedir por completo, el ejercicio del derecho de propiedad, el derecho a la vivienda o, incluso, el derecho de autodeterminación de los pueblos. Además, las propias políticas climáticas pueden tener efectos secundarios negativos sobre los derechos humanos, debido al impacto de las medidas de mitigación de los efectos de las emisiones de gases de efecto invernadero o de las medidas de adaptación al cambio climático. Piénsese, a modo de ejemplo, en la construcción de infraestructuras para la generación de energía eléctrica, que en ocasiones reduce el caudal de agua fluvial que llega a las comunidades humanas que habitan río abajo, o en las actividades para la obtención de biocombustibles, que pueden crear deforestación y escasez alimentaria, con el consiguiente desplazamiento de individuos y comunidades afectadas, que con frecuencia son especialmente vulnerables, como las comunidades indígenas o los pequeños agricultores.

Resulta por lo tanto claro que es preciso incorporar la perspectiva de la protección y promoción de los derechos humanos en las políticas climáticas, ya sean estas de adaptación o de mitigación. La realidad apremiante del cambio climático no permite ya contemplar a la naturaleza y al ámbito jurídico como realidades paralelas que siguen su evolución sin converger necesariamente. Es una idea comúnmente aceptada que los derechos humanos, individuales y colectivos, han de ejercerse siempre en una realidad social y económica concreta, la de cada Estado, lo cual condiciona su alcance y modos de protección y promoción. Es igualmente obvio, por más que a veces se haya querido ignorar, que muchos de esos mismos derechos han de ejercerse en un entorno natural concreto (local, regional o, en última instancia, global), y que los factores naturales condicionan

3 *Vid.* BORRÀS, S: "El encaje del concepto de refugiado en los migrantes climáticos", en el capítulo 4 de la presente obra.

el ejercicio de los derechos humanos, pudiendo en algunos casos incluso eliminar la posibilidad de dicho ejercicio. Con la fuerza de la necesidad que acompaña a los fenómenos naturales, el cambio climático ha eliminado el dualismo estricto como opción intelectual para concebir la relación entre orden jurídico y orden natural, dualismo de larga inercia que ha adormecido la conciencia pública hasta tiempos bien recientes. Es más útil y real considerar ambos órdenes como partes de un único orden global que ha de ser convenientemente preservado.

Desde otra perspectiva, hay autores que abogan por considerar a la Naturaleza como sujeto de derechos, en la idea de que ello redundaría en una mejor protección medioambiental. Esta postura, que nosotros no adoptamos, plantea interrogantes relativos a las decisiones de dicho sujeto sobre el ejercicio de sus derechos y sobre las reclamaciones en caso de vulneración de derechos. No resulta claro tampoco qué soluciones jurídicas aporta que no puedan alcanzarse desde el paradigma de un orden natural no titular de derechos, pero respecto del cual el individuo, las comunidades humanas y, dentro de ellas, el Estado, tienen obligaciones jurídicas de preservación y mejora. En todo caso, la idea de una Naturaleza como sujeto titular de derechos sí sirve para cuestionar las ideas de propiedad, explotación y utilidad que han informado, de modo no exclusivo, pero sí dominante, el pensamiento jurídico tradicional[4].

1. Principales derechos humanos afectados

Sin ánimo de ser exhaustivos, conviene tener presente de forma concreta los derechos humanos que más negativamente se ven afectados por el cambio climático. Entre la abundantísima literatura y documentación disponibles[5] sobre la cuestión, es posible partir de la resolución aprobada por el Consejo de Derechos Humanos el 12 de julio de 2019, en la que se hace

---

4 *Vid.*, a este respecto, TASSIN WALLACE, C., "Derechos de la Naturaleza (en relación con el derecho a la naturaleza)", *EUNOMÍA. Revista en Cultura de la Legalidad*, vol. 22, 2022, pp. 288-306. La autora examina los casos de Bolivia y Ecuador, en cuyos ordenamientos jurídicos la Naturaleza es considerada como sujeto de derechos.

5 Entre las más recientes, cabe citar: CEPAL, *Cambio climático y derechos humanos: contribuciones desde y para América Latina y el Caribe*, Comisión Económica para América Latina y el Caribe LC/TS.2019/94/Corr.1, 2019; TOUSSAINT, P., MARTINEZ BLANCO, A., "A human rights-based approach to loss and damage under the climate change regime", *Climate policy*, vol. 20, núm. 6, 2020, pp. 743-757. YOSHI-

referencia explícita a algunos derechos, si bien dicha resolución no analiza en particular ninguno de los derechos que menciona[6]. En la exposición de derechos que sigue hemos adoptado una perspectiva universal, y no preferentemente europea, sobre los derechos humanos singularmente afectados. Ello nos ha parecido resultar más acorde con la naturaleza de fenómeno global y planetario que caracteriza al cambio climático. Adoptar dicha perspectiva universal quizá ayude a tomar conciencia de modo más claro del carácter global de las amenazas de origen climático, así como a incrementar la ambición de las medidas de adaptación y mitigación que se vayan adoptando[7].

Derecho a la vida: Los cada vez más frecuentes eventos climáticos extremos (olas de calor, lluvias intensas, inundaciones, huracanes, incendios forestales, entre otros) causan víctimas mortales, que pueden alcanzar cifras elevadas. Además de estas víctimas directas de fenómenos extremos, la Organización Mundial de la Salud calcula que, entre 2030 y 2050, el cambio climático puede producir aproximadamente 250.000 muertes adicionales cada año debido a la malnutrición, la malaria, la diarrea y el estrés térmico[8]. No resulta extraño, a la vista de estos datos, que el Comité de Derechos Humanos considerase en su Comentario General 36 que el cambio climático, junto con la degradación ambiental y el desarrollo no sostenible, constituya una de las amenazas más serias para la capacidad de las generaciones presentes y futuras de disfrutar del derecho a la vida[9]. Partiendo de esta premisa, el Comité concluye que el contenido del derecho a la vida regulado en el Pacto Internacional de Derechos Civiles y Políticos debe ser informado por las obligaciones jurídico-ambientales de los Estados y, en recíproca correspondencia, que el Derecho internacional del medio ambiente deba ser informado por las exigencias de la protección y garantía

DA, K., SETZER, J., "The trends and challenges of climate change litigation and human rights", *European Human Rights Law Review,* vol. 2, 2020, pp. 140-152.

6 Resolución del Consejo de Derechos Humanos (Naciones Unidas) de 23 de julio de 2019, *Los derechos humanos y el cambio climático,* A/HRC/RES/41/21.

7 Una estimable introducción a esta cuestión puede encontrarse en Oficina del Alto Comisionado de Naciones Unidas para los Derechos Humanos, "Frequently Asked Questions on Human Rights and Climate Change", *Fact Sheet* núm. 38, 2021.

8 OMS, *Cambio climático y salud,* octubre 2021, disponible en https://www.who.int/news-room/fact-sheets/detail/climate-change-and-health

9 Observación General núm. 36, de 30 de octubre de 2018, del Comité de Derechos Humanos (Naciones Unidas) sobre el art. 6: derecho a la vida, del Pacto Internacional de Derechos Civiles y Políticos, CCPR/C/GC/36, párr. 62.

del derecho a la vida, exigencias que obligan a los Estados a adoptar medidas efectivas contra la pérdida de vidas cuando esta sea previsible y evitable. Ya antes, en su dictamen sobre la comunicación individual presentada por Ioane Teitiota en 2016, este mismo Comité había concluido que la grave degradación del medio ambiente puede afectar negativamente el bienestar de las personas y dar lugar a la violación del derecho a la vida[10].

Derecho a la salud: Numerosos expertos y organismos han señalado los efectos adversos que el cambio climático tiene sobre la salud humana. Resulta de especial interés el *Estudio analítico de la relación entre el cambio climático y el derecho humano de todos al disfrute del más alto nivel posible de salud física y mental,* presentado como Informe de la Oficina del Alto comisionado de las Naciones Unidas para los Derechos Humanos. Este estudio analítico subraya como las olas de calor propician las enfermedades respiratorias y cardiovasculares[11], y perjudican la salud de quienes trabajan al aire libre o en entornos con climatización deficiente. Además, fenómenos climáticos extremos, como las inundaciones, pueden ocasionar lesiones, infecciones y favorecer la transmisión de enfermedades por el agua y los insectos, una vez que ha quedado destruida la infraestructura básica de saneamiento y agua corriente. El calentamiento del clima favorece la expansión de enfermedades como el cólera, el dengue y, potencialmente, el paludismo. Otras enfermedades como la meningitis, la varicela, la hepatitis vírica y la tosferina también aumentan su frecuencia debido al cambio climático[12]. En general, el calentamiento del clima tiende a prolongar la temporada de transmisión y a ampliar la expansión geográfica de numerosas enfermedades[13]. Los efectos negativos del cambio climático también se extienden a la salud mental, pues quienes pierden cosechas, hogares o seres queridos como consecuencia de eventos climáticos extremos ven aumentadas sus posibilidades de sufrir estrés, ansiedad o depresión. Los perjuicios para la salud, por otro lado, se producen de forma más acusada en personas y gru-

---

10 Dictamen de 23 de septiembre de 2020 aprobado por el Comité de Derechos Humanos (Naciones Unidas) a tenor del art. 5, párrafo 4, del Protocolo Facultativo, respecto de la comunicación núm. 2728/2016, Doc. CCPR/C/127/D/2728/2016, p.11, párr. 9.5.

11 Informe de la Oficina del Alto Comisionado de las Naciones Unidas para los Derechos Humano de 6 de mayo de 2016, *Estudio analítico de la relación entre el cambio climático y el derecho humano de todos al disfrute del más alto nivel posible de salud física y mental,* A/HRC/32/23, esp. párr. 13.

12 *Ibid.,* párr. 18.

13 *Ibid.,* párr. 19.

pos en situación de vulnerabilidad, como mujeres, niños, migrantes y pueblos indígenas. A la vista de esta preocupante realidad sanitaria, y de que el derecho a la salud está protegido en el Pacto Internacional de Derechos Económicos, Sociales y Culturales y en otros instrumentos internacionales de protección de los derechos humanos, resulta claro que los Estados están obligados a adoptar medidas para prevenir y remediar el menoscabo que para el derecho a la salud representa el cambio climático, actuando sobre las condiciones ambientales que inciden en la salud humana[14].

Derecho a la alimentación: En su Observación General núm. 12, el Comité de Derechos Económicos, Sociales y Culturales concibe el derecho a una alimentación adecuada como "inseparablemente vinculado a la dignidad inherente de la persona humana", siendo además indispensable para poder ejercer otros derechos humanos[15]. Según el Comité, el contenido normativo básico del derecho a una alimentación adecuada comprende "la disponibilidad de alimentos en cantidad y calidad suficientes para satisfacer las necesidades alimentarias de los individuos", así como "la accesibilidad de esos alimentos en formas que sean sostenibles" y no dificulten el ejercicio de otros derechos humanos[16]. El cambio climático supone una seria amenaza para el disfrute del derecho a la alimentación, especialmente en determinadas zonas como el África subsahariana, Oriente Medio, el Sudeste Asiático o América Central, afectando de un modo desproporcionado a individuos y comunidades que poco o nada han contribuido al calentamiento global. Dicho calentamiento causa perjuicio a las cosechas, a la actividad ganadera, a la pesca, y a la acuicultura, lo cual a su vez restringe el acceso a los alimentos y puede afectar muy negativamente a la estabilidad de los precios de los alimentos básicos. De nuevo, los Estados están obligados a adoptar medidas de mitigación y adaptación al cambio climático que resulten eficaces para proteger el derecho a la alimentación.

---

14 *Ibid.*, párr. 45.

15 Observación General núm. 12, de 12 de mayo de 1999, del Comité de Derechos Económicos, Sociales y Culturales (Naciones Unidas) sobre el art. 11, derecho a una alimentación adecuada, del Pacto de Derechos Económicos, Sociales y Culturales, *Cuestiones sustantivas que se plantean en la aplicación del Pacto de Derechos Económicos, Sociales y Culturales,* E/C.12/1999/5, esp. párr. 4. Sobre el contenido del derecho a la alimentación, *vid.* Oficina del Alto Comisionado para los Derechos Humanos (Naciones Unidas), *El derecho a la alimentación adecuada,* folleto informativo núm. 34, 2010.

16 *Ibid.*, párrafo 8.

Derecho al agua: El derecho humano al agua ha sido definido como "el derecho de todos a disponer de agua suficiente, salubre, aceptable, accesible y asequible para el uso personal y doméstico" por el Comité de Derechos Económicos, Sociales y Culturales en su Observación General núm. 15[17]. El agua es uno de los más claros indicadores del cambio climático actual, ya que el calentamiento global tiende a generar incertidumbre sobre la disponibilidad de este líquido vital debido, entre otras razones a las sequías extremas. Al mismo tiempo, el calentamiento global aumenta el riesgo de inundaciones que pueden destruir la infraestructura del agua y contaminar las fuentes de este elemento natural. En general, el cambio climático tiende a reducir la cantidad de agua renovable en superficie y también los recursos acuíferos subterráneos, todo lo cual afecta a los ecosistemas, la agricultura, las comunidades humanas, la generación de energía y la producción alimentaria. Además, los eventos climáticos extremos, como que dañan y degradan la infraestructura del agua pueden tener un impacto muy negativo en el *derecho al saneamiento*, estrechamente vinculado al derecho humano al agua, tal y como refleja, entre otros instrumentos internacionales, la resolución 64/292 de la Asamblea General de las Naciones Unidas[18]. Ante esta realidad, el Relator Especial de las Naciones Unidas sobre los derechos humanos al agua y al saneamiento recomienda no favorecer la mercantilización del agua y no priorizar los usos productivos de la misma sobre los derechos humanos, descartando además los mercados de futuros como mecanismo de gestión de sequías futuras creadas por el cambio climático. El Relator Especial aboga por que los Estados no consideren el agua como una mercancía, sino que la gestionen como "un bien público fundamental para la vida y la salud"[19].

Derecho a la vivienda: En su Observación General núm. 4, el Comité de Derechos Económicos, Sociales y Culturales configura este derecho huma-

---

17 Observación General núm. 15, de 20 de enero de 2003, del Comité de Derechos Económicos, Sociales y Culturales (Naciones Unidas) sobre el art. 11 y 12, derecho al agua, del Pacto de Derechos Económicos, Sociales y Culturales, *Cuestiones sustantivas que se plantean en la aplicación del Pacto Internacional de Derechos Económicos, Sociales y Culturales,* E/C.12/2002/11, esp. párrafo 2.

18 Resolución 64/292 de la Asamblea General (Naciones Unidas) de 3 de agosto de 2010, *El derecho humano al agua y al saneamiento,* A/RES/64/292.

19 Informe del Relator Especial (Naciones Unidas) sobre los derechos humanos al agua potable y al saneamiento, Sr. Pedro Arrojo Agudo, de 16 de julio de 2021, *Riesgos e impactos de la mercantilización y financierización del agua sobre los derechos humanos al agua potable y al saneamiento,* A/76/159.

no como un *derecho a una vivienda adecuada,* lo que implica disponer de mucho más que un simple techo que proporcione cobijo. La vivienda adecuada que constituye el contenido esencial de este derecho debe reunir unas condiciones mínimas relativas a la habitabilidad (protección y seguridad física), la disponibilidad de servicios e infraestructuras (saneamiento, agua potable, energía, alumbrado, eliminación de desechos, etc.), accesibilidad, asequibilidad y seguridad jurídica de la tenencia, entre otros parámetros[20]. El cambio climático plantea diversas y graves amenazas para el disfrute de este derecho humano. Los eventos climáticos extremos pueden destruir numerosos hogares, causando desplazamientos masivos de personas. La elevación del nivel de mar degrada progresivamente el terreno sobre el cual se asientan numerosas viviendas. La sequía, la erosión y las inundaciones también dañan hogares y pueden convertir amplias zonas del territorio en inhabitables. Los Estados están obligados a adoptar medidas de adaptación y mitigación del cambio climático que palíen los efectos negativos que este proceso tiene sobre el disfrute del derecho a la vivienda. Por su parte, el Informe del Relator Especial sobre la vivienda adecuada como elemento integrante del derecho a un nivel de vida adecuado y sobre el derecho de no discriminación a este respecto", destacó en 2008 como el cambio climático contribuye al aumento de los desplazamientos, condenado a personas y comunidades a "unas condiciones de vivienda y de vida angustiosas". Ello impone a los Estados "la obligación de mejorar el acceso a una vivienda alejada de las zonas peligrosas y el acceso al agua potable"[21].

Derecho a la libre determinación de los pueblos: Recogido en el artículo 1 común al Pacto Internacional de Derechos Civiles y Políticos y al Pacto Internacional de Derechos Económicos, Sociales y Culturales, se trata como es sabido de un derecho colectivo cuya titularidad corresponde a los pueblos más que a los individuos, pero es a la vez una condición de posibilidad para el ejercicio de derechos individuales. Además de la libertad para determinar el propio estatuto político, y de procurar su desarrollo económico, social y cultural, el derecho a la libre determinación tiene como contenido relevante el derecho de los pueblos a no ser privados de sus medios de

---

20 Observación General núm. 4, de la Oficina del Alto Comisionado de NNUU para los Derechos Humanos, de 13 de diciembre de 1991, *El derecho a una vivienda adecuada (párrafo 1 del artículo 11 del Pacto),* E/1991/23.

21 Informe del Relator Especial sobre la vivienda adecuada como elemento integrante del derecho a un nivel de vida adecuado y sobre el derecho de no discriminación a este respecto, Sr. Miloon Kothari, de 13 de febrero de 2008, A/HRC/7/16, párrs. 85-86.

subsistencia. El cambio climático genera serias amenazas para los modos de vida y de subsistencia de diversas colectividades, y para la supervivencia de pueblos enteros. Ejemplos de ello son algunos Estados insulares de costas bajas, cuya habitabilidad e incluso existencia territorial están en serio peligro[22], como empieza a apreciarse en diversas islas del Mar Caribe, el Océano Pacífico y el Océano Índico (p.ej. Islas Maldivas). Fenómenos climáticos extremos, como ciclones, o la elevación del nivel del mar ponen en peligro la posibilidad de que las poblaciones de estos pequeños Estados insulares sigan viviendo en estos territorios a merced del mar y los eventos atmosféricos, lo cual puede conllevar la disolución de la comunidad política asentada en el territorio insular, la imposibilidad de asentarse como comunidad en el territorio de otro Estado, y el consiguiente fin de la posibilidad de continuar libremente con su desarrollo económico, social y cultural. El derecho internacional vigente no ofrece soluciones claras para el caso en que un Estado desaparezca por causas derivadas del cambio climático, quedando abiertos numerosos interrogantes relativos a la protección jurídico-internacional que sería preciso dispensar a la comunidad humana que debe abandonar el territorio sobre el que se asentaba como Estado. Lo que sí es posible afirmar es que los Estados deben adoptar medidas de mitigación del cambio climático para evitar que en ciertos territorios insulares especialmente amenazados se extinga el derecho de libre determinación de los pueblos. Los problemas mencionados en relación con los pequeños Estados insulares de costas bajas se plantean de modo análogo en relación con algunos pueblos indígenas, que ven como el entorno que tradicionalmente han habitado sufre daño y degeneración progresiva por efecto del cambio climático, hasta llegar a incidir en el derecho a la libre determinación de estas comunidades humanas, derecho que recoge el artículo 3 de la Declaración de las Naciones Unidas sobre los derechos de los pueblos indígenas (2007).

Derecho al desarrollo: Como acaba de ponerse de manifiesto, el derecho a la libre determinación de los pueblos incluye entre sus contenidos el derecho de aquellos a desarrollarse libremente en los ámbitos económico,

---

22 En relación con este tema, *vid.*, OCHOA RUIZ, N., "Estados que se hunden: ¿qué soluciones ofrece el derecho internacional a los migrantes climáticos que abandonan los territorios afectados por la elevación del nivel del mar?", *REDI*, vol. 73, núm. 2, 2021, pp. 389-398. La autora pone de manifiesto la imposibilidad de retorno de estas personas, así como el riesgo de apatridia que les amenaza, concluyendo que el Derecho internacional vigente no ofrece aún soluciones adecuadas para estos casos.

social y cultural. La Declaración de la Asamblea General de las Naciones Unidas sobre el derecho al desarrollo (1986) concibe este como un derecho humano inalienable de carácter a la vez individual y colectivo, cuyo ejercicio tiende a la plena realización de todos los derechos humanos y libertades fundamentales, incluidos el derecho de libre determinación de los pueblos y el derecho a la plena soberanía de sus recursos naturales. No resulta difícil ver cómo, al incidir de forma negativa sobre estos últimos, el cambio climático puede limitar gravemente el derecho al desarrollo. En este contexto, la lucha contra el cambio climático tiene como una de sus ideas clave el desarrollo sostenible, que a su vez depende de que se limiten de modo eficaz los peores efectos del cambio climático. Como reconocimiento de esta conexión de ideas, en la 27ª Conferencia de Naciones Unidas sobre el Cambio Climático de 2022 (COP27) se subrayó la especial vulnerabilidad de los países en desarrollo "a los efectos adversos del cambio climático", acordándose la creación de un fondo específico de "pérdidas y daños" destinado a financiar la necesaria asistencia técnica y de otro tipo a los países vulnerables que hayan sido afectados por desastres climáticos, con su efecto devastador sobre vidas humanas y medios de subsistencia[23].

Al contemplar el catálogo de derechos humanos cuyo ejercicio y disfrute está siendo ya limitado y menoscabado por el cambio climático, es fácil comprender la fuerte interrelación que existe entre ellos, lo cual no deja de ser un argumento en favor de la tesis clásica de la indivisibilidad de los derechos. Basta con imaginar cómo el menoscabo en el disfrute de un derecho individual (p.ej. el derecho al agua y al saneamiento) conlleva invariablemente el deterioro en el ejercicio de otros derechos individuales (alimentación, salud, vivienda y vida), pudiendo gradualmente afectar al ejercicio de derechos colectivos como el de libre determinación o el derecho al desarrollo. Además, conviene no perder de vista la repercusión jurídica que realidades como los migrantes y desplazados internos climáticos pueden tener en sectores del ordenamiento internacional como el Derecho de los refugiados o la aplicación del principio de no devolución[24].

---

[23] Acerca de la creación del fondo de pérdidas y daños, puede consultarse: Comunicado de Prensa de NNUU sobre Cambio Climático, "La COP27 llega a un acuerdo decisivo sobre un nuevo fondo de "pérdidas y daños" para los países vulnerables", 22 de noviembre de 2022.

[24] *Vid.* BORRÀS, S. y VILLAVICENCIO-CALZADILLA, P., "El principio de no devolución en tiempos de emergencia climática: una revisión necesaria para la protección del refugio y el asilo climático", *REDI*, vol. 73, núm. 2, julio-diciembre 2021, pp. 399-407. Acerca de la problemática específica en el ámbito iberoamericano, puede

Todo lo anterior implica que la incidencia negativa del cambio climático afecta de modo simultáneo a una pluralidad de derechos humanos, pero también que, si se adoptan medidas de mitigación y adaptación adecuadas, se pueden producir mejoras simultáneas en el nivel de disfrute y en las posibilidades reales de ejercicio de ese mismo conjunto interrelacionado de derechos.

2. Un problema específico: la protección de los derechos humanos de los defensores del medio ambiente

Una cuestión en la que se entrecruzan la defensa de los derechos humanos y la defensa del medio ambiente es la de la protección debida a los defensores de los derechos humanos relacionados con el medio ambiente o *environmental human rights defenders*. Se trata de personas que trabajan en la primera línea de la acción por el clima, defendiendo los derechos relacionados con el medioambiente (agua, tierra, medios de subsistencia) de comunidades vulnerables, a la vez que defienden formas de desarrollo sostenible y de lucha contra el cambio climático. Son individuos o grupos que, a título personal o profesional, y de modo pacífico, se esfuerzan en proteger y promover derechos relacionados con el medio ambiente que afectan al agua, el aire, la flora y la fauna. Existe una tipología muy variada dentro de esta categoría de trabajadores por el clima, que pueden ser guardas forestales, activistas climáticos, inspectores gubernamentales, o expertos que trabajan en empresas con el fin de que estas respeten los debidos estándares de protección medioambiental, entre otros[25]. Se trata de personas que, por trabajar en la protección y promoción de los derechos humanos relacionados con el medioambiente, necesitan ellos mismos una protección específica en materia de derechos humanos. En efecto, estos defensores de los derechos humanos y el medio ambiente a menudo actúan en zonas rurales aisladas y remotas, donde el acceso a los mecanismos de protección es reducido. Ello a su vez propicia que las violaciones de derechos humanos que sufren estas personas se cometan con frecuencia en un clima de impunidad. Entre las violaciones más recurrentes y graves, cabe mencionar, a título puramente ilustrativo, los asesinatos y secuestros,

---

consultarse: CORTI VARELA, J., "La protección regional de los migrantes climáticos en América Latina", *REDI*, vol. 73, núm. 2, julio-diciembre 2021, pp. 409-415.

25 PNUMA, *Environmental Rule of Law. First Global Report*, Programa de Naciones Unidas para el Medioambiente, 2019, pp. 169-171.

las torturas y la violencia de género, el acoso y las campañas de difamación, así como los desplazamientos y desalojos forzosos. Se entienden fácilmente las razones de esta victimización tan acusada: los defensores de derechos humanos relacionados con el medio ambiente "llenan un vacío en la gobernanza y promueven el imperio del Derecho medioambiental". Entre otras actividades, pueden "liderar marchas, hablar en reuniones públicas, y acudir a los tribunales para denunciar casos y proteger derechos garantizados por las constituciones, las leyes y los instrumentos de protección de los derechos humanos"[26].

Los datos oficiales arrojan cifras muy preocupantes. Solo en el período 2015-2019 un total de 1323 defensores de los derechos humanos fueron víctimas de asesinato, siendo América Latina la región donde el problema es más grave, con Colombia, Honduras, Brasil y México como los países con más víctimas, por ese orden descendiente. Entre los defensores de los derechos humanos, quienes defienden los derechos humanos relacionados con el medio ambiente fueron los blancos preferidos de los ataques. Todo ello en un contexto en el que la cifra de denuncias tiende a ser muy inferior a la de ataques y delitos cometidos en grado de tentativa, y en el que una impunidad muy extendida sirve de caldo de cultivo a nuevos ataques. El año 2019 fue, según los datos de la Relatora Especial Mary Lawlor, el año más peligroso para los defensores de los derechos humanos relacionados con el medioambiente. La mitad de los asesinatos de ambientalistas se produjeron en Colombia y Filipinas[27].

En este contexto, y desde un punto de vista estrictamente regional, un hito significativo ha sido la reciente entrada en vigor (22 de abril de 2021) del Acuerdo Regional sobre el Acceso a la Información, la Participación Pública y el Acceso a la Justicia en Asuntos Ambientales en América Latina y el Caribe, adoptado el 4 de marzo de 2018 y comúnmente conocido como Acuerdo de Escazú[28]. Este tratado internacional es el primero a nivel mundial que contiene normas específicas sobre la protección de los de-

---

26 *Ibid.*, p. 172.

27 Informe de la Relatora Especial sobre la situación de los defensores de los derechos humanos, Mary Lawlor, de 24 de diciembre de 2020, *Última advertencia: los defensores de los derechos humanos, víctimas de amenazas de muerte y asesinatos*, A/HRC/46/35, párrs. 5 y 44.

28 Acuerdo Regional sobre el Acceso a la Información, la Participación Pública y el Acceso a la Justicia en Asuntos Ambientales en América Latina y el Caribe (Acuerdo de Escazú), 2018. Disponible en español e inglés en: https://treaties.un.org/doc/Treaties/2018/03/20180312%2003-04%20PM/CTC-XXVII-18.pdf

fensores de los derechos humanos relacionados con el medio ambiente. El Acuerdo de Escazú es la proyección en América Latina y el Caribe de los principios y normas del Convenio de Aarhus (19989, el cual sin embargo no contiene disposiciones específicas sobre protección de los derechos de los mencionados defensores[29]. El Acuerdo de Escazú tiene 13 Estados Parte[30] y 24 Estados firmantes. Su artículo 4 obliga a los Estados parte a garantizar "un entorno propicio para el trabajo de las personas, asociaciones, organizaciones o grupos que promuevan la protección del medio ambiente, proporcionándoles reconocimiento y protección". Es un tratado de protección ambiental y a la vez un tratado de derechos humanos.

El artículo 9.1 del Acuerdo de Escazú insiste en la necesidad de proporcionar un entorno seguro a los defensores de los derechos humanos relacionados con el medio ambiente para que estos puedan actuar "sin amenazas, restricciones e inseguridad". El numeral 2 de este artículo se centra en la cuestión esencial: la obligación de los Estados parte de reconocer, proteger y promover los derechos humanos de los ambientalistas, mencionando especialmente el derecho a la vida, el derecho a la integridad personal, la libertad de opinión y expresión, los derechos de reunión y asociación pacíficas, y el derecho de libre circulación. A estos se suma el derecho de acceso a la justicia en asuntos ambientales conforme a las garantías del debido proceso. Se trata en todos los casos de derechos humanos de primera generación, de derechos civiles y políticos que resultan esenciales para que los defensores de los derechos humanos medioambientales puedan ejercer de modo eficaz su labor. Además, la necesidad de afirmar tales derechos, ya reconocidos en diversos instrumentos internacionales de ámbito universal y regional, es indicativo de las graves amenazas que estas personas deben en ocasiones afrontar. El artículo 9.3 del acuerdo, en fin, afirma la obligación de los Estados parte de adoptar medidas de prevención, investigación

---

[29] El texto del Convenio sobre el acceso a la información, la participación del público en la toma de decisiones y el acceso a la justicia en materia de medio ambiente, hecho en Aarhus (Dinamarca), el 25 de junio de 1998, puede consultarse en el BOE núm. 40, de 16 de febrero de 2005, pp. 5535-47.

[30] Antigua y Barbuda, Argentina, Bolivia, Chile, Ecuador, Guyana, México, Nicaragua, Panamá, San Vicente y las Granadinas, Saint Kitts y Nevis, Santa Lucía y Uruguay. Entre los Estados firmantes que aún no son Estados parte están Brasil, Colombia, Perú y Paraguay. El estado de ratificaciones puede consultarse en: https://observatoriop10.cepal.org/es/tratados/acuerdo-regional-acceso-la-informacion-la-participacion-publica-acceso-la-justicia-asuntos

y sanción de las vulneraciones de derechos que los defensores ambientalistas puedan sufrir mientras realizan sus funciones.

La situación de los defensores de los derechos humanos medioambientales no ha escapado a la atención de las instituciones de la UE, que cuenta con unas *Directrices sobre los defensores de los derechos humanos*, adoptadas por el Consejo en 2004 y renovadas en 2008. Estas Directrices, que forman parte de los instrumentos que guían la acción de la UE en el ámbito de la PESC, diseñan acciones a favor de los defensores de los derechos humanos en general, y resultan desde luego aplicables a los defensores de los derechos humanos relacionados con el medio ambiente. Ello no ha impedido que voces autorizadas, como la del Parlamento Europeo, hayan pedido que se adopte un anexo a las Directrices especialmente dedicado a los retos y necesidades específicos de los defensores ambientalistas y la acción exterior de la UE en relación con los mismos[31]. En todo caso, las *Directrices de la UE sobre los derechos humanos*[32], encuentran su fundamento último en el artículo 2 del TUE (valores sobre los que se fundamenta la UE), el artículo 3.5 del TUE (objetivos de la UE en sus relaciones exteriores) y en el necesario principio de coherencia entre la acción exterior y las políticas interiores de la UE. Están diseñadas para ser utilizadas en los contactos de la UE con terceros Estados, así como en foros multilaterales de derechos humanos, y establecen prácticas diplomáticas que contribuyan al apoyo y protección de los defensores de los derechos humanos. Contienen directrices operativas que movilizan de modo coordinado y sistemático diversos elementos y herramientas de la acción exterior de la UE. El punto de partida son la actividades de control, información y evaluación llevadas a cabo desde las misiones diplomáticas de la UE, requiriéndose a los Jefes de Misión de la UE que presenten informes periódicos reflejando la situación de los derechos humanos en los Estados ante los que están acreditados, y dando cuenta de si se producen ataques contra defensores de los derechos humanos. Los Jefes de Misión han de presentar al Grupo “Derechos Humanos” del Consejo (COHOM)[33] recomendaciones sobre posibles actuaciones de

---

31 Resolución del Parlamento Europeo, de 19 de mayo de 2021, *sobre los efectos del cambio climático en los derechos humanos y el papel de los defensores del medio ambiente al respecto*, 2020/2134(INI). Disponible en: https://www.europarl.europa.eu/doceo/document/TA-9-2021-0245_ES.pdf

32 Las Directrices pueden consultarse en: https://www.eeas.europa.eu/sites/default/files/02_dh_directrices_defensores_es_.pdf

33 El COHOM es el Grupo de trabajo del Consejo de la UE que, en tanto que órgano preparatorio de los trabajos del Consejo, supervisa la aplicación de las Directrices

la UE, como gestiones diplomáticas, condenas de las amenazas y ataques, y declaraciones públicas cuando los defensores de los derechos humanos estén en situación de grave peligro.

Por su parte, las delegaciones de la UE en terceros países están llamadas a jugar un papel clave llevando a cabo consultas con los defensores de los derechos humanos y tratando de anticipar posibles riesgos y amenazas. Las Directrices operativas contemplan la posibilidad de que las misiones de la UE adopten diversas medidas, como: a) coordinar y compartir entre sí la información sobre los defensores, especialmente los que estén en situación de riesgo, b) mantener contactos con los defensores de los derechos humanos, incluso nombrando funcionarios de enlace específicos, c) dar visibilidad a estas personas a través de visitas, invitaciones y actos públicos y, en fin, d) asistir a juicios contra los defensores de los derechos humanos actuando como observadores.

A un nivel político más alto, cuando la Presidencia, el Alto Representante para la PESC, los Representantes Especiales de la UE, o un miembro de la Comisión visiten un tercer Estado, podrán concertar, cuando lo estimen oportuno, reuniones con los representantes de los derechos humanos, así como hacer referencia a casos individuales como parte de la agenda de la visita. Además, los diálogos políticos de la UE con terceros Estados y organizaciones internacionales regionales, que de modo ordinario incluyen un componente de derechos humanos, tratarán la situación de los defensores de los derechos humanos, pudiéndose plantear casos concretos de personas que sean objeto de especial preocupación. Por otro lado, en su acción exterior la UE buscará colaborar estrechamente con Estados que tengan posiciones afines sobre estos problemas en órganos como la Comisión de Derechos Humanos de la ONU o la Asamblea General de las Naciones Unidas. Además, la UE debe colaborar en la consolidación de mecanismos regionales de información y protección, como la red de puntos de contacto sobre defensores de los derechos humanos de la Comisión Africana de Derechos Humanos, o la unidad especial de defensores de los derechos humanos de la Comisión Interamericana de los Derechos Humanos.

Un capítulo especialmente interesante de las Directrices operativas es el relativo al apoyo que la UE debe prestar a los procedimientos especiales de la Comisión de Derechos Humanos de la ONU, lo que incluye apoyar la figura del Representante Especial sobre defensores de los derechos hu-

---

de la UE sobre los defensores de los derechos humanos, en coordinación con otros Grupos de trabajo del Consejo que sean competentes por razón de la materia. El COHOM también inicia e impulsa el procedimiento de revisión de las Directrices.

manos, que como se ha visto anteriormente, incluye el problema de los defensores medioambientales en sus informes y actividades. La actividad de la UE en este sentido podrá concretarse en animar a los Estados a que acepten las visitas realizadas en el marco de los procedimientos especiales de la ONU, así como fomentar el uso de los mecanismos temáticos de la ONU por parte de las comunidades locales y de los defensores de los derechos humanos. Los Estados miembros de la UE, por su parte, están llamados a contribuir con fondos suficientes al presupuesto del Alto Comisionado de las Naciones Unidas para los Refugiados.

Por último, las Directrices establecen un vínculo entre la protección de los defensores de los derechos humanos y la política de la UE en materia de asistencia en la creación de procesos e instituciones democráticos en países en vías de desarrollo. Algunas medidas de asistencia práctica pueden ser fomentar del establecimiento de órganos nacionales de protección y promoción de los derechos humanos, como defensores del pueblo y comisiones de derechos humanos, asistir en el establecimiento de redes internacionales de derechos humanos, procurar que los defensores de los derechos humanos de terceros Estados puedan acceder a recursos materiales y financieros del extranjero, animar a que la Declaración de las Naciones Unidas sobre los defensores de los derechos humanos figure en los programas educativos sobre estas materias. Todo ello en un contexto en el que los programas bilaterales de la UE y los Estados miembros en materia de democratización y derechos humanos tengan más en cuenta la necesidad de respaldar a los defensores de los derechos humanos.

A nuestro juicio, las Directrices de la UE sobre los defensores de los derechos humanos contienen ideas y herramientas importantes para contribuir a la protección de las personas que defienden los derechos humanos relacionados con el medio ambiente, a la espera de nuevas y complementarias directrices que contemplen algunos retos específicos relacionados con la conexión entre derechos humanos, medio ambiente y cambio climático. No obstante, la aplicación de las Directrices operativas a los defensores de los derechos humanos relacionados con el medioambiente ofrece tan solo resultados incompletos, sin duda debido a que los retos para la acción exterior de la UE en materia de derechos humanos son múltiples. Así, el Plan de Acción de la UE para los Derechos Humanos y la Democracia (2020-2024) adoptado por el Consejo[34] tiene en cuenta a los defensores de los derechos humanos y

---

[34] SEAE, "Plan de Acción de la Unión Europea para los Derechos Humanos y la Democracia, 2020-2024", Servicio Europeo de Acción Exterior, 2020. Disponible en:

el medio ambiente en su línea de acción 1.1.c, al reconocer que estas personas se enfrentan a un "especial riesgo". El Plan de Acción contempla en este punto la posibilidad de garantizar su visibilidad y plantear casos individuales relativos a la tenencia de la tierra, los recursos naturales, el medio ambiente, las libertades de reunión y asociación pacíficas, los derechos de los pueblos indígenas, el cambio climático y los abusos medioambientales de las empresas. Sin embargo, en la evaluación que el Parlamento Europeo realiza de cómo se avanza en la implementación de las prioridades del Plan de Acción 2020-2024, se califica de progresos meramente "parciales" los realizados para tener en cuenta los riesgos específicos que amenazan a los defensores de los derechos humanos y el medio ambiente[35]. Por su parte, el Informe Anual del Alto Representante para la PESC sobre Derechos Humanos y Democracia (2021) da cuenta de la atención prestada por el Representante Especial de la UE durante su visita a Brasil al problema de los defensores de los derechos relacionados con el medioambiente y los pueblos indígenas, así como sus encuentros con estos defensores en Brasil y Colombia, dejando la impresión de que hay todavía un gran margen de actuación para realizar un trabajo específico de acción exterior en esta materia[36].

Un desarrollo de gran interés en estas cuestiones es sin duda la potenciación para el período 2022-2027 del *Mecanismo de la UE para los Defensores de los Derechos Humanos,* un programa de la UE crítico en esta materia cuyo objetivo es apoyar a estas personas en cualquier parte del mundo. Entre las medidas prácticas de apoyo que este mecanismo puede proporcionar cabe citar la "protección física y digital, apoyo jurídico y asistencia médica, seguimiento de juicios y encarcelamientos" (con un servicio de asistencia o *helpdesk* al que se puede solicitar ayuda por vía telefónica 24 horas los siete días de la semana, o enviar online mensajes encriptados), el desarrollo de capacidades en materia de prevención de riesgos y seguridad, o los programas de reubicación temporal de personas en la UE y también a nivel regional o local. El Mecanismo intenta tener en cuenta las características y necesidades específicas de diversos tipos de defensores de los derechos humanos, como jóvenes, mujeres, personas LGBTIQ, y defensores de los derechos humanos relacionados con el medio ambiente, que reciben un apoyo creciente. El

---

https://www.eeas.europa.eu/sites/default/files/action-plan-es.pdf

35 Estudio encargado por el Parlamento Europeo sobre *EU Guidelines on Human Rights Defenders. European Implementation Assessment,* 2022, PE 730.345, p. 39.

36 Informe del Alto Representante de la Unión Europea para la Política Exterior y la Seguridad Común, *2021 Annual Report on Human Rights and Democracy in the World,* 2022, pp. 16 y 29.

renovado impulso financiero que la Comisión ha dado recientemente a este mecanismo para el período referido se explica por el "aumento sin precedentes de las solicitudes de protección urgente" presentadas en 2021 por personas y organizaciones de todo el mundo, que se tradujeron, según los datos oficiales, en casi 8.700 acciones de apoyo y asistencia[37]. Durante el período 2022-2027, además, el Mecanismo incorporará a sus recursos el *Fondo de Emergencia de la UE para los Defensores de los Derechos Humanos en Situación de Riesgo*. Este instrumento, creado en 2014, es gestionado por la Comisión Europea y el Servicio Europeo de Acción Exterior y, entre las medidas que puede adoptar, destaca la concesión de ayudas de emergencia de hasta 10.000 euros a los defensores de los derechos humanos y sus familias.

III. LA NUEVA CONDICIONALIDAD DE LA UE EN MATERIA CLIMÁTICA

Como observa Koch, la condicionalidad es un fenómeno complejo respecto del cual no existe una definición consensuada entre politólogos, economistas y juristas[38]. Lo que esta autora denomina "la primera generación de la condicionalidad política" surge en el período posterior a la Guerra Fría en el ámbito de la ayuda al desarrollo, y se basaba en una formulación esencialmente negativa: el donante de ayuda podía ejercer una presión sobre el beneficiario debido a que, si ciertas condiciones preestablecidas no se cumplían, la ayuda se reducía o eliminaba por completo. Esta es, en términos simples y sintéticos, la formulación original de la condicionalidad en las relaciones internacionales, que lleva a una asociación casi automática entre condicionalidad y sanciones.

---

[37] Creado en 2015, el Mecanismo de la UE para los Defensores de los Derechos Humanos, ha asistido de diversas formas a más de 55.00o personas y sus familias en más de 120 países. La gestión del Mecanismo corre a cargo de ProtectDefenders. eu, un consorcio de 12 ONG de defensa de los derechos humanos, que a su vez es financiado por el Instrumento Europeo para la Democracia y los Derechos Humanos (IEDDH). La información general y los datos básicos acerca del Mecanismo de la UE para los Defensores de los Derechos Humanos está disponible en: https://ec.europa.eu/commission/presscorner/detail/es/ip_22_5808

[38] KOCH, S., "A Typology of Political Conditionality Beyond Aid: Conceptual Horizons Based on Lessons from the European Union", *World Development, v*ol. 75, 2015, pp. 97-108, p. 98.

Actualmente, la noción de condicionalidad ha trascendido los estrechos límites de su formulación originaria en el ámbito de la ayuda al desarrollo. En primer lugar, porque el uso de la condicionalidad resulta frecuente en otros ámbitos de las relaciones internacionales como el comercio, la seguridad, la promoción de la democracia, la protección de los derechos humanos, el medio ambiente y el clima. Conviene además destacar que, en el caso de la condicionalidad referida a la protección de los derechos humanos, si bien sigue siendo importante el cumplimiento de ciertos estándares o condiciones relativas a los derechos humanos de primera generación (derechos civiles y políticos), los estándares referidos a derechos económicos, sociales y culturales, e incluso los referidos a derechos medioambientales, van cobrando cada vez mayor importancia. En segundo lugar, la condicionalidad ya no se concibe en términos puramente negativos, sino que combina estos con otros positivos y con factores *ex ante* y *ex post*, como se verá a continuación.

Así las cosas, es posible considerar que la condicionalidad hace referencia a una serie de incentivos y/o desincentivos que operan en la relación entre dos actores, gracias a los cuales uno de los actores intenta orientar la conducta del otro estableciendo unas condiciones cuyo cumplimiento o incumplimiento determina si se incurre en costes o en beneficios dentro de la relación. La práctica internacional muestra la existencia de diversos tipos o fórmulas de condicionalidad que reflejan los diversos tipos de relaciones entre actores internacionales, así como los objetivos y valores presentes en la relación de que se trate. Basándose en un amplio examen de la práctica y la literatura especializada, Koch elabora una tipología de la condicionalidad basada en dos dimensiones distintas. En primer lugar, atendiendo al elemento temporal, cabe distinguir entre condicionalidad *ex ante* (cuando las condiciones deben cumplirse como requisito para iniciar la relación o para obtener los beneficios de la misma), y condicionalidad *ex post* (cuando las condiciones se van estableciendo durante el curso de la relación para que quien debe cumplirlas pueda seguir recibiendo, recuperar o incrementar los beneficios derivados de la relación). Así, cumplir ciertos estándares de protección de los derechos humanos puede ser un requisito (condicionalidad *ex ante*) o un objetivo (condicionalidad *ex post*). En segundo lugar, atendiendo a la naturaleza o cualidad de los mecanismos con los que se pretende orientar la conducta de uno de los actores de la relación, puede diferenciarse entre condicionalidad negativa (cuando se establecen restricciones o sanciones por incumplimiento de las condiciones) y condicionalidad positiva (cuando se establecen incentivos o recompensas derivadas del cumplimiento). Las dimensiones temporal y cualitativa de la condicionalidad se entrecruzan y combinan, dando lugar a mecanismos de condicionalidad positiva *ex ante,* negativa *ex ante,* positiva *ex post* y negativa *ex post*[39].

La condicionalidad en la acción exterior de la UE desarrolla por vez primera una base jurídica en 1995, cuando se decide incluir una cláusula de *elementos esenciales* acompañada de un mecanismo de suspensión en diversos acuerdos con terceros Estados, siendo el respeto por los derechos humanos y los principios democráticos los elementos que constituían la base esencial de cada acuerdo. Esta práctica se va desarrollando con ocasión de la conclusión de diversos acuerdos de asociación y cooperación hasta que la técnica de la condicionalidad mediante cláusulas de elementos esenciales se perfecciona con la conclusión del Acuerdo de Cotonou (2000) entre la UE y el Grupo de Países ACP (África, Caribe y Pacífico), que prevé, en caso de incumplimiento de la condicionalidad, el diálogo político en primer lugar y, si este no da resultado, la posterior adopción de medidas negativas graduadas con forme al principio de proporcionalidad[40]. Una condicionalidad así planteada podría calificarse como condicionalidad *ex post* que combina elementos positivos y negativos.

Son ya décadas, por tanto, desde que la UE comenzó a introducir en sus acuerdos con terceros Estados cláusulas de condicionalidad de diverso tipo, planteando a dichos Estados exigencias en materia de respeto de los derechos humanos y los principios democráticos, gobernanza, protección del medio ambiente, promoción de los derechos sociales, y seguridad, entre otros asuntos. En el momento actual, al haberse convertido la lucha contra el cambio climático en una de las prioridades políticas de la UE a efectos internos y externos, la condicionalidad climática aparece como una de las herramientas de la diplomacia climática europea, y es de esperar que se siga reflejando en numerosos acuerdos con terceros Estados. En opinión de Fajardo del Castillo, la condicionalidad climática debe servir para que la UE muestre que "es la potencia normativa que apoya el multilateralismo del clima y el marco regulatorio que se necesita para poner en pie un nuevo modelo eco-

---

39 *Ibid.,* p. 99. La condicionalidad positiva *ex ante* se designa más comúnmente con el término *elegibilidad.*

40 *Vid.* ÚBEDA DE TORRES, A., "La evolución de la condicionalidad política en el seno de la Unión Europea", *Revista de Derecho Comunitario Europeo,* vol. 13, núm 32, enero/abril 2009, pp. 49-88, p. 72

nómico[41]" que sirva para revertir el cambio climático. Esta renovada condicionalidad, orientada a objetivos climáticos, se construye sobre la base de la experiencia acumulada durante casi tres décadas de práctica de la condicionalidad en la acción exterior. Se trata así de una condicionalidad vinculada al cumplimiento de los objetivos del Acuerdo de París, o a otros compromisos adoptados en el seno de las Conferencias de Naciones Unidas sobre el Cambio Climático, y vinculada al modelo económico propuesto por el Pacto Verde, modelo que ha de promoverse ante los socios comerciales de la UE sin excluir a grandes potencias como Estados Unidos y China. Fajardo del Castillo advierte que el riesgo que la UE ha de asumir para aplicar la condicionalidad climática es grande, ya que para lograrlo deberá utilizar los medios diplomáticos tradicionales y también "nuevos medios de carácter económico y comercial que promuevan el modelo económico del Pacto Verde de modo que se convierta en el modelo global de referencia[42]". La práctica de la condicionalidad climática está así orientada para transitar de un escenario de redes de acuerdos bilaterales hasta un multilateralismo al que se hayan sumado cada vez más Estados.

No faltan voces críticas que alertan sobre los problemas generados por el uso de la condicionalidad en ciertas áreas específicas relacionadas con el cambio climático. Así, Pérez de las Heras señala cómo la UE ha promovido desde el año 2000 la adopción de Planes Nacionales de Adaptación a los efectos del cambio climático como condición para que numerosos países reciban financiación para la ayuda al desarrollo destinada a medidas relacionadas con la acción por el clima. Sin embargo, esta condicionalidad no siempre ha logrado los objetivos propuestos, pues ha sido en opinión de algunos perjudicial para la economía de los países receptores de la ayuda, y además no ha contribuido a lograr los objetivos de la política climática de la UE, pues algunas de las medidas promovidas han aumentado la emisión de gases de efecto invernadero y, en última instancia, han ido en detrimento de los objetivos sociales, económicos y ambientales asociados a la idea de desarrollo sostenible. Un ejemplo de lo anterior son las medidas que han promovido el uso de biocombustibles en países receptores de ayuda, que han generado un aumento de la producción de los mismos

41 FAJARDO DEL CASTILLO, T., *La Diplomacia del Clima de la Unión Europea. La Acción Exterior sobre Cambio Climático y el Pacto Verde Mundial*, Ed. Reus, Madrid, 2021, p. 89.

42 *Ibid.*, p. 88.

en África, América Latina y Asia, lo que a su vez ha desembocado en un incremento de la apropiación de tierras, modificaciones en el uso de la tierra, aumento de emisiones, y precios más elevados en productos alimentarios. Además, la condicionalidad climática no ha tenido siempre en cuenta factores importantes en la adopción de medidas nacionales de adaptación al cambio climático en ciertos países, como la insuficiencia de información y datos relevantes para la toma de decisiones, la falta de marcos jurídicos y reguladores adecuados, o la limitada disponibilidad de expertos y evaluadores de las medidas adoptadas. Por ello, esta autora aboga, en el ámbito de la ayuda al desarrollo, por dar menor peso a la condicionalidad y centrarse más en promover acciones más integradas y centradas en el desarrollo sostenible y sus dimensiones económica, social y medioambiental, en la resiliencia climática y en una distinción menos rígida entre medidas de adaptación y medidas de mitigación de los efectos del cambio climático[43].

Un hito reciente en materia de condicionalidad climática ha sido la adopción del Reglamento que establece el Instrumento de Vecindad, Cooperación al Desarrollo y Cooperación Internacional (2021)[44], destinado a aplicarse en el marco financiero plurianual 2021-2027. Los objetivos generales del Instrumento son defender y promover los valores, principios e intereses fundamentales de la UE en todo el mundo, lo que incluye la protección de los derechos humanos, el desarrollo sostenible y la lucha contra el cambio climático, entre otras metas. Dotado con 79.500 millones de euros, el Instrumento se estructura en acciones de cooperación geográfica (Vecindad europea, África subsahariana, Asia y el Pacífico y América y el Caribe), cooperación temática (en la que figuran los derechos humanos y el cambio climático) y acciones de respuesta rápida. Pues bien, en el ámbito de la política de vecindad, el artículo 25.5 establece que en cada acción que se pretenda financiar se llevará a cabo un análisis ambiental adecuado que incluirá el impacto sobre el cambio climático y la biodiversidad, de conformidad con los estándares establecidos en la legislación de la UE (Directiva 2011/92/UE del Parlamento Europeo y del Consejo, y Directiva 85/337/CEE del

---

43 PÉREZ DE LAS HERAS, B., "The European Union's External Policy on Climate Change Adaptation: From Conditionality-Driven Action to Sustainable Development", *Revista Catalana de Dret Ambiental,* vol. VI, núm. 2, 2015, pp. 1-24.

44 Reglamento (UE) 2021/947 del Parlamento Europeo y el Consejo, de 9 de junio de 2021, *por el que se establece el Instrumento de Vecindad, Cooperación al Desarrollo y Cooperación Internacional.* DOUE L 209, 14.6.2021, p. 1–78.

Consejo) y que incluirá una evaluación de los efectos sobre el cambio climático, los ecosistemas y la biodiversidad, especialmente cuando se trate de proyectos de construcción de grandes infraestructuras.

Finalmente, a medida que la práctica de la condicionalidad climática evoluciona y coincide con la condicionalidad en materia de protección de los derechos humanos, sería deseable que ambos tipos de condicionalidad encontrasen puntos específicos de convergencia. Uno de ellos sería sin duda la protección especial que debe dispensarse a los defensores de los derechos humanos relacionados con el medio ambiente y el cambio climático, de manera que en algunos instrumentos existiese de modo explícito una doble condicionalidad, o condicionalidad interseccional, que llamase la atención sobre la necesidad de reducir drásticamente los ataques y amenazas que sufren quienes trabajan en la primera línea del frente contra la degradación medioambiental, la alteración climática y la imposibilidad de ejercer y disfrutar ciertos derechos humanos fundamentales para la dignidad humana.

IV. CONCLUSIÓN

La relación entre el cambio climático y los derechos humanos es profunda y dinámica, y tanto los órganos de supervisión y protección de los derechos humanos, como las Instituciones de la UE parecen cada vez más conscientes de esta realidad. Una muestra de ello son las Conclusiones del Consejo sobre la Diplomacia Climática de la UE, adoptadas en febrero de 2022. En dichas Conclusiones, el Consejo subraya que los efectos directos e indirectos del cambio climático, la pérdida de biodiversidad y la degradación medioambiental crean riesgos para los derechos humanos y la seguridad (humana y estatal), pudiendo afectar la paz y la seguridad globales y aumentar la vulnerabilidad de los países y comunidades más desfavorecidos[45]. Ello, a su vez, lleva al Consejo a reiterar la necesidad de que los derechos humanos sean integrados de modo sistemático en la acción por el clima y la diplomacia de la energía[46].

---

45 Conclusiones del Consejo del 21 de febrero 2022, sobre *EU Climate Diplomacy: accelerating the implementation of Glasgow outcomes*, ST6120/22, párr. 8.

46 *Ibid.*, párr. 10.

Comprender y estrechar el vínculo entre cambio climático y derechos humanos responde a la necesidad de ir más allá de considerar las consecuencias físicas y económicas de aquel. Centrarse en las consecuencias humanas del cambio climático permite afinar el enfoque de la lucha contra el cambio climático en clave de derechos humanos, lo que a su vez refuerza la visión de una acción exterior fundada de modo firme en los intereses y valores de la UE, de una política exterior en esta materia que ponga a la persona humana en el centro del debate y de la acción. Ello, a su vez, puede incrementar aún más la legitimidad y la credibilidad de la diplomacia climática de la UE, aumentando su poder de atracción sobre algunos sectores de la opinión pública nacional e internacional.

La condiconalidad medioabiental de la política de cooperación al desarrollo de la Unión Europea en el contexto del cambio climático

EDUARDO TRILLO DE MARTÍN-PINILLOS*

Resumen: La Unión Europea es desde hace años el mayor financiador de la cooperación al desarrollo a los países más desfavorecidos. El tema de la condicionalidad de esta ayuda se ha visto circunscrito al respeto a los derechos humanos, sin embargo, con el impulso desde la opinión pública internacional a un deber de protección internacional del medioambiente, y más recientemente, con la creciente preocupación por las consecuencias nefastas del cambio climático, ha surgido la necesidad de un compromiso global que ha quedado reflejado en la Agenda 2030 de NNUU y el Acuerdo de París de 2015 que la UE ha asumido plenamente. En ese contexto, el poder normativo de la UE tiene la capacidad de expandirse a través de su política de cooperación al desarrollo y condicionar así las políticas de los países beneficiarios hacia un compromiso efectivo medioambiental y con el cambio climático. No obstante, más que una condicionalidad explicita, debemos hablar de una condicionalidad implícita e indirecta al quedar toda la cooperación al desarrollo de la UE sujeta a los principios medioambientales y de cambio climático a través principalmente de la transversalización, un poderoso mecanismo. Por otra parte, no podemos olvidar la poderosa arma que constituye el poder comercial europeo a través de sus sistemas preferenciales establecidos para los países en desarrollo, probablemente un instrumento más eficaz y efectivo. Sin embargo, el reto pendiente en esta capacidad transformadora de la cooperación internacional de la UE en este campo es la gobernanza medioambiental, que se ve dificultada por la falta de una concertación internacional responsable y el cortoplacismo comercial de muchos actores internacionales.

---

* Profesor Contratado Doctor. Departamento de Derecho Internacional Público (UNED). Email: etrillo@der.uned.es

Palabras clave: Cambio Climático, Unión Europea, Política de Cooperación al Desarrollo, Eficacia de la Cooperación al Desarrollo, Transversalidad, Política Comercial Europea, Sistema de Preferencias Generales.

I. CONSIDERACIONES PREVIAS

Los análisis sobre la eficacia de la cooperación internacional al desarrollo se han convertido en un clásico de la doctrina académica de las relaciones internacionales desde principios de este siglo XXI pues son muchos los esfuerzos de todo orden, no solo financieros[1] y técnicos, también políticos y sociales, que el llamado primer mundo dedica a ayudar a las sociedades menos favorecidas para superar sus debilidades estructurales y coyunturales en aras a mejorar las condiciones de vida de sus poblaciones. Todo ello hace imprescindible una reflexión permanente sobre su verdadero alcance. Nuestro objetivo, no obstante, es centrarnos en uno de sus aspectos más novedosos, la ayuda que dedica la Unión Europea a la protección del medioambiente y, en particular, a la lucha contra el cambio climático a través de su política de cooperación internacional al desarrollo.

La cooperación internacional al desarrollo como tal, es decir, como una actividad esencialmente altruista de los países más favorecidos hacia los menos, comienza en 1945, con la aparición de la Carta de Naciones Unidas, cuyo capítulo IX trata precisamente el tema de la cooperación internacional social y económica entre sus Estados miembros como uno de los objetivos de la nueva sociedad internacional que se pretende fundar tras la Segunda Guerra Mundial. Sin embargo, ese panorama todavía marcado por la pervivencia de los imperios coloniales europeos pronto se ve superado por el inicio del proceso de descolonización en un escenario de confrontación ideológica y de bipolarización de las relaciones internacionales, la Guerra Fría. Durante las décadas de los cincuenta y sesenta[2], mientras aparecen los nuevos Estados en Asía y África, tanto las super potencias Estados Unidos y la Unión Soviética, por sus intereses proselitistas, como las antiguas potencias coloniales europeas

---

[1] En 2019, el Banco Mundial la cifra en 167´8 mil millones de dólares.

[2] La Asamblea General de Naciones Unidas, en 1960, aprobó la histórica Declaración sobre la Concesión de Independencia a los Países y Pueblos Coloniales (Res. 1514), que reconocía el derecho de libre determinación de todos los pueblos y afirmaba que el colonialismo debía llegar a su fin rápida e incondicionalmente. Declaración de la Asamblea General de Naciones Unidas de 14 de diciembre de 1960, *sohre la concesion de la independencia a los paises y pueblos coloniales,* A/RES/1514(XV).

al querer mantener lazos socioeconómicos con sus antiguos territorios dependientes, empiezan a transferir capitales financieros y técnicos con el fin de promover el crecimiento económico en dichos territorios.

Ahora bien, esa cooperación se hace desde una visión economicista del subdesarrollo, reduciendo todos los hechos sociales a su aspecto económico, y con un enfoque jerárquico de la relación entre país donante y país beneficiario ya que al receptor de la ayuda solo le corresponde un papel pasivo[3]. Es entonces cuando aparece la primera reflexión crítica sobre dicha cooperación, la teoría de la dependencia[4]: los países menos desarrollados tienen asignado un rol periférico como meros productores de materias primas con bajo valor agregado con el fin de alimentar el crecimiento y la producción industrial de alto valor agregado de los países ya desarrollados, que se mantienen con un rol central. Esta teoría de la dependencia evolucionó posteriormente hacia los llamados sistemas-mundo establecidos por Immanuel Wallerstein[5], que define esa división desigual capitalista del mundo entre núcleo, semi periferia y periferia, como permanente.

Más recientemente han aparecido otras teorías relacionadas con la eficacia de la ayuda al desarrollo, algunas de ellas de carácter crítico. Entre los autores destacamos Moyo Dambisa, quien analiza cómo la ayuda puede de hecho descapitalizar los países menos favorecidos y promover la corrupción[6]; o James Robinson y Daron Acemoglu, que señalan que solo a través de cambios radicales de orden socioeconómico y político se puede superar el subdesarrollo[7]. Sin embargo, no es el objeto de nuestro estudio

---

3 SAMPEDRO, J.L., *Conciencia del Subdesarrollo*, Taurus, 1972, reeditado en 1996 junto a Carlos Berzosa con el título *Conciencia del Subdesarrollo. Veinticinco años después,* Editorial Taurus de Santillana S.A. capítulo 3.

4 La teoría de la dependencia surge con los estudios del economista Raúl Prebisch para la CEPAL, Comisión Económica de Naciones Unidas para América Latina. Como obra de referencia de este autor podemos destacar: PREBISCH, R., *Raúl Prebisch: un aporte al estudio de su pensamiento,* CEPAL, LC/G.1461, 1987, pp. 13-30, que recopila sus principales publicaciones. Disponible en: https://repositorio.cepal.org/bitstream/handle/11362/2610/S8720160_es.pdf.

5 WALLERSTEIN, I., *The Modern World-System IV: Centrist Liberalism Triumphant, 1789-1914,* University of California Press, 2013.

6 MOYO, D., *DEAD aid: Why aid is not working and how there is a better way for Africa,* Macmillan, 2009. MOYO, D., DAMBISA, GIL-CASARES, R., *Cuando la ayuda es el problema: Hay otro camino para África,* Fundación Faes, 2011.

7 ROBINSON, J. A., ACEMOGLU. D., *Why nations fail: The origins of power, prosperity and poverty,* Londres, Profile, 2012. ACEMOGLU, D, ROBINSON, J., *Por qué fracas-*

su análisis pormenorizado, únicamente hacer referencia a estas reflexiones doctrinales como prólogo necesario a la cuestión medioambiental.

II. EVOLUCIÓN HISTÓRICA RECIENTE DE LA CONCIENCIACIÓN MEDIOAMBIENTAL EN LA COOPERACIÓN INTERNACIONAL AL DESARROLLO

En 1972, se produce la llamada Declaración de Estocolmo, en el marco de las Naciones Unidas[8] , que aborda por primera vez la necesidad de un desarrollo con base ecológica y será el fundamento del Informe Brundtland de 1987[9] que introduce el concepto de desarrollo sostenible como aquel que "satisface las necesidades de las generaciones presentes en forma igualitaria, sin comprometer la capacidad de las generaciones futuras para satisfacer sus propias necesidades", e implica la transición de la sociedad actual a una sociedad más respetuosa con el medio ambiente al garantizar el equilibrio entre el crecimiento económico, la preservación del medio ambiente y el bienestar social. En esa nueva visión del desarrollo, surge el planteamiento del filósofo hindú Amartya Sen sobre la pobreza como un fenómeno multidimensional que englobaría todas las capacidades que las personas tienen para hacer o ser, entendidas como las oportunidades para elegir y en las que la calidad del medioambiente sería un factor clave.[10] Aparece así en 1986 el concepto de desarrollo contenido en la Declaración de Naciones Unidas sobre el Derecho al Desarrollo[11] de ese mismo año que sitúa a la persona, y no a los Estados, como el sujeto central del desarrollo; así como la interdependencia entre derechos civiles/políticos y derechos socioeconómicos y culturales, entre los que se encuentran ya referencias al factor medioambiental en la configuración del derecho al desarrollo

---

an los países: Los orígenes del poder, la prosperidad y la pobreza, Deusto, Barcelona, 2012.

8 Declaración de la Conferencia de las Naciones Unidas sobre el Medio Humano, publicado como parte del Informe de la Conferencia de las Naciones Unidas sobre el Medio Humano, Estocolmo, 5 a 16 de junio de 1972, A/CONF.48/14/Rev. Disponible en: https://undocs.org/es/A/CONF.48/14/Rev.1.

9 Informe de la Comisión Mundial sobre el Medio Ambiente y el Desarrollo, de 4 de agosto de 1987, *Nuestro futuro común*, A/42/427, párr. 27.

10 AMARTYA, K., *Poverty and Famines: An Essay on Entitlements and Deprivation*, Oxford: Clarendon Press, 1981.

11 Resolución 41/128 de la Asamblea General (Naciones Unidas) del 4 de diciembre de 1986, *Declaración sobre el derecho al desarrollo*, A/RES/41/128, art. 1.

pleno de todas las personas[12]. Consecuencia de esa nueva perspectiva, son los informes anuales del Programa de Naciones Unidas para el Desarrollo (PNUD) sobre Desarrollo Humano[13] que ponen de manifiesto que lo decisivo es cómo gasta cada país su riqueza y no la riqueza en sí misma pues el PIB per cápita de un Estado ha de ser atemperado con el grado de desigualdad entre sus ciudadanos pues se puede dar la paradoja que la riqueza se concentre en muy pocas manos y la mayor parte de la población viva en condiciones precarias[14].

Aunque todo ello resultó en un progreso conceptual positivo, transcurrió con un telón de fondo muy precario, el endeudamiento progresivo de los países en desarrollo durante la década de los ochenta del siglo XX, la llamada "década perdida para el desarrollo"[15], un lastre que se impone a muchos de estos países hasta la actualidad y que se uniría en los años siguientes a las restricciones presupuestarias en gasto social que exigieron los planes de ajuste promovidos por los organismos financieros multilaterales para salvarlos de la quiebra.[16] Esta situación dificultó cualquier iniciativa global sobre medidas efectivas de protección medioambiental en general. No obstante, desde finales de los ochenta la atención de los medioambientalistas y las organizaciones internacionales pasa ya a preocuparse del cambio climático y de la contaminación atmosférica por CO2. Así, en 1992, se celebra la Conferencia de Río sobre medioambiente y desarrollo auspiciada por la ONU[17], en la que la cuestión del aumento de la temperatura del

---

12 Resolución 2220A(XXI) de la Asamblea General (Naciones Unidas) de 16 de diciembre de 1966, *Pacto Internacional de Derechos Económicos, Sociales y Culturales*, A/RES/2200(XXI), art. 12.

13 Se publican desde 1990. El de 2022 se encuentra disponible en: https://annualreport.undp.org/es/.

14 PÉREZ PÉREZ, J., "La dimensión europea de la cooperación al desarrollo", *Revista Electrónica de Estudios Internacionales*, núm. 8, 2004, pp. 4-15.

15 BONA, L. M., FLORES ZENDEJAS, J., "La Gran depresión y las dos «décadas perdidas». Una mirada comparativa de las crisis en Latinoamérica bajo los cambios en la hegemonía global", *Cuadernos de Economía Crítica,* vol. 8, núm. 16, 2022, pp. 13-41.

16 EPSTEIN, G., GRAHAM J., NEMBHARD, J., *Creating a New World Economy: Forces of Change and Plans for Action,* Temple University Press, 2009.

17 Conferencia de las Naciones Unidas sobre Medio Ambiente y Desarrollo, 3 a 14 de junio de 1992, *Un nuevo plan de acción internacional sobre el medio ambiente,* disponible en: https://www.un.org/es/conferences/environment/rio1992.

planeta alcanzó ya una gran notoriedad pues en su seno surge el Convenio Marco de las Naciones Unidas sobre el Cambio Climático[18] .

Dentro de las grandes expectativas generadas por el fin de la Guerra Fría y las posibilidades que se abrían para la cooperación internacional ante los desafíos globales, los Estados miembros de las Naciones Unidos se comprometen en el 2000 con los Objetivos de Desarrollo del Milenio (ODM) para erradicar la pobreza extrema en el mundo para 2015[19]. Los ocho ODM planteaban una visión integral de la pobreza y su objetivo 7º consagra por primera vez garantizar la sostenibilidad medioambiental mediante varias metas entre las que todavía no se incluye ninguna referencia explícita al cambio climático[20]. En paralelo a ese proceso de reconocimiento progresivo de la problemática medioambiental, y principalmente desde el Comité de Ayuda al Desarrollo (CAD) de la Organización para la Cooperación y el Desarrollo Económico (OCDE), como foro principal de análisis y de medida de la Ayuda Oficial al Desarrollo (AOD)[21], se constata ya el fracaso de la cooperación internacional al desarrollo en la mayor parte los países africanos, y en muchos de América Latina y de Asía, mientras que cierto número de países de Extremo Oriente como China, Corea del Sur, y otros, a través de acuerdos comerciales preferenciales con Estados Unidos y con la UE consiguen despegar desarrollando economías exportadoras de productos de valor añadido medio y haciendo fuertes inversiones públicas en educación alejándose definitivamente del umbral de pobreza.[22] Esta disyuntiva entre ayuda directa o apertura comercial como motores del de-

---

18 Convención marco de las Naciones Unidas sobre el cambio climático, del 9 de mayo de 1992, *United Nations Treaty Series*, vol. 1771, núm. 30822, p. 107.

19 Resolución de la Asamblea General (Naciones Unidas) de 13 de septiembre de 2000, *Declaración del Milenio*, A/RES/55/2.

20 FAO, "La FAO y los ocho objectivos de Desarrollo del Milenio. Objetivo 7: Garantizar la sostenibilidad del medio ambiente" Organización de las naciones Unidas para la Agricultura y la Alimentación, 2010. Disponible en: http://www.fao.org/3/a-az955s.pdf

21 El propio CAD entiende como ayuda oficial para el desarrollo (AOD) a todos los desembolsos netos de créditos y donaciones realizados según los criterios de la OCDE. Esto es, en condiciones financieras favorables y que tengan como objetivo primordial el desarrollo económico y social del país receptor.

22 KAUFMANN, D., "Aid Effectiveness and Governance: The Good, the Bad and the Ugly", *Brookings Institution*, 2009. Disponible en: https://www.brookings.edu/opinions/aid-effectiveness-and-governance-the-good-the-bad-and-the-ugly/.

sarrollo también se arrastra hasta nuestros días afectando directamente a la eficacia de la cooperación internacional desarrollada por la UE en la lucha contra el cambio climático y que analizaremos al final. En cualquier caso, esa reflexión generalizada desembocó en la denominada "fatiga de los donantes"[23], produciéndose un cierto reajuste a la baja de los fondos destinados a la ayuda al desarrollo al mismo tiempo que las relaciones internacionales se adaptaban a la multipolaridad de las relaciones internacionales que ha sustituido a la Guerra Fría.

Por otra parte, los rasgos de la pobreza global se han modificado sustancialmente desde el año 2000: el número total de personas que viven en absoluta pobreza se ha reducido a la mitad, alterando fundamentalmente el paradigma del inmovilismo con el que funcionaba la política de cooperación al desarrollo.[24] La complejidad actual del mapa mundial de la pobreza aumenta, con países de renta media, como la mayoría de los de América Latina, a los que se les restringe la ayuda mientras sus problemas de desigualdad se acrecientan, junto a la persistencia de los países en extrema pobreza y acuciados por conflictos internos, la mayor parte en África.[25] No obstante, desde 2008, aparece un nuevo factor que altera todo el contexto: la crisis financiera mundial, que marca un punto de inflexión en el volumen de la ayuda al desarrollo, y cuyos efectos llegan hasta nuestros días en medio de un cambio estructural tecnológico por la digitalización, agravando las diferencias con las sociedades más desfavorecidas y empujando a los países donantes a restricciones presupuestarias generales incluyendo la partida destinada a la cooperación al desarrollo[26].

En ese nuevo contexto surgió la necesidad de impulsar una nueva agenda internacional sobre la eficacia de la ayuda. Además, la ayuda al desarrollo aún se encontraba dirigida por las prioridades de los donantes, sin

---

23 ROMERO RODRÍGUEZ, J.J., "La Cooperación al Desarrollo bajo el síndrome de la fatiga del donante", *Revista de Fomento Social*, vol. 216, 1999, pp. 443-473.

24 RAMALINGAM, B., *Aid on the Edge of Chaos: Rethinking International Cooperation in a Complex World*, Oxford University Press, 2013, p. 480. Azizi, S. "The impacts of workers' remittances on poverty and inequality in developing countries", *Empirical Economics*, vol. 60, núm. 2, pp. 969-991.

25 PNUD, *Informe sobre Desarrollo Humano 2019 Más allá del ingreso, más allá de los promedios, más allá del presente: Desigualdades del desarrollo humano en el siglo XXI*, Programa Naciones Unidas para el Desarrollo, 2019. Ver el capítulo sobre panorama general.

26 MAWDSLEY, E., SAVAGE, L., SUNG-MI. K., "A 'post-aid world'? Paradigm shift in foreign aid and development cooperation at the 2011 Busan High Level Forum", *The Geographical Journal*, vol. 180, núm. 1, 2014, pp. 27-38.

contar con la participación de los destinatarios; y la cooperación internacional todavía resultaba demasiado descoordinada, imprevisible y poco transparente.[27] Se hacía necesario, por tanto, una reforma más profunda si se quería que la ayuda demostrara su auténtico potencial para luchar contra la pobreza. Todo ello ha dado lugar a un proceso cuyos hitos más importantes son: la Declaración de París sobre Eficacia de la Ayuda al Desarrollo (2005), el Programa de Acción de Accra (2008)[28] y la Alianza Mundial de Busan para una Cooperación Eficaz al servicio del Desarrollo (2011)[29], que en su conjunto constituyen la llamada "Agenda de Eficacia de la Ayuda" (AEA). En concreto el foro de Busan acordó un documento para seguir mejorando la eficacia de la ayuda y la consecución a través de ella de los ODM. Para su monitoreo en 2012 se pasó el testigo a la Asociación Mundial para una Eficaz Cooperación al Desarrollo que reúne a gobiernos, organizaciones bilaterales y multilaterales, de la sociedad civil, representantes parlamentarios y el sector privado de 161 países. En 2015, la III Conferencia de Naciones Unidas de Financiación para el Desarrollo aprobó del Plan de Acción de Addis Abeba, un documento que marca los instrumentos a los que deberán recurrir tanto los países en desarrollo como los países donantes para financiar el desarrollo hasta 2030 y que por tanto constituye también la base para la implementación de los 17 Objetivos de Desarrollo Sostenible[30].

Estos nuevos compromisos internacionales introducen parámetros de eficacia, coherencia y coordinación que comprometen tanto a los donantes como a los receptores de la ayuda. Conceptualmente, los países beneficiari-

---

27 GORE, C., "The New Development Cooperation Landscape: Actors, Approaches, Architecture", *Journal of International Cooperation,* vol 25, núm. 6, Número Especial: "DSA Conference 2012: The New Development Cooperation Landscape", 2013, pp. 769-786.

28 Tanto la Declaración de 2005 como el Plan de Acción de 2008 se pueden encontrar en: OCDE "The Paris Declaration on Aid Effectiveness and the Accra Agenda for Action", Organización para el Desarrollo Económico y la Cooperación, 2008. Disponible en: https://www.oecd.org/dac/effectiveness/34428351.pdf.

29 Declaración de 1 de diciembre de 2011 realizada en el 4º Foro de Alto Nivel sobre la Eficacia de la Ayuda (29 de noviembre al 1 de diciembre de 2011, Busan, Corea), *Alianza de BUSAN para la cooperación eficaz al desarrollo.* Disponible en: https://www.oecd.org/dac/effectiveness/49650200.pdf.

30 APODACA RODRÍGUEZ, R. y CERDA DUEÑAS, C., "La cooperación internacional para el desarrollo en transición: de la eficacia de la ayuda al contexto mundial de la post-ayuda", *Revista Internacional de Cooperación y Desarrollo,* vol. 7, núm. 1, 2020, pp. 102–119..

os dejan de ser meros receptores para convertirse en socios y a ser dueños de su destino a través de los principios de apropiación, y de alineación con sus propias estrategias nacionales de desarrollo. También se introduce el principio de armonización entre los donantes para evitar duplicidades e ineficiencias; así como de los principios de rendición mutua de cuentas entre donantes y beneficiarios; y de gestión ligada a resultados para generar políticas de impacto. Más recientemente dentro de la AEA, se han añadido otros principios como el de inclusividad y el de transparencia[31]. La asunción de todos estos principios implica que la cooperación internacional al desarrollo se hace más técnica y menos política[32]. En línea con ellos, se articulan las recientes reformas de los sistemas de cooperación internacional desde los países más avanzados entre los que se incluye la propia UE y sus Estados miembros. Ahora bien, por efecto de la globalización y de la aparición de nuevos polos de dinamismo económico, se incorporan nuevos actores en el grupo de países donantes, como China, Rusia y Brasil, con sus propios intereses geoestratégico[33], los cuales han de formar parte del consenso internacional sobre la eficacia de la AOD, y cuya intervención financiera reduce la importancia relativa de la ayuda europea como instrumento para apoyar el desarrollo y como palanca de influencia. En ese nuevo panorama internacional de replanteamiento de la ayuda al desarrollo es en el que se incorpora el concepto de desarrollo sostenible al objetivo principal de la lucha contra la pobreza y la progresiva preocupación por las consecuencias del cambio climático.

---

31 TOMLINSON, B., "Civil Society Reflections on Progress in Achieving Development Effectiveness: Inclusion, Accountability and Transparency", CSO Partnership for Effective development (CPDE) 2018/19, *Third Monitoring Exercise Global Partnership for Effective Development Cooperation*, Aidwatch Canada, junio 2019

32 OCDE, *Aid Effectiveness 2005-10: Progress in implementing the Paris Declaration*, Organización para la Cooperación y el Desarrollo Económico, OECD Publishing, Paris, 2011.

33 GERDA ASMUS, G., FUCHS, A., MULLER, A., "BRICS and Foreign Aid", *Forthcoming, BRICs and the Global Economy*, Documento de trabajo, núm. 4, 2017.

III. LA PREOCUPACIÓN MEDIOAMBIENTAL EN LA POLÍTICA DE COOPERACIÓN AL DESARROLLO DE LA UE

La Unión Europea no nació como líder medioambiental, sino que se configuró como tal a través de diferentes etapas. El primer programa europeo de acción medioambiental (PEAM) data de 1973 y exigía tener en cuenta las consecuencias medioambientales de todos los procesos de decisión y planeamientos técnicos de la UE y de los Estados miembros. El Acta Única Europea de 1986 modificó por primera vez el tratado fundacional de 1957 añadiendo un título completo[34] sobre medio ambiente. Se establecen tres objetivos ambientales principales, que son los mismos del primer PEAM: protección, prevención y sostenibilidad, y racionalidad en la explotación de los recursos naturales.[35] Posteriormente, a partir de 1998, se da un paso más ambicioso, se lanza el llamado "Proceso de Cardiff" para integrar el medio ambiente en las otras políticas comunitarias a través de los sucesivos PEAM plurianuales. Esta concienciación progresiva se desarrolla en paralelo al afianzamiento de la CEE/CE, luego ya UE, como principal donante mundial de AOD, y para un buen número de países, su primer socio comercial, participando activamente en la configuración de la AEA antes comentada[36].

Consecuencia de la AEA nació el Consenso Europeo sobre Desarrollo de 2005 que, en línea con los principios establecidos por dicha agenda internacional, estableció una visión común para el desarrollo para guiar las políticas bilaterales de los Estados miembros y la ayuda a nivel de la UE[37], e incluyó ya entre sus objetivos la protección del medio ambiente y gestión sostenible de los recursos naturales. En 2009, el nuevo Tratado de la UE estipuló que la política de desarrollo de la UE tiene como objetivo, "promover el desarrollo social, económico y medioambiental sostenible de

---

34 El título 7º, de la parte 3º, del Tratado CEE.

35 El art. 130(r) TCEE estipulaba que la acción común europea en relación con el medio ambiente se basará en la necesidad de tomar medidas preventivas, que los daños ambientales deben corregirse prioritariamente en su origen, y que el contaminador debe pagar por los daños ocasionados.

36 HEY, C., "EU Environmental Policies: A short history of the policy strategies", en *EU Environmental Handbook,* (estudio encargado por la Comisión Europea), pp. 17-30, 2007. Disponible en: http://aei.pitt.edu/98675/

37 Declaración conjunta del Consejo y de los Representantes de los Gobiernos de los Estados miembros reunidos en el seno del Consejo, del Parlamento Europeo y de la Comisión sobre la política de desarrollo de la Unión Europea, *El consenso europeo sobre desarrollo,* DOUE C 46 de 24.2.2006, , p. 1–19.

los países en desarrollo, con el fin principal de erradicar la pobreza"[38]. Posteriormente, y también en línea con la AEA, desde la Comisión Europea, se promovió el "código de conducta sobre la complementariedad y la división del trabajo en la política de desarrollo"[39], que principalmente exige que cada agente concentre su cooperación en los ámbitos en los que más valor añadido puede aportar en relación con lo que hacen los demás. Un ejemplo de esta nueva visión sería la ventaja comparativa de la cooperación española en el sector de la gobernanza en los países de América Latina. En el mismo sentido de renovación cabe destacar el "Programa para el Cambio" de 2012[40], que incluye ya prevenir el cambio climático y la adaptación al mismo, especialmente mediante una agricultura y energía sostenibles. En esta evolución progresiva de la concienciación europea, destacaba el papel del Parlamento Europeo, que se considera el "campeón" del activismo medioambiental de la UE. Su importancia en el proceso de elaboración de las nuevas políticas aumentó con el establecimiento del procedimiento de codecisión para la mayoría de las áreas políticas de la UE. Un análisis cuantitativo demostró que el empoderamiento del PE ha triplicado la legislación en materia ambiental.[41] Y este es el contexto en el que se producen los importantes cambios del año 2015 que analizamos en el siguiente epígrafe.

Ahora bien, para un análisis real del impacto de la política de cooperación al desarrollo de la UE en su aspecto medioambiental, no podemos subestimar el llamado "poder normativo europeo"[42] que pone de manifiesto la capacidad efectiva que posee la UE para transformar las relaciones internacionales a través de la externalización de sus normas internas. De esa forma, el principio de integración, sumado a las oleadas de acuerdos bilaterales que la UE ha desarrollado en los últimos años, habría sido un impulso para extender los estándares europeos medioam-

---

38 Art. 21, apartado 1, TUE.

39 Comunicación de la Comisión al Consejo y al Parlamento Europeo, de 28 de febrero de 2007, *Código de conducta de la UE relativo a la división del trabajo en el ámbito de la política de desarrollo,* COM(2007) 72 final.

40 Comunicación de la Comisión al Parlamento Europeo, al Consejo, al Comité Económico y Social Europeo y al Comité de las Regiones, *Incremento del impacto de la política de desarrollo de la UE: Programa para el Cambio,* COM/2011/0637 final.

41 RASMUSSEN, M. K., "Is the European Parliament still a policy champion for environmental interests?", *Interest Groups & Advocacy,* vol. 1, núm. 2, pp. 239–259, 2012.

42 HARDWICK, D., "Is the EU a Normative Power?", *E-International Relations,* 2011. Disponible en: https://www.e-ir.info/2011/09/03/is-the-eu-a-normative-power/.

bientales a las cadenas productivas de sus socios económicos. Este poder se sostendría en un hecho fundamental: la "diferencia normativa" de la UE en virtud de su historia, su naturaleza como entidad política híbrida, y su marco político y legal constituido por un compromiso con ciertas normas constitucionales que determinan su identidad internacional[43]. Según Manners, su defensor, existirían cinco normas fundamentales: paz, libertad, democracia, Estado de derecho y derechos humanos; y cuatro normas menores: solidaridad social, lucha contra la discriminación, desarrollo sostenible y buena gobernanza. Esta característica esencial la diferenciarían radicalmente de la *realpolitik* de los Estados Unidos, cuya acción exterior estaría únicamente guiada por su deseo de mantenerse en el poder. Ahora bien, ante esa disyuntiva Manners sostiene que "la capacidad de definir lo que pasa por "normal" en la política mundial sería, en última instancia, el mayor poder de todos",[44] lo que es particularmente relevante porque describe la tendencia de comportamiento de la UE a oponerse a socios más fuertes en la defensa de dichos principios y, en el ámbito medioambiental, esa fuerza ideológica resulta evidente. Así lo demostraría precisamente el papel jugado por la UE para apoyar un régimen de diferenciación de emisiones entre los Estados miembros durante la conferencia climática de Paris de 2015[45]. Al principio, los Estados europeos estuvieron divididos sobre los compromisos de reducción de emisiones de CO2 pues preocupaba[46] el impacto negativo en la economía. Mientras tanto, Estados Unidos se oponían enérgicamente a la creación de un sistema vinculante. Sin embargo, los Estados miembros de la UE utilizaron la oposición estadounidense para encontrar una posición común hacia un compromiso vinculante[47].

---

43 MANNERS, I., "Normative Power Europe: A Contradiction in Terms?", *Journal of Common Market Studies*, vol. 40, núm. 2, 2002, pp. 235-258, p. 241.

44 *Ibid.* p. 253.

45 Vigésimo primera sesión de la Conferencia de las Partes de la Convención Marco de Naciones Unidas sobre el Cambio Climático (COP21).

46 Sector crítico: España, Portugal, Reino Unido e Italia.

47 SPERONI, M., "Is the European Union a Green Normative Power?", Memoria de Trabajo de Fin de Master presentado en el *Salzburg Centre of European Union Studies*, 2018. Disponible en: https://eplus.uni-salzburg.at/obvusbhs/content/titleinfo/5028767/full.pdf.

No obstante, también hay autores como Kaplan[48] que ven en ello una mera fachada de la UE para compensar su debilidad militar. En ese sentido, la diplomacia medioambiental de la UE y la extensión mundial de los estándares medioambientales y climáticos también serían realmente una forma cínica de no perder peso en la economía mundial por pérdida de competitividad. A mayor abundamiento en esta tesis alternativa, a menudo tampoco existe una coherencia plena con dichos principios sacrosantos ya que la posición de liderazgo climático de la UE esconde muchas luchas internas y diferencias entre sus Estados miembros, por ejemplo, en los plazos para el uso de los combustibles sólidos o en la consideración del gas y la energía nuclear como renovables de transición[49], y seguramente eso también podría repercutir en el momento de imponer su visión en los aspectos medioambientales y climáticos a sus países por muy dependientes que sean de su apoyo financiero o de sus ventajas comerciales.

IV. LOS ACUERDOS INTERNACIONALES DE 2015, EL AÑO DEL CAMBIO

2015 es el año del cambio radical pues se asume definitivamente que la cooperación al desarrollo y la lucha contra el cambio climático han de ir juntos. Por una parte, los debates internacionales que dieron como resultado los Objetivos de Desarrollo Sostenible (ODS), sucesores de los ODM, comenzaron desde una perspectiva tradicional de ayuda al desarrollo, pero se expandieron rápidamente a la sostenibilidad ambiental, el cambio climático, la seguridad nacional e internacional, la migración, la gobernanza política, el comercio y la inversión. Todo ello quedó plasmado en la Agenda 2030 para el Desarrollo Sostenible[50], estableciendo 17 ODS, para dar continuidad a la agenda de desarrollo tras los ODM, e incluyendo nuevas esferas como el cambio climático. El ODS 13 se centra específicamente sobre la lucha contra el cambio climático estableciendo una serie de metas que incorpora la particularidad de los países

---

48 KAPLAN, R., *Imperial Grunts: The American Military on the Ground,* Nueva York: Random House, 2005.

49 CSEREKLYEI, Z., et.al., "Helmut, Energy paths in the European Union: A Model-Based Clustering Approach", *Energy Economics,* vol. 65, 2017, pp. 442-457.

50 Resolución de la Asamblea General (Naciones Unidas) el 25 de septiembre de 2015, *Transformar nuestro mundo: la Agenda 2030 para el Desarrollo Sostenible,* A/RES/70/1.

en desarrollo en dicha lucha.[51] En los ODS en general se encuentran integrados de forma visible las tres dimensiones del desarrollo sostenible: la económica, la social y la medioambiental. En concreto, el medioambiente y el cambio climático están integrados dentro de los cinco pilares de este marco (personas, planeta, prosperidad, paz y partenariado), y es precisamente el foco del pilar "planeta". Por otro lado, mientras que los ODM estaban dirigidos a los países en desarrollo, los ODS se aplican a todo el mundo, los países ricos y los pobres. También en 2015, se adopta el Acuerdo de París sobre el Cambio Climático (APCC)[52], que representa el primer tratado vinculante universal sobre el clima de la historia, que contiene un ambicioso marco global para limitar el calentamiento global y adaptarse a los efectos adversos del cambio climático promoviendo la resiliencia climática y la reducción de las emisiones de efecto invernadero sin que ello amenace la producción de alimentos y haciendo que los movimientos de capital sean coherentes con dicho objetivo[53].

Lo más trascendental de las negociaciones de 2015 que dieron lugar a la Agenda 2030 para el Desarrollo Sostenible u Objetivos de Desarrollo Sostenible (ODS) y el APCC sobre el cambio climático es que, por primera vez, los vínculos entre el clima y el desarrollo se consagraron en ambos documentos[54]. Esto se hizo en reconocimiento de que el cambio climático y el desarrollo deben abordarse juntos para no solo evitar compensaciones dañinas y altos costos, particularmente para los países más pobres, sino también para aprovechar los beneficios que se derivan del fortalecimiento de estos vínculos.[55] Además, sendos acuerdos internacionales aspiran a transformar la forma en que se abordan los problemas de desarrollo y cambio climático. Por primera vez, en el caso de los ODS, hay una agenda accionable y un compromiso global para alcanzar ciertas metas y objetivos.

---

51 *Ibidem*, p. 26.

52 Acuerdo de Paris del 12 de diciembre de 2015, de las Partes en la Convención Marco de las Naciones Unidas sobre el Cambio Climático, *United Nations, Treaty Series*, vol. 3156-I-54113.

53 Con carácter general sobre este tema: BODANSKY, D., BRUNNÉE, J., RAJAMANI, L., *International Climate Change Law*, Oxford University Press, 2017.

54 En particular, destaca el artículo 9 del APCC sobre la necesidad de transferir recursos financieros a los países más desfavorecidos para el cumplimiento del acuerdo por parte de los países más desarrollados.

55 GOMEZ-ECHEVERRI, L., "Climate and development: enhancing impact through stronger linkages in the implementation of the Paris Agreement and the Sustainable Development Goals (SDGs)", *Philosophical Transactions of the Royal Society. A mathematical, physical and engineering sciences*, vol. 376, núm. 2119, http://dx.doi.org/10.1098/rsta.2016.0444.

Desde el punto de vista de la política de cooperación al desarrollo de la UE, uno de los mensajes más relevantes es que el éxito de cada uno de estos dos acuerdos globales dependerá en gran medida del otro y de la capacidad de los países para diseñar y aplicar programas de acción para abordar sus objetivos climáticos y de desarrollo de manera integrada, coordinada y manera comprensiva[56] . El propósito, por tanto, es poder satisfacer las crecientes necesidades de desarrollo y, al mismo tiempo, asegurarse de que los objetivos de transición climática se incorporen a la agenda de desarrollo. Asia y África en particular enfrentan algunos de los mayores desafíos. África, donde, como es lógico por su bajo nivel de desarrollo, las emisiones de gases de efecto invernadero (GEI) per cápita son las más reducidas debido a su sempiterna pobreza y estancamiento, ahora están aumentando por el rápido crecimiento urbano .[57] Esto traerá mayores emisiones de GEI a menos que se establezcan políticas y estrategias para mitigarlas y es una excelente oportunidad para que el continente se embarque en un camino de desarrollo bajo en carbono utilizando su inmensa dotación de recursos aptos para la energía renovable. Asia, el continente que actualmente emite por el contrario el 40% de las emisiones globales de GEI, que deberían seguir aumentando en un 50% si no se implementan políticas, tiene el mayor crecimiento de población urbana; se espera que esto sea alrededor del 67% para 2030.[58]

El 5° informe de evaluación del IPCC[59] proporciona uno de los análisis globales y sectoriales más completos de los impactos del cambio climático en el desarrollo, los niveles de impacto y los grados de confianza. La conclusión más importante es que los peligros relacionados con el clima agravan los factores que tienen consecuencias negativas, en particular para las personas que viven en la pobreza. El resultado es que el cambio climático

---

56 Los informes de Naciones Unidas sobre el grado de cumplimiento de los países en relación con el cambio climático están disponibles en: https://www.un.org/es/climatechange/reports.

57 ADDANEY, M., COBBINAH, P.B., "Climate Change, Urban Planning and Sustainable Development in Africa: The Difference Worth Appreciating", en Cobbinah, P., Addaney, M. (eds), *The Geography of Climate Change Adaptation in Urban Africa,* Palgrave Macmillan, Cham, 2019, pp. 3-26.

58 LACOUR, M., et al., "Trends and drivers of African fossil fuel CO_2 emissions 1990–2017", *Environmental Research Letters*, vol. 15, núm. 12, febrero 2021, DOI:10.1088/1748-9326/abc64f.

59 El Grupo Intergubernamental de Expertos sobre el Cambio Climático (IPCC) fue creado en 1988 para que facilitara evaluaciones integrales del estado de los conocimientos científicos, técnicos y socioeconómicos sobre el cambio climático, sus causas, posibles repercusiones y estrategias de respuesta.

agrava la pobreza existente, lo que genera más desigualdad y más vulnerabilidad; el cambio climático "creará nuevos pobres entre ahora y 2100, en países en desarrollo y desarrollados, y pondrá en peligro el desarrollo sostenible".[60] La OCDE[61] evalúa las consecuencias del cambio climático para un número seleccionado de impulsores del crecimiento, incluida la productividad, la oferta de capital y la mano de obra. Las valoraciones cuantitativas realizadas en 2015 con la perspectiva del año 2060 concluyeron que los mayores efectos negativos proyectados son para los sectores agrícola y sanitario, y los mayores daños a producirse aparecerán en los países en desarrollo, particularmente en África y Asia.

Ahora bien, los PND de cada Estado, que han de aplicar el APCC[62] y son de revisión periódica, necesitan financiamiento, y afectan tanto a los países de alto crecimiento en Asia como a los países más pobres en África/Latino América y Asia. Estos últimos, los países en desarrollo, se caracterizan actualmente por un alto crecimiento de la demanda de energía, el imperativo de la seguridad alimentaria, el desafío de la resiliencia en relación con el agua y el crecimiento acelerado de la urbanización, aunque lo más importante por su impacto climático es la transformación de los sistemas de producción de energía, sobre todo en áreas urbanas, lo que se encuentra muy relacionado con los grandes proyectos de infraestructuras promovidos en estos momentos por la comunidad internacional para el periodo 2015-2030 como la ruta de la seda o los recientes planes del G-7[63] . Sin embargo, una debilidad cualitativa importante del acuerdo climático es que establece un débil sistema de frenos y contrapesos para garantizar su cumplimiento pues los PND dependen de la voluntad política efectiva de los Estados para promover la descarbonización y otras acciones climáticas, lo que en el caso de los países en desarrollo resulta aún más complicado por sus propias debilidades institucionales. En cualquier caso, la movilización coordinada de los fondos internacionales y locales, públicos y privados, para las acciones de mitigación y adaptación al cambio climáti-

---

60 IPCC, *Climate Change 2014: Synthesis Report*, Intergovernmental Panel on Climate Change, 2015. Disponible en: https://www.ipcc.ch/report/ar5/syr/

61 OCDE, *The Economic Consequences of Climate Change*, Organización para la Cooperación y el Desrrollo Económico, OECD Publishing 2015. Disponible en: https://doi.org/10.1787/9789264235410-en.

62 BODANSKY, D., "The Paris Climate Change Agreement: A New Hope?", *American Journal of International Law*, vol. 110, núm. 2, April 2016, pp. 288–319. Disponible en: https://doi.org/10.5305/amerjintelaw.110.2.0288.

63 CRABTREE, J., "Competing with the BRI: The West's Uphill Task", *Survival Global Politics and Strategy*, vol. 63, núm. 4, 2021, pp. 81-88

co, también requiere otros condicionamientos fundamentales: una buena y efectiva gobernanza y una estructura institucional fuerte como la clave del éxito del APCC y de la Agenda 2030, así como un diálogo con las comunidades locales afectadas. Todo ello asegura que los gestores políticos puedan desarrollar y aplicar programas de acción destinados de forma integrada al desarrollo y a luchar contra el cambio climático. En definitiva, las soluciones técnicas no son suficientes. Mientras que la solución técnica puede ser lógica y simple, su implementación a la realidad es a menudo compleja.[64]

V. LOS COMPROMISOS INTERNACIONALES DE 2015 EN LA POLÍTICA DE COOPERACIÓN EUROPEA

Ambos compromisos estrella de 2015 fueron plenamente asumidos por la UE y llevaron en 2017 a un nuevo Consenso Europeo sobre Desarrollo[65] que amplía el compromiso de integrar el medioambiente en la cooperación al desarrollo al incluir de forma explícita el cambio climático, y alineando la política de desarrollo de la UE con la Agenda 2030 para el desarrollo sostenible. El nuevo Consenso contiene dos elementos especialmente relevantes: las interconexiones entre los diferentes elementos de la acción europea, tales como desarrollo con paz y seguridad, ayuda humanitaria, migración, energía, junto con el medioambiente y el cambio climático; y, en términos de implementación, la combinación de la ayuda tradicional al desarrollo con los nuevos e innovativos recursos y formas de financiación del desarrollo relacionadas con el sector privado y la movilización de los recursos locales, en línea con los compromisos de la Agenda de acción de Addis Abeba[66] para la consecución de la Agenda 2030, centrada en la financiación de

---

64 JIMÉNEZ AYBAR, R., "How Open Societies Can Save the World: The Environmental Democracy, Approach" en *Global Britain for an Open World: Examining the Importance of Open Societies to the UK´s Force for Good Ambitions*, The Foreign Policy Centre / Westminster Foundation for Democracy, octubre 2021, p. 106-112.

65 Declaración conjunta del Consejo y los representantes de los gobiernos de los Estaods miembros reunidos con el Consejo, el Parlamento Europeo y la Comisión Europea el 2 de junio de 2017, *The new European consensus on development 'our World, our Dignity, our Future'*, 2018. Disponible en: https://data.europa.eu/doi/10.2841/741554.

66 SURASKY J. "Agendas globales de desarrollo sostenible: un ecosistema integral" Centro Peruano de Estudios Internacionales (CEPEI), 2021. Disponible en: https://cepei.org/documents/gendas-globales-desarrollo-sostenible/.

la ayuda. Además, en el campo medioambiental, el nuevo Consenso en particular compromete a la UE y a los Estados miembros a promover de manera concreta, y esto es un gran avance: el acceso a agua potable y saneamiento y una gestión eficiente, sostenible e integrada del agua; la reducción de la contaminación atmosférica y por químicos; reforzar la resiliencia de la población ante desastres medioambientales; promover un consumo eficiente y sostenible, la transición a una economía circular; introducir la sostenibilidad medioambiental, los objetivos de cambio climático y el crecimiento verde en las estrategias locales y nacionales de desarrollo; la conservación y la gestión sostenible de los recursos naturales y la biodiversidad y ecosistemas; acabar con las talas ilegales, la degradación de los bosques y la tierra, la desertificación y la sequía; así como, apoyar una mejor gobernanza global. Todo ello se plasma en la agenda estratégica de la Comisión Europea para 2019-2024[67].

En la actualidad, la UE es el mayor contribuyente mundial en la financiación de los países en desarrollo en cambio climático en relación con los compromisos climáticos del Acuerdo de París[68] . Durante el periodo 2014-2020, la UE tenía planeado dedicar el 20% de su presupuesto en acciones contra el cambio climático[69]. Por otra parte, es también el mayor contribuyente a los fondos y mecanismos multilaterales como el Fondo Verde del Clima, el instrumento financiero global del medioambiente y el Fondo de Adaptación.[70]

En ese ámbito de la cooperación al desarrollo de la UE, la protección del medioambiente se enfoca de forma dual: como elemento transversal

---

67 VON DER LEYEN, U. "Orientaciones Políticas para la próxima Comisión Europea 2019-2024. Una Unión que se esfuerza por lograr más resultados". Comisión Europea, 2019. Disponible en: https://commission.europa.eu/strategy-and-policy/priorities-2019-2024_es.

68 DORMIDO, L., et al., "El cambio climático y la sostenibilidad del crecimiento: iniciativas internacionales y políticas europeas", *Documentos Ocasionales*, Banco de España, núm. 2213, 2022, p. 23.

69 Informe Especial del Tribunal de Cuentas (Unión Europea), *Gasto relacionado con el clima en el presupuesto de la UE durante el período 2014-2020: No fue tan elevado como se había comunicado*, Informe 9/2022. Disponible en: https://op.europa.eu/webpub/eca/special-reports/climate-mainstreaming-09-2022/es/.

70 Documento de 17 de diciembre de 2020 presentado por Alemania y la Comisión Europea a la CNUCC en nombre de la UE, *Update of the National Determined Contribution (NDC) of the European Union and its Member States*. Disponible en: https://unfccc.int/sites/default/files/NDC/2022-06/EU_NDC_Submission_December%202020.pdf

de todos programas de cooperación, y de forma específica para determinados programas con ese objetivo específico. En consecuencia, pasó a estar englobado en los dos instrumentos financieros que formaban la base de cooperación al desarrollo de la UE hasta hace poco: el Fondo europeo de desarrollo (FED), para los países ACP, y el instrumento de cooperación al desarrollo (ICD), para los países de Latinoamérica, Asia, Asia central, de golfo y Sudáfrica. Esos fondos eran utilizados en procesos de programación teniendo en cuenta los documentos de estrategia país elaborados por las delegaciones de la UE en los que también se debía incluir un perfil medioambiental del país. Sin embargo, en la práctica no se usaron sistemáticamente esas herramientas y los fondos fueron utilizados a partir principalmente de los PND de cada país de acuerdo con el principio de alineación del AEA antes analizado.[71]

Con carácter general, e igualmente aplicable para acciones directas con el objetivo de lucha contra el cambio climático, la UE usa su apoyo financiero para estimular otras formas de financiación, incluidas las privadas, y para grandes financiamientos a través de instrumentos innovadores como la mezcla de fondos para países no ACP, y, desde 2017, a través de un nuevo plan de inversiones externas de la UE (EIP)[72] dirigido a promover la inversión en la vecindad de la UE y para África, estructurado en tres pilares: inversión, asistencia técnica y entorno empresarial. Este plan apoya proyectos relevantes para el cambio climático que puedan ser rentables y que se refieran al crecimiento, creación de empleo y desarrollo sostenible, así como las causas de la emigración irregular.[73] Lo que muestra el interés de la UE en integrar el medioambiente y el cambio climático en la agenda de la acción exterior de la UE, con especial atención a las inversiones del sector privado y las mezclas de financiamientos de distinto origen.

---

71 HADFIELD, A. y LIGHTFOOT, S., "The Future of EU Development Policy Post-2020", *GLOBUS Research Papers*, núm. 10/2020, enero 2020, pp. 5-7.

72 Informe anual de 2020 de la Comisión Europea sobre la aplicación de los instrumentos de la Unión Europea para la financiación de la acción exterior en 2019. Oficina de Publicaciones de la Unión Europea, 2021. Disponible en: https://data.europa.eu/doi/10.2841/444502.

73 CARMONA F., TRAPOUZANLIS C., JONGBERG K. "La política europea de vecindad", *Fichas Temáticas del Parlamento Europeo*, núm. 5.5.5, abril 2023. Disponible en: https://www.europarl.europa.eu/erpl-app-public/factsheets/pdf/es/FTU_5.5.5.pdf.

Junto a los programas de ayuda de carácter geográfico, como para los ACP o los de vecindad europea, ya con carácter específico, encontramos los programas temáticos relativos al cambio climático.[74] Del lado de la mitigación, es decir, aquellas acciones que están encaminadas a reducir y limitar las emisiones de gases de efecto invernadero, el principal canal del apoyo de la UE al diálogo político y acciones específicas dirigidas al cambio climático en los países menos desarrollados y en los Estados insulares en desarrollo encontramos la Alianza Global por el Cambio Climático Más[75], activo desde 2008, cuyos objetivos específicos son: transversalizar el cambio climático en las estrategias nacionales de desarrollo; incrementar la capacidad de resiliencia de estos países; y apoyar la formulación e implementación de estrategias de mitigación y adaptación.[76] Otras importantes iniciativas apoyadas por la UE incluyen el programa de apoyo de UNDP para iniciativas nacionales para objetivos climáticos (UNDP NDC), el partenariado para la adecuación del mercado (PMR), URBAN-LED, y otros[77].

Del lado de la adaptación, que es el ámbito aplicable a los países en vías de desarrollo, es decir, acciones que buscan reducir la vulnerabilidad ante los efectos derivados del cambio climático, debido al incremento tanto en la frecuencia como en la intensidad de desastres climatológicos en el mundo, la UE ha reconocido la necesidad de cambiar de la gestión reactiva de crisis a invertir en prevención, y preparación y

---

74 TEEVAN, C., MEDINILLA, A., SERGEJEFF, K., "The Green Deal in EU Foreign and Development Policy", *ECDPM Briefing Note,* núm. 131, 2021. Disponible en: https://ecdpm.org/application/files/2516/5546/8575/Green-Deal-EU-Foreign-Development-Policy-ECDPM-Briefing-Note-131-2021.pdf.

75 La Alianza global para el Clima y la Salud (GCHA por sus siglas en inglés) se formó en Durban en 2011 para abordar el cambio climático y proteger y promover la salud pública. La Alianza está compuesta por organizaciones de salud y desarrollo de todo el mundo unidas por la visión de un futuro equitativo y sostenible.

76 Se materializa a través de proyectos gestionados por el Programa de Naciones Unidas para el Medio Ambiente (PNUMA). Ver las posibilidades de financiamiento que ofrece la Comisión Europea a través del PNUMA en: REGATTA "Alianza Mundial contra el Cambio Climático (GCCA)" *Portal Regional para la Transferencia de Tecnología y la Acción frente al Cambio Climático en América Latina y el Caribe – REGATTA.* Disponible en: https://cambioclimatico-regatta.org/index.php/es/oportunidades-de-financiamiento/item/alianza-mundial-contra-el-cambio-climatico-gcca-2.

77 Documento de la Comisión Europea (DG de Cooperación Internacional y Desarrollo), de septiembre de 2018, "Environment and Climate Change Mainstreaming in EU Development Cooperation". *Briefing Note for the OECD DAC Peer-Learning.* Disponible en: https://www.oecd.org/dac/EC-Briefing-Note.pdf.

acciones tempranas[78]. Dentro de las acciones de adaptación, es importante señalar la existencia del llamado Marco Sendai[79] sobre reducción del riesgo de desastre (DRR) de 2015 es complementario a la Agenda 2030 y al Acuerdo de París, que incluye como objetivo la reducción del riesgo de daños y pérdidas medioambientales.

VI. ASPECTOS INSTITUCIONALES DE LA ACCIÓN EUROPEA. LA TRANSVERSALIZACIÓN

Es importante destacar el papel que juega dentro de la Comisión Europea la Dirección General para la cooperación internacional y el desarrollo (DEVCO), responsable de formular la política de cooperación de la UE en los diferentes sectores e instrumentos financieros para reducir la pobreza en el mundo, asegurar el desarrollo sostenible económico, social y medioambiental y promover la paz, seguridad, democracia, buena gobernanza y derechos humanos. En el tema que nos ocupa, tiene un papel fundamental en apoyar la implementación de la Agenda 2030 de las NNUU y los ODS en los países en desarrollo, y coordina acciones para implementar el Consenso de 2017. Por tanto, por una parte, tiene labores de definición política, y por otra, de implementación y gestión financiera.

En paralelo al apoyo a programas específicos antes comentado, es desde la transversalización en todos los sectores e instrumentos de la cooperación comunitaria como la UE espera tener más impacto pues menos del 5% de los recursos financieros de la UE se emplean en programas específicos sobre medioambiente y cambio climático .[80] Por tanto, se trata de su gran apuesta, es cómo se esperan obtener mejores resultados pues ha de ser una parte inherente de la gestión de los programas y no un elemento aislado.

---

78 Comunicación Estratégica del Servicio Europeo de Acción Exterior de 10 de agosto de 2021, *Crisis Management and Response*. Disponible en: https://www.eeas.europa.eu/eeas/crisis-management-and-response_en.

79 El Marco de Sendai es un programa adoptado en el seno de la ONU sobre medidas sobre las tres dimensiones del riesgo de desastre (exposición a amenazas, vulnerabilidad y capacidad, y características de las amenazas) para poder prevenir la creación de nuevos riesgos, para reducir los riesgos existentes y para aumentar la resiliencia. Documento: NACIONES UNIDAS, *Marco de Sendai para la Reducción del Riesgo de Desastres 2015-2030*, 2015. Disponible en: https://www.unisdr.org/files/43291_spanishsendaiframeworkfordisasterri.pdf.

80 Informe Especial del Tribunal de Cuentas (Unión Europea), *op.cit.* nota 69.

El esfuerzo de transversalización es apoyado por el instrumento de transversalización medioambiental y de cambio climático (ITMCC) creado en 2015 para alcanzar el compromiso de gastar el 20% del presupuesto de la UE en programas con alguna relevancia de cambio climático[81]. Este instrumento fue creado para apoyar los esfuerzos de transversalización en la sede de la Comisión Europea, en especial de DEVCO, y en las delegaciones de la UE. Tiene, por tanto, en general el objetivo de aumentar la concienciación dentro de la UE de la necesidad de la transversalización medioambiental y reforzar las capacidades técnicas en este campo. Este instrumento está gestionado por DEVCO que hace el seguimiento del apoyo financiero que se da a los países en desarrollo en relación con el medioambiente, mitigación y adaptación al cambio climático, biodiversidad y la lucha contra la desertificación sobre la base de los marcadores de Río de la OCDE-CAD[82]. No obstante, las delegaciones de la UE también tienen un papel clave en la negociación y la gestión.

El apoyo técnico que proporciona el ITMCC tiene como objetivo principal asegurar que las cuestiones medioambientales y de cambio climático estén transversalizadas de la manera adecuada en todos los programas de co-

---

81 Estudio encargado por el Parlamento Europeo (Dirección General de Políticas Internas, Departamento de Asuntos Presupuetarios), *Climate Mainstreaming in the EU Budget: 2022 Update*, 2022. Disponible en: https://www.europarl.europa.eu/RegData/etudes/STUD/2022/732007/IPOL_STU(2022)732007_EN.pdf.

82 El Comité de Asistencia para el Desarrollo (CAD) de la OCDE desarrolló cuatro "marcadores de Río" para identificar la contribución de las acciones a los objetivos de las Convenciones de Río de la ONU (dos marcadores relacionados con la Convención Marco sobre Cambio Climático, uno con la Convención sobre Diversidad Biológica y uno con la Convención sobre Lucha contra la Desertificación y la Degradación de las Tierras). Los "Marcadores de Río" son utilizados por la DG INTPA para realizar un seguimiento de las contribuciones financieras a los temas de las Convenciones de Río. se usan específicamente para calibrar la relevancia de la transversalidad al facilitar la supervisión y la coordinación de las actividades de los países donantes en apoyo a los ODM. OCDE "¿Qué tipo de acciones puedan catalogarse como cambio climático?: Siguiendo orientaciones CAD-OCDE 'Uso Marcadores de Río'". Organización para la Cooperación y el Desarrollo Económico. Disponible en: https://www.oecd.org/dac/environment-development/Marcadores%20de%20R%C3%ADo.pdf.

operación de la UE a través del conjunto del ciclo de programa[83]. Este apoyo técnico está abierto a los servicios de la CE y de los países socios, y hace que todas las operaciones con relevancia para ECCB (Medioambiente, Cambio climático y biodiversidad) deban ser revisadas por medio de un proceso de control de calidad sobre su adecuada integración. Según las propias fuentes de la Comisión Europea[84], con este instrumento se han desarrollado las herramientas que permiten el escaneo sistemático de las operaciones relevantes para la transversalización, con el fin de tener una estimación del potencial de acuerdo con los marcadores de Río a lo largo del portfolio de DEVCO para poder aplicar las debidas medidas correctivas.

Sin embargo, el medioambiente y el cambio climático compiten con otros temas horizontales que pueden ser vistos como más prioritarios, como la migración, la seguridad, la creación de empleo y el género. En un contexto de restricciones, sobre todo en recursos humanos, y ante nuevos problemas y complejidades, esa ha sido la principal limitación a la profundización y ampliación de los esfuerzos de transversalización. Las lecciones aprendidas hasta el momento desde DEVCO[85] en materia de transversalización de la lucha contra el cambio climático dentro de la política de cooperación al desarrollo de la UE son las siguientes:

1. Transversalizar el medioambiente y el cambio climático es a menudo visto como compitiendo con otras prioridades y temas transversales. También es percibido como una carga adicional que puede distraernos de necesidades más apremiantes, en especial en países frágiles y en África. En ese contexto, más que enviar mensajes llenos de fatalidad, merece más la pena resaltar que el ECCB afecta a la viabilidad y a la sostenibilidad de los sectores de desarrollo como la agricultura y la energía, al mismo tiempo que puede crear oportunidades de creación de empleo y de crecimiento. Para ello, es preciso involucrar a los actores nacionales clave.
2. Cuanto antes mejor. Transversalizar es más efectivo si comienza al principio del proceso de toma de decisiones y el ciclo de operacio-

83 Con carácter general sobre la gestión del ciclo de proyectos: GÓMEZ GALÁN, M., SAINZ OLLERO, H., "El ciclo del proyecto de cooperación al desarrollo. El marco lógico en programas y proyectos de la identificación a la evaluación", *CIDEAL*, 9ª edición, 2013.

84 Documento de la Comisión Europea *op.cit.* nota 77, p. 3.

85 *Ibidem*, p. 28.

nes, desde la propia definición, el establecimiento de las prioridades, la programación y la identificación[86] .

3. En la revisión de la documentación[87] , todavía se puede mejorar mucho el diseño de los programas y proyectos sobre todo al evaluar los riesgos de tipo climático que muchas veces quedan reducidos a los desastres naturales olvidando otros relacionados con emisiones de combustibles fósiles y el desarrollo de una economía verde.
4. Entre los sectores que han sido considerados prioritarios para la transversalización, en algunos como la agricultura, el desarrollo rural, la energía, y el agua y el saneamiento, han dado lugar a importantes contribuciones. Sin embargo, otros como el desarrollo del sector privado, el transporte y la infraestructura continúan faltos de análisis rigurosos sobre sus implicaciones medioambientales y de cambio climático, en relación con riesgos y oportunidades.[88]
5. Al mismo tiempo, hay otros sectores, menos conectados aparentemente con ECCB, que siguen sin constituir prioridades para la transversalización como la salud, educación y la gobernanza, y que deberían ser también prioritarios para la transversalización.
6. Por el momento, no hay visos de que el enfoque triangular al combinar: uno, la comunicación y la concienciación, así como las actividades para desarrollar capacidades técnicas dentro del personal de la UE y de los países socios; dos, la revisión sistemática de los documentos de acción de los programas y de proyectos; y tres, y el apoyo a los servicios según sus necesidades concretas, vaya a cambiar, pues se considera que constituye un paquete de transversalización efectivo.[89]

---

86 Estas son fases del ciclo de gestión de proyectos de cooperación al desarrollo. Ver con carácter general: AECID, *Metodología de gestión de proyectos de la cooperación española*, Agencia Española de Cooperación Internacional para el Desarrollo, 2001. Disponible en: https://bibliotecadigital.aecid.es/bibliodig/es/catalogo_imagenes/grupo.do?path=1013333.

87 En los concursos de proyectos convocados por la Comisión Europea se requiere una documentación específica según el instrumento financiero en cuestión. Ver: https://ec.europa.eu/info/funding-tenders/opportunities/portal/screen/home.

88 Documento de la Comisión Europea *op.cit.* nota 77, p. 31.

89 ADELLE, C., et al., « Environmental Instruments in Development Cooperation: Promoting Better Development and Environmental Outcomes?", en ADELLE, C., BIEDENKOPF, K., TORNEY, D. (eds), *European Union External*

En este contexto de preocupación medioambiental y climática se aprueba el programa financiero de acción exterior de la UE 2021-2027[90], que ha establecido ya una nueva era de relaciones con los países en desarrollo, prueba de ello es el nuevo tratado de asociación con los 79 países ACP (África, Caribe y Pacífico) que sustituye al de Cotonou de 2000.[91] El nuevo acuerdo es más político e incluye la cooperación en los ODS y la lucha contra el cambio climático. Por otra parte, continuará el apoyo a los países en desarrollo para la revisión e implementación de sus PND en aplicación de sus compromisos con el APCC; además, se busca la integración del mayor número de acciones relacionadas con el cambio climático en las llamadas iniciativas del equipo Europa (IEE).[92]

Las IEEs son consecuencia del compromiso del Nuevo Consenso sobre Desarrollo de 2017 por parte de los Estados miembros para coordinarse mejor con el fin de combatir más eficazmente los desafíos globales en cooperación con el Banco Europeo de Inversiones (BEI) y el Banco Europeo de Reconstrucción y Desarrollo (BERD) con el fin de poder desarrollar actividades conjuntas más ambiciosas y efectivas a nivel de país y por regiones. Además de las actuales acciones para la lucha contra la pandemia COVID, existe una prioridad en acciones medioambientales y contra el cambio climático, en especial, la mayoría son acciones para la transición a una economía verde. Mientras continúa el proceso de puesta en marcha el nuevo instrumento denominado Instrumento de Vecindad, Desarrollo y Cooperación Internacional (IVDCI), las IEE constituyen una de las principales formas de intervención financiera de la UE.[93] Debemos recordar que la UE reformó su mecanismo de cooperación con el objetivo general

Environmental Policy. The European Union in International Affairs, Palgrave Macmillan, 2018. Disponible en: https://doi.org/10.1007/978-3-319-60931-7_5.

90 Nota de Prensa de la Comisión Europea de 9 de junio de 2021, EU external action budget: European Commission welcomes the final adoption of the EU's new long-term external action budget for 2021-2027. Disponible en: https://ec.europa.eu/commission/presscorner/detail/en/ip_21_2885.

91 Nota de Prensa de la Comisión Europea de 15 de abril de 2021, *Conclusión de las negociaciones posteriores a Cotonú sobre el nuevo Acuerdo de Asociación UE-África, el Caribe y el Pacífico.* Disponible en: https://ec.europa.eu/commission/presscorner/api/files/document/print/es/ip_21_1552/IP_21_1552_ES.pdf.

92 "Equipo Europa" es la denominación que recibe el apoyo conjunto de la Unión Europea, sus Estados miembros, el Banco Europeo de Inversiones (BEI) y el Banco Europeo para la Reconstrucción y el Desarrollo (BERD) a terceros países en programas de cooperación al desarrollo.

93 Documento de la Comisión Europea *op.cit.* nota 77.

de maximizar los resultados de los recursos disponibles para la UE y poder utilizarlos con mayor flexibilidad, donde las necesidades y el impacto potencial fueran mayores. Desde 2022, el IVDCI es la principal herramienta de financiación de la UE para contribuir a "erradicar la pobreza y promover el desarrollo sostenible, la prosperidad, la paz y la estabilidad"[94]. A partir de la interrelación entre la Agenda 2030, los ODS junto con el APCC, las acciones individuales de la UE pueden responder a varios objetivos al mismo tiempo.[95] El nuevo instrumento se divide en los pilares: geográfico (contiene la mayor parte financiera y sirve para fortalecer el diálogo y la cooperación), temático (se enfoca en las áreas de derechos humanos y democracia, sociedad civil, estabilidad y paz) y respuesta rápida (en el caso de conflictos y crisis), flanqueado por ayudas a la inversión económica y prioridades transversales, entre las cuales se encuentra la sostenibilidad medioambiental y la lucha contra el cambio climático.

Su reglamento[96] establece que se implementará a través de programas nacionales plurianuales y programas indicativos multi-país basados en una estrategia nacional o regional en forma de plan de desarrollo que establecerá las áreas prioritarias seleccionadas para el apoyo, los objetivos específicos, los resultados esperados, e indicadores de desempeño específicos y asignaciones financieras indicativas, tanto en general como por área prioritaria, y, cuando corresponda, los modos de implementación. Lo más relevante en el ámbito que nos ocupa es que al menos el 30 % de las nuevas acciones deberán tener objetivos de cambio climático de manera que se pueda lograr que el 7,5 % de gasto anual sea utilizado en los objetivos de biodiversidad para el año 2024 y el 10% del gasto anual en objetivos de biodiversidad para los años 2026 y 2027 teniendo en cuenta las superposiciones existentes entre el clima y las metas de biodiversidad. Por otra parte, el Parlamento Europeo también ha elevado el nivel de ambición en términos de porcentajes clave: el objetivo de la Ayuda Oficial al Desarrollo se ha incrementado del 92% al 95, también ha aumentado del 25% al 45% los fondos del IVDCI centrados en los objetivos climáticos. Finalmente, el

---

94 Ficha de la Comisión Europea de 8 de marzo de 2022, *Neighbourhood, Development and International Cooperation Instrument (NDICI)–Global Europe*, DOI:10.2775/89242 NA-02-21-754-EN-N. Disponible en: https://ec.europa.eu/international-partnerships/global-europe.

95 *Ibid.*

96 Reglamento (UE) 2021/947 del Parlamento Europeo y del Consejo de 9 de junio de 2021 por el que se establece el Instrumento de Vecindad, Cooperación al Desarrollo y Cooperación Internacional–Europa Global...DOUE L 209, 14.6.2021, p. 1–78.

Parlamento ha hecho referencia explícita a adherir el marco general de IVDCI al APCC. La puesta en marcha del IVDCI constituye el mayor reto actual en la política de cooperación al desarrollo de la UE.[97]

En conclusión, la UE se ha embarcado en una estrategia muy ambiciosa a través del mecanismo de transversalidad medioambiental y climática, y su efectiva aplicación en la programación de la acción exterior de la UE, con el objetivo de generar un fuerte impacto entre los países en desarrollo y contribuir a la lucha global contra el cambio climático y en la promoción del desarrollo sostenible. Sin embargo, a la hora de calibrar su eficacia y resultados futuros en los países en vías de desarrollo en cuanto a su coste-efectividad habrá que hacer un análisis comparativo de dicho mecanismo en contraposición con la otra forma que tiene la UE de luchar contra el cambio climático y la protección medioambiental: el uso de su más poderosa arma internacional, sus acuerdos comerciales y de asociación, para conseguir que el resto de los países asuman compromisos reales en éste área.

V. LA POLÍTICA COMERCIAL DE LA UE COMO ARMA CONTRA EL CAMBIO CLIMÁTICO

Los acuerdos comerciales tienen un profundo impacto no solo en el crecimiento del PIB, sino que también modifican profundamente la estructura de las propias economías trayendo nuevas tecnologías, especializaciones y legislaciones.[98] El compromiso de la UE en el comercio internacional se debe sin duda a la dimensión del mercado europeo y su poder comercial. Existe una vasta literatura[99] que trata de evaluar las interacciones entre el medio ambiente y el comercio y el impacto que tiene el aumento de los intercambios comerciales internacionales sobre el medio ambiente de los so-

---

97 Ficha de la Comisión Europea (Ayuda, Cooperación al desarrollo, Derechos fundamentales), *European Neighbourhood Policy and Enlargement Negotiations (DG NEAR)*, 2021. Disponible en https://ec.europa.eu/neighbourhood-enlargement/funding-and-technical-assistance/neighbourhood-development-and-international-cooperation-instrument-global-europe-ndici-global-europe_es.

98 MARTÍNEZ-ZARZOSO, I., CHELALA, S. "Trade agreements and international technology transfer", *Review of World Economics*, vol. 157, 2021, pp. 631–665. https://doi.org/10.1007/s10290-021-00420-7.

99 XING, Y., KOLSTAD, C., "Environment and Trade: A Review of Theory and Issues". *MPRA Paper*, núm. 27694, 1996. Disponible en: https://mpra.ub.uni-muenchen.de/27694/.

cios comerciales.[100] La liberalización comercial produce efectos de escala, incrementos de la producción y el consumo debido a la bajada de precios, y ello conlleva generalmente un aumento de la contaminación y mayores daños al medioambiente. Los países más ricos pueden preferir cambiar la composición hacia una producción menos contaminante por tener precios más elevados, y al mismo tiempo, los países más pobres pueden cambiar su estructura productiva a productos más contaminantes por tener precios más bajos y así ser más competitivos. No obstante, el comercio internacional puede tener también un efecto positivo en el medioambiente por la extensión de las mejoras tecnológicas más eficientes y por tanto menos contaminantes. Por tanto, la relación entre liberalización comercial y medioambiente es ambigua. Sin embargo, más allá del mero análisis económico de la liberalización del comercio, existe un interés creciente en los países más ricos, con la UE a la cabeza, en este esfuerzo de dar forma a normas ambientales internas dentro de los socios comerciales. A pesar de la hipótesis contradictoria de los efectos del comercio sobre la seguridad ambiental, la UE promueve una nueva estrategia para incluir una cláusula de compromiso ambiental dentro de sus acuerdos comerciales y acercar los estándares de los países más pobres a los occidentales[101].

El acuerdo internacional del GATT[102], origen del proceso de liberalización comercial actual, ya creaba obligaciones no solo para los Estados parte sino también para las excolonias o países vinculados por estrictas relaciones comerciales con los miembros oficiales. El antiguo GATT fue reemplazado por la Organización Mundial del Comercio (OMC) que aparte

---

100 Destacamos la curva ambiental de Kuznets, las sociedades más ricas tienen preferencias por estándares ambientales más altos. Si asumimos que el comercio aumenta la riqueza, también es razonable suponer que, a partir de cierto nivel de riqueza, los ciudadanos pueden empezar a valorar el medio ambiente como un activo importante para una vida de calidad. Ver: DINDA, S., "Environmental Kuznets Curve Hypothesis: A Survey", *Ecological Economics*, vol. 49, núm. 4, 2004, pp. 431-455.

101 VELUT, J.B., et al., *Comparative Analysis of Trade and Sustainable Development Provisions in Free Trade Agreements*, London School of Economics and Social Science, 2022. Disponible en: https://www.lse.ac.uk/business/consulting/assets/documents/TSD-Final-Report-Feb-2022.pdf

102 El Acuerdo General sobre Aranceles Aduaneros y Comercio (GATT) nació en 1947 con la finalidad de reducir gravámenes y restricciones al comercio de mercancías, para lo cual se llevaron a cabo ocho "rondas" de negociación sucesivas hasta el nacimiento de la OMC.

de los temas puramente arancelarios ha establecido nuevos estándares y acuerdos que regulan no solo los estándares de productos sino también los de producción, con el objetivo de proteger la salud y el medio ambiente[103]. La única excepción que admite los acuerdos de la OMC, que imponen la cláusula de la nación más favorecida[104], aparte de las comunidades económicas regionales como la propia UE, son los sistemas de preferencias generalizadas (SPG) que los países industrializados pueden otorgar a los países más pobres, una cuestión que abordaremos de manera específica en el epígrafe siguiente.

En 2006, ante la aparición de nuevos competidores comerciales como China y los llamados "Tigres asiáticos"[105], la UE trató de recuperar terreno comercial adoptando una nueva estrategia para competir comercialmente en el mundo negociando nuevos acuerdos comerciales con países americanos y asiáticos.[106] La nueva estrategia adoptada marca un cambio en las formas de los acuerdos comerciales y comienza una nueva era de los tratados de libre comercio (TLC), especialmente en materia de desarrollo sostenible, estándares laborales y protección del medio ambiente. En la era anterior a 2006, la inclusión de disposiciones sociales y ambientales en los acuerdos comerciales había sido una excepción en el caso del acuerdo comercial con Sudáfrica del 2000[107]. En la nueva generación de TLC, la

---

[103] La OMC no tiene ningún acuerdo específico sobre el medio ambiente. No obstante, los Acuerdos de la OMC confirman el derecho de los gobiernos a proteger el medio ambiente, siempre que se cumplan ciertas condiciones, y varios de ellos incluyen disposiciones que reflejan preocupaciones ambientales como por ejemplo el artículo 20 del GATT: las políticas que afectan al comercio de mercancías destinadas a proteger la salud y la vida de las personas y de los animales o a preservar los vegetales están exentas, en determinadas condiciones, de las disciplinas normales del GATT.

[104] El principio de la nación más favorecida garantiza la no discriminación entre los interlocutores comerciales. Si un Miembro de la OMC concede una ventaja a un país, tiene que otorgar la misma ventaja a todos los Estados Miembros de esta organización internacional.

[105] Corea del Sur, Taiwán, Singapur y Hong-Kong.

[106] YOUNG, A.R., PETERSON, J., "The EU and the new trade politics", *Journal of European Public Policy*, vol. 13, núm. 6, 2006, pp. 795-814.

[107] Decisión del Consejo 2004/441/CE, de 26 de abril de 2004, *relativa a la celebración del Acuerdo de Comercio y Desarrollo y Cooperación entre la Comunidad Europea y sus Estados miembros, por una parte, y la República de Sudáfrica, por otra.* DOUE L 127, 29.4.2004, p. 109. El texto del acuerdo está disponible en: https://www.sars.gov.za/wp-content/uploads/Legal/Agreements/LAPD-In-

inclusión de capítulos dedicados al medio ambiente se convierte en los nuevos estándares para cada acuerdo negociado[108].

El acuerdo Corea del Sur-UE[109] fue el punto de partida de esta nueva generación. No obstante, en los nuevos TLC el desarrollo sostenible no se incluye como una obligación en sí misma, ya que no se menciona explícitamente la posibilidad de violar el principio. Además, los capítulos de desarrollo sostenible no otorgan a ninguna de las partes el derecho a hacer cumplir las disposiciones de desarrollo sostenible, y se descarta la suspensión de concesiones y disposiciones en caso de incumplimiento[110]. Sin embargo, las obligaciones de desarrollo sostenible están sujetas a mecanismos de seguimiento específicos que, en la mayoría de los casos, se relacionan con la convocatoria de consultas de gobernanza y de la sociedad civil y, en caso de resultados no satisfactorios, implican consultas a un panel de expertos de expertos[111].

Estos mecanismos de monitoreo prevén solo mecanismos suaves de resolución de diferencias, dando más importancia a las medidas de consulta y diálogo y, por lo tanto, mecanismos ex-post de aprendizaje social.[112] Ahora bien, dado que la mayoría de los socios que han firmado un TLC con la UE también han firmado un acuerdo de cooperación[113] que implica una "cláu-

---

tA-TradeA-2012-25-RSA-EU-TDCA-Sch10P1A-in-Notice-R1539-GG20762-30-December-1999.pdf.

108 TITIEVSKAIA, J., *Sustainability provisions in EU free trade agreements Review of the European Commission action plan*, Servicio de Investigación del Parlamenot Europeo, 2021. Disponible en: https://www.europarl.europa.eu/RegData/etudes/BRIE/2021/698799/EPRS_BRI(2021)698799_EN.pdf.

109 Decisión del Consejo 2011/265/UE, de 16 de septiembre de 2010, *relativa a la firma, en nombre de la Unión Europea, y a la aplicación provisional del Acuerdo de Libre Comercio entre la Unión Europea y sus Estados miembros, por una parte, y la República de Corea, por otra,* DOUE L 127, 14.5.2011, p. 1–3.

110 VAN DEN PUTTE L., et al., "Social norms in EU bilateral Trade Agreements: A Comparative Overview", *Centre for the Law of EU External Relations*, vol. 4, 2013, pp. 35-48.

111 Tomando como ejemplo el acuerdo UE-Corea del Sur, el artículo 13.5 se refiere específicamente a la protección medioambiental derivada de tratados multilaterales, el artículo 13.6 reconoce el principio de desarrollo sostenible, y el artículo 13.13 al mecanismo de diálogo con la sociedad civil.

112 POSTNIKOV E., BASTIAENS I., "Does dialogue work? The effectiveness of labor standards in EU preferential trade agreements", *Journal of European Public Policy*, vol. 21, núm. 6, 2014, pp. 923-940.

113 Los acuerdos de cooperación de la UE con terceros se refieren a elementos no estrictamente económicos y comerciales. Ficha del Consejo de la Unión Europea

sula de elementos esenciales", es teóricamente posible que una violación de los derechos sociales y ambientales pudiera conllevar la suspensión del acuerdo ya que existe una superposición significativa entre la cláusula de derechos humanos de la UE y las disposiciones relativas a las normas laborales y medioambientales. En particular, con respecto a las normas fundamentales del trabajo, la Comisión Europea ha señalado que éstas también están cubiertas por las cláusulas estándar de derechos humanos, al tiempo que afirma que la suspensión de un TLC se considera una medida de último recurso.[114]

El principal competidor comercial de la UE que intenta desarrollar un amplio sistema de TLC es Estados Unidos (EEUU). Sin embargo, los dos actores han adaptado el mismo instrumento de acuerdo con sus respectivas doctrinas internacionales .[115] Por lo tanto, EEUU ha adoptado un enfoque duro cuando se trata de procedimientos de incumplimiento, utilizando en gran medida sanciones contra los socios comerciales que no pueden cumplir con las normas ambientales y sociales incluidas en el acuerdo.[116]

Las diferencias entre los TLC de la UE y los EEUU, y la dependencia europea de la sociedad civil influyen profundamente en el funcionamiento y los resultados obtenidos. Bastiaens y Postnikov formulan dos hipótesis. La primera es que la UE influye en su socio comercial a través de una dinámica de aprendizaje que produzce sus efectos ex-post la política dura de EE.UU. lleva a los países a la adopción temprana de medidas ambientales para cumplir con los acuerdos. Esto significa que mientras EEUU presiona a los países en desarrollo para que adopten normas ambientales más estrictas ya en la fase de negociación, la UE solo puede presionar a estos países para que cumplan con las normas ambientales internacionales en una segunda fase más larga. En conclusión, también el comportamiento de la UE en materia comercial es a largo plazo normativo: En primer lugar, la UE no gobierna por la fuerza sino por la persuasión sin diferenciar en prin-

de 23 de abril de 2023, *Acuerdos comerciales de la UE*. Disponible en: https://www.consilium.europa.eu/es/policies/trade-policy/trade-agreements/.

114 HARRISON, J., et al., "Labour standards *in* EU free trade agreements: Working towards what end?", *GREAT Insights Magazine*, Vol. 5, núm. 6, de 22 de diciembre de 2016.

115 GSTÖHL, S., DE BIÈVRE, D., *The Trade Policy of the European Union*, Palgrave, 2018, p. 209.

116 Casos de Malasia, Brunéi y Vietnam. Documento del Servicio de Investigación del Congreso (de los Estados Unidos) de 16 de julio de 2021, *Worker Rights Provisions and U.S. Trade Policy*, R46842. Disponible en https://crsreports.congress.gov/product/pdf/R/R46842.

cipio la capacidad democrática de su socio. En segundo lugar, la UE basa su actuación exterior en el derecho internacional y no en el interno propio como hace EEUU. Esto hace que el enfoque comercial sea coherente con la teoría del poder normativo de Manners antes analizado.[117]

Esa estrategia normativa habría podido ser eficaz para difundir el cumplimiento de los actuales acuerdos multilaterales sobre medioambiente como el APCC. Sin embargo, el enfoque normativo corre el riesgo de debilitar el esfuerzo por implementar estándares ambientales de una manera rápida ante los desafíos climáticos. Si por un lado el enfoque de la UE parece basado en una actitud más respetuosa con la soberanía de otros Estados que la política estadounidense, por otro lado, el enfoque normativo es más débil que el enfoque duro norteamericano en casos de déficit democrático pues no actúa de forma directa. Así, el sistema de inclusión de los objetivos climáticos en los NPD, según establece el APCC, deja una gran discreción en manos de los socios comerciales para perseguir metas ambientales bajas y poco ambiciosas. La otra debilidad es la dependencia de los mecanismos de diálogo con la sociedad civil, incluidos en los acuerdos comerciales como mecanismos de presión en caso de incumplimiento, de los niveles democráticos y de inclusión en los socios comerciales. De hecho, el escaso desempeño de estos mecanismos puede explicarse por la existencia de sociedades civiles débiles en los países en desarrollo.[118]

Por último, respecto a la cuestión de si resulta más efectivo para la lucha contra el cambio climático por parte de la UE abogar por un marco multilateral no normativo como el APCC o los TLC, parece que los acuerdos comerciales legalmente vinculantes con cláusulas específicas son más efectivos para mejorar los valores deseados, como la protección del medio ambiente o la lucha contra el cambio climático, que los acuerdos ambientales multilaterales, como el APCC, cuya efectividad depende fundamentalmente del impacto público en la reputación internacional de los logros o retrocesos de un determinado país en sus compromisos.

---

[117] Ver epígrafe 3.

[118] DENT, C.M., "Trade, Climate and Energy: A New Study on Climate Action through Free Trade Agreements", *Energies*, vol. 14, núm. 14, 2021. https://doi.org/10.3390/en14144363.

VI. LA EFICACIA MEDIOAMBIENTAL DE LOS SISTEMAS DE PREFERENCIAS GENERALIZADAS (SGP) DE LA UNIÓN EUROPEA

La falta de cláusulas de protección ambiental, especialmente en los programas SGP[119] que benefician a la mayoría del mundo en desarrollo, podría dar lugar a que los países en desarrollo se concentren demasiado en el crecimiento económico y, al mismo tiempo, exploten el medio ambiente. Hacer que los países en desarrollo cumplan con las cláusulas ambientales a cambio de un tratamiento arancelario más beneficioso lo hace económicamente atractivo tanto a corto como a largo plazo para la protección de sus ecosistemas, y por supuesto para la lucha contra el cambio climático.

La UE ha introducido la condicionalidad medioambiental en sus SPG para los países en desarrollo[120], de manera que obtengan mayores reducciones arancelarias aquellos que aceptan mayores compromisos con el medioambiente y la lucha contra el clima. El esquema comercial SPG de la UE, establecido en 1991 y reformado en 2006 y 2012, representa un enfoque de “zanahoria” y ofrece un acceso al mercado más favorable a los países que califican como económicamente “vulnerables” y que ratifican y cumplen los convenios internacionales más relevantes relacionados con los derechos humanos y laborales, el medio ambiente y la buena gobernanza.[121] La UE ofrece tres posibilidades: el SPG estándar, el SPG todo menos armas (EBA en inglés), y el SPG+. Pero, solo el SPG+ tiene condicionalidad medioambiental. Todos los países con menos de un cierto nivel de renta media tienen acceso al SPG estándar. El EBA se concede a todos los países menos desarrollados que cumplan con las condiciones establecidas por el comité de Naciones Unidas de política de desarrollo y puede ser suspendi-

---

119 Se trata de un régimen de exención de la cláusula de la nación más favorecida aceptada por la OMC a través del cual la UE proporciona un acceso preferencial no recíproco al mercado comunitario de productos originarios en países y territorios en desarrollo a través de la exoneración total o parcial de los derechos arancelarios.

120 Reglamento (UE) 978/2012 del Parlamento Europeo y del Consejo, de 25 de octubre de 2012, *por el que se aplica un sistema de preferencias arancelarias generalizadas y se deroga el Reglamento (CE) n ° 732/2008 del Consejo,* DOUE L 303, 31.10.2012, p. 1–82

121 Capítulo III del reglamento. Ver: SILES-BRÜGGE, G., “EU trade and development policy beyond the ACP: subordinating developmental to commercial imperatives in the reform of GSP”, *Contemporary Politics*, vol. 20, núm. especial sobre ”Perspectives on the trade-development nexus in the European Union”, 2014, pp. 9 – 62.

do por violaciones graves sistemáticas a los derechos humanos y protección laboral. El SPG+ a diferencia de los anteriores es mucho más ventajoso pues ofrece reducciones tarifarias generales, y no por producto, pero el Estado beneficiario debe haber ratificado veintisiete tratados internacionales sobre derechos humanos, protección laboral y medioambiente[122] , aparte de ser apto para el SPG estándar por su nivel de renta. La UE cuenta con un comité especial para el seguimiento del cumplimiento del SPG+. Recientes evaluaciones de SPG+, adoptado ya por siete[123] países, indican buenas perspectivas económicas. Sin embargo, la gran mayoría de los socios de la UE en los países en desarrollo optan por el SPG estándar lo que lleva a la explotación abusiva del medioambiente.

En cualquier caso, que la posible eliminación de beneficios como resultado de la falta de implementación puede crear un incentivo para cumplir con las condiciones a fondo. La eliminación de beneficios de un país ha sucedido antes. En 2020, los beneficios de Camboya fueron retirados temporalmente debido a violaciones de los principios de derechos humanos.[124] Aunque el retiro no estuvo relacionado con el medio ambiente, es una indicación de que podría ocurrir en el futuro; especialmente, cuando ya ha habido un cambio hacia la elevación de los estándares ambientales al mismo nivel que los derechos humanos. Muchos europeos comparten la opinión de que la mitigación del cambio climático es la prioridad número uno a largo plazo y, sin ella, no habrá futuros acuerdos comerciales preferenciales.[125]

---

122 Los relativos a cuestiones medioambientales son los siguientes: Protocolo de Montreal relativo a las sustancias que agotan la capa de ozono; Convenio de Basilea sobre el control de los movimientos transfronterizos de los desechos peligrosos y su eliminación; Convenio de Estocolmo sobre contaminantes orgánicos persistentes; Convención sobre el Comercio Internacional de Especies Amenazadas de Fauna y Flora Silvestres; Convenio sobre la Diversidad Biológica; Protocolo de Cartagena sobre Seguridad de la Biotecnología y Protocolo de Kioto de la Convención Marco de las Naciones Unidas sobre el Cambio Climático.

123 Bolivia, Cabo Verde, Kirguistán, Mongolia, Pakistán, Filipinas y Sri Lanka.

124 Nota de Prensa de la Comisión Europea de 12 de agosto de 2020, *Camboya pierde el acceso libre de derechos al mercado de la Unión Europea con motivo de las inquietudes en materia de derechos humanos.* Disponible en: https://ec.europa.eu/commission/presscorner/detail/es/ip_20_1469.

125 ORBIE, J., TORTELL, L., "The New GSP+ Beneficiaries: Ticking the Box or Truly Consistent with ILO Findings?", *European Foreign Affairs Review*, vol. 14, núm. 4, 2009, pp. 663-681.

Aunque las políticas comerciales de la UE y los Estados Unidos se encuentran en general alienadas, sus programas de SGP son extremadamente limitados en términos de mitigación del cambio climático y, por lo tanto, de desarrollo sostenible.[126] Este es el resultado de la visión de la administración Trump sobre el cambio climático. La administración Trump ha desechado muchas políticas ambientales anteriores y se ha centrado en hacer crecer la economía de los EE. UU., a pesar de hacerlo a expensas del desarrollo sostenible. Los impactos de la falta de políticas de desarrollo sostenible en los SGP pueden ser radicales, especialmente en los países en desarrollo. La degradación ambiental tiende a afectar más duramente a los países en desarrollo. La razón de ello es la producción extensiva de productos dependientes de recursos naturales, como los textiles, así como la falta de leyes y programas de protección ambiental en esos países. Este debería ser uno de los puntos de la agenda trasatlántica de la nueva era Biden entre los EEUU y la UE para hacer un frente común. En cualquier caso, la UE debería ser más persuasiva y conducir a mayor número de países al SPG+ por el bien del planeta pues se trata de un instrumento transformador más eficaz y efectivo frente a las resistencias de los nuevos competidores comerciales internacionales, los BRIC[127] principalmente, y de los países de renta media en su carrera por tasas de crecimiento rápido. La otra opción sería que el SPG estándar debería tener una condicionalidad mínima medioambiental, o asumir el SPG+ como el único aceptable para la UE. De la audacia de la UE en su política de condicionalidad medioambiental dependerá, sin embargo, el conseguir una transformación más rápida y profunda de la estructura socioeconómica mundial para combatir el cambio climático.[128]

Como conclusión, para conseguir ese cambio necesario a escala global en la protección medioambiental y en la lucha contra el cambio climático, ya sea por la vía comercial o por sus programas de ayuda al desarrollo, la UE ha de ejercer su influencia y de alguna manera hacer efectivo su poder por ser todavía el mercado único más grande del mundo, especial-

---

126 LEAL-ARCAS, R., SAVELJEFF, S., "Environment-led Conditionality in the EU's and US's Generalized System of Preferences", en Delimatsis, P., Reins, L. (eds.), *Encyclopedia on Trade and Environmental Law*, Queen Mary School of Law Legal Studies Research Paper, núm. 335/2020, 2020. Disponible en: https://papers.ssrn.com/sol3/papers.cfm?abstract_id=3631327.

127 Brasil, Rusia, India y China.

128 KISMANA, Z., VENTELB, A., "Development policies in European Union", *Procedia Economics and Finance*, vol. 32, 2015, pp. 878-883.

mente para las materias primas y los productos agrícolas que constituyen la mayor parte de las exportaciones de los países en desarrollo. Y ello es independiente de que la opción más efectiva para conseguirlo sea a través de la transversalidad medioambiental y climática de sus programas de cooperación al desarrollo o a través de la condicionalidad de sus acuerdos y concesiones comerciales, algo que deberá ser evaluado cuando se tenga la perspectiva temporal suficiente. Además, los lazos históricos entre varios Estados miembros y sus antiguas colonias siguen siendo importantes palancas de influencia, al mismo tiempo que los sistemas de organización política y legal inspirados en Europa se han ido extendiendo en el mundo como modelo de buena gobernanza de manera lenta y desigual pero continua, a lo largo de Asia, América Latina y África. En términos de cooperación para el desarrollo, investigaciones recientes[129] muestran que el impacto de la UE en el establecimiento de la agenda de reformas en los países en desarrollo es mucho más fuerte que el de cualquier otro donante bilateral. Por otra parte, a pesar de sus evidentes deficiencias, Europa continúa siendo un imán para las personas de los países en desarrollo, tanto físicamente como destino de migración como socialmente a través de la influencia de la cultura, el deporte y los productos de consumo europeos, y esto constituye un valor añadido de influencia mundial para que los valores de la UE, incluidos los medioambientales y climáticos, se sigan extendiendo por el bien de la humanidad.[130]

---

[129] BRADFORD, A., *The Brussels Effect: How the European Union Rules the World*, Oxford University Press, 2020, esp. prefacio y pp. 207-235.

[130] BODENSTEIN, T., FURNESS, J., "European Union Development Policy: Collective Action in Times of Global Transformation and Domestic Crisis", *Development Policy Review*, vol. 35, núm. 4, 2016, pp. 441-453.

Cartografía de diálogos emergentes entre justicia climática y ecológica en América Latina

MARÍA VALERIA BERROS*

Sumario: I. Introducción. II. Vasos comunicantes entre justicia ecológica y justicia climática en la normativa de países latinoamericanos. III. Un caso disruptivo: el problema del cambio climático y la Amazonía colombiana reconocida como sujeto de derecho. IV. Un posible camino a cartografiar.

Resumen: En este texto se propone identificar traducciones jurídicas sobre el debate en torno a la justicia climática que contienen elementos innovadores vinculados con procesos ya en desarrollo en América Latina. En particular, la articulación con el reconocimiento de los derechos de la naturaleza y la consolidación del concepto de justicia ecológica. En esta contribución, entonces, la propuesta consiste en delinear los vasos comunicantes emergentes tanto a nivel regulatorio como jurisprudencial entre justicia ecológica y climática, como una característica peculiar de Latinoamérica que puede aportar herramientas en relación a las discusiones internacionales y nacionales sobre el problema climático.

Palabras claves: Justicia climática, Justicia Ecológica, Derechos de la Naturaleza, América Latina

I. INTRODUCCIÓN

Algunos datos para comenzar. El Reporte del Estado del Clima en América Latina y el Caribe 2021 de la Organización Meteorológica Mundial presentado en julio de 2022 arroja un dato contundente: el cambio climático se ensañará con esta región a través de una proliferación de eventos extremos entre los que destaca el aumento de huracanes, la severidad de las sequías, el incremento de los incendios y del nivel del mar[1]. Por su parte, la Comisión Europea en su informe *Fossil CO2 emissions for all world*

---

* Investigadora Adjunta del Consejo de Investigaciones Científicas y Técnicas (Argentina). Profesora de la Facultad de Ciencias Jurídicas y Sociales de la Universidad del Litoral (Argentina). Correo electrónico: vberros@fcjs.unl.edu.ar.

1 OMM, "El estado del clima en América Latina y el Caribe 2021", Ref. OMM/1295, Organización Meteorológica Mundial, 2022. Disponible en: https://public.wmo.int/es/estado-del-clima-en-am%C3%A9rica-latina-y-el-caribe-0.

countries de 2020 identificó como principales generadores del problema climático a China (30,3%), Estados Unidos (13,4%), la Unión Europea junto con Reino Unido (8,7%), India (6,8%), Rusia (4,7%) y Japón (3%) seguido por un conjunto de países que no llegan a aportar el 2% de las emisiones[2]. La dimensión distributiva de la justicia es evidente ante estos datos, aunque también existen otras dimensiones vinculadas con la justicia que se encuentran asociadas al calentamiento global y refuerzan la complejidad del problema[3]. Por ejemplo, y con gran relevancia para América Latina, ¿cuál es la participación, si es que existe, en la toma de decisiones vinculadas con este problema de parte de comunidades indígenas? ¿Son sus saberes ancestrales considerados para la construcción de estrategias de mitigación o de adaptación al cambio climático?[4]

En este escenario multidimensional aparecen algunas ideas sobre cómo robustecer el camino hacia la neutralidad climática que se sustentan en un Sur Global rico en los minerales necesarios para llevar adelante una posible transición energética[5]. Así, también se encienden las alarmas

---

2 CRIPPA, M., et.al. "Fossil CO2 emissions of all world countries–2020 Report", Joint Research Centre Science for Policy Report, Servicio de Publicaciones de la Unión Europea, 2020. Disponible en: https://edgar.jrc.ec.europa.eu/report_2020#data_download

3 MEDICI COLOMBO G. *You cannot be serious. Crisis climática, autorización de proyectos carbono-intensivos y su control judicial,* Tesis doctoral defendida el 14 de octubre de 2021 en la Universitat Rovira i Virgili. Disponible en: https://www.tdx.cat/handle/10803/672813. En dicho trabajo se reconstruye esta multiplicidad de dimensiones al poner el acento no sólo en la dimensión distributiva internacional (o inter-estatal) e intra-estatal, sino también en las dimensiones de reconocimiento, participación, capacidades, reparación y compensación de daños en las que confluyen autores como Schlosberg, Sen, Young o Nussbaum, entre otros.

4 Existen estudios sobre el tema que han abordado casos en particular, por ejemplo: PORTUGAL, M. y MICHEL, F., "Cambio climático y resiliencia tradicional/ancestral: pueblos y nacionalidades indígenas del centro oriental de la Amazonía Ecuatoriana", *Perspectivas. Revista de Historia, Geografía, Arte y Cultura,* vol. 8, núm. 15, 2021, pp. 13–61; IÑO DAZA, W. G., "Saberes ancestrales, conocimientos locales y cambio climático en comunidades aymaras del Altiplano boliviano: apuntes del estado de arte", *Millcayac–Revista Digital De Ciencias Sociales,* vol. 9, núm. 17, 2022, pp. 123–149.

5 BECKER A., "La transición energética y la guerra por los recursos del Sur global" *Nueva Sociedad,* Opinión de noviembre de 2021. Disponible en: https://nuso.org/articulo/transicion-energetica-recursos-sur-global-litio/.

sobre el comienzo de una nueva forma de saqueo en esos territorios con riqueza en recursos pero, a su vez, atravesados por injusticias de todo tipo: socioeconómicas, ambientales, ecológicas y, también, climáticas[6]. Tal vez algunas imágenes resulten virtuosas como aproximación al tema: un campesino que no posee acceso a derechos humanos básicos, ubicado en algún territorio alejado, es testigo de la desaparición del río del cual obtenía algo de agua para lograr que sobrevivan sus cultivos. Se atribuye la muerte de ese curso de agua al cambio climático al que no ha contribuido ese campesino ni, tampoco o en una medida muy menor, el país en el que transcurre su vida. O bien una comunidad indígena, que habita en las cercanías de un salar rico en minerales estratégicos y basa su existencia en la cría de animales se ve privada del agua que necesita para hacer viable su existencia porque está siendo utilizada para la extracción de litio[7]. Un destino posible: producir baterías para autos eléctricos que serán usados a miles de kilómetros de distancia por sociedades que aportan bastante más al calentamiento global que estas comunidades, aun cuando la promesa de la movilidad eléctrica les invite a suponer otra cosa.

Historias de este tipo abundan, cada vez más, en estudios académicos, prácticas artísticas, reportes y notas periodísticas en América Latina. En un importante número de disciplinas la cuestión ambiental en general y climática en particular, va ganando terreno y el derecho no es una excepción. Se podría colocar como punto de inicio la Convención Marco sobre Cambio Climático de 1992, pero décadas más tarde el escenario regulatorio se ha acrecentado enormemente respecto de este tema en las diferentes escalas legislativas y en los planteos ante los tribunales. En la

---

6 Existen estudios que se han enfocado en diferentes aristas en torno a este tema. Por ejemplo, respecto de la movilización de las juventudes puede consultarse: SVAMPA, M. "¿Hacia dónde van los movimientos por la justicia climática?", *Nueva Sociedad*, núm. 286, 2020, pp. 107-121. En relación a la intersección entre la justicia climática y la perspectiva de género, véase: MOREANO VENEGAS, M., LANG; M. y RUALES JURADO, G., "Perspectivas de justicia climática desde los feminismos latinoamericanos y otros sures", *Rosa Luxemburgo Stiftung Región Andina*, núm. 31, 2021, pp. 1-33.

7 Existen proyectos que están visibilizando situaciones como estas, por ejemplo, el llevado a cabo por la Fundación Ambiente y Recursos Naturales que combina investigación interdisciplinar con producción audiovisual. CARTIER C., LONGO M. (dir.) "En el nombre del Litio" documental audiovisual producido por Calma Cine y FARN (Argentina) en 2021. Disponible en: https://enelnombredellitio.org.ar/.

región latinoamericana, además, este desarrollo transcurre en paralelo con la emergencia de otras innovaciones jurídicas como el reconocimiento de derechos de la naturaleza que ha colocado en un primer plano otros debates. Retomando las imágenes: el río que se secó tenía derecho a existir; el agua de los salares, considerada como sangre de la Pachamama por múltiples cosmovisiones, no puede considerarse sacrificable. Preguntas, verbigracia, por la cuantificación del daño ambiental directo o daño ecológico puro renuevan su significado ante sistemas legales que consideran el derecho al respeto por la existencia titularizado por la naturaleza[8]. O bien, planteado de otro modo, han llegado a los sistemas legales ontologías que pujan por el sentido: no parece lo mismo considerar a la montaña como un conjunto de recursos, como destinataria de protección legal al ser parte de nuestro entorno o como un ancestro que, además, en algunos sistemas jurídicos posee derechos[9].

Estos constituyen algunos de los interrogantes de difícil aprehensión para el campo jurídico que habitualmente ha regulado a la naturaleza como un objeto apropiable o bien como un objeto a tutelar, pero objeto al fin. Así, el campo regulatorio no es ajeno a un debate de época que lo trasciende y en el que se resquebrajan algunas maneras de pensar que se encuentran arraigadas en el derecho vigente.

En el mismo sentido, las caracterizaciones contemporáneas sobre el calentamiento global permiten identificar la cuestión regulatoria como uno de los aspectos pasibles de análisis enlazado con muchas otras aristas. De este modo, resulta fecundo incorporar las perspectivas que lo catalogan como un asunto híbrido que se manifiesta mediante una suerte de *imbroglio* del que participan la ciencia, la política, la economía, la religión, la técnica, el derecho, la ficción[10]. Esta identificación es pertinente si atendemos al

---

8 PERETTI, E., "Cuantificación del daño ambiental", *Revista de Derecho Ambiental*, núm. 60, 2019, pp. 19-23.

9 En algunos trabajos interdisciplinarios anteriores entre antropología y derecho hemos hecho referencia a este aspecto: BERROS, M. V., CARMAN, M., "Los dos caminos del reconocimiento de los derechos de la naturaleza en América Latina", *Revista Catalana de Dret Ambiental*, vol. 13, núm. 1, 2022, pp. 1-44; CARMAN, M., BERROS, M. V., MEDRANO, C., "La irrupción política, ontológica y jurídica de los no-humanos en los mundos antropocénicos", *Quid16 Revista del Área de Estudios Urbanos del Instituto Gino Germani de la Facultad de Ciencias Sociales (UBA)*, núm. 14, 2020, pp. 1-14.

10 LATOUR, B., *Nous n´avons jamais été modernes. Essai d´anthropologie symétrique*, La Découverte. Paris, 1997. Sobre la cuestión climática en particular se puede

contenido de las agendas de debate sobre el cambio climático, en las que aparecen estos y otros discursos, muchas veces contrapuestos entre sí. A su vez, las traducciones hacia el campo legal sobre este tema son indiscutibles.

Sin perjuicio del prolífico conjunto de normativas y el diseño de instituciones que ha ido avanzando en los últimos años en todas las escalas regulatorias y espacios de gobierno, es cierto que este tópico permanece aún como de difícil aprehensión para el campo jurídico[11]. Las razones de esta dificultad pueden asociarse a diferentes causas. Una de ellas, podría ser la complejidad de trabajar con el concepto de cambio climático, que es un proceso, en el marco de las categorías jurídicas existentes que tradicionalmente se posan más sobre dicotomías como cosa/sujeto que sobre relaciones y procesos. Otra, la hasta ahora casi vacante relación entre las causas y consecuencias del calentamiento climático al interior, por ejemplo, de causas judiciales. De hecho, existe un sinnúmero de acciones frente a la justicia en los que la deforestación es central, o bien lo son los daños de diverso tipo asociados a grandes inundaciones. Sin embargo, sólo recientemente ese vacío de articulación entre problemáticas ambientales de estas características – que pueden ser pensadas en términos de motivos y resultados–y el cambio climático comienza a ser objeto de atención. Así, verbigracia, el territorio deforestado no sólo se relaciona con la pérdida de biodiversidad, las consecuencias en términos de uso del suelo, entre otras, sino también con la contribución a empeorar la situación climática.

Si bien es todavía visible esta complejidad para el campo legal, también es cierto que en los últimos años ha ido variando la situación en América Latina – y en general a nivel global– y se observan ciertas particularidades que en este texto ofrecemos analizar. Así, se comienzan a identificar traducciones sobre el debate en torno a la justicia climática que contienen elementos innovadores vinculados con procesos ya en desarrollo. Por ejemplo, la discusión se engarza con perspectivas legales existentes como la que se nutre de la ampliación de derechos a la naturaleza y la consolidación del concepto de justicia ecológica. En ambos casos se pueden identificar tanto traducciones regulatorias como jurisprudenciales, especialmente

---

consultar su más reciente obra: LATOUR, B., *Cara a cara con el planeta. Una nueva mirada sobre el cambio climático alejada de las posiciones apocalípticas*, Siglo XXI, Buenos Aires, 2017.

11 HERMITTE, M-A., "Each Object Has its Own Subject! The Legal Revolutions of the Human-Nature Relationship", en GAILLARD, E. y FORMAN, D. (eds.), *Legal Actions for Future Generations*, Bristol, Peter Lang, 2020, pp. 185-210.

en los últimos años. Este texto propone delinear los vasos comunicantes emergentes tanto a nivel regulatorio como jurisprudencial entre justicia ecológica y climática, como una característica peculiar de la región que puede aportar herramientas en relación a las discusiones internacionales y nacionales sobre el problema climático[12].

II. VASOS COMUNICANTES ENTRE JUSTICIA ECOLÓGICA Y JUSTICIA CLIMÁTICA EN LA NORMATIVA DE PAÍSES LATINOAMERICANOS

Las discusiones existentes en América Latina dialogan con una multiplicidad de reflexiones en torno a los conceptos de justicia. Tornan viable anudar la justicia social y la justicia ambiental a lo que se suma, sobre todo en los últimos años, el concepto de justicia ecológica[13]. De hecho, el denominado "giro eco/bio-céntrico"[14] latinoamericano ha llamado la atención del mundo académico y no sólo del campo jurídico, sino de otras disciplinas de las ciencias sociales, humanidades y ciencias ambientales[15]. La exis-

---

12 En un trabajo anterior en coautoría hemos analizado esta relación en especial en el campo de la litigación climática emergente en Sudamérica. Véase: DE SALLES CAVEDON-CAPDEVILLE, F., BERROS, M. V. y FILPI, H., "Litigación climática, ecocentrismo y derechos de la naturaleza: un análisis de la experiencia Sudamericana", en PERONA, R. y BERROS, M. V. (dirs.), *Ragionamento e argomentazione giuridica: nuovi approcci per la tutela della natura,* «Diálogos» Incontri con la cultura giuridica latino-americana, Accademia University Press, Torino, 2023 (en prensa).

13 Las narrativas que asocian los aspectos sociales, económicos y ecológicos incluso han dado formas a propuestas como el Pacto Ecosocial e Intercultural del Sur: https://pactoecosocialdelsur.com/. Véase, también, SVAMPA, M. y VIALE, E., *El colapso ecológico ya llegó. Una brújula para salir del (mal)desarrollo,* Siglo XXI, Buenos Aires, 2020.

14 GUDYNAS, E., "La senda biocéntrica: valores intrínsecos, derechos de la naturaleza y justicia ecológica", *Tabula Rasa,* núm.13, 2010, pp. 45-71.

15 ACOSTA, A., *Sumak kawsay. Una oportunidad para imaginar otros mundos,* Abya Yala, Quito, 2012; CARMAN, M., BERROS, M. V. y MEDRANO, C., "La irrupción política, ontológica y jurídica de los no-humanos en los mundos antropocénicos", *Quid16 Revista del Área de Estudios Urbanos del Instituto Gino Germani de la Facultad de Ciencias Sociales (UBA),* núm. 14, 2020, pp. 1-14; ÁVILA SANTAMARÍA, R., *El neoconstitucionalismo latinoamericano,* Universidad Andina Simón Bolívar / Huaponi Ediciones, Quito, 2016; GUDYNAS, E., "La senda biocéntrica: valores intrínsecos, derechos de la naturaleza y justicia ecológica", *Tabula Rasa,* núm.13, 2010, pp. 45-71; CORTEZ,

tencia de sistemas jurídicos positivos que reconocen a la naturaleza como portadora de derechos ha renovado las preguntas en torno a la teoría de la justicia y a la teoría general del derecho, al alterar pilares basales de la formación jurídica.

En este texto proponemos que este último tema puede ser leído en relación con la creciente emergencia de la cuestión climática en el ámbito regulatorio y de litigación latinoamericano. En ese sentido, la región no solo ha sido pionera en el reconocimiento constitucional y legal de los derechos de la naturaleza, sino que también representa el 42 % de los países que a nivel mundial incorporan la cuestión climática en sus cartas magnas[16]. Bolivia (2009), Cuba (2019), Ecuador (2008), República Dominicana (2015) y Venezuela (2009) contienen referencias en sus respectivas constituciones sobre el calentamiento global. A su vez, un listado significativo de países posee leyes específicas sobre el tema: Argentina (2019), Brasil (2009), Colombia (2018), Dominica (2018), Guatemala (2013), Honduras (2013), México (2012), Paraguay (2017) y Perú (2018)[17].

Estas traducciones legales conviven con la emergencia y desarrollo de un proceso de democratización de la construcción del derecho ambiental. Estados y luego provincias y localidades de la región han incorporado en sus sistemas jurídicos el reconocimiento de la naturaleza o bien de ecosistemas en particular como sujetos de derecho lo que ha derivado en la consolidación del concepto de justicia ecológica.

Un punto de inicio notable es la aprobación, en 2008, de la Constitución de la República del Ecuador que reconoce a la naturaleza o *Pachamama* como sujeto de derecho. Para perplejidad de muchos, algunas ideas que circularon con antelación en el plano teórico encontraban un sistema legal concreto que las convertía en realidad y, a su vez, articulaba cosmovisiones indígenas con movimientos socioambientales[18]. Así, la deconstruc-

---

D., "La construcción social del 'Buen Vivir' (SumakKawsay) en Ecuador; Genealogía del diseño y gestión política de la vida", en *Actas del VIII Congress for Intercultural Philosophy: Good life as Humanized life*, EwhaWomans University, Seúl. Disponible en: http://tinyurl.com/mj9fh8a.

16 CEPAL, *Cambio climático y derechos humanos. Contribuciones desde y para América Latina y el Caribe*, Comisión Económica para América Latina y el Caribe (Naciones Unidas), 2019.

17 *Ibid.*

18 Este tema fue tempranamente abordado en: HERMITTE, M-A., "Le concept de diversité biologique et la création d'un statut de la nature", en EDELMAN

ción del "derecho a destruir"[19] moderno empieza a enlazarse no sólo con la edificación del derecho ambiental, sino también con una reflexión en torno al estatuto jurídico de la naturaleza[20]. Estas innovaciones jurídicas pluralizan la construcción del derecho ambiental contemporáneo y, con ello, enriquecen también el debate por la justicia ecológica que considera la necesidad de desmarcarse del antropocentrismo con el fin de ampliar los límites y a la vez las herramientas para pensar en el concepto de justicia y sus derivas.

En el caso de Ecuador, el preámbulo de su texto constitucional "celebra a la naturaleza, la Pacha Mama, de la que somos parte y que es vital para nuestra existencia", luego de lo cual dedica el Capítulo Séptimo íntegramente al tema. El mismo se titula Derechos de la Naturaleza y expresa que "La naturaleza o Pacha Mama, donde se reproduce y realiza la vida, tiene derecho a que se respete integralmente su existencia y el mantenimiento y regeneración de sus ciclos vitales, estructura, funciones y procesos evolutivos" (art. 71). En la misma norma establece una amplia legitimación para defender estos derechos: toda persona, comunidad, pueblo o nacionalidad puede exigir ante la autoridad pública el cumplimiento de los derechos reconocidos a la naturaleza. En el artículo 72 reconoce el derecho a la restauración de la naturaleza más allá del reclamo indemnizatorio que pudiera corresponder a comunidades e individuos por los daños ocasionados a los sistemas naturales y establece que en los casos de impactos ambientales graves o permanentes es el Estado el que se encarga de determinar los mecanismos adecuados para alcanzar la restauración y eliminar o mitigar las consecuencias ambientales nocivas. Luego, el art. 73, refiere a la tutela de la biodiversidad y se obliga al Estado a aplicar medidas de precaución y de restricción de actividades que puedan ocasionar la extinción de especies, destrucción de ecosistemas o alteración permanente

---

B., HERMITTE M-A. (dirs.), *L'Homme, la nature et le droit*, Paris, Éditions Christian Bourgois, 1988; STONE, C. "Should Trees Have Standing? Toward Legal Rights for Natural Objects", *Southern California Law Review*, núm. 45, 1972, pp. 450-501; STUTZIN, G. "Un imperativo ecológico: reconocer los derechos de la naturaleza", *Ambiente y Desarrollo*, vol. I, núm. 1, 1984, pp. 97-114.

19 Véase: RÈMOND-GOUILLOUD, M., *El derecho a destruir. Ensayo sobre el derecho del medio ambiente*, Buenos Aires, Losada, 1994.

20 Sobre el tema de los animales no humanos se presenta una interesante reflexión desde una perspectiva socio-jurídica sobre la dupla ecologismo/animalismo en: POCAR, V., *Los animales no humanos. Por una sociología de los derechos*, Buenos Aires, Ad hoc, 2013.

de sus ciclos naturales; todo lo cual adquiere especial relevancia dada la gran diversidad biológica presente en el país ecuatoriano. A ello se suma la prohibición de introducir organismos y material orgánico e inorgánico que pudiere alterar el patrimonio genético nacional.

En el caso de Bolivia, en 2010, se sanciona la Ley de Derechos de la Madre Tierra N° 071 y en 2012 la Ley Marco de la Madre Tierra y Desarrollo Integral para Vivir Bien N° 300[21]. La primera ley nacional se encuentra ligada a la Declaración Universal de los Derechos de la Madre Tierra aprobada por 35.000 personas en el marco de la Conferencia Mundial de los Pueblos sobre el Cambio Climático y los Derechos de la Madre Tierra de abril de 2010 en Tiquipaya, Cochabamba, Bolivia como contrapartida a lo que se conoció, en ese entonces, como el "fracaso de Copenhague" de 2009. Frente a una Conferencia de Partes que no logró compromisos firmes sobre el calentamiento global, este encuentro es sellado con una Declaración que anuda la cuestión climática con el proceso emergente de ampliación de derechos en, para aquel entonces, algunos países andinos. Así, enuncian:

"Por todo ello proponemos demandamos y exigimos:

> *2. El rescate y fortalecimiento de la vivencia y propuesta de los Pueblos Indígenas del vivir bien, reconociendo a la Madre Tierra como un ser vivo con la cual tenemos una relación indisoluble e interdependiente; basados en principios y mecanismos que garanticen el respeto, la armonía y el equilibrio de los pueblos con la naturaleza y, como la base para una sociedad con justicia social y ambiental, que tenga como fin la vida. Todo ello para hacer frente a la crisis del modelo de saqueo capitalista y garantizar la protección de la vida en su conjunto a través de la búsqueda de acuerdos globales incluyentes.*
>
> *[...]*
>
> *15. Nos sumamos a la demanda de conformar un Tribunal de Justicia Climática que permita juzgar y establecer sanciones al no cumplimiento de compromisos y otros crímenes ecológicos de los países desarrollados, principales*

---

21 Puede consultarse para ampliar sobre este tema: GUDYNAS, E., "La senda biocéntrica: valores intrínsecos, derechos de la naturaleza y justicia ecológica", *Tabula Rasa*, núm.13, 2010, pp. 45-71; y GUDYNAS, E., "Los derechos de la naturaleza en serio. Respuestas y aportes desde la ecología política", en ACOSTA, A., MARTÍNEZ, E., *La naturaleza con derechos. De la filosofía a la política*, Quito, Abya Yala/Universidad Politécnica Salesiana, 2011, pp. 239-286.

responsables del cambio climático. Esta instancia debe considerar la participación plena y efectiva de los Pueblos Indígenas y sus principios de justicia[22]".

La letra de la declaración involucra la justicia social, la ambiental, la ecológica y también la climática, incluso en términos de exigencia institucional: la necesidad de conformar un tribunal especializado en el tema.

Este cruce de perspectivas también se observa en la legislación interna boliviana. Poco tiempo antes de este encuentro, en 2009, la Constitución Política del Estado Plurinacional de Bolivia introdujo en su preámbulo una referencia a la Madre Tierra calificándola como sagrada y afirmando que con su fortaleza y cumpliendo el mandato de los pueblos y gracias a dios se refunda Bolivia. Por su parte, en la mencionada Ley de Derechos de la Madre Tierra de 2010 se reconocen principios y derechos. Entre los derechos se reconoce el derecho a la vida, a la diversidad de la vida, al agua, al aire limpio, al equilibrio, a la restauración y a vivir libre de contaminación[23]. Entre los principios se refiere a la armonía, el bien colectivo, la garantía de regeneración de la Madre Tierra, el respeto y defensa

---

22 Declaración Universal de los Derechos de la Madre Tierra, Cochabamba, Bolivia, 2010. Disponible en https://www2.ohchr.org/english/issues/poverty/docs/sforum/presentations2010/draftuniversaldeclarationrightmotherearth.pdf

23 En el art. 7 de la Ley 71/2010 de 21 de diciembre de 2010, *Ley de Derechos de la Madre Tierra,* Gaceta Oficial del Estado Plurinacional de Bolivia, 22.12.2010, BO 09.008.0162, se establece: "1. A la vida: Es el derecho al mantenimiento de la integridad de los sistemas de vida y los procesos naturales que los sustentan, así como las capacidades y condiciones para su regeneración; 2. A la diversidad de la vida: Es el derecho a la preservación de la diferenciación y la variedad de los seres que componen la Madre Tierra, sin ser alterados genéticamente ni modificados en su estructura de manera artificial, de tal forma que se amenace su existencia, funcionamiento y potencial futuro; 3. Al agua: Es el derecho a la preservación de la funcionalidad de los ciclos del agua, de su existencia en la cantidad y calidad necesarias para el sostenimiento de los sistemas de vida, y su protección frente a la contaminación para la reproducción de la vida de la Madre Tierra y todos sus componentes; 4. Al aire limpio: Es el derecho a la preservación de la calidad y composición del aire para el sostenimiento de los sistemas de vida y su protección frente a la contaminación, para la reproducción de la vida de la Madre Tierra y todos sus componentes; 5. Al equilibrio: Es el derecho al mantenimiento o restauración de la interrelación, interdependencia, complementariedad y funcionalidad de los componentes de la Madre Tierra, de forma equilibrada para la continuación de sus ciclos y la reproducción de sus procesos vitales; 6. A la restauración: Es el derecho a la restauración oportuna y efectiva de los sistemas de vida afectados por las actividades humanas directa o indirectamente; 7. A vivir libre de contaminación: Es el derecho a la preservación de la Madre Tierra de contaminación

de sus derechos, la no mercantilización y la interculturalidad[24]. La Ley de 2012 agrega a estos principios los de compatibilidad y complementariedad de derechos, obligaciones y deberes, integralidad, precaución, garantía de restauración, responsabilidad histórica, prioridad de la prevención, participación plural, agua para la vida, solidaridad entre seres humanos, justicia social, economía plural, complementariedad y equilibro y diálogo de saberes[25]. A su vez, incorpora como principio la justicia climática del siguiente modo:

> *"El Estado Plurinacional de Bolivia, en el marco de la equidad y las responsabilidades comunes pero diferenciadas de los países ante el cambio climático, reconoce el derecho que tiene el pueblo boliviano y sobre todo las personas más afectadas por el mismo a alcanzar el Vivir Bien a través de su desarrollo integral en el marco del respeto a las capacidades de regeneración de la Madre Tierra" (art. 4 inc. 15 Ley Nro. 300).*

---

de cualquiera de sus componentes, así como de residuos tóxicos y radioactivos generados por las actividades humanas."

24 "Los principios de obligatorio cumplimiento, que rigen la presente ley son: 1. Armonía. Las actividades humanas, en el marco de la pluralidad y la diversidad, deben lograr equilibrios dinámicos con los ciclos y procesos inherentes a la Madre Tierra; 2. Bien Colectivo. El interés de la sociedad, en el marco de los derechos de la Madre Tierra, prevalecen en toda actividad humana y por sobre cualquier derecho adquirido; 3. Garantía de regeneración de la Madre Tierra. El Estado en sus diferentes niveles y la sociedad, en armonía con el interés común, deben garantizar las condiciones necesarias para que los diversos sistemas de vida de la Madre Tierra puedan absorber daños, adaptarse a las perturbaciones, y regenerarse sin alterar significativamente sus características de estructura y funcionalidad, reconociendo que los sistemas de vida tienen límites en su capacidad de regenerarse, y que la humanidad tienen límites en su capacidad de revertir sus acciones; 4. Respeto y defensa de los Derechos de la Madre Tierra. El Estado y cualquier persona individual o colectiva respetan, protegen y garantizan los derechos de la Madre Tierra para el Vivir Bien de las generaciones actuales y las futuras; 5. No mercantilización. Por el que no pueden ser mercantilizados los sistemas de vida, ni los procesos que sustentan, ni formar parte del patrimonio privado de nadie; 6. Interculturalidad. El ejercicio de los derechos de la Madre Tierra requiere del reconocimiento, recuperación, respeto, protección, y diálogo de la diversidad de sentires, valores, saberes, conocimientos, prácticas, habilidades, trascendencias, transformaciones, ciencias, tecnologías y normas, de todas las culturas del mundo que buscan convivir en armonía con la naturaleza" (art. 2 Ley 71/2010, ibidem).

25 Véase art. 4, Ley 300/2012, de 15 de octubre de 2012, *Ley Marco de la Madre Tierra y Desarrollo Integral para el Vivir Bien*, Gaceta Oficial del Estado Plurinacional de Bolivia, 15.10.2012, BO 431NEC.

Esta ley anuda así dos procesos regulatorios en curso. Se trata de una norma que, aún desde racionalidades que resuenan contradictorias en parte del articulado, dispone los pilares para el Vivir Bien. Este concepto, en permanente disputa[26], contiene una dimensión ecológica que se relaciona de modo directo con el reconocimiento de derechos de la Madre Tierra[27]. Ya no se trata solo de construir la justicia socio-ambiental sino también aquella que involucra a una diversidad de seres portadores de derechos. Los tribunales, por ejemplo, ya no solo se ven enfrentados a decidir sobre conflictos entre derechos individuales y colectivos a partir de las herramientas clásicas, sino que se encuentran interpelados por un nuevo concepto de justicia que permite hacer llegar ante los estrados a la Madre Tierra en tanto sujeto de derecho. A su vez, esta dimensión ecológica del Vivir Bien asume que la justicia climática es parte de los ejes que también lo vertebran, en términos tanto regulatorios como de diseño institucional. Así lo expresa el artículo 32 que sostiene que tanto las políticas como los planes, estrategias y mecanismos organizativos para la mitigación y para la adaptación al cambio climático deben considerar la armonía y equilibro con la Madre Tierra. El marco institucional que diseña esta norma sobre cambio climático está integrado por la Autoridad Plurinacional de la Madre Tierra (art. 53) así como por su Mecanismo Conjunto de Mitigación y Adaptación para el Manejo Integral y Sustentable de los Bosques y la Madre Tierra basado en la no mercantilización de las funciones ambientales de la Madre Tierra (art. 54) y sus mecanismos de mitigación (art. 55) y de adaptación (art. 56) para Vivir Bien[28].

También este nexo entre el reconocimiento de derechos de la naturaleza o de ciertos ecosistemas en particular y la cuestión climática se observa a

---

26 Sobre las disputas en la definición de sentidos del buen vivir y el vivir bien hemos realizado investigaciones previas: HAIDAR, V. y BERROS, M. V., "Hacia un abordaje multidimensional y multiescalar de la cuestión ecológica: la perspectiva del buen vivir", *Revista Crítica de Ciências Sociais*, núm. 108, 2015, pp. 111-134; HAIDAR, V. y BERROS, M. V, "Entre el sumak kawsay y la 'vida en armonía con la naturaleza': disputas en la circulación y traducción de perspectivas respecto de la regulación de la cuestión ecológica en el espacio global", *Revista Theomai Estudios Críticos sobre Sociedad y Desarrollo*, núm. 32, 2015, pp. 128-150.

27 Sobre la diversidad de dimensiones de estos procesos: BELOTTI, F., "Entre el bien común y buen vivir. Afinidades a distancia", *Íconos*, núm. 48, 2014, pp. 41-54.

28 Para conocer más sobre esta institución puede visitarse: Autoridad Plurinacional de la Madre Tierra, La Paz (Bolivia), portal de internet: https://madretierra.gob.bo/.

nivel jurisprudencial. De hecho, los tribunales de algunos países, pese a no contar con normas jurídicas que incorporen este tipo de reconocimiento, efectúan una reinterpretación del derecho vigente de un modo ecocéntrico[29]. Este es el caso, por ejemplo, de Colombia que a través del concepto de derechos bioculturales y en base al texto constitucional reinterpretado decide, en 2016, reconocer como sujeto de derecho al río Atrato y nombrarle un guardián, a la vez que vincula el problema de fondo del caso – minería – con varias cuestiones, entre ellas, la climática[30].

Así, los recientes litigios climáticos de la región se ubican en un espacio en el que otras innovaciones jurídicas se encuentran en curso y abren nuevos horizontes. Por ejemplo, la posibilidad de habilitar planteos en los que aparezca la solidaridad interespecies, el concebir que se trata de un territorio valioso en biodiversidad que se encuentra en riesgo grave por los efectos del cambio climático generados, de modo preponderante por otras regiones, lo que robustece la pregunta por la justicia distributiva y los arreglos institucionales (in)existentes para hacer frente de manera adecuada al tema.

Por último, nos permitimos realizar un breve excurso. Es importante destacar que en América Latina y el Caribe se encuentra en proceso de implementación el Acuerdo Regional sobre el Acceso a la Información, la Participación Pública y el Acceso a la Justicia en Asuntos Ambientales que entró en vigor el 22 de abril de 2021, el día de la Madre Tierra[31]. El

---

29 En un trabajo previo de carácter interdisciplinar hemos abordado los dos caminos que se observan en Latinoamérica sobre este proceso de ampliación de derechos. Véase: BERROS, M. V. y CARMAN, M., "Los dos caminos del reconocimiento de los derechos de la naturaleza en América Latina", *Revista Catalana de Dret Ambiental*, vol. 13, núm.1, 2022, pp. 1-44.

30 Sentencia de la Corte Constitucional (Colombia), de 10 de noviembre de 2016, *Centro de Estudios para la Justicia Social Tierra Digna en representación del Consejo Comunitario Mayor de la Organización Popular Campesina del Alto Atrato (Cocomopoca), el Consejo Comunitario Mayor de la Asociación Campesina Integral del Atrato (Cocomacia), la Asociación de Consejos Comunitarios del Bajo Atrato (Asocoba), el Foro Inter-étnico Solidaridad Chocó (FISCH) y otros, contra la Presidencia de la República, el Ministerio de Ambiente y Desarrollo Sostenible y otros, sobre acción de tutela.*" asunto T-622/2016. Disponible en: http://www.corteconstitucional.gov.co/relatoria/2016/t-622-16.htm/download

31 Nota de prensa de Naciones Unidas de 22 de abril de 2021, recogiendo declaraciones de la Alta Comisionada de Naciones Unidas para los Derechos Humanos y del Secretario General de Naciones Unidas, *El pionero Acuerdo de Escazú, protector de los defensores del medio ambiente, entra en vigor el Día de la Madre Tierra.* Disponible en: https://news.un.org/es/story/2021/04/1491182.

mismo contiene una serie de normas que expresamente ligan la cuestión climática con el refuerzo de los derechos de acceso contenidos en su texto. En ese sentido, es remarcable la referencia directa a la cuestión climática al abordar los sistemas de información ambiental (art. 6.3), la construcción de sistemas de registro de emisiones y transferencia de contaminantes (art. 6.4) y el desarrollo e implementación de los sistemas de alerta temprana. A su vez, es un acuerdo considerado pionero por incorporar la tutela de los y las defensores/as ambientales. Este no es un tema menor dado que se trata de la región del mundo en la que más personas son asesinadas por su rol en la defensa de los ecosistemas. A su vez, en esta misma zona proliferan proyectos que profundizan el problema climático[32]. En algunos casos ambas cuestiones confluyen. Podemos traer al presente el asesinato de Berta Cáceres que, en 2016, visibilizó internacionalmente el problema del asesinato sistemático de defensores/as ambientales en Latinoamérica. Berta Cáceres era una líder del pueblo lenca en Honduras, comprometida con la defensa del río Gualcarque en oposición al proyecto hidroeléctrico Agua Zarca que lo afectaría de modo irreversible y cuyas consecuencias manifestaciones de injusticia distributiva, especialmente en términos de reconocimiento, fueron denunciadas reiteradamente por el Consejo Cívico de Organizaciones Populares e Indígenas de Honduras[33]. En este proyecto,

[32] En la ya citada tesis doctoral de Medici Colombo presenta una cartografía de los casos de litigación climática en diferentes latitudes vinculados con la autorización de proyectos que contribuyen al calentamiento global. Entre los casos identificados a nivel latinoamericano destaca, por ejemplo, la construcción de una central hidroeléctrica y la incorporación de la técnica de tronadura para la extracción de carbón en Chile, la modificación del porcentaje máximo de etanol como oxigenante de ciertas gasolinas en México y algunos casos pendientes de resolución contra plantas térmicas en Argentina, quema y venteo de gas en Ecuador y licencias de exploración de petróleo en Guyana. Este último tema es objeto de judicialización actualmente también en Argentina en relación a proyectos de exploración petrolera en el mar. MEDICI COLOMBO, op.cit. nota 3.

[33] El Consejo Cívico de Organizaciones Populares e Indígenas de Honduras (COPINH) en el foro denominado "Las historias no contadas de la justicia climática – de los pueblos indígenas a los derechos territoriales" organizado en el marco de la COP 27 en Egipto en 2022 denunció que "No hay mitigación del cambio climático sin cumplimiento de los derechos de pueblos indígenas y campesinos." Nota de *Resumen Latinoamericano* de 16 de noviembre de 2022, disponible en: https://www.resumenlatinoamericano.org/2022/11/16/honduras-copinh-denuncia-no-hay-mitigacion-del-cambio-climatico-sin-cumplimiento-de-los-derechos-de-pueblos-indigenas-y-campesinos/. LAC, "Miembros de la ILC/LAC presentes en la COP27",

conforme los datos del Atlas de Justicia Ambiental[34], confluían intereses tanto hondureños por la concesión de la obra como extranjeros mediante diferentes contratos de subcontratación con empresas de China, Alemania y Costa Rica. Su desvío no sólo representaba la muerte de los pueblos que vivían en relación con ese cuerpo de agua, sino también era considerado un ataque espiritual contra ellos debido a que en su cosmovisión los espíritus del agua resultan vitales para las comunidades. Este entramado permite trazar líneas de diálogo entre diferentes tipos de justicia que interpelan la implementación del Acuerdo Regional de Escazú que ha abierto un notable marco de expectativas al ser considerado como una herramienta de fortalecimiento de la democracia ambiental en la región[35].

III. UN CASO DISRUPTIVO: EL PROBLEMA DEL CAMBIO CLIMÁTICO Y LA AMAZONÍA COLOMBIANA RECONOCIDA COMO SUJETO DE DERECHO

El fenómeno de la litigación climática, si bien reciente, ha proliferado de modo considerable en los últimos años. Para marzo del año 2017 se identificaron casos de este tipo en 24 países distribuidos del siguiente modo: 40 en Europa, 654 en Estados Unidos y 230 en otros países, entre los que se destacan Australia, Nueva Zelanda y Canadá[36].

International Land Coalition, disponible en: https://lac.landcoalition.org/en/engage/events-opportunities/miembros-de-la-ilc-lac-presentes-en-la-cop27/.

34 Para mayor información consultar la descripción completa publicada por el Atlas de Justicia Ambiental: EJAtlas "Proyecto Hidroeléctrico Agua Zarca, Honduras" *Global Atlas of Environmental Justice,* 3 de marzo de 2018. Disponible en: https://ejatlas.org/print/proyecto-hidroelectrico-agua-zarca-honduras.

35 En ese sentido se ha expresado desde la CEPAL (Nota de prensa de 6 de junio de 2022, *La democracia ambiental se fortalece tras la exitosa primera Reunión de la Conferencia de las Partes del Acuerdo de Escazú,* Comisión Económica para América Latina y el Caribe; disponible en: https://www.cepal.org/es/notas/la-democracia-ambiental se-fortalece-tras-la-exitosa-primera-reunion-la-conferencia-partes) hasta la academia en conjunto con organizaciones no gubernamentales (FARN, *Acuerdo de Escazú. Hacia la democracia ambiental en América Latina y el Caribe,* Fundación Ambiente y Recursos Naturales, 2020; disponible en: https://farn.org.ar/cpt_documentos/acuerdo-de-escazu-hacia-la-democracia-ambiental-en-america-latina-y-el-caribe/).

36 PNUMA, *El estado del litigio en materia de cambio climático–una revisión global,* Programa de las Naciones Unidas para el Medio Ambiente, Nairobi, 2017, p. 11. Una actualización de información sobre el estado global de la ligitación climática puede consultarse en: PNUMA-SCCCL, *Global Climate Litigation Report: 2020 Status Re-*

En el Sur Global el fenómeno es más reciente[37]. Entre los primeros en América Latina, se destaca como paradigmática una sentencia de la Corte Suprema de Colombia del año 2018[38].

En este país el litigio climático planteado se encuentra, a su vez, con una realidad socio-territorial particular y con algunos procesos jurídicos ya en marcha, como lo es el reconocimiento de la naturaleza como titular de derechos. Con el caso del río Atrato resuelto por la Corte Constitucional en la memoria cercana, aquí es la Corte Suprema quien define sobre un litigio que enfatiza particularmente en la asociación entre deforestación de una región en particular del territorio colombiano, la Amazonía, y la equidad intergeneracional. La causa se inicia mediante la presentación de una acción de tutela por parte de un grupo de 25 niños, niñas y adolescentes cuyas edades oscilan entre los 7 y 25 años y con el acompañamiento de la organización no gubernamental Dejusticia. El objeto de la demanda contra la Presidencia de la República, el Ministerio de Ambiente y Desarrollo Sostenible, el Ministerio de Agricultura y Desarrollo Rural, la Unidad Administrativa Especial de Parques Nacionales Naturales y las Gobernaciones de Amazonía, Caquetá, Guainía, Guaviare, Putumayo y Vaupés es solicitar que se cumpla con los compromisos adquiridos en materia de cambio climático, en especial frenando la grave deforestación que se lleva a cabo en la región de la Amazonía colombiana.

El escenario de deforestación, unido a una proyección temporal son claves para esta causa. Con respecto al primer eje, Colombia en 2016 perdió 178.597 hectáreas de bosques, aumentándose así un 44 por ciento en relación al año previo. Una buena parte de esas hectáreas destruidas (70.074) forman parte de la Amazonía, continuamente en riesgo por el acaparamiento de tierras, los cultivos ilegales, la presión de la agroindustria, la

---

view, Programa de las Naciones Unidas para el Medio Ambiente y Sabin Center for Climate Change Law, Nairobi, 2020.

37 PEEL, J., LIN, J., "Transnational Climate Litigation: The Contribution of the Global South", *American Journal of International Law*, vol. 113, núm. 4, 2019, pp. 679-726.

38 Sentencia de la Corte Suprema de Justicia (Colombia), Sala de Casación Civil, de 5 de abril de 2018, Andrea Lozano Barragán, Victoria Alexandra Arenas Sánchez, José Daniel y Félix Jeffry Rodríguez Peña, entre otros, contra Presidencia de la República, los Ministerios de Ambiente y Desarrollo Sostenible y de Agricultura y Desarrollo Rural, la Unidad Administrativa Especial de Parques Nacionales Naturales y las Gobernaciones de Amazonas, Caquetá, Guainía, Guaviare, Putumayo y Vaupés, asunto STC4360/2018. Disponible en: https://observatoriop10.cepal.org/sites/default/files/documents/stc4360-2018.pdf

construcción de infraestructura, la extracción ilegal de madera, etc[39]. Sobre la proyección en el tiempo, el grupo de personas que demanda llegaría a su adultez entre 2041 y 2070 y a ser adultos mayores a partir de 2071, conforme la expectativa de vida en el país. En dicho momento, de no tomarse medidas urgentes, la temperatura habría aumentado entre 1,6 y 2,14 grados afectando directa y gravemente su calidad de vida.

Este estado de situación, además, no se condice con los compromisos contraídos en el Acuerdo de Paris entre los que se destaca llevar a cero la tasa neta de deforestación para el año 2020, ni con el conjunto de normas que son caracterizadas por la Corte como el orden ecológico mundial hoy vigente: Pacto Internacional de Derechos Económicos, Sociales y Culturales de 1966; Convención sobre la Prohibición de Utilizar Técnicas de Modificación Ambiental con Fines Militares u otros Fines Hostiles de 1976 y el Protocolo I Adicional a los Convenios de Ginebra relativo a la protección de las víctimas de los conflictos armados internacionales; Declaración de Estocolmo de 1972; Conferencia de Naciones Unidas sobre Medio Ambiente y Desarrollo de 1992; Convención Marco sobre Cambio Climático Paris 2015 que establece medidas vinculantes para mitigar el cambio climático[40].

---

39 Cabe señalar que este tema no es sólo privativo de Colombia, sino que en otros países latinoamericanos que comparten este enorme ecosistema también se ven similares situaciones. Por ejemplo, en el caso de Brasil el Instituto Nacional de Estudios Espaciales viene midiendo desde 2015 las alertas de deforestación que alcanzaron su número más alto en 2022, resultado de las políticas implementadas por el ex presidente Jair Bolsonaro que, descreyendo del cambio climático, tomó medidas regresivas tanto a nivel institucional como legislativo y de políticas públicas en la materia, lo cual fue advertido por uno de los relatores de Naciones Unidas (Entrevista a Marcos A. Orellana, Relator Especial sobre sustancias tóxicas y derechos humanos de las Naciones Unidas, realizada en Santiago de Chile en víspera del inicio de la primera conferencia de las partes del acuerdo de Escazú, el 22 de abril de 2022; disponible en: https://efeverde.com/relator-de-la-onu-advierte-que-la-regresion-ambiental-en-brasil-es-gravisima/) y por parte de la academia. Véase, verbigracia: FERREIRA CARVALHO, E., GIESSEN, L. y FERNÁNDEZ, E., "Los principales retrocesos promovidos por la Ley Forestal brasileña de 2012: principales actores, intereses y el principio de prohibición de retroceso ambiental", *Revista De Derecho Ambiental*, núm. 11, 2019, pp. 19–55; MARQUES PROL, F. et al., "Finanzas verdes y hundimiento de la regulación ambiental al servicio de la extrema derecha en Brasil", *Ecología Política*, núm. 59, 2020, pp. 57-66.

40 JUSTE RUIZ, J., "El tercer pilar del régimen internacional para responder al cambio climático: el Acuerdo de Paris de 2015", en BORRÀS PENTINANT, S.,

Tampoco se puede justificar de conformidad al contenido de la Constitución de Colombia que en 1991 incorpora la cuestión ambiental elevándola a derecho fundamental, cuestión que se replica en un gran número de constituciones modificadas en dicho período en América Latina[41]. La tutela de las personas, así como de la biodiversidad de la región, sumado a la protección de las generaciones futuras, conducen a una sentencia judicial en la que se disponen una serie de órdenes. La primera es que los demandados, en conjunto con la parte actora, las comunidades afectadas y la población interesada elaboren en 4 meses un plan de acción de corto, mediano y largo plazo para contrarrestar la tasa de deforestación. Asimismo, se ordena la consecución en un plazo de 5 meses de un "Pacto Intergeneracional por la vida del amazonas colombiano" con participación no sólo de las entidades estatales sino también de los tutelantes, de las comunidades afectadas, de organizaciones científicas o de investigación en materia ambiental y de la población interesada en general, abriéndose así la posibilidad de una construcción más participativa y democrática sobre el futuro de la Amazonía que es reconocida por la Corte Suprema como sujeto de derecho en su fallo. Este último aspecto comunica ambos procesos jurídicos que, en paralelo, se desarrollan en estas latitudes pudiendo convertirse esta articulación en una particularidad de la región.

Por último, se solicita a los municipios demandados la actualización e implementación de sus planes de ordenamiento territorial y a varias corporaciones de la región un plan de acción que contrarreste los problemas de deforestación informados en la causa, en ambos supuestos en un plazo de 5 meses.

VILLAVICENCIO CALZADILLA, P., *El Acuerdo de Paris sobre el Cambio Climático: ¿un acuerdo histórico o una oportunidad perdida? Análisis jurídico y perspectivas futuras*, Thomson Reuters/Aranzadi, España, 2018, pp. 29-51.

41 Sobre la tutela de este derecho a nivel constitucional tanto en América Latina como a nivel global puede consultarse: Base de Datos de la Biblioteca del Congreso Nacional de Chile, *Protección del Medio Ambiente y de la Naturaleza*; disponible en: https://www.bcn.cl/procesoconstituyente/comparadordeconstituciones/materia/env#rights_and_duties/Social_Rights.

IV. UN POSIBLE CAMINO A CARTOGRAFIAR

El proceso de regulación y de litigación climática que pone de manifiesto diferentes aristas relacionadas con la justicia, si bien puede considerarse aún emergente lleva algunos años de crecimiento en Latinoamérica. Algo similar puede afirmarse respecto de la ampliación de derechos hacia la naturaleza y algunos ecosistemas en particular. Así, resulta interesante indagar en cuál o cuáles pueden ser las características propias que asuma esta manera de presentar la conflictividad socio-ambiental en América Latina que, en los años recientes, ha generado una serie de innovaciones jurídicas que comienzan a dialogar[42]. Este trabajo propuso mostrar esas articulaciones iniciales que pueden dar lugar a posteriores cartografías más robustas sobre los modos en que se continúe con la regulación y el diseño de instituciones desde esta perspectiva que ensambla procesos en marcha, no exentos de contradicciones y de desafíos pendientes. A su vez, se pueden identificar y analizar los argumentos enhebrados entre justicia ecológica y climática generados tanto por parte de quienes demandan judicialmente llevando el problema de la afectación de determinados ecosistemas como sus repercusiones en términos climáticos como por parte de quienes deciden judicialmente.

---

42 En ese sentido, véase: DE SALLES CAVEDON-CAPDEVILLE, F., BERROS, M. V. y FILPI, H., "Litigación climática, ecocentrismo y derechos de la naturaleza: un análisis de la experiencia Sudamericana", en PERONA, R. y BERROS, M. V. (dirs.), *Ragionamento e argomentazione giuridica: nuovi approcci per la tutela della natura,* «Diálogos» Incontri con la cultura giuridica latino-americana, Accademia University Press, Torino, 2023 (en prensa).

Algunas declaraciones estatales en el Acuerdo de París[1]

NURIA PASTOR PALOMAR*

Sumario: I. Introducción. II. Aspectos jurídicos del Acuerdo de París. III. Declaraciones interpretativas y otras declaraciones unilaterales formuladas por las Partes. IV. Conclusiones.

Resumen: El presente capítulo realiza un análisis jurídico del Acuerdo de Paris, en tanto que tratado internacional, abordando su condición de tratado internacional de protección de intereses generales, con obligaciones absolutas y vocación de universalidad, y las particularidades que presenta su marcada flexibilidad, singularidades que han creado debate sobre su naturaleza jurídica. Además, y en relación con la cláusula de prohibición de reservas que incluye el tratado, la autora aborda las declaraciones interpretativas y otras declaraciones unilaterales formuladas por las partes que permiten a los Estados parte introducir elementos de flexibilidad sin alterar el texto del acuerdo.

Palabras clave: Acuerdo de Paris, Naturaleza Jurídica, Reserva de los Tratados, Clausula de Prohibición de Reservas.

I. INTRODUCCIÓN

El Acuerdo de París constituye un nuevo paso de la comunidad internacional para dar respuesta al fenómeno global del cambio climático. Su objetivo principal, definido en el artículo 2.1, consiste en "mantener el aumento de la temperatura media mundial muy por debajo de 2 °C con respecto a los niveles preindustriales, y proseguir los esfuerzos para limitar ese aumento de la temperatura a 1,5 °C".

El Acuerdo fue adoptado el 15 de diciembre de 2015 en la 21ª Conferencia de las partes de la Convención Marco de las Naciones Unidas sobre

* Profesora Asociada. Departamento de Derecho Internacional Público (UNED). Email: npastor@der.uned.es.

el Cambio Climático, de 9 de mayo de 1992[1], cuya aplicación trata de mejorar (art. 2.1)[2]. Asimismo, sustituye al Protocolo de Kioto, adoptado el 11 de diciembre de 1997 durante la 3ª Conferencia de las partes de la Convención Marco, cuya vigencia terminó el 31 de diciembre de 2020[3].

Estos tratados internacionales de protección de intereses generales contienen obligaciones integrales y vocación de universalidad. La globalidad, complejidad y dinamismo del cambio climático requieren también que las partes puedan modular y flexibilizar su participación en estos tratados. En este capítulo examinamos algunas declaraciones unilaterales formuladas por las partes en el momento de la firma o de la manifestación del consentimiento en obligarse por el Acuerdo de París, que no son reservas y que muestran rasgos característicos de este instrumento internacional[4].

Para ello, se abordan en primer lugar aspectos jurídicos del Acuerdo de París: por un lado, su naturaleza de tratado internacional, de protección de intereses generales con un claro predominio de la flexibilidad, y por otro, la prohibición de reservas. En segundo lugar, analizaremos declaraciones unilaterales formuladas por los Estados que tienen que ver con cuestiones como el principio de responsabilidad común pero diferenciada, la responsabilidad internacional e indemnización por pérdidas y daños y la solución de controversias. Nos referiremos también a la declaración de la Unión Europea, la única organización internacional que es parte en el Acuerdo y cuyo liderazgo ha sido determinante para su adopción, siendo

---

1 Acuerdo de Paris del 12 de diciembre de 2015, de las Partes en la Convención Marco de las Naciones Unidas sobre el Cambio Climático, *United Nations, Treaty Series*, vol. 3156-I-54113. Decisión 1/CP.21 adoptada por la Conferencia de los Estados parte de la Covención Marco de las Naciones Unidas sobre el Cambio Climático. *Aprobación del Acuerdo de París*. FCCC/CP/2015/10, Add.1.

2 El artículo 2.1 del Acuerdo de París señala: "El presente Acuerdo, al mejorar la aplicación de la Convención, incluido el logro de su objetivo, tiene por objeto reforzar la respuesta mundial a la amenaza del cambio climático, en el contexto del desarrollo sostenible y de los esfuerzos por erradicar la pobreza".

3 Protocolo de Kioto de 11 de diciembre de 1997, anejo a la Convención Marco de las Naciones Unidas sobre el Cambio Climático, *United Nations, Treaty Series*, vol. 2303, p. 162. Las enmiendas del Protocolo adoptadas en la Conferencia de Doha de diciembre de 2012 prorrogarían el Protocolo con un segundo periodo de cumplimiento, desde el 1 de enero de 2013 hasta el 31 de diciembre de 2020, con nuevas reducciones de emisiones para las partes del Anexo I.

4 El texto de estas declaraciones unilaterales puede consultarse en la versión electrónica *Multilateral Treaties Deposited with the Secretary-General*, http://untreaty.un.org, Parte I, cap. XXVII, tratado 7 d. Ver asimismo *op.cit.* nota 1.

la lucha contra el cambio climático un elemento central de su acción exterior[5]. Finalizaremos con unas conclusiones en las que se tendrán en cuenta las valoraciones sobre el Acuerdo de París que acompañan ciertos Estados a sus instrumentos de manifestación del consentimiento.

II. ASPECTOS JURÍDICOS DEL ACUERDO DE PARÍS

1. *Tratado internacional de protección de intereses generales: universalidad y flexibilidad*

El Acuerdo de París constituye un tratado internacional de protección de intereses generales, con obligaciones absolutas y vocación de universalidad[6]. Se caracteriza también por su marcada flexibilidad, existente en el régimen internacional del cambio climático, y que por las singularidades del Acuerdo ha llegado incluso a generar un debate sobre la naturaleza jurídica del instrumento[7].

---

5 OBERTHÜR, S., GROEN, L., "Explaining goal achievement in international negotiations: the EU and the Paris Agreement on climate change", *Journal of European Public Policy*, vol. 25, núm. 5, 2018, pp. 708-727.

6 Sobre los tratados de protección de intereses generales, véase., RODRIGO HERNÁNDEZ, A.J., "El concepto y los efectos de los tratados de protección de intereses generales de la comunidad internacional", *Revista Española de Derecho Internacional,* vol. 69, núm. 1, 2017, pp. 167-193.

7 Alguna doctrina, dadas estas singularidades del Acuerdo de París, ha puesto en entredicho su naturaleza como tratado internacional. Así, por ejemplo, SLAUGHTER, A-M., "The Paris Approach to Global Governance", *Project Syndicate,* 28 de diciembre de 2015. Disponible en: https://www.project-syndicate.org/commentary/paris-agreement-model-for-global-governance-by-anne-marie-slaughter-2015-12; FALK, R., "'Voluntary' International Law and the Paris Agreement", *Global Justice in the 21st Century,* 16 de enero de 2016. Disponible en: https://richardfalk.wordpress.com/2016/01/16/voluntary-international-law-and-the-paris-agreement/. Por su parte, en Estados Unidos, la oposición republicana llevaría al presidente Obama a evitar su tratamiento como tratado internacional, presentando el Acuerdo como un *presidential-executive agreement,* sólo necesitado de su firma, carente de obligatoriedad jurídica, con obligaciones meramente políticas y cuyo incumplimiento daría lugar a sanciones también políticas. Véase, BODANSKY, D., "The Paris Climate Change Agreement: A New Hope?", *American Journal of Internacional Law,* vol. 110, núm. 5, 2016, pp. 288 – 319, p. 297.

Lo cierto es que responde a la definición dada de tratado internacional por el artículo 2.1, a) de la Convención de Viena sobre el derecho de los tratados de 1969[8]. Con la denominación de Acuerdo, este instrumento convencional que incluye 29 artículos con disposiciones generales, sustantivas, procedimentales y finales[9], cumple con las formalidades requeridas para la celebración y entrada en vigor del régimen de tratados. Su estructura formal y las obligaciones jurídicas vinculantes que contiene confirman que se trata de un acuerdo regido por el Derecho internacional, un tratado *estricto sensu*, jurídicamente obligatorio.

En el ámbito del cambio climático se han utilizado fórmulas de flexibilidad que permiten adaptar y actualizar la regulación internacional. La utilización de la técnica de Convenio Marco y protocolos o instrumentos de desarrollo responde a esta necesidad. El mismo Acuerdo de París señala que opera en el marco de la Convención de 1992. Así, además de mejorar su aplicación, incluido su objetivo (art. 2.1), se sirve de la mayoría de sus instituciones como la Conferencia de las partes[10], la secretaría y órganos

---

8 Conforme a dicho artículo, se entiende por tratado: "un acuerdo internacional celebrado por escrito entre Estados y regido por el derecho internacional, ya conste en un instrumento único o en dos o más instrumentos conexos y cualquiera que sea su denominación particular". Una definición similar contiene en su art. 2.1, a) la Convención de Viena sobre el derecho de los tratados entre Estados y Organizaciones internacionales y Organizaciones internacionales entre sí, de 21 de marzo de 1986, todavía no en vigor.

9 Las disposiciones generales incluyen definiciones y objetivo. Las disposiciones sustantivas abordan las cuestiones nucleares como la mitigación; adaptación; pérdidas y daños; financiación; desarrollo y transferencia de tecnología; fomento de la capacidad, y educación; capacitación, concienciación ciudadana y participación social. Las disposiciones procedimentales establecen: los Enfoques Cooperativos, el Mecanismo de Contribución a la Mitigación y el Desarrollo Sostenible; el Marco de Transparencia, el Diálogo y Balances Mundiales entre las partes; el Mecanismo para facilitar la implementación y promover el cumplimiento; los arreglos institucionales y de órganos. Las disposiciones finales tratan las modalidades de manifestación del consentimiento; la entrada en vigor; enmiendas; anexos, solución de controversias, votación, depositario, reservas, retiro y lenguas.

10 El artículo 16 del Acuerdo señala que "La Conferencia de las partes, que es el órgano supremo de la Convención, actuará como reunión de las partes en el presente Acuerdo". Asimismo, precisa que "Las partes en la Convención que no sean partes en el presente Acuerdo podrán participar como observadoras en las deliberaciones de cualquier período de sesiones de la Conferencia de las partes en calidad de reunión de las partes en el presente Acuerdo. Cuando la Conferencia de las partes actúe como reunión de las partes en el presente Acuerdo, las

subsidiarios[11]. También establece que son las partes en la Convención las que pueden adherirse al Acuerdo de París (art. 20.1) y remite a sus disposiciones relativas a la aprobación de enmiendas (art. 22), aprobación y enmienda de anexos (art. 23) y sobre arreglo de controversias (art. 24), que se aplican *mutatis mutandis.* Aunque el Acuerdo de París sustituye al Protocolo de 1997, se aparta del mismo en tanto que instrumento de desarrollo de la Convención Marco. En efecto, a diferencia del Protocolo de Kioto, que contiene obligaciones jurídicas de resultado sólo para algunas de las partes en el tratado[12], en el Acuerdo de París las obligaciones jurídicas de reducción de gases de efecto invernadero son de comportamiento para todas ellas, dejando un amplio margen de discrecionalidad y sometidas al principio de progresividad[13]. En este acuerdo vinculante hay también un alto contenido de normas que carecen de obligatoriedad. Normatividad variable en la que conviven obligaciones vinculantes y no vinculantes, simples requerimientos o recomendaciones y en el que muchas de sus obligaciones son incompletas y con contenido embrionario, necesitadas de un desarrollo normativo[14]. Por

---

decisiones en el ámbito del Acuerdo serán adoptadas únicamente por las partes en el presente Acuerdo".

11 Así, el Órgano Subsidiario de Asesoramiento Científico y Tecnológico (OSACT) y el Órgano Subsidiario de Ejecución (OSE) (art. 18) y los órganos subsidiarios que decida la Reunión de las partes en el Acuerdo de París (art. 19).

12 En el Protocolo de Kioto, los compromisos de reducción de gases son específicos y para algunos de los Estados parte -los del anexo I- (arts. 3.1 y 3 *bis* del Protocolo, *op.cit.* nota 3).

13 Aun cuando el Acuerdo de París establece que "Cada Parte deberá comunicar una contribución determinada a nivel nacional cada cinco años" (art. 4.9), señala que "Para cumplir el objetivo a largo plazo referente a la temperatura que se establece en el artículo 2, las Partes se proponen lograr que las emisiones mundiales de gases de efecto invernadero *alcancen su punto máximo lo antes posible*" (art. 4.2), así como que "Los esfuerzos de todas las Partes representarán una *progresión a lo largo del tiempo*" (art. 3). Cursivas añadidas.

14 Así, cuando se señala que las partes "*deberían* adoptar medidas para conservar y aumentar [...] los sumideros y depósitos de gases de efecto invernadero" (art. 5.1), "*deberían* presentar y actualizar periódicamente, cuando proceda, una comunicación sobre la adaptación" (art. 7.10), o "En el suministro de un mayor nivel de recursos financieros *se debería* buscar un equilibrio entre la adaptación y la mitigación" (art. 9.4) o "*Se alienta* a otras partes a que presten o sigan prestando ese apoyo de manera voluntaria" (art. 9.2).). Cursivas añadidas. Véanse más ejemplos en RODRIGO HERNÁNDEZ, A.J., "El Acuerdo de París sobre el cambio climático: un nuevo tipo de tratado de protección de intereses generales", en BORRÀS PENTINAT, S. y VILLAVICENCIO CALZA-

ello, cabe entender al Acuerdo de París como un Convenio Marco vinculado a otra Convención Marco, la de 1992[15]. La Conferencia de las partes, órgano de participación plenaria, cumple un papel esencial en este desarrollo y concreción normativa, como así advierte la Decisión 1/CP.21 por la que se aprueba el Acuerdo de París. Además, a esta flexibilidad sustantiva le acompaña la singularidad en la regulación de los mecanismos de control y un alejamiento de los mecanismos de arreglo de controversias, así como de la institución de la responsabilidad internacional.

Este claro predominio de la flexibilidad ha facilitado la más amplia participación de los Estados. Hoy, 195 Estados han firmado este tratado internacional y cuenta con 194 partes en el mismo, incluida la Unión Europea[16]. De este modo, los Estados de la comunidad internacional, con circunstancias, intereses y prioridades nacionales diferentes, entre ellos los que representan más del 95% de las emisiones mundiales, son parte en el mismo[17].

DILLA, P. (eds.), *El Acuerdo de París sobre el cambio climático: ¿un acuerdo histórico o una oportunidad perdida?,* Aranzadi, 2018, pp. 69-98, esp. pp. 92 y ss.

15 Sobre la naturaleza jurídica del Acuerdo y su normatividad variable, véase, FAJARDO DEL CASTILLO, T., "El Acuerdo de París sobre el cambio climático: Sus aportaciones al desarrollo progresivo del Derecho internacional y las consecuencias de la retirada de los Estados Unidos", *Revista Española de Derecho Internacional,* vol. 70, núm. 1, 2018, pp. 23-51; FERRER LLORET, J., "La transparencia y el control internacional en el Acuerdo de París de 2015: ¿Un self contained regime?", *Revista Electrónica de Estudios Internacionales, núm.* 38, 2019, pp. 5-12; JUSTE RUIZ, J., "El tercer pilar del régimen internacional para responder al cambio climático: el Acuerdo de París de 2015", en BORRÀS PENTINAT, S., VILLAVICENCIO CALZADILLA, P. (eds.), *El Acuerdo de París sobre el cambio climático: ¿un acuerdo histórico o una oportunidad perdida?,* Aranzadi, 2018, pp. 29-51; NAVA ESCUDERO, C., "El Acuerdo de París. Predominio del *soft law* en el régimen climático." *Boletín Mexicano de Derecho Comparado,* núm. 147, 2016, pp. 99-135; RODRIGO HERNÁNDEZ, A.J., "El Acuerdo de París sobre el cambio climático: un nuevo tipo de tratado de protección de intereses generales", *op.cit.* nota 14, pp. 74 y ss; SALINAS ACELGA, S., "El Acuerdo de París de diciembre de 2015: la sustitución del multilateralismo por la multipolaridad en la cooperación climática internacional", *Revista Española de Derecho Internacional,* vol. 70, núm. 1, 2018, pp. 53-76.

16 Véase, *op.cit.* nota 4, tratado 7 d.

17 También Estados Unidos, uno de los principales emisores de gases de efecto invernadero que, tras su retirada del Acuerdo en noviembre de 2020, con el actual presidente, Joe Biden, volvería a depositar su instrumento de aceptación en enero de 2021 (*op.cit.,* nota 4).

2. Prohibición de reservas

La reserva constituye una técnica convencional que permite modular y flexibilizar la participación de los Estados en el tratado favoreciendo su universalidad[18]. El artículo 2.2, d) de la Convención de Viena de 1969 define la reserva como "una declaración unilateral, cualquiera que sea su enunciado o denominación, hecha por un Estado al firmar, ratificar, aceptar o aprobar un tratado o adherirse a él con objeto de excluir o modificar los efectos jurídicos de ciertas disposiciones del tratado en su aplicación a ese Estado". Lo característico de esta institución, por tanto, es que trata de excluir o modificar los efectos jurídicos de ciertas disposiciones del tratado o del tratado en su conjunto con respecto a ciertos aspectos específicos[19]. Para que se produzcan estos efectos buscados por el autor, la reserva ha de reunir ciertas condiciones de fondo (que la reserva no esté prohibida por el tratado, bien expresa bien implícitamente y que no sea incompatible con su objeto y fin) y de forma (que se formule en la firma, ratificación, aceptación o aprobación del tratado o al adherirse a él, o la forma escrita, entre otras). Formulada la reserva, corresponde a cada una de las demás partes contratantes la posibilidad de aceptarlas u objetarlas, dando lugar a efectos jurídicos del mismo signo en la medida en que éstos se *bilaterizan* en las relaciones entre el Estado autor de la reserva y cada uno de los demás aceptantes u objetantes.

El régimen jurídico descrito, a falta de normas propias en el tratado, es el enunciado en los artículos 19 a 23 de la Convención de Viena de

---

18 Al respecto, véase, MARTÍN RODRÍGUEZ, J.P., *Flexibilidad y tratados internacionales*, Tecnos, Madrid, 2003, pp. 119 y ss.

19 La directriz 1.1 de la Guía de la práctica, relativa a la definición de las reservas, siguiendo la definición dada por el artículo 2 de la Convención de Viena sobre el Derecho de los Tratados de 1969, señala: "1. Se entiende por "reserva" una declaración unilateral, cualquiera que sea su enunciado o denominación, hecha por un Estado o por una organización internacional al firmar, ratificar, confirmar formalmente, aceptar o aprobar un tratado, con objeto de excluir o modificar los efectos jurídicos de ciertas disposiciones de tratado en su aplicación a ese Estado o a esa organización. 2. El párrafo 1 deberá interpretarse en el sentido de que incluye las reservas que tienen por objeto excluir o modificar los efectos jurídicos de ciertas disposiciones de un tratado, o del tratado en su conjunto con respecto a ciertos aspectos específicos, en su aplicación al Estado o a la organización internacional que formula la reserva". Véase, Texto de la Guía de la Práctica sobre las Reservas a los Tratados, aprobado por la Comisión de Derecho Internacional (Naciones Unidas) en su 63° período de sesiones (26 de abril a 3 de junio y 4 de julio a 12 de agosto de 2011), A/66/10/Add.1, p. 36.

1969. Este régimen es fiel al principio de reciprocidad[20]. Pero en los tratados de protección de intereses generales, como el Acuerdo de París, este principio pierde peso. Efectivamente, en este tipo de tratados se imponen obligaciones absolutas de carácter objetivo que, como precisa Fitzmaurice, "surten efecto para cada parte *per se* y no entre las partes *inter se*"[21]; "impermeabilidad a la reciprocidad", observa Couleé, de "la mayoría de las obligaciones convencionales en materia de protección del medio ambiente [...] que son obligaciones integrales"[22]. Y si las disposiciones no están basadas en la reciprocidad de los derechos y obligaciones entre las partes, no hay intercambio recíproco de contraprestaciones, una reserva tampoco puede producir ese efecto recíproco.

La Comisión de Derecho Internacional, en la "Guía de la práctica sobre las reservas a los tratados" aprobada en 2011[23], se ocuparía de estos instrumentos internacionales[24]. El Relator especial ya observaría que "si no es por "decreto doctrinal", la reciprocidad no es una función inherente a un régimen de reservas, del cual no constituye su objeto"[25]. Y la directriz 4.2.5 de la Guía de la práctica, que trata sobre la aplicación no recíproca de las

---

20 Sobre el principio de reciprocidad, véase, DECAUX, E., *La réciprocité en Droit International*, Paris: Librairie générale de droit et de jurisprudence, 1980, pp. 63-78; GREIG, W., "Reciprocity, Proportionality and the Law of Treaties", *Virginia Journal of International Law*, vol. 34, 1994, pp. 295-403.

21 FITZMAURICE, G.G., "Reservations to Multilateral Conventions", *The International and Comparative Law Quarterly* (Londres), vol. 2, núm. 1, 1953, pp. 1-26, p. 15.

22 COULÉE, F., "À propos d'une controverse autour d'une codification en cours: les réactions aux réserves incompatibles avec l'objet et le but des traités de protection des droits de l'homme", en VV.AA., *Mélanges en hommage au Doyen Gérard Cohen-Jonathan -Libertés, Justice, Tolérance-*, vol. I, Bruylant, Bruselas, 2004, pp. 501-521, p. 502.

23 La Comisión de Derecho Internacional, en sus sesiones 3118ª y 3120ª a 3125ª celebradas del 5 al 11 de agosto de 2011, aprobó las directrices y comentarios que componen la "Guía de la práctica sobre las reservas a los tratados", incluida una introducción a la Guía de la práctica y un anexo en el que se enuncian las conclusiones y una recomendación de la Comisión acerca del diálogo sobre las reservas. Todo ello figura en Informe de la Comisión de Derecho Internacional, 63º periodo de sesiones, *Documentos Oficiales de la Asamblea General, sexagésimo sexto periodo de sesiones, Suplemento N.º 10* (A/66/10), pp. 20-52, y en la adición a este informe (A/66/10/Add.1, *op.cit.* nota 19).

24 En particular, en el segundo informe el capítulo II titulado "Unidad o diversidad del régimen jurídico de las reservas a los tratados multilaterales", con el subtítulo "Reservas a los tratados de derechos humanos" presentado por el Relator especial Sr. Alain Pellet en 1996 (A/CN.4/477 y Add.1).

25 A/CN.4/477/Add.1, *ibid.* párr. 156.

obligaciones a que se refiere la reserva, señala lo siguiente: "En la medida en que las obligaciones previstas en las disposiciones a que se refiera la reserva no sean de aplicación recíproca en razón de la naturaleza de la obligación o del objeto y fin del tratado, el contenido de las obligaciones de las partes en el tratado que no sean el autor de la reserva no se verá afectado. Del mismo modo, el contenido de las obligaciones de esas partes no se verá afectado cuando la aplicación recíproca no sea posible en razón del contenido de la reserva"[26].

Aun cuando las partes en el tratado que no sean el autor de la reserva, aceptantes de la misma y también los objetantes, siguen estando sujetas a la obligación reservada, la parte reservante no queda obligada por el contenido de la obligación reservada o sólo asume dicha obligación en la medida determinada por la reserva. El menoscabo en la integridad del tratado, junto al relativismo que se fomenta, es argumento a favor de la prohibición de reservas en los tratados de protección de intereses generales de la comunidad internacional. En los tratados relativos al cambio climático figura una cláusula de prohibición total sobre las reservas. En el Acuerdo de París su prohibición viene recogida en el artículo 27 del Acuerdo de París: "No se podrán formular reservas al presente Acuerdo". La Convención Marco sobre el Cambio Climático y el Protocolo de Kioto contienen la misma prohibición[27].

---

26 Por lo que respecta a esta directriz y su comentario, véase, A/66/10, Add.1, *op.cit.* nota 19, pp. 479-482.

27 El artículo 24 de la Convención Marco sobre el Cambio Climático establece que "No se podrán formular reservas a esta Convención" y el artículo 26 del Protocolo de Kioto: "No se podrán formular reservas al presente Protocolo". Otros tratados relativos al medio ambiente incluyen también una cláusula de prohibición de todas las reservas (así, por ejemplo, la Convención de Viena sobre la protección de la capa de ozono de 22 de marzo de 1985 (art.18) y Protocolo de Montreal relativo a las sustancias que agotan la capa de ozono de 16 de septiembre de 1987 (art. 18); el Convenio sobre la diversidad biológica, hecho en Río de Janeiro el 5 de junio de 1992 (art. 37) y el Protocolo de Cartagena sobre seguridad de la biotecnología del Convenio sobre la diversidad biológica, hecho en Montreal el 29 de enero de 2000 (art. 38); y el Convenio de Basilea sobre el control de los movimientos transfronterizos de los desechos peligrosos y su eliminación, hecho en Basilea el 22 de marzo de 1989 (art. 26). Muy pocos tratados de este ámbito autorizan expresamente la formulación de reservas (el Convenio sobre el comercio internacional de especies amenazadas de fauna y flora silvestres, de 3 de marzo de 1973, art. XXIII, y la Convención sobre la conservación de las especies migratorias de animales silvestres, de 23 de junio de 1979, art. XIV).

La reserva no es considerada como técnica adecuada para las necesidades de flexibilización requeridas para este tipo de tratados. Se ha recurrido a otros mecanismos de flexibilidad, temporal y normativa, más adecuados y adaptados a las singularidades que presenta el ámbito relativo al cambio climático.

III. DECLARACIONES INTERPRETATIVAS Y OTRAS DECLARACIONES UNILATERALES FORMULADAS POR LAS PARTES

La prohibición de reservas a todas las disposiciones del tratado no impide que se formulen otras declaraciones unilaterales cuya categoría jurídica corresponde a la declaración interpretativa u otra distinta[28]. Así lo han hecho algunas partes, la Unión Europea y varios Estados, en el Acuerdo de París al tiempo de firmar o manifestar su consentimiento en obligarse por el mismo. En cuanto a España, que depositaría el instrumento de ratificación del Acuerdo el 12 de enero de 2015, lo haría únicamente con una declaración sobre Gibraltar[29].

---

28 La Guía de la práctica sobre las reservas a los tratados se aplica sólo a las reservas y declaraciones interpretativas, pero a efectos de una mejor caracterización de las mismas define e identifica otras declaraciones unilaterales (véase, parte 1, Definiciones).

29 El texto de la declaración formulada por España es el siguiente: "Para el caso de que el presente Acuerdo sea ratificado por el Reino Unido y su aplicación extendida al territorio de Gibraltar, España desea formular la siguiente Declaración: 1. Gibraltar es un territorio no autónomo de cuyas relaciones exteriores es responsable el Reino Unido y que está sometido a un proceso de descolonización de acuerdo con las decisiones y resoluciones pertinentes de la Asamblea General de Naciones Unidas. 2. Las autoridades de Gibraltar tienen un carácter local y ejercen competencias exclusivamente internas que tienen su origen y fundamento en la distribución y atribución de competencias efectuadas por el Reino Unido, de conformidad con lo previsto en su legislación interna, en su condición de Estado soberano del que depende el citado territorio no autónomo. 3. En consecuencia, la eventual participación de las autoridades gibraltareñas en la aplicación del presente Acuerdo se entenderá realizada exclusivamente en el marco de las competencias internas de Gibraltar y no podrá considerarse que produce cambio alguno respecto de lo previsto en los dos párrafos anteriores. 4. La aplicación a Gibraltar del presente Acuerdo no puede ser interpretada como reconocimiento de cualesquiera derechos o situaciones relativas a los espacios que no estén comprendidos en el artículo 10 del Tratado de Utrecht, de 13 de julio de 1713, suscrito por las Coronas de España y Gran Bretaña". Véase, *op.cit.* nota 4, tratado 7 d.

1. La declaración informativa de la Unión Europea

El Acuerdo de París, en su artículo 20, habilita que no sólo los Estados sino también las organizaciones regionales de integración económica sean partes en el tratado (párr. 1)[30]. Señala también que "Las organizaciones regionales de integración económica indicarán en sus instrumentos de ratificación, aceptación, aprobación o adhesión su grado de competencia con respecto a las cuestiones regidas por el presente Acuerdo. Esas organizaciones comunicarán asimismo cualquier modificación sustancial de su ámbito de competencia al Depositario, que a su vez la comunicará a las partes" (párr.3).

La Unión Europea, única organización internacional que es parte en el Acuerdo, ratificó el Acuerdo de París el 5 de octubre de 2016 y lo hizo acompañando una declaración informativa[31] en la que mencionaría a los Estados miembros de la Unión[32], todos ellos parte en el Acuerdo de París, e indicaría sus competencias en la materia:

> *"La Unión Europea declara que, de conformidad con el Tratado de Funcionamiento de la Unión Europea, y en concreto con los artículos 191 y 192(1) del mismo, tiene competencias para celebrar acuerdos internacionales y para llevar a la práctica las obligaciones que resulten de los mismos que contribuyan a la consecución de los siguientes objetivos: la conservación, la protección y la mejora de la calidad del medio ambiente, la protección de la salud de las personas, la utilización prudente y racional de los recursos naturales, el fomento de medidas a escala internacional destinadas a hacer frente a los problemas regionales o mundiales del medio ambiente y en particular a luchar contra el cambio climático".*

---

30 Su texto es el siguiente: "El presente Acuerdo estará abierto a la firma y sujeto a la ratificación, aceptación o aprobación de los Estados y de las organizaciones regionales de integración económica que sean partes en la Convención".

31 A este tipo de declaraciones, de carácter informativo, se refiere la directriz 1.5.2 de la Guía de la práctica sobre "Declaraciones relativas a la aplicación de un tratado en el ámbito interno". Su texto es el siguiente: "Una declaración unilateral formulada por un Estado o una organización internacional por la que ese Estado o esa organización indica la manera en que aplicará un tratado en el ámbito interno, sin que ello afecte sus derechos y obligaciones con respecto a los demás Estados contratantes u organizaciones contratantes, queda fuera de ámbito de aplicación de la presente Guía de la práctica" (véase, la directriz 1.5.2 y su correspondiente comentario en A/66/10/Add.1, *op.cit.* nota 19, pp. 101-105).

32 El Reino Unido de Gran Bretaña e Irlanda del Norte dejó de ser Estado miembro de la Unión Europea y pasó a tener la consideración de tercer país el 31 de enero de 2020, tras la ratificación del Acuerdo sobre la Retirada del Reino Unido de la Unión Europea y de la Comunidad Europea de la Energía Atómica.

Téngase en cuenta, a estos efectos, que el Tratado de Funcionamiento de la Unión Europea, en su artículo 4.2, e) establece que el medio ambiente es una competencia compartida entre la Unión y sus Estados miembros. Su compromiso firme con la aplicación del Acuerdo de París ha sido renovado constantemente, también en la 27ª Conferencia de las Naciones Unidas sobre el Cambio Climático (COP 27) celebrada en Sharm el-Sheij en noviembre de 2022 [33].

2. *Las declaraciones en relación al principio de responsabilidades comunes pero diferenciadas*

Algunos Estados parte en el Acuerdo de París han formulado declaraciones relativas al artículo 9.1 relativo a la financiación para el clima. Bulgaria lo haría con el siguiente texto:

> *"La República de Bulgaria reconoce que, con arreglo al apartado 1 del artículo 9 del Acuerdo de París, las partes que sean países desarrollados en el mismo deberán proporcionar recursos financieros a las partes que sean países en desarrollo para prestarles asistencia tanto en la mitigación como en la adaptación, y seguir cumpliendo así sus obligaciones en virtud de la Convención. En este contexto, la República de Bulgaria, señala que, como parte en la Convención Marco de las Naciones Unidas sobre el Cambio Climático, no figura en el anexo II"*[34].

Polonia, Rusia y Turquía han presentado una declaración en iguales o similares términos[35].

---

33 Véase, Nota de Prensa del Consejo de la Unión Europea de 8 de noviembre de 2022, *Conferencia de las Naciones Unidas sobre el Cambio Climático (CP27), Sharm el-Sheij, 7 y 8 de noviembre de 2022*. Disponible en: https://www.consilium.europa.eu/es/meetings/international-summit/2022/11/07-08/

34 Véase, *op.cit.* nota 4, tratado 7 d.

35 Polonia realizaría la siguiente declaración en el momento de la firma, que confirmaría en el de la ratificación: "El Gobierno de la República de Polonia reconoce que, con arreglo al apartado 1 del artículo 9 del Acuerdo de París, los países desarrollados partes en el mismo facilitarán recursos financieros para asistir a los países partes en vías de desarrollo tanto con respecto a la mitigación como a la adaptación, manteniendo las vigentes obligaciones de conformidad con la Convención. En este contexto, el Gobierno de la República de Polonia indica que Polonia es una parte de la Convención Marco de las Naciones Unidas sobre el Cambio Climático no incluida en el anexo II". Por su parte, la Federación Rusa, presentaría la siguiente declaración: "La Federación de Rusia reconoce que, de conformidad con el párrafo 1 del artículo 9 del Acuerdo, las partes que son países desarrollados proporcionarán recursos financieros para ayudar a las partes que son países en desarrollo con respecto a la mitigación del cambio climático y la adaptación al mismo en cumplimiento de sus obli-

El artículo 9.1 del Acuerdo de París refleja el principio medioambiental de las responsabilidades comunes pero diferenciadas. Este principio se elaboró a partir de la aplicación de la equidad en el Derecho internacional general[36]. Enunciado en la Declaración de Río sobre el Medio Ambiente y el Desarrollo de 1992[37], se expresa en los tratados del cambio climático en la diferenciación entre países desarrollados y países no desarrollados respecto a las obligaciones asumidas, que son mayores respecto a los primeros al ser responsables principales del cambio climático. Las obligaciones, por tanto, no son uniformes, sino que están relacionadas con el nivel de desarrollo de cada Estado. Así, la Convención Marco utiliza dos anexos, el anexo I que incluye dos categorías de Estados: los países industrializados y los países con economías en transición, además de la Comunidad Europea,

gaciones existentes. en virtud de la Convención Marco de las de las Naciones Unidas sobre el Cambio Climático de 9 de mayo de 1992 (en lo sucesivo, "la Convención"). En este contexto, la Federación de Rusia observa que, como parte de la Convención, la Federación de Rusia no está incluida en el anexo II de la Convención". En el caso de Turquía, la declaración es la siguiente: "La República de Turquía, sobre la base de la "equidad, las responsabilidades comunes pero diferenciadas y las capacidades respectivas", tal como se reconoce de manera clara y precisa en la Convención Marco de las Naciones Unidas sobre el Cambio Climático del 9 de mayo de 1992 y el Acuerdo de París, y recordando las decisiones 26/CP .7, 1/CP.16, 2/CP.17, 1/CP.18 y 21/CP.20, adoptado por la Conferencia de las partes en el Convenio, declara que Turquía aplicará el Acuerdo de París como país en desarrollo y en el ámbito de sus declaraciones de contribución determinada nacionalmente, siempre que el Convenio y sus mecanismos no perjudiquen su derecho al desarrollo económico y social". *Ibid.*

36 VILLEGAS MORENO, J.L., "Diversidad de situaciones nacionales: principio de responsabilidades comunes pero diferenciadas", en AGUILA, P., MIGUEL, C., PAREJO, T. (eds.), *Principios de derecho ambiental y agenda 2030,* Tirant Lo Blanch, 2019, pp. 371-388; SALINAS ACELGA, S., "La Equidad en el Régimen Jurídico-internacional de la Lucha contra el Cambio climático. Contenido (Presente y Futuro) del Principio de las Responsabilidades Comunes pero Diferenciadas", *Cursos de Derecho internacional y relaciones internacionales de Vitoria-Gasteiz,* 2012, pp. 187-260; BORRÀS PENTINAT, S., *Seqüência: estudos jurídicos e políticos,* vol. 25, núm. 49, 2004, pp. 153-195.

37 El Principio 7 de la Declaración señala: "[...] En vista de que han contribuido en distinta medida a la degradación del medio ambiente mundial, los Estados tienen responsabilidades comunes pero diferenciadas. Los países desarrollados reconocen la responsabilidad que les cabe en la búsqueda internacional del desarrollo sostenible, en vistas de las presiones que sus sociedades ejercen en el medio ambiente mundial y de las tecnologías y los recursos financieros de que disponen".

hoy Unión Europea. El anexo II contiene sólo a los países industrializados. Los países en desarrollo serían aquellos no incluidos en dichos anexos[38].

En base a tal diferenciación y conforme al artículo 4 de la Convención Marco, que establece los compromisos de las partes, corresponde a los Estados del anexo I asumir las obligaciones de limitación de emisiones de gases de efecto invernadero y proteger y mejorar los sumideros y depósitos de dichos gases. Los países del anexo II tienen, además, las obligaciones de proporcionar recursos financieros y transferir tecnología adecuada a los Estados en desarrollo con el objetivo de que estos últimos puedan hacer frente al cumplimiento de las disposiciones de los instrumentos internacionales sobre el cambio climático. En este contexto se formulan las declaraciones formuladas en relación con el artículo 9.1 del Acuerdo de París, en las que algunos Estados con economías en transición, reconocen la obligación de los países desarrollados de proporcionar recursos financieros a los países en desarrollo.

Aun manteniendo la división entre países desarrollados y no desarrollados respecto a algunas obligaciones, el Acuerdo de París va más allá e incorpora una interpretación más perfeccionada del principio de responsabilidades comunes pero diferenciadas[39]. Dice el artículo 2.2:

> *"El presente Acuerdo se aplicará de modo que refleje la equidad y el principio de las responsabilidades comunes pero diferenciadas y las capacidades respectivas, a la luz de las diferentes circunstancias nacionales".*

La manifestación más clara de esta nueva interpretación del principio de responsabilidades comunes pero diferenciadas son las contribuciones determinadas a nivel nacional, que conforme al artículo 4 del Acuerdo, cada una de las partes deben "preparar, comunicar y mantener las sucesivas contribuciones determinadas a nivel nacional que tenga previsto efectuar" (párr. 2), "proporcionar la información necesaria a los fines de la claridad, la transparencia y la comprensión" (párr. 8),

---

38 Respecto al criterio de diferenciación y al sistema de listas empleadas por la Convención marco, véase CAMPINS ERITJA, M., "La acción internacional para reducir los efectos del cambio climático: el Convenio Marco y el Protocolo de Kyoto", *Anuario Español de Derecho Internacional*, vol. XV, 1999, pp. 79-85.

39 Sobre la nueva concepción del principio de responsabilidades comunes pero diferenciadas y la oposición de algunos Estados a la versión tradicional, véase., RODRIGO HERNÁNDEZ, A., "El Acuerdo de París sobre el cambio climático: entre la importancia simbólica y la debilidad sustantiva", en MARTÍNEZ CAPDEVILA, C., y MARTÍNEZ PÉREZ, E. (dirs.), *Retos para la acción exterior de la Unión Europea*, Tirant lo Blanch, Valencia, 2017, pp. 409-432, pp. 423-428.

"comunicar una contribución determinada a nivel nacional cada cinco años" (párr. 9) y "rendir cuentas de sus contribuciones determinadas a nivel nacional." (párr. 13). Y, como se indica en el artículo citado: "La contribución determinada a nivel nacional sucesiva de cada parte representará una progresión con respecto a la contribución determinada a nivel nacional que esté vigente para esa parte y reflejará la mayor ambición posible de dicha parte, teniendo en cuenta sus responsabilidades comunes pero diferenciadas y sus capacidades respectivas, a la luz de las diferentes circunstancias nacionales" (párr. 3).

Así, a diferencia de la Convención Marco y del Protocolo de Kioto, en el Acuerdo de París todas las partes, ya sean países desarrollados o en desarrollo, asumen obligaciones de reducción de emisiones de gases de efecto invernadero, teniendo cada una de ellas discrecionalidad para proponer y determinar el contenido de sus contribuciones, de manera progresiva y conforme a sus capacidades y circunstancias nacionales. Si bien, como precisa el artículo 4, las partes que son Estados desarrollados "deberían seguir encabezando los esfuerzos, adoptando metas absolutas de reducción de las emisiones para el conjunto de la economía" y las que son Estados en desarrollo "deberían seguir aumentando sus esfuerzos de mitigación" (párr. 4).

Para ello, el Acuerdo de París reitera el apoyo que deberán de prestar los Estados desarrollados a los Estados en desarrollo, esto es, sus obligaciones relativas a la financiación (art. 9), transferencia de tecnología (art. 10) y fomento de la capacidad (art. 11), mientras que alienta a los otros Estados a que lo hagan a título voluntario. Obligaciones para los Estados desarrollados, sin embargo, cuyo nivel de exigencia parece menor cuando en el texto de estos artículos se indica que son estos países los que "deberían seguir encabezando los esfuerzos dirigidos a movilizar financiación para el clima" (párr. 5 del artículo 9) o cuando se señala que "deberían aumentar el apoyo prestado a las actividades de fomento de la capacidad en las partes que son países en desarrollo (párr. 3 del artículo 11).

En suma, en el Acuerdo de País se ha incorporado una nueva versión, dinámica, del principio de responsabilidades comunes pero diferenciadas en la que se difumina la distinción entre países desarrollados y en desarrollo, y se tiene en cuenta su situación particular y su evolución socioeconómica. Pese a los riesgos que entraña que sean las propias partes las que determinen individualmente sus propias capacidades y su diferenciación, ello favorece el cumplimiento flexible, la modulación y la adaptación de los compromisos asumidos por ellas.

3. *Las declaraciones interpretativas sobre la responsabilidad internacional por daños y perjuicios*

Ya observaría Campins Eritja en referencia a la Convención Marco sobre el Cambio Climático que "en el ámbito de la protección internacional del medio ambiente no sólo se flexibilizan las obligaciones suscritas por las Partes y su cumplimiento, sino que también se produce, si no el descarte completo, sí una cierta marginación de los medios clásicos de arreglo de controversias, así como de la institución de la responsabilidad internacional"[40].

En el Acuerdo de París hay un reenvío al artículo 14 de la Convención Marco sobre arreglo de controversias[41] y no contempla sanciones ni la responsabilidad internacional que pueda derivar de su incumplimiento. Además, la Decisión 1/CP.21, con la que la Conferencia de las partes aprobó el Acuerdo, advierte expresamente en su apartado 51 que el artículo 8 sobre pérdidas y daños no implica ni da lugar a ninguna forma de responsabilidad jurídica o indemnización[42]. Un conjunto de Estados, sin embargo, han acompañado su instrumento de manifestación del consentimiento con una declaración, que en el caso de Nauru es la siguiente:

> *"... el Gobierno de Nauru declara que, según su interpretación, la ratificación del Acuerdo de París no constituye de ninguna forma la renuncia a ningún derecho derivado del Derecho internacional en relación con la responsabilidad de los Estados por los efectos perjudiciales del cambio climático. Además, el Gobierno de Nauru declara que ninguna disposición del Acuerdo puede interpretarse en el sentido de que deroga los principios del Derecho internacional general".*

Y además el Gobierno de Nauru declara que, según su interpretación, el artículo 8 y el apartado 51 de la decisión 1/CP.21, no limita, en forma alguna, la capacidad de las Partes en la Convención Marco de Naciones Unidas sobre el Cambio Climático o el Acuerdo para plantear, debatir o hacer frente a toda cuestión presente o futura en relación con los temas de la responsabilidad y la indemnización..."[43] .

---

40 CAMPINS ERITJA, M., *op.cit.* nota 38, p. 12.

41 Véase, *infra*, apdo. 3.4.

42 Informe de la Conferencia de las Partes de la Convención Marco sobre el Cambio Climático sobre su 21er período de sesiones, celebrado en París del 30 de noviembre al 13 de diciembre de 2015, FCCC/CP/2015/10/Add.1, párr. 51.

43 Véase, *op.cit.* nota 4, tratado 7 d.

Las Islas Cook[44], Islas Marshall[45], Islas Salomón[46], Micronesia (Estados

44 El texto de la declaración es el siguiente: "El Gobierno de las Islas Cook declara que, según su interpretación, la aceptación del Acuerdo de París y su aplicación no constituyen en modo alguno la renuncia a ningún derecho derivado del Derecho internacional en relación con la responsabilidad de los Estado por los efectos perjudiciales del cambio climático y que ninguna disposición del Acuerdo de París puede interpretarse en el sentido de que deroga principios del Derecho internacional general o prevalece sobre demanda o derecho alguno en relación con indemnizaciones generadas por las repercusiones del cambio climático". *Ibid.*

45 La declaración dice: "El Gobierno de la República de las Islas Marshall declara que, según su interpretación, la ratificación del Acuerdo de París no constituirá en modo alguno la renuncia a ningún derecho con arreglo a ninguna otra norma, incluido el Derecho internacional, y que la comunicación mediante la que se deposite el instrumento de ratificación de la República incluirá una declaración a este efecto, para el conocimiento internacional". *Ibid.*

46 El texto es el siguiente: "El Gobierno de las Islas Salomón declara que, según su interpretación, la aceptación del mencionado Acuerdo de París no constituye de ninguna forma la renuncia a ningún derecho derivado del Derecho internacional en relación con la responsabilidad de los Estados por los efectos perjudiciales del cambio climático. Además, el Gobierno de las Islas Salomón declara que ninguna disposición del presente Acuerdo de París puede interpretarse en el sentido de que deroga principios del Derecho internacional general o prevalece sobre demanda o derecho alguno en relación con indemnizaciones o responsabilidades generadas por las repercusiones del cambio climático". *Ibid.*

Federados)[47], Niue[48], Tuvalu[49] y la República de Vanuatu[50] han formulado una declaración similar[51]. Son pequeños Estados insulares en desarrollo, particularmente vulnerables a los daños medioambientales por su insularidad, lejanía geográfica y reducido tamaño de sus economías, poblaciones y

---

47 El texto de la declaración es el siguiente: "El Gobierno de los Estados Federados de Micronesia declara que, según su interpretación, su ratificación del Acuerdo de París y su aplicación no constituyen renuncia alguna a ningún derecho del Gobierno de los Estados Federados de Micronesia derivado del Derecho internacional en relación con la responsabilidad de los Estados por los efectos perjudiciales del cambio climático y que ninguna disposición del Acuerdo de París puede interpretarse en el sentido de que deroga principios generales del Derecho internacional o prevalece sobre demanda o derecho alguno en relación con indemnizaciones o responsabilidades generadas por las repercusiones del cambio climático". *Ibid.*

48 Dice la declaración: "El Gobierno de Niue declara que, según su interpretación, la aceptación del Acuerdo de París y su aplicación no constituyen en modo alguno la renuncia a ningún derecho reconocido por el derecho internacional en materia de responsabilidad de los Estados por los efectos adversos del cambio climático y ninguna disposición del Acuerdo de París puede interpretarse como excepción a los principios generales de derecho internacional ni a los derechos de indemnización derivados de las consecuencias del cambio climático". *Ibid.*

49 Según la declaración: "El Gobierno de Tuvalu declara, además, que, según su interpretación, la aceptación del mencionado Acuerdo de París y su aplicación provisional no constituye en modo alguno la renuncia a ningún derecho derivado del Derecho internacional en relación con la responsabilidad de los Estado por los efectos perjudiciales del cambio climático y que ninguna disposición del Acuerdo de París puede interpretarse en el sentido de que deroga principios generales del Derecho internacional o prevalece sobre demanda o derecho alguno en relación con indemnizaciones generadas por las repercusiones del cambio climático". *Ibid.*

50 El texto de la declaración dice. "Por cuanto el Gobierno de la República de Vanuatu, declara que, según su interpretación, la ratificación del Acuerdo de París no constituirá en modo alguno la renuncia a ningún derecho con arreglo a ninguna otra norma, incluido el Derecho internacional, y que la comunicación mediante la que se deposite el instrumento de ratificación de la República incluirá una declaración a estos efectos, para el conocimiento internacional". *Ibid.*

51 Fiyi, Kiribati, Nauru, Papúa Nueva Guinea y Tuvalu han formulado también una declaración unilateral similar en relación a la Convención marco. Y las Islas Cook, Kiribati, Nauru y Niue respecto al Protocolo de Kioto. Véase, *op.cit* nota 4, tratados 7 y 7 a.

superficies[52]. El Acuerdo de París, que no tiene listas de Estados, tiene en cuenta a este grupo de Estados, así como a los países menos adelantados, que forman parte de los países en desarrollo "particularmente vulnerables a los efectos adversos del cambio climático" [53].

La responsabilidad y la indemnización por daños ocasionados por el clima ha sido una cuestión compleja durante las negociaciones de los tratados sobre el cambio climático. La inclusión del artículo 8, que reconoce la importancia de evitar, reducir al mínimo y hacer frente a las pérdidas y los daños relacionados con los efectos adversos del cambio climático, supuso un logro de los países en desarrollo al haber una referencia a los mismos en la parte dispositiva del Acuerdo[54]. La exclusión de responsabilidad jurídica o indemnización, en el apartado 51 de la Decisión 1/CP.21[55], fue a solicitud de los países desarrollados y en particular de Estados Unidos como condición de su aceptación del Acuerdo[56]. Se evitaba así el fracaso de la adopción del Acuerdo de París.

Ahora bien, en el ámbito del cambio climático son de aplicación las normas generales sobre la responsabilidad del Estado y son en su caso invocables las normas de Derecho internacional consuetudinario[57], aun cuando

---

52 Sobre este grupo de Estados véase PIGRAU SOLÉ, A., "Calentamiento global, elevación del nivel del mar y pequeños estados insulares y archipelágicos: un test de justicia climática", en OANTA, G.A. (coord.), *El Derecho del Mar y las personas y grupos vulnerables*, JM Bosch Editor, Madrid, 2018, pp. 235-281.

53 Así, en la preparación y comunicación de estrategias, planes y medidas para un desarrollo con bajas emisiones de gases de efecto invernadero (art. 4.6), en el suministro y acceso a los recursos financieros (arts. 9.4 y 9), en relación al fomento de la capacidad (art. 11.1) y en el marco de transparencia (art. 13.3), reconociendo las circunstancias especiales de los países menos adelantados y los pequeños Estados insulares en desarrollo.

54 El artículo 8 establece que: "Las partes reconocen la importancia de evitar, reducir al mínimo y afrontar las pérdidas y los daños relacionados con los efectos adversos del cambio climático, incluidos los fenómenos meteorológicos extremos y los fenómenos de evolución lenta, y la contribución del desarrollo sostenible a la reducción del riesgo de pérdidas y daños".

55 Sobre el valor jurídico de esta decisión, véase MARTÍNEZ PÉREZ, E., "La estructura institucional del Acuerdo de París" en BORRÀS PENTINAT, S., VILLAVICENCIO CALZADILLA, P. (eds.), *El Acuerdo de París sobre el cambio climático: ¿un acuerdo histórico o una oportunidad perdida?*, *op.cit.* nota 14, pp. 259-274, pp. 271 y ss.

56 Véase, BODANSKY, D., *op.cit.* nota 7, p. 309.

57 Y así se recogía en el borrador del texto de París de 10 de diciembre de 2015, lo que posteriormente eliminado. Efectivamente, el artículo 5 (hoy art. 8), opción 2,

se presentan dificultades sobre todo en cómo y en qué medida atribuir a un país en particular los daños y perjuicios concretos sobre otro país determinado[58]. Esta posibilidad la recuerdan y hacen explícita algunos Estados particularmente vulnerables al cambio climático que condicionan su participación en el Acuerdo a una interpretación específica del artículo 8 y el apartado 51 de la Decisión 1/CP.21[59] .

---

párrafo 3 del borrador establecía lo siguiente: "Parties shall enhance action and support, on a cooperative and facilitative basis, for addressing loss and damage associated with the adverse effects of climate change, and in a manner that does not involve or provide a basis for liability or compensation nor prejudice existing rights under international law". Si bien se precisaba que: "Placement of mentioning of implications of liability, compensation and rights is pending further consideration". Finalmente, se omitió la referencia sobre esta cuestión en el texto del Acuerdo. Véase, Draft Text on COP 21 agenda item 4 (b) Durban Platform for Enhanced Action (decision 1/CP.17) Adoption of a protocol, another legal instrument, or an agreed outcome with legal force under the Convention applicable to all Parties. Versión 2 de 10, del 10 de diciembre de 2015, a las 21hs.. Disponible en https://unfccc.int/resource/docs/2015/cop21/eng/da02.pdf. Sobre su eliminación en la versión final del Acuerdo de París, se ha señalado que quizá se debió por innecesario por la evidencia de la invocación del Derecho internacional consuetudinario o para evitar la impresión de la posibilidad de un régimen de responsabilidad estatal o civil previsto en otros tratados (el Convenio sobre Responsabilidad Internacional por Daños Causados por Objetos Especiales de 1972 o la Convención de Basilea sobre el control de los movimientos transfronterizos de los desechos peligrosos y su eliminación de 1992), véase MACE, M.J., VERHEYEN, R., "Loss, Damage and Responsibility after COP21: All Options Open for the Paris Agreement", *Review of European, Comparative & International Environmental Law,* vol. 25, núm. 2, 2016, pp. 197-214, p. 206.

58 Sobre la responsabilidad internacional del Estado en el ámbito climático y sus dificultades específicas, véase PIGRAU SOLÉ, A., "Cambio climático y responsabilidad internacional del Estados", en FERNÁNDEZ EGEA, R.M. y MACÍA MORILLO, A. (eds.), monográfico *El Derecho en la encrucijada: los retos y oportunidades que plantea el cambio climático,* publicado en el *Anuario Facultad Derecho Universidad Autónoma Madrid,* BOE, núm. 26, 2022, pp. 45-80. También, BORRÀS PENTINAT, S., "El mecanismo de pérdidas y daños: el tercer pilar del Acuerdo de París", en BORR À S PENTINAT, S. y VILLAVICENCIO CALZADILLA, P. (eds.), *El Acuerdo de París sobre el cambio climático: ¿un acuerdo histórico o una oportunidad perdida?, op.cit.* nota 14, pp. 169-194, pp. 183 y ss.

59 Así puede desprenderse de su redacción: "ninguna disposición del Acuerdo de París puede interpretarse en el sentido" o "según su interpretación, la ratificación del Acuerdo de París no constituirá en modo alguno [...]". Véase, *op.cit.* nota 4, tratado nº7 d. Serían, por ello, declaraciones interpretativas condicionales y no meras declaraciones interpretativas, según las definiciones dadas en

El régimen internacional del cambio climático no incorpora ningún marco específico para la responsabilidad por daños y pérdidas, pero en relación a ellos se han previsto medidas que tratan de compensar a los países en desarrollo como el Mecanismo Internacional de Varsovia, a cuyo impulso fue adoptado en la Conferencia de las partes de 2013[60], y que mantiene el artículo 8 del Acuerdo de París. Funciona bajo la autoridad y la orientación de la Conferencia de las partes en calidad de reunión de las partes en el Acuerdo de París y puede mejorar y fortalecerse según lo que ésta determine[61]. Un avance significativo, aunque todavía insuficiente,

---

la Guía de la práctica sobre las reservas: la directriz 1.4 sobre las declaraciones interpretativas condicionales señala: "1. Una declaración interpretativa condicional es una declaración unilateral formulada por un Estado o una organización internacional al firmar, ratificar, confirmar formalmente, aceptar o aprobar un tratado al adherirse a él, o cuando un Estado hace una notificación de sucesión en un tratado, por la que ese Estado o esa organización internacional condiciona su consentimiento en obligarse por el tratado a una interpretación específica del tratado o de alguna de sus disposiciones. 2. Las declaraciones interpretativas condicionales estarán sujetas a las reglas aplicables a las reservas". Y la directriz 1.2: "Se entiende por "declaración interpretativa" una declaración unilateral, cualquiera que sea su enunciado o denominación, hecha por un Estado o por una organización internacional, por la que ese Estado o esa organización se propone precisar o aclarar el sentido o el alcance de un tratado o de algunas de sus disposiciones. Véase las directrices y sus comentarios en A/66/10/Add.1, *op.cit.* nota 19, pp. 64-75 y 86-92.

60 Decisión 2/CP.19, Mecanismo Internacional de Varsovia para las pérdidas y los daños relacionados con las repercusiones del cambio climático, FCCC/CP/2013/10/Add.1.

61 Con un enfoque meramente cooperativo y facilitativo, la COP 25 de 2019, celebrada en Madrid, trató de relanzar su funcionamiento y creó nuevos espacios para avanzar en el conocimiento de los procesos de pérdidas y daños asociadas al cambio climático, y cómo enfrentarlos, teniendo en cuenta las demandas de los pequeños Estados insulares en desarrollo particularmente vulnerables a los daños climáticos. Uno de estos avances es la creación del "Santiago Network", una red que permita catalizar la asistencia técnica de organizaciones y expertos a los países más vulnerables, mejorando así su capacidad de respuesta a los efectos del calentamiento. Asimismo, se acordó dar directrices al llamado Fondo verde para ampliar su ámbito de financiación, y que, además de dirigirse a mitigación y adaptación, por primera vez destine recursos para las pérdidas y daños que sufren los países más vulnerables y afectados por los impactos de los fenómenos climáticos extremos. En la COP 26 de 2021, celebrada en Glasgow, se acordó fortalecer dicha red y se presentó un nuevo "Diálogo de Glasgow" para abordar los acuerdos de financiación

hacia la equidad y justicia climática lo constituye la creación de un fondo específico de reparación a los países más vulnerables[62].

4. *La declaración facultativa sobre solución de controversias*

Los Países Bajos al manifestar su consentimiento al Acuerdo de París formularía la siguiente declaración:

> *"El Reino de los Países Bajos, por la parte europea de los Países Bajos, declara de conformidad con el párrafo 2 del artículo 14 de la Convención Marco de las Naciones Unidas sobre el Cambio Climático en conjunción con el artículo 24 del Acuerdo de París, que acepta ambos medios de la solución de controversias a la que se refiere ese párrafo como obligatoria en relación con cualquier parte que acepte uno o ambos medios de solución de controversias"*[63].

El artículo 24 del Acuerdo de París dispone que:

> *"Las disposiciones del artículo 14 de la Convención sobre el arreglo de controversias se aplicarán mutatis mutandis al presente Acuerdo".*

El Acuerdo realiza un reenvío al artículo 14 de la Convención Marco que establece que, en caso de controversias entre las partes sobre la interpretación o la aplicación de la Convención, éstas se solucionarán mediante la negociación o cualquier otro medio pacífico que elijan libremente (párr.1). Si fracasan los medios diplomáticos, las partes podrán acudir a medios jurisdiccionales, sometiendo la controversia a la Corte Internacional de Justicia o acudiendo al arbitraje internacional. A estos efectos, cualquier parte podrá presentar una declaración, al firmar, aceptar o aprobar la Convención o al adherirse a ella, o en cualquier momento a partir de entonces, reconociendo como obligatorio con relación a cualquier otra parte que haya presentado la misma declaración el recuso a dichos medios

---

para actividades destinadas a evitar, reducir al mínimo y afrontar las pérdidas y los daños relacionados con los efectos adversos del cambio climático (véase en la página web "United Nations. Climate Change", disponibles en https://unfccc.int/conference/un-climate-change-conference-december-2019 y https://unfccc.int/conference/glasgow-climate-change-conference-october-november-2021).

62 El Fondo para Pérdidas y Daños fue acordado en la COP 27 de noviembre de 2022, celebrada en Sharm el Sheij. Sobre ésta y otras medidas acordadas en la última Conferencia de las Naciones Unidas sobre el Cambio Climático, véase la dirección web disponible en: https://unfccc.int/es/cop27.

63 Véase, *op.cit.* nota 4, tratado 7 d.

jurisdiccionales (párr.2). Sin perjuicio del recurso a la Corte Internacional de Justicia o al arbitraje internacional, la controversia se puede someter a una comisión de conciliación, cuando transcurridos doce meses desde la notificación por una parte a otra de la existencia de una controversia entre ellas, la misma no se ha solucionado mediante la negociación o cualquier otro medio pacífico (párr. 5).

Sólo los Países Bajos han formulado la declaración facultativa prevista en dicha disposición[64], referida a la aceptación obligatoria de la competencia de la Corte Internacional de Justicia o el arbitraje internacional y que ya presentaría respecto a la prevista en el artículo 14.2 de la Convención Marco sobre el cambio climático[65] . En esta Convención, también las Islas Salomón presentarían tal declaración referida al arbitraje[66] y Cuba que limitaría el arreglo de controversias a través de medios diplomáticos[67]. En el Protocolo de Kioto, que contiene una cláusula del mismo tenor que el

---

64 Se trata de declaraciones unilaterales hechas por un Estado de conformidad con una cláusula del tratado que permite a las partes aceptar una obligación no impuesta por otras disposiciones del tratado. A ellas se refiere la directriz 1.5.3 de la Guía de la práctica (véase, la directriz y su comentario en A/66/10/Add.1, *op.cit.* nota 19, pp. 105-112.)

65 El texto de la declaración es: "El Reino de los Países Bajos declara, de conformidad con el párrafo 2 del artículo 14 de la Convención Marco de las Naciones Unidas sobre el Cambio Climático, que acepta ambos medios de solución de controversias mencionados en ese párrafo como obligatorios en relación con cualquier parte que acepte uno o ambos medios de solución de controversias". Véase, *op.cit.* nota 4, tratado 7.

66 Dice la declaración: "De conformidad con el párrafo 2 del artículo 14 de dicha Convención [el Gobierno de las Islas Salomón] reconocerá como obligatorio el arbitraje, de conformidad con los procedimientos que adopte la Conferencia de las partes tan pronto como sea posible, en un anexo sobre arbitraje". *Ibid.*

67 La declaración es la siguiente: "Con referencia al artículo 14 de la Convención Marco de las Naciones Unidas sobre el Cambio Climático, el Gobierno de la República de Cuba declara que, en lo que concierne a la República de Cuba, cualquier controversia que pueda surgir entre las partes sobre la interpretación o aplicación de la Convención se resolverá mediante negociación por la vía diplomática". *Ibid.*

Acuerdo de París[68], ningún Estado ha formulado la declaración prevista en el artículo 14.2 de la Convención[69].

En fin, en el ámbito de la protección del medio ambiente, y en particular del cambio climático, este tipo de cláusula apenas ha sido utilizada. Los Estados muestran poco interés en hacer uso de los medios clásicos de solución de controversias, en particular de los jurisdiccionales[70]. Sin embargo, los litigios climáticos ante tribunales nacionales promovidos por la sociedad civil han proliferado en los últimos años en diferentes países[71]. Paradigmático es el conocido como "l'Affaire du Siècle", en el que la justicia francesa condena al Estado por incumplir sus compromisos de reducción de emisiones de gases de efecto invernadero[72]. Por su parte, los Estados insulares en desarrollo, encabezados por Vanuatu, han promovido una resolución en la Asamblea General de las Naciones Unidas solicitando una opinión consultiva de la Corte Internacional de Justicia sobre las obligaciones de los Estados en el ámbito del cambio climático[73].

III. CONCLUSIONES

La lucha contra la mayor amenaza medioambiental a la que se enfrenta la humanidad, el cambio climático, es hoy una prioridad de la comunidad

---

68 El artículo 19 del Protocolo de Kioto: "Las disposiciones del artículo 14 de la Convención se aplicarán «mutatis mutandis» al presente Protocolo".

69 Véase, *op.cit.* nota 4, tratado 7 b.

70 Sobre la viabilidad de la litigación internacional ante la CIJ, véase PIGRAU SOLÉ, A., "Cambio climático y responsabilidad internacional del Estados", *op.cit.* nota 58, pp. 68 y ss.

71 Véase Base de datos del Sabin Center for Climate Change Law, Universidad de Columbia, *Non-U.S. Climate Change Litigation. Suits against governments.* Disponible en: http://climatecasechart.com/non-us-case-category/suits-against-governments/

72 Presentada la demanda por inacción climática por cuatro ONGs (Oxfam France, Notre Affaire à tous, Fondation pour la Nature et l'Homme y Greenpeace France) y respaldada por más de dos millones de firmas. Sentencia del 3 de febrero de 2021, del Tribunal Administrativo de París, Oxfam France *et.al.* contra Estado Francés, asuntos 1904967, 1904968, 1904972, 1904976/4-1. Disponible en: http://paris.tribunal-administratif.fr/content/download/179360/1759761/version/1/file/1904967190496819049721904976.pdf.

73 Resolución de 1 de marzo de 2023 de la Asamblea General (Naciones Unidas), *solicitando una opinión consultiva a la Corte Internacional de Justicia sobre las obligaciones de los Estados con respecto al cambio climático,* A/77/L.58.

internacional. Que la mayoría de los Estados y la Unión Europea adoptaran el Acuerdo de París en diciembre de 2015 y que en noviembre de 2016 entrara ya en vigor refleja el interés por dar una respuesta urgente y global al fenómeno climático. Pero ya entonces varios Estados acompañarían sus instrumentos de manifestación del consentimiento en obligarse con la siguiente declaración:

> *"a la vista de las mejores información y evaluación científicas disponibles sobre el cambio climático y sus repercusiones, considera que las obligaciones de reducción de emisiones contenidas en el artículo 3 del protocolo de Kioto, la Enmienda de Doha y el mencionado Acuerdo de París resultan inadecuadas para no superar un incremento de la temperatura mundial por encima de 1,5 grados centígrados sobre los niveles preindustriales y, por tanto, dichas emisiones tendrán graves consecuencias para nuestros intereses nacionales..."*[74].

Ciertamente, la evidencia científica[75] da la razón a estas declaraciones formuladas por algunos Estados particularmente vulnerables al cambio climático, los Estados insulares en desarrollo que también presentarían las declaraciones interpretativas sobre la responsabilidad internacional por pérdidas y daños[76]. La misma Decisión 1/CP.21, con la que se aprueba el Acuerdo de Paris, reconoce la insuficiencia de las contribuciones determinadas a nivel nacional previstas de cara a cumplir su objetivo de limitación del aumento de la temperatura mundial[77].

Ahora bien, la complejidad y magnitud del fenómeno climático ha supuesto un desafío para el régimen internacional del cambio climático, un nuevo modelo que trata de conciliar la universalidad y la flexibilidad. Estos tratados requieren fórmulas de flexibilización que, descansando en la voluntad unilateral de las partes, den una respuesta idónea y eficaz a las

---

74 Estas declaraciones unilaterales han sido formuladas, con similar redacción, por las Islas Cook, Islas Marshall, Islas Salomón, Nauru, Niue, Micronesia, Tuvalu y Vanuatu. Véase, *op.cit.* nota 4, tratado 7 d.

75 Pueden consultarse los informes del Grupo Intergubernamental de Expertos sobre el Cambio Climático de las Naciones Unidas (IPPC), creado por la Organización Meteorológica Mundial y la ONU Medio Ambiente con el objetivo de proporcionar una fuente objetiva de información científica, en https://archive.ipcc.ch

76 Se trata de declaraciones de política general con las que estos Estados han querido expresar su opinión, meras observaciones que no tienen efecto alguno sobre la aplicación del tratado. Véase, la directriz 1.5 sobre "Declaraciones unilaterales distintas de las reservas y las declaraciones interpretativas" y su correspondiente comentario en A/66/10/Add.1., *op.cit.* nota 19, pp. 96-98.

77 Decisión 1/CP.21, *op.cit.* nota 1, párr. 17.

nuevas necesidades, a las circunstancias cambiantes de un ámbito tan dinámico, con dimensiones e intereses diversos y en ocasiones contrapuestos. La flexibilidad, muy significativa en el Acuerdo de París, se manifiesta principalmente en obligaciones de comportamiento cuyo contenido es determinado por los Estados de forma unilateral y progresiva, bajo una responsabilidad común, pero teniendo en cuenta sus capacidades y circunstancias nacionales, y en la ausencia de un marco específico para la responsabilidad por daños y pérdidas ocasionados por el clima. Sólo así fue posible evitar el fracaso del nuevo tratado adoptado por consenso. Las declaraciones formuladas por ciertos Estados tienen que ver con los rasgos característicos de este instrumento internacional. La Unión Europea, que ha hecho del cambio climático un elemento central de su acción exterior, presentaría una declaración de carácter informativo sobre sus competencias. En fin, en aras a una respuesta más eficaz a la amenaza global de cambio climático resulta esencial la acción de los Estados y de la Unión Europea en el desarrollo y concreción de los compromisos asumidos en el Acuerdo de París.

La Unión Europea y la gobernanza energética

MARÍA DOLORES SÁNCHEZ GALERA*

Resumen: Los ambiciosos planes de la Unión Energética a nivel europeo responden a las necesidades regulatorias de una agenda de gobernanza y acción climática integrada para todos los países de la Unión. Esta agenda regulatoria parte de una descarbonización gradual que se impone en la geopolítica global después de más de medio siglo de hegemonía de las energías fósiles. Las nuevas tecnologías y el rápido auge de las energías renovables delinean un nuevo protagonismo que podría dominar los sistemas de suministro energético e introducir grandes cambios en el escenario global. La UE ha adoptado su ambiciosa hoja de ruta en función de capitanear una transición ecológica colosal. Los nuevos consensos políticos en función de esta ambiciosa transición se han logrado incluso a nivel internacional para impulsar la Agenda 2030 y para evitar la catástrofe del planeta y del ser humano. Todo ello está inevitablemente creando nuevas ambiciones e inexplorados equilibrios normativos, políticos, económicos y sociales. La alteración en las estructuras de la gobernanza energética se ha convertido en un instrumento tan importante como el regulatorio y el pacto verde no lo ha ignorado, pero es temprano para extraer conclusiones. Este análisis partirá con una reflexión abierta sobre la validez de estos nuevos equilibrios globales y las nuevas estructuras de gobernanza: ¿Todos estos cambios, así como el nuevo Pacto Verde, son verdaderamente válidos para liderar una transición justa?

Palabras clave: Geopolítica, energía, transición, Pacto Verde, gobernanza, justicia social.

I. INTRODUCCIÓN

La Unión Europea ha mostrado interés por liderar una nueva narrativa energética global desde la última reforma del Tratado de Lisboa. Las últimas tendencias regulatorias han demostrado que la Unión ha optado por

---

* Profesor Investigador Miembro del Instituto Pascual Madoz del Territorio, Urbanismo y Medio Ambiente, de la Universidad Carlos III Madrid. Email: mariadsa@inst.uc3m.es.

una gobernanza que integra la regulación energética y la acción climática[1] en función de cumplir con las líneas de gobernanza global impuestas por la Agenda de las Naciones de Desarrollo Sostenible 2030. En esta óptica la UE no ha ignorado, a partir de sus propios orígenes normativos, que los recursos energéticos son pilares fundamentales de desarrollo global. Por más de medio siglo el acceso al petróleo y al gas natural han estado al centro de la geopolítica energética, pero desde hace unos años han entrado las energías renovables en un escenario impregnado de nuevos paradigmas ligados a la protección ambiental, a la justicia intergeneracional y a la sostenibilidad de los recursos existentes. La regulación y la política energética dejan de estar lideradas exclusivamente por criterios de mercado y leyes de competencia. Aspectos sociales, intergeneracionales y ambientales entran a formar parte de los debates en sedes decisionales, y la regulación piramidal se transforma en gobernanza integrando voces diferentes. El conflicto entre Rusia y Ucrania ha tenido grandes implicaciones en todas las relaciones económicas, políticas y sociales entre Rusia, Ucrania, Europa y el resto del mundo especialmente en la esfera energética. Rusia proporciona alrededor del 30% del gas natural europeo, y más de la mitad viene transportado a través de Ucrania. Pero, ésta no ha sido la única consecuencia. La guerra ha exacerbado una crisis energética que afecta el coste de la energía y la movilidad en general y que ha tenido un efecto negativo para todos los sectores indirectamente, provocando un aumento de precios de bienes y servicios en la cadena mundial de suministros. La Unión Europea, ha puesto rápidamente en práctica una estrategia de defensa y protección de los estados más vulnerables a través del "*burden-sharing*"[2].

La necesidad de acelerar la transición energética y prescindir del gas ruso se han convertido en una prioridad. Las hojas de ruta lanzadas por EU, China y EEUU ambicionando cero emisiones de gases invernadero las propugnan también otros actores internacionales actuando al mismo nivel, las multinacionales, pero ahora son muchos los factores que se han sumado a las estrategias de aceleración de una transición energética Una buena go-

---

1 Reglamento (UE) 2018/1999 del Parlamento Europeo y del Consejo, de 11 de diciembre de 2018, *sobre la gobernanza de la Unión de la Energía y de la Acción por el Clima,* … DOUE L 328 de 21.12.2018, p. 1/77.

2 REDEKER, N., "Same Shock, Different effects: EU Member States' Exposure to the Economic Consequences of Putin's War", *Jacques Delors Centre Policy Briefs,* 7 Marzo 2022, https://www.dolorscentre.eu/en/publications/economic-consequences-ukraine.

bernanza y un sistema de instituciones robusto a nivel global que pueda facilitar una transición justa con sistemas de control es más que nunca necesaria para regir las nuevas relaciones internacionales y poder facilitar consensos en sectores que pueden sufrir de un momento a otro grandes alteraciones de precio como la energía, con una carencia regulatoria a nivel global[3]. Esto es necesario porque las energías renovables están empezando a dominar el suministro energético, y las relaciones y equilibrios globales existentes están cambiando mientras nuestras sociedades y economías afrontan cambios estructurales y futuros inciertos dominados, no sólo por la incertidumbre de la seguridad internacional, sino de una acelerada digitalización y una nueva geopolítica centrada en nuevos recursos naturales. La geopolítica emergente es más compleja y llena de incertidumbres ofreciendo un panorama más diversificado en el que encontramos una superposición de la geopolítica de los hidrocarburos, de las renovables y las redes eléctricas. Con referencia al gas, Rusia tendrá que buscar para la distribución del mismo nuevos socios, como India, o China. De hecho, incluso la exportación de petróleo hacia China ha sufrido en el último año un aumento considerable[4]. Las sanciones aplicadas a Rusia por la UE han tenido consecuencias inmediatas para países como Italia y Alemania que dependían de Rusia como proveedor principal de natural gas y petróleo. Italia, como Alemania se han visto forzadas a buscar otros socios estratégicos[5].

El siguiente análisis afrontará las tendencias de gobernanza europea en el contexto geopolítico global emergente debido a la transición energética actual. Dada la envergadura y el alcance de las transformaciones a nivel planetario, se dedicará una atención específica al Pacto Verde europeo que no hace más que reforzar una gobernanza ya integrada de la unión energética y la acción climática para alcanzar una descarbonización

---

3 En este tema un análisis válido puede encontrarse en los textos de ESCRIBANO, G. "Pathways Toward a Global Standard for Transparency in the Governance of Energy Resources", *Global Governance*, núm. 23, 2017, pp. 265-283. "A global public goods approach to energy resource governance", ESCRIBANO, G. et al., "The Union and the Good Governance of energy resources: Practicing what it preaches?, *Energy Policy*, 12, vol. 147-C, 2020, DOI:10.1016/j.enpol.2020.111884

4 AIZHU, C., "Russia is China's Top Oil Supplier for 3rd month in July-Customs Data", *Reuter*, 22 Agosto de 2022. Disponible en: httpss://www.reuters.com/markets/commodities/russia-is-chinas-top-oil-supplier-3rdmth-july-customs-data-2022-08-20.

5 Para un análisis más detallado de este tema, ved, GALETTO, C., "The Ukrainian Conflict and the Energy Crisis: Sustaining the Energy Transition", *Istituto Affari internazionali Commentaries*, vol. 22, núm. 62, diciembre de 2022. Disponible en: https://www.iai.it/sites/default/files/iaicom2262.pdf

total. Desde todos los puntos de vista, es evidente que habrá novedades e incertidumbre y el objetivo es que nadie se quede fuera de estos cambios, aunque cada uno lleve su paso. Temas tan relacionados como energía, regulación, gobernanza, pacto verde, política exterior de la UE y nuevos equilibrios globales serán analizados brevemente para extraer conclusiones sobre cómo está cambiando Europa, y el mundo y cómo se pueden crear alianzas, consensos y cooperación para actuar en función de una justicia social que pueda ir más allá de los intereses internos y las diferencias políticas a nivel internacional.

II. EL VIEJO "SUEÑO EUROPEO" Y EL PACTO VERDE

Ante las actuales circunstancias de transición, crisis global y conflicto bélico en acto que amenazan Europa cabe preguntarse que ha sido del emergente "sueño europeo" del que hablaba hace unos años el popular sociólogo americano Jeremy Rifkin[6] Italia ensalzando los valores democráticos y constitucionales del proceso de integración europea en función de ambiciosos objetivos y valores de unión que iban más allá de los intereses de mercado y la cooperación energética de los orígenes comunitarios. Rifkin definía el proyecto europeo un sueño emergente que podía "dar lecciones" al "sueño americano"[7] porque podíamos exportar un modelo democrático ("*rule of law*") con instituciones jurídicas sólidas que aspiran a una política exterior que pueda garantizar la paz y no la acumulación del poder que sueñan los Estados Unidos de América. Europa soñaba un *welfare* y ha ido renovando su compromiso de integración de mercado inicial para nutrirse paulatinamente de una cultura de derechos humanos y

---

[6] RIFKIN, J., *The European Dream: How Europe's vision of the future is quietly eclipsing the American Dream*, Tarcherperigree, 2005.

[7] Término que se popularizó en 1931 en la obra *The Epic of America* del historiador James Truslow Adams. Rifkin explica en su obra como surge el sueño americano, sus principales señas de identidad que pasan por el optimismo y las ganas de "hacer" y las razones de su debilitamiento mientras un "nuevo sueño" emerge en Europa. El sueño americano anclado en los principios de la edad moderna con la desacralización de la naturaleza y tiempo, la eficiencia se convierte en la herramienta garante del éxito personal, sólo el más eficiente y productivo podrá ascender hacía la más alto. Este es el origen del "vivir para trabajar" frente al "trabajar para vivir" del sueño europeo más interesado en la calidad de vida y la preocupación por el bienestar de toda la sociedad. Los americanos, sostiene Rifkin, buscan la felicidad en el hacer, los europeos en el ser. *Ibid.*

valores sociales y culturales de envergadura constitucional supranacional que ha dado forma a un modelo político, económico y social de naturaleza transnacional exportable en el orden global. Dicha evolución nos lleva hasta la actual hoja de ruta del Pacto verde en función de los valores sociales europeos, que no debería ignorar los grandes retos de la transición ecológica que debe llevar consigo una sólida política exterior, de cooperación y gestión de las migraciones junto con las transformaciones ligadas a la nueva geopolítica energética y de recursos naturales. Aunque de ello todavía se haya hablado poco, y como nos está enseñando la guerra en Ucrania nos queda mucho por hacer. Casi que hoy resulte difícil centrarse en el tema energético considerada la estrecha relación que tiene con el actual conflicto bélico. No obstante, analizar la hoja de ruta Verde Europea es necesario en estas líneas a pesar de la emergencia ligada a la defensa y a la seguridad que nacen actualmente en el corazón de Europa. La doble emergencia climática y pandémica que ha golpeado Europa ha dado paso a esta nueva catástrofe que encierra en sus complejos mecanismos grandes implicaciones para la política energética global en aspectos que no profundizaremos.

Centrándonos en la nueva Hoja de Ruta de acción integrada verde de la UE, podríamos decir que el Pacto Verde podría ser efectivamente una oportunidad de "renacimiento" del viejo sueño europeo pujando por una sociedad equitativa y próspera, con una economía moderna y eficiente en la que el crecimiento estará disociado del uso de los recursos y la dependencia energética. El paralelismo es posible en la compleja situación actual considerando que los albores de la Comunidad de Estados Europeos nacen reestableciendo un nuevo orden geopolítico impulsado por la floreciente industria nuclear de finales de la segunda guerra mundial, y soñando paz y bienestar social. De hecho, los primeros tratados europeos están ligados a los recursos energéticos y a la cooperación transnacional en ese ámbito, aunque se respete la soberanía nacional ligada a la gestión de los recursos. Es esta la historia de Europa que dejamos a las espaldas para poder ejecutar una hoja de ruta tan ambiciosa que relate un sueño constante de "cooperación" impulsado por nuevas tecnologías y recursos energéticos ya existentes, pero no aprovechables para aportar una mayor justicia social siguiendo una verdadera política de cooperación y bienestar que no "deje a nadie atrás".

El Pacto Verde Europeo nace ya en un contexto de transición energética innegable. La carencia de una competencia energética de la UE en sus inicios e introducida por el tratado de Lisboa posteriormente no ha hecho más que ganar terreno institucional a nivel supranacional, ya sea a nivel jurisprudencial que a nivel político y regulatorio. Y aunque las primeras directivas ligadas a las energías renovables estén fundadas en competencias ambientales, la nueva competencia energética ha impregnado de cambios la última década de integración europea con los diferentes *energy packages* y las nuevas autoridades europeas ligadas a la política energética; así como la regulación integrada de la gobernanza para unir regulación energética y acción climática. Un aspecto poco desarrollado en todo este proceso de transición es el de la cooperación internacional estratégica, sobre todo en el mediterráneo, en aspectos relacionados con la energía. La Europa mediterránea podía haber hecho mucho más para cooperar a nivel infraestructural con lugares tan estratégicos como Argel[8]. De hecho, el Pacto Verde que toca directamente los intereses políticos, económicos y sociales globales con gran relevancia para la cooperación y el desarrollo internacional ha sido poco analizado en esa óptica, ni en función de contrastar la agresiva economía.

Hoy, Europa y el mundo entero se encuentran ante situaciones geopolíticas y sociales inciertas en las que la cooperación, la justicia social y el consenso que nacen en el interior de instituciones supranacionales y transnacionales son más necesarios que nunca a pesar de las complejidades que las envuelven. La incertidumbre no es sólo debida al conflicto bélico actual en el corazón de Europa, ni a las consecuencias de la pandemia global covid-19[9]. Europa podría liderar la transición y la lucha contra la crisis climática, pero el problema nace porque siendo uno de los cuatro principales actores de la geopolítica global (EEUU, China, Rusia y EU) y asumiendo posiciones que tienen en cuenta exclusivamente los intereses nacionales de los estados miembros, se ignora el impacto que esto tiene para la comunidad internacional. Pensemos que EEUU, EU y China son las grandes economías a nivel mundial, y dos de ellas (EEUU y China) no sólo son las grandes potencias de la energía nuclear, sino que junto a Rusia son

---

8 En este tema ver, ESCRIBANO, G., "La energía como vector de cooperación y desarrollo sostenible en el mediterráneo", *Revista de Occidente*, vol. 461, 2019, pp. 23-33.

9 Autores como Thomas Wright, han paragonado nuestras situaciones complejas similares a escenarios como el de finales del siglo XIX que fácilmente pueden llevar a situaciones de ruptura en el que todo menos la guerra puede pasar. Estas situaciones que se forjan a través de equilibrios de poder las describe WRIGHT, T., *All Measures short of war: The contest for the 21st century and the Future of American Power*, Yale University Press, 2019. Otra línea de autores con mayor afinidad al presente análisis, ver GÖPEL, M., *The great Mindshift*, Springer, 2015, hablan de transformación y de nuevos paradigmas que ayudarían la economía política a generar instrumentos de acción y capacitación en todos los niveles sociales y de gobernanza capaces de crear sociedades más justas.

miembros permanentes del Consejo de Seguridad de Naciones Unidas. El peso de estas naciones en el orden mundial es por ello significativo y preponderante, no exento de consecuencias en el ámbito de los recursos energéticos y la geopolítica actual como estamos viendo.

La protección medioambiental y la lucha contra el cambio climático, junto con la nueva agenda de desarrollo sostenible de las Naciones Unidas 2030[10], que engloba los anteriores, han creado un consenso a nivel internacional suficiente como para dar paso a una cooperación que nace desde abajo, han dado origen a una nueva gobernanza inclusiva que incluye los actores más variados, pero aun así los aspectos energéticos y la geopolítica están llenos de factores que no se pueden predecir por la excesiva dependencia energética y el peso que todavía tiene una economía construida entorno a los combustibles fósiles con un sector regulado que poco a poco debe abrirse a un cambio institucional que haga permear una gobernanza en la cual todos los sectores e individuos interesados puedan formar parte del proceso regulatorio y decisorio. Es por lo que la gobernanza abre las puertas a una acción acelerada que puede venir desde abajo, desde cualquier actor protagonista en el sector de producción, distribución, y venta energética, así como dar paso a una acción protagonista de la sociedad civil organizada en sus múltiples versiones creando nuevos equilibrios y dando nuevas oportunidades a actores desconocidos para el mercado. Lo que ha evidenciado el conflicto bélico, es la respuesta solidaria europea que enfatiza la creciente e incuestionable necesidad de cooperación europea para una transición hacía las energías limpias y a la independencia energética como única posibilidad de obtener la seguridad energética. No obstante, la ausencia de un acuerdo de paz entre Ucrania y Rusia ha visto algunos pasos atrás en la hoja de ruta hacía la transición energética, que en cualquier caso no ponen en peligro los imperantes planes del Pacto Verde[11]. Lo que evidencia es una clara fragilidad del sistema económico y político internacional, en el que la energía sigue siendo clave y un factor de desequilibrio crucial.

---

10 Resolución de la Asamblea General (Naciones Unidas) de 25 de septiembre de 2015, Transformar nuestro mundo: la Agenda 2030 para el Desarrollo Sostenible, A/RES/70/1.

11 RAGAZZI, L., "Ukraine and Africa: Food Crisis, Energy Ambiguity and an uncertain Political Outcome", *Istituto per gli Studi di Politica Internazionale Commentaries*, 6 Mayo 2022. Disponible en: https://www.ispionline.it.en/node/34926.

III. PERFIL DE LA NUEVA GEOPOLÍTICA

La imposibilidad de predecir las consecuencias de la transición energética a través de un análisis basado en viejas premisas constituye un verdadero reto[12]. Recientes análisis de geopolítica energética afirman que sería un error seguir aseverando la importancia de un análisis geopolítico basado en el dominio de los recursos del petróleo y del gas que trae como consecuencia argumentaciones de dominación y extrema competitividad.

Introducir análisis nuevos fundados sobre perspectivas que enfaticen la transición energética hacía las renovables son necesarias para exaltar la necesaria cooperación internacional y el cambio significativo de paradigma de transformación y sostenibilidad que es necesario concretizar a nivel global para actuar compromisos tan ambiciosos, tan interdependientes, y con un factor social más necesario, y más evidente que nunca[13]. No obstante, uno de los mayores desafíos geopolíticos actuales se encuentra en la necesidad de buscar soluciones globales a pesar de proteger intereses locales. La UE necesita preparar una estrategia de política exterior para gestionar las repercusiones geopolíticas del Pacto Verde, conciliar la independencia energética con la cooperación presentan una ecuación difícil, y una concentración excesiva en la independencia energética puede frenar los impulsos cooperativos tan necesarios para el futuro de una buena gobernanza global. La respuesta de Italia y Alemania ante la guerra y la necesidad de cambiar proveedores de gas, por la alta dependencia rusa que tenían, ha puesto en evidencia no sólo la necesidad de cooperación para que estados como Argelia pueden empezar a tener un protagonismo que da lugar a nuevas oportunidades, sino para evitar desequilibrios de precios o nuevas dependencias de estados emergentes, a pesar de la necesidad de oportunidades de crecimiento de dichas economías.

La transición puede ser una oportunidad para poner énfasis en una geopolítica nueva y más "benigna" que no sólo cambie los equilibrios de las grandes potencias y su relación entre ellas, sino que introduzca nuevos

---

12 OVERLAND, I., "Uncertain Past, Uncertain Future: How Assumptions about the Past Shape Energy Transition Expectations", *Oxford Energy Forum*, núm. 126, 2021. Disponible en: https://www.oxfordenergy.org/wpcms/wp-content/uploads/2021/02/OEF-126.pdf. El autor presenta una visión crítica de las contribuciones existentes que lanzan conjeturas sobre el futuro geopolítico sosteniendo que en realidad constituye un verdadero reto no poder basar dichas conjeturas o predicciones en viejas premisas.

13 GÖPEL, M., *The great Mindshift*, Springer, 2015.

equilibrios de poder, enfatizando la preponderancia de la capacidad de gestionar las redes. La nueva geopolítica ya no estará basada en el dominio de recursos naturales, sino en las capacidades de gestión, acceso y almacenamiento de las redes, a pesar del cambio de depender del petróleo y gas, a la dependencia del litio, del cobalto y otros minerales estratégicos que podrían dar lugar a enfatizar una geopolítica de patentes y a otros tipos de dominación. En cualquier caso, las consecuencias de las nuevas transformaciones son inciertas si consideramos casos como el de China. Será una gran beneficiada porque domina el mercado de los llamados minerales de tierras raras, esenciales[14] para múltiples campos de las energías limpias necesarias para la transición (turbinas, paneles, y coches eléctricos).

1. La transición y sus riesgos en una óptica de cooperación

Así pues, la transición energética podría ser una oportunidad para acentuar una geopolítica no sólo más "benigna", sino menos peligrosa y con un mayor énfasis en las infraestructuras, en la multiplicidad de actores capaces de condicionar las nuevas políticas y tendencias regulatorias, en las nuevas tecnologías y en un futuro en el que el poder podría estar en quién tenga la capacidad de gestionar las redes de suministro energético, y no en quien domine los recursos naturales. El ejemplo más cercano de dicha visión de dominio que es necesario abandonar lo encontramos en Rusia que según algunas interpretaciones ha usado sus recursos de gas natural como un instrumento de política exterior y como un arma[15]. Creo que esto lo ha puesto claramente en evidencia el actual conflicto bélico, y los nuevos equilibrios que se han empezado a crear. Las consecuencias para la economía mundial son otro tema del que no podemos ocuparnos en estas líneas, pero que pone de relieve la gran necesidad de cooperar para una transición justa que, aunque vaya más lenta, no deja de tener consecuencias irreparables para la humanidad y los países más vulnerables, por todos los sectores de la cadena de consumo que se han visto afectados con esta guerra.

---

[14] No son realmente "tierras", sino un grupo de 17 elementos de la tabla periódica que poseen propiedades fundamentales para la industria tecnológica y que se utilizan en productos cotidianamente utilizados globalmente (teléfonos móviles, ordenadores, vehículos, y dispositivos médicos). REGUEIRO Y GONZÁLEZ-BARROS, M. "Tierras raras: tan esenciales como desconocidas" *Revista Gerencia de Riesgos y Seguros,* núm. 137, 2019. pp. 1-4.

[15] V*id,* OVERLAND, I., *op.cit* nota 11.

En un proceso de transición más "justa" ya avanzado es importante introducir una estrategia para gestionar la cooperación internacional y los futuros riesgos, preguntarse lo qué pasará con los actores globales actuales que han centrado su economía y su desarrollo, así como sus exportaciones en el gas natural o en el petróleo. La neutralidad climática a la que aspira el Pacto Verde implica cambios cruciales en la política exterior y las relaciones diplomáticas de Europa. ¿Qué sucederá con Argelia, Azerbaiyán, Kazajistán, Libia y con Rusia? La cooperación con estos países, sobre todo con Libia y con Argelia son fundamentales ya que sus economías dependen en gran medida de las exportaciones de energía a la UE. Sin embargo, como ha sido señalado[16], la política energética exterior de la UE está dominada por el debate sobre Rusia y poco sensible a las relaciones de los países del área mediterránea, aunque haya margen para un desarrollo de cooperación favorable[17]. Proyectos como el *Nord Stream 2* y la reducción de la dependencia de Rusia han protagonizado los debates europeos por el impacto que tiene en algunos Estados miembros y por las implicaciones en las políticas de vecindad con Ucrania. La competencia entre España e Italia por convertirse en *hubs* gasistas del mediterráneo podría crear desequilibrios de poder, pero no se ha analizado suficientemente. Según algunos analistas, "la propuesta de que la UE financie un gasoducto de más de 7.000 millones de euros y 2.000 km desde los campos de gas *offshore* de Chipre e Israel hasta Europa supondría falsear con subvenciones europeas las competencias gasistas del Mediterráneo"[18], para estos analistas, dadas las capacidades ya operativas de gasoductos y gas natural licuado (GNL), lo que resulta más coherente con el resto del mercado interior, es integrar estas capacidades, y promover interconexiones favoreciendo un mercado interior de la energía.

No obstante, una visión amplia del problema debe llevarnos a la solución de fomentar coaliciones, pero no las viejas coaliciones de

---

16 *Vid.*, ESCRIBANO, G., LÁZARO, L., LLEDÓ, E., "La influencia de España en el ecosistema europeo de energía y clima", *ARI del Real Instituto Elcano* núm. 87, 2019. Disponible en: https://media.realinstitutoelcano.org/wp-content/uploads/2021/11/ari87-2019-escribano-lazaro-lledo-influencia-espana-ecosistema-europeo-energia-clima.pdf

17 Argelia podría convertirse en un socio preferente europeo. En el paisaje energético mediterráneo la predominante presencia de Italia, Portugal, Francia o Grecia debería adoptar una política de consenso y convergencia y España debería entrar más en ella. *Ibid.*

18 *Ibid.*

ganadores utilizando subsidios para alimentar el antiguo sistema de poder basado en el dominio de los recursos. En una carrera hacía la cooperación, que podría nacer creando coaliciones amigables, el riesgo reside en una ausencia de los incentivos para la misma debido a la exigencia de reducir nuestra dependencia energética, u otros objetivos estratégicos. Para ello hay que evitar el riesgo de seguir contribuyendo a los subsidios nacionales y a una regulación ciega que potencie el riesgo regulatorio sin proceder a una estabilización de una buena gobernanza global en el sector energético institucionalizando universalmente mecanismos y estándares de transparencia para las extracciones, la gestión, las inversiones, los pagos e ingresos provenientes de recursos energéticos[19], y que favorezca de manera permanente la cooperación.

Las nuevas tecnologías presentan una ventaja fundamental a la hora de robustecer y acelerar la transición a través de la diversificación del mix energético porque poseen poco coste marginal, no tienen costes adicionales y poseen menor volatilidad en el mercado. No obstante, tienen que convivir con un mundo en el que el petróleo, el gas y la más avanzada tecnología aplicada a la extracción de hidrocarburos van a seguir siendo parte de los recursos energéticos disponibles y del mercado internacional.

La corrupción y la falta de transparencia en la producción del petróleo y gas seguirá siendo una preocupación constante para los analistas, los políticos y la consecución de una robusta gobernanza global sin intereses fragmentados liderados por necesidades nacionales estratégicas[20]. El mayor riesgo estriba en la gestión de dicha gobernanza y en la capacidad de las instituciones europeas para guiar a las economías emergentes a la explotación de las renovables a través de inversiones y políticas públicas que faciliten su desarrollo y la integración de los principios de buena gobernanza que ya rigen a nivel europeo. De hecho, la estrategia de situar América Latina en el mapa europeo es crucial para una ambiciosa expansión de la política exterior europea en óptica de colaboración con mercados en desarrollo y ligados a la realidad de algunos estados miembros.

Europa debe liderar un cambio del mix energético y de la explotación de la tecnología disponible para acelerar el cambio de infraestructuras, la cooperación transnacional entre los estados miembros y global, así como

---

19 ESCRIBANO "Pathways Toward..." *op.cit* nota 3.

20 SANDERINK, L., "Shattered frames in global energy governance: Exploring fragmented interpretations among renewable energy institutions", *Energy Research and Social Science*, vol. 61, 2020, DOI:10.1016/j.erss.2019.101355.

la integración de los objetivos de desarrollo de la Agenda Global 2030 en toda su política de transición verde. En este proceso, una gobernanza energética y una buena estrategia de cooperación con el exterior, incluso con América Latina, constituyen un pilar crucial. Esto podría hacer de Europa, no sólo un líder en la lucha contra la crisis climática, sino en un modelo institucional de buena Gobernanza de integración y transparencia.

IV. EL PACTO VERDE, SUS LÍNEAS DE GOBERNANZA Y LA JUSTICIA SOCIAL

El fuerte compromiso hacía la descarbonización a través de la descentralización de suministro y distribución de la energía no es nada nuevo. *The Clean Energy for all Europeans Package* propuesto por la Comisión Europea en noviembre del 2016 incluyendo 8 textos legislativos son la espina dorsal de los ambiciosos planes de la hoja de ruta regulatoria y política propuesta por el Pacto Verde. Las 8 iniciativas regulatorias en el mercado eléctrico y ámbito del consumidor, la Eficiencia Energética y la Eficiencia Energética de los edificios, Renovables y bioenergía, sostenibilidad, así como los nuevos instrumentos para una gobernanza de la Unión Energética fueron todos publicados en la Revista Diario Oficial de la UE en junio 2019[21]. En ese año, el *Clean Energy for all Europeans package* (CEP) constituyó un paso muy importante para la implementación de la estrategia de la Unión en el campo de la energía (publicado por primera vez en 2015) para favorecer el compromiso de la UE con el Acuerdo de París donde los principios de *good governance*, equidad y justicia son claros para una lucha global y conjunta contra los estragos del cambio climático.

El desafío de conciliar las preocupaciones regulatorias, económicas y sociales de la legislación energética de la UE con la protección de los consu-

21 Reglamento (UE) 2019/941 del Parlamento Europeo y del Consejo, de 5 de junio de 2019, sobre la preparación frente a los riesgos en el sector de la electricidad y por el que se deroga la Directiva 2005/89/CE, DOUE L 158 de 14.6.2019, p. 1-2. Reglamento (UE) 2019/942 del Parlamento Europeo y del Consejo, de 5 de junio de 2019, por el que se crea la Agencia de la Unión Europea para la Cooperación de los Reguladores de la Energía. DOUE L 158 de 14.6.2019, p. 22-53. Reglamento (UE) 2019/943 del Parlamento Europeo y del Consejo, de 5 de junio de 2019, relativo al mercado interior de la electricidad. DOUE L 158 de 14.6.2019, p. 54-124. Directiva (UE) 2019/944 del Parlamento Europeo y del Consejo, de 5 de junio de 2019, sobre normas comunes para el mercado interior de la electricidad y por la que se modifica la Directiva 2012/27/UE. DOUE L 158 de 14.6.2019, p. 125-199.

midores vulnerables se ha convertido cada vez más en una prioridad en el ámbito de la "economía social de mercado de la UE" en general[22]. El marco regulatorio europeo con esta última propuesta regulatoria ha sentado las premisas para una transición energética global más democrática basada en una cooperación que aborde la pobreza energética y las desigualdades energéticas injustas en todos los niveles regulatorios[23]. Los consumidores están firmemente colocados en el centro de este llamado cuarto paquete, y la lucha contra la pobreza energética es uno de sus principales objetivos al intentar equilibrar los objetivos de competencia, de seguridad energética, protección del medio ambiente y respeto por los principios económicos del mercado. Como se ha avanzado en otras sedes[24], la plena participación de los consumidores en el mercado requerirá una mejor conexión entre los mercados y unas condiciones de inversión atractivas para proporcionar incentivos para el desarrollo de nuevas tecnologías tanto por parte de los productores como de los consumidores. Actualmente, la casuística de inversiones no ha hecho más que aumentar ligada al riesgo regulatorio sin proveer justicia para los pequeños inversores y sometiendo a los Estados al pago de grandes sumas de dinero, sobre todo en el sector de las renovables, con laudos millonarios que deben saldar como resultado de la adhesión a la Carta Europea de la energía y a los compromisos para resolución de conflictos a través del tribunal de arbitraje previsto en la misma.

Desde su inicio, el proyecto europeo de creación del espacio europeo de una Unión en el sector energético, lanzado en 2015[25], ha tenido el ob-

---

22 Así, FERRI, D., CORTESE, F. (eds), *The EU Social Market Economy and the Law: Theoretical Perspectives and Practical Challenges for the EU,* Routledge, 2018.

23 *Vid.* Comunicación de la Comisión Europea del 30 de noviembre de 2016, Energía Limpia para todos los Europeos, COM/2016/0860 final. La propuesta europea regulatoria "Clean Energy for All Europeans" proporcionan los principios regulatorios fundamentales post-2020, los objetivos de la Comisión son más que nunca, siguiendo las primeras directivas reguladoras del mercado de la energía, la democratización de la transición energética accesible a todos los ciudadanos y a nivel global.

24 METE, G., HEFFRON, R., "The Social Dimension of EU Energy Law", en FERRI, D., CORTESE, F. (eds), *The EU Social Market Economy and the Law: Theoretical Perspectives and Practical Challenges for the EU,* Routledge, 2018, pp. 252-271.

25 Vid, Comunicación de la Comisión Europea de 25 de febrero de 2015, *Estrategia Marco para una Unión de la Energía resiliente con una política climática prospectiva,* COM/2015/080 final. Tiene 5 Pilares: Seguridad energética, solidaridad, confianza, una integración del Mercado energético, eficiencia energética, acción climática, descarbonización de la economía, investigación, innovación y competitividad.

jetivo acelerar la transición y modernización de la economía europea hacia un sistema bajo en emisiones de carbono, eficiente y socialmente justo, que en última instancia beneficie a los ciudadanos europeos. Pero la superposición de geopolíticas distintas y los mecanismos ligados a viejos tratados de cooperación (como el Tratado sobre la Carta de la Energía)[26] en un sistema energético basado en hidrocarburos y gas natural son grandes interrogantes por resolver a nivel político para fomentar una tendencia de justicia social.

Así, el fortalecimiento y la protección del consumidor que se sitúan en el centro de una transición energética justa que debería acelerarse en su dimensión social a la luz de los nuevos y ambiciosos planes del Pacto Verde, deja muchos factores sin resolver. De hecho, aunque un número cada vez mayor de consumidores participan activamente en el mercado y se ha producido un aumento de las capacidades solares fotovoltaicas en viviendas privadas, los precios de la energía se han mantenido altos y la necesidad de introducir medidas para abordar la pobreza energética y la protección de los más vulnerables, así como de los consumidores comunes o los pequeños productores y prosumidores, siguen siendo un desafío importante dentro del proceso de transición energética, que es difícil de resolver sólo con incentivos fiscales ligados al consumo. La integración de los valores de transición energética con la fuerza de la acción climática brinda mayores espacios de intervención política y jurídica.

Es en este contexto de descentralización, de despolarización del sistema energético, donde el consumidor y prosumidor se sitúan al centro de los nuevos principios regulatorios empiezan a surgir con más fuerza los enfoques de justicia social que impregnan las nuevas conceptualizaciones de la política energética europea de hoy. Estos enfoques abogan por la protección de tales vulnerabilidades, contrastan las desigualdades. Estos enfoques teóricos intentan fomentar la distribución equitativa de todas las obligaciones y beneficios de los servicios del sistema energético con el objetivo de lograr procesos de toma de decisiones más inclusivos que no puedan separarse de una visión del prosumidor desligada del acceso y la producción de energía. Las nuevas conceptualizaciones de justicia social

---

[26] En adelante TCE, Tratado sobre la Carta de la Energía, hecho en Lisboa el 17 de diciembre de 1994. *BOE* núm. 117, de 17 de mayo de 1995, pp. 14122-14153. Tratado controvertido. Vid. KONOPLYANIK, A., WALDE, T., "Energy Charter Treaty and its Role in International Energy", *Journal of Energy and Natural Resources Law (International Bar Association)*, vol. 24, núm. 4, pp. 523-558.

también se han utilizado como marco para identificar cuándo, dónde y cómo ocurren las injusticias dentro de los sistemas energéticos y cómo se pueden eliminar estas injusticias[27]. Este enfoque teórico es bastante novedoso, pero está fundado en la literatura sobre justicia ambiental y, más recientemente, sobre justicia climática y atmosférica[28]. De hecho, estos enfoques conceptuales novedosos han destacado el papel fundamental de la educación en la formulación de políticas y la comprensión y el desarrollo del concepto de justicia energética[29].

El aspecto crucial de este análisis conceptual radica en identificar el concepto de justicia energética basado en varios principios básicos de la justicia moderna. Se han sugerido dos enfoques principales, dependiendo de la cantidad de principios que deben aplicarse en los sistemas energéticos. Estos principios son aplicables en una gran variedad de proporciones con el objetivo de identificar dónde ocurre la injusticia dentro de los sistemas energéticos. De acuerdo con los dos enfoques principales, hay tres[30] o cuatro principios básicos avanzados de la justicia moderna[31]:

(1) El primer principio de la justicia energética es la justicia distributiva. Representa el llamado principio a la distribución de beneficios y males a todos los miembros de la sociedad sin importar los ingresos, la raza, etc. Proyectos de energía de diferente naturaleza, como los proyectos de energía eólica, por ejemplo, enfrentan una clara oposición local, y es necesario un proceso de consulta justo y abierto.

(2) El segundo principio se refiere a la justicia procesal y se manifiesta como "un reclamo a procedimientos equitativos que involucren a

27 SIMCOCK, N., MULLEN, C. "Energy Demand for Everyday Mobility and Domestic Life: Exploring the Social Justice Implications", *Energy Research and Social Science*, vol. 18, 2016, pp. 1-6; JENKINS, K., et al., "Energy Justice: A conceptual review", *Energy Research and Social Science*, vol. 11, 2016, pp.174-182; SOVACOOL, B., DWORKIN, M., "Energy Justice: Conceptual insights and practical applications", *Applied Energy*, vol. 142, núm. C, 2015, pp. 435-442.

28 McCAULEY, D., et al., "Advancing energy justice: the triumvirate of tenets", *International Energy Law Review*, vol. 32, núm. 3, 2013, pp. 107-110.

29 HEFFRON, R., McCAULEY, D., "The concept of Energy Justice across disciplines", *Energy Policy*, vol. 105, 2017, pp. 658-667.

30 *Op.cit*, nota 28; JENKINS, K., et al., "Energy Justice: A conceptual review", *Energy Research and Social Science*, vol. 11, 2016, pp.174-182; SOVACOOL, "How Long will it take? Conceptualising the temporal dynamics of Energy Transitions", *Energy Research and Social Science*, vol. 13, 2016, pp. 202-215.

31 SOVACOOL, *ibid.*

todas las partes interesadas de manera no discriminatoria. Establece que todos los grupos deben poder participar en la toma de decisiones y que sus decisiones deben tomarse en serio en todo momento"[32].

(3) El tercer principio es el reconocimiento de la justicia en sentido estricto. No debe confundirse con participación. Se manifiesta como "el proceso de falta de respeto, insulto y degradación que devalúa a unas personas y les coloca identidades preestablecidas frente a otras"[33]. Este significado intenta ir conceptualmente más allá de los límites de la "tolerancia", lo que significa que cada individuo debe estar representado de manera justa.

Considerando el alcance global de los aspectos energéticos, y como las relaciones geopolíticas influencian los sistemas energéticos, Sovacool[34] ha propuesto un cuarto principio en el marco de la justicia energética, se trata de la "*cosmopolitan justice*". Este principio se revela fundamental dada la importancia de los recursos energéticos de relevancia global, enfatizando que la justicia energética no es sólo un problema de alcance nacional, cualquier tema fuente de injusticia se convierte en un problema universal que se extiende a todo el planeta.

Heffron y McCauley[35]; Jenkins y otros[36] que han sido los impulsores de este enfoque de justicia ambiental para los sistemas energéticos, han apoyado esta aplicación universal de la justicia social y han enfatizado la importancia de la misma en asuntos de justicia energética para aplicar los principios básicos a cada elemento del ciclo de vida de la energía a lo largo de las cadenas de suministro del mercado energético, incluso cuando deben reconciliarse diferentes enfoques de justicia energética[37]. Más

---

32 *Op.cit* nota 22.

33 Para esta definición, vid. McCAULEY, D., et al., citando a WALKER, G., "Beyond Distribution and Proximity: Exploring the Multiple Spatialities of Environmental Justice", *Antipode*, vol. 41, núm. 4, 2009, pp. 614-636. Asimismo *op.cit.* nota 28.

34 SOVACOOL, B., "The political ecology and justice of energy", en VAN DE GRAAF, T., et. al. (eds.), *The Palgrave Handbook of the International Political Economy of Energy*, Londres: Palgrave, 2016, pp. 529-558.

35 *Op.cit.* nota 29.

36 JENKINS, K., et al., "Energy Justice, a whole systems approach", *Queen's Political Review*, vol. II, núm. 2, 2014, pp, 74-87.

37 *Op. cit.* nota 25.

recientemente han ampliado este enfoque como instrumento resolutivo para evitar *policy failures*[38].

Dentro del contexto de las pequeñas comunidades energéticas y las cooperativas, el enfoque de justicia social se vuelve más tangible, y es innegable que los responsables de la formulación de políticas deben tener en cuenta estas consideraciones para una transición justa. Estos principios deberían ser vitales para gestionar los instrumentos regulatorios y de gobernanza de transición actuales, pero todavía se trata de propuestas teóricas que están iniciando a impregnar todos los niveles de gobernanza energética y a nivel práctico llevará su tiempo. Es un tema complejo que a nivel global está capitaneado por una gobernanza de los recursos.

V. LA GOBERNANZA ENERGÉTICA Y LA *GOOD GOVERNANCE* DE LOS RECURSOS

1. Gobernanza de la Unión Energética y la Acción Climática Europea

Para lograr los objetivos de la Agenda Global en relación con la energía y el cambio climático, la UE introdujo su piedra angular de la regulación en ámbito de gobernanza, la Regulación de la Gobernanza de la Unión Energética 2018[39] estableciendo reglas comunes para planificar, informar y controlar. Es un paso crucial para abrir los procesos regulatorios e institucionales a todos los sectores interesados y democratizar los procesos regulatorios asegurando que la planificación de la política y las intervenciones en estos sectores estén sincronizadas con los ciclos ambiciosos de supervisión y acción introducidos por el Acuerdo de París. Para ello, el plan cubre las 5 dimensiones cruciales de la Unión Energética: 1. Descarbonización; 2. Seguridad Energética; 3. Eficiencia Energética; 4. Mercado Interior de la Energía; 5. Investigación, innovación y competitividad. Así mismo, los estados de la Unión están obligados a presentar un documento preliminar de sus planes de acción y uno final. Mientras tanto pueden adaptar sus políticas y medidas nacionales en cualquier momento si incluyen los cambios

---

38 SOKOLOWSKI, M., HEFFRON, R., "Defining and Conceptualising energy policy failure: The when, where, why, and how", *Energy Policy*, vol. 161, 2022, DOI:10.1016/j.enpol.2021.112745.

39 Regulación (UE) 2018/1999 *op.cit* nota 1.

efectuados o planificados en los informes integrados bianuales (*biennial integrated national energy and climate progress reports*) a la Comisión. Los estados miembros presentarán el primer informe sobre el progreso de sus políticas integradas de acción climática y energética en 2023[40].

2. La Good Governance de los recursos

En los cambios de poder y geopolítica global también se identifican cambios a nivel institucional y decisorio. No sólo un desplazamiento horizontal hacía el uso de nuevas tecnologías para la extracción de hidrocarburos sino, un desplazamiento vertical hacía un *soft energy power* basado en normas e *ideational drivers* (justicia social, *good governance,* desarrollo sostenible, lucha contra el cambio climático y la pobreza energética) que se oponen a *material drivers* como la neta explotación de la tecnología en sí, o la extracción de los recursos naturales[41]. Mientras la Gobernanza global está influenciando estas áreas, la UE intenta mantener sus estándares normativos para poder desarrollar una política colaborativa, sobre todo con el Sur del Planeta. En este contexto pueden surgir conflictos geopolíticos[42], o acciones virtuosas como las instituciones relacionadas *con* la *Good Resource Governance* (GRG)[43], el EITI (Extractive Industries Transparency Initiatives)[44] o el *Natural Resource Governance Institute* (NRGI), iniciativas que el Pacto Verde o el último *Energy Package* no menciona, pero que seguirán siendo cruciales. Se trata de mecanismos que mejoran la transparencia y ayudan a fluir un mercado todavía dominado por los hidrocarburos en una economía de transición dominada cada vez más por la responsabilidad corporativa y la necesidad de transparencia en la gestión de los recursos.

---

40 COMISION EUROPEA "Governance of the Energy Union and Climate Action". Disponible en: htpps://ec.europa.eu/clima/eu-action/climate-strategies-targets/progress-made-cutting-emissions/governance-energy-union-and-climate-action_en

41 ESCRIBANO, G. et al., "The Union..." *op.cit.* nota 3.

42 Vid., *Ibid.*

43 Para un análisis más extenso de los mismos, vid., *Ibid.*

44 La EITI se lanzó en 2004 como Iniciativa del Reino Unido, actualizada en 2013, 2016, 2019. Es un ejemplo de creación de régimen liderado por el estado que evolucionó adquiriendo relevancia internacional y suscitando el interés de gobiernos, empresas y sociedad civil de todo el mundo. El estándar EITI de 2019 es una iniciativa multilateral voluntaria que extiende los requisitos de transparencia más allá de los pagos de ingresos e introduce la responsabilidad con respecto a los acuerdos fiscales y otra información.

La energía es un pilar fundamental para el desarrollo y, como consecuencia del cambio de paradigma introducido por los objetivos de desarrollo sostenible, su regulación y una transición justa constituyen hoy un problema global, y como consecuencia las políticas públicas ligadas al sector deben elaborarse en muy diferentes niveles de protección. Al mismo tiempo los problemas involucrados son multidimensionales, constituyen el producto y la causa de la complejidad de fenómenos de naturaleza económica, política y social. Y es en este contexto que nace la noción de gobernanza, sin una definición unánime, pero erigiéndose como componente clave a nivel internacional para guiar una sana evolución de mecanismos democráticos de gobernanza global que hoy son clave para la política climática, y la transición justa.

La *Good governance*, sin querer tratarla en estas líneas de manera exhaustiva, se ha establecido paulatinamente como el cuarto componente del concepto de sostenibilidad a nivel teórico[45] y es crucial para la geopolítica energética y afrontar desafíos futuros de manera policéntrica promoviendo una acción colectiva e incluyendo la posibilidad de una amplia participación en todo los ámbitos decisorios, extendiendo capacidad de participación y acción a todas las partes interesadas o afectadas: las instituciones públicas, actores privados, gobiernos, asociaciones, sociedad civil, etc. Fue ya proclamada en 2002 en la Declaración de Delhi por la Asociación de Derecho Internacional (ILA) a pesar de su naturaleza no vinculante, y subsecuentemente proclamada por las Naciones Unidas (2014)[46].Un marco legal consensuado de la gobernanza surgió con fuerza en el contexto de la Convención Marco de Naciones Unidas sobre Cambio Climático, y el acuerdo de París. La buena gobernanza inclusiva y participativa se ha ido asentado ulteriormente en los acuerdos y consenso internacionales como la Agenda 2030 global del Desarrollo de las Naciones Unidas. No obstante, su incidencia en la gobernanza de los recursos extractivos como el petróleo y el gas sencillamente «significa cosas diferentes"[47]. Florini y Sovacool[48] definen la gobernanza energética global

---

45 SACHS, J., *The Sustainable Development Era*, Columbia University Press, 2015.

46 NNUU, "Prototype. Global Sustainable Development Report", Departamento de Asuntos Económicos y Sociales de Naciones Unidas (División para el Desarrollo Sostenible), 2014. Disponible en: https://sustainabledevelopment.un.org/content/documents/1454Prototype%20Global%20SD%20Report2.pdf.

47 CARBONNIER, G. "Introduction: the global and local governance of extractive resources", *Global Govern*, vol. 17, núm. 2, 2011, pp. 135–147, p. 135.

48 *Vid*, FLORINI A., SOVACOOL, B., "Who governs energy? The challenges facing global energy governance", *Energy Policy*, vol. 37, núm. 12, 2009, pp. 5239-5248.

como los esfuerzos colectivos internacionales para gestionar y distribuir los recursos energéticos y proporcionar servicios energéticos.

Su principal característica es que la gobernanza hace referencia al modo en el cual los poderes económicos, políticos, administrativos, o autoridades se ejercitan en todos los niveles de acción más allá de los límites institucionales y burocráticos del Estado[49]. Su principal característica es la inclusión de mecanismos decisorios abiertos a todas las partes potencialmente interesadas, en todos los niveles de acción. El término conlleva (aunque su alcance sea más amplio), funciones gubernamentales, definición de plan de acción, negociaciones, implementación y control a veces efectuado por la sociedad civil o los actores privados. Se distingue de las reglas legales que emanan formalmente de instituciones tradicionales gobernativas con procedimientos ya establecidos a nivel estatal y de tipo jerárquico (gobierno, parlamento, etc.).

Van de Graaf y Colgan[50] distinguen dos alcances de la gobernanza energética global (GEG): el alcance de esta como potencial – cuestiones sociales, económicas o políticas internacionales relacionadas con la producción, distribución o consumo de energía – y el alcance real – los problemas que centran la atención de los actores energéticos. Las brechas entre los alcances potenciales y reales son especialmente importantes para la seguridad internacional y la buena gobernanza nacional[51], pero los retos a nivel global son los verdaderos condicionantes de un sector de interdependencia de recursos y una gestión de los mismos que posee alcance global, con repercusiones más graves para quien sufre los efectos de la agresiva economia extractiva. Se ha empezado a hablar de Buena Gobernanza de los recursos (Good Resource Governance (GRG)) en el sector energético hace décadas. Con este concepto se hace referencia a la gestión eficaz, responsable y transparente de los recursos de petróleo, gas y minerales[52].

---

49 Así, HEWSON M., SINCLAIR T. (eds.), *Approaches to Global Governance Theory*, Albany: SUNY Press, 1999; BA, A., HOFFMANN, M. J. (eds), *Contending Perspectives on Global Governance: Coherence, contestation and World Order*, Routledge, 2005.

50 *Vid.* VAN DE GRAAF T., COLGAN, J. "Global Energy Governance: A review and research Agenda", *Palgrave Communications*, 2016. DOI:10.1057/palcommons.2015.47.

51 ESCRIBANO, G., PAREDES-GAZQUEZ, J.D., SAN-MARTÍN, E. "The European Union and the good governance of energy resources: Practicing what it preaches?", *Energy Policy*, vol. 147, 2020. DOI:10.1016/j.enpol.2020.111884.

52 BAUER, C., QUIROZ, A., "Resource Governance", en GOLDTHAU A., (ed.), *The Handbook of Global Energy Policy*, Wiley Blackwell, Malden, 2013, pp. 244-264.

El origen del concepto se remonta a la década de 1960 y Las preocupaciones iniciales sobre GRG estaban relacionadas con los aspectos financieros del sector, especialmente la transparencia de los pagos, los retos han cambiado y la ética ecológica, social y de la finanza, han ido obteniendo un espacio importante también en el sector energético. Florini[53] destaca que hay 4 problemas fundamentales del sector que requieren *global governance*: (1) seguridad energética; (2) sostenibilidad ambiental; (3) desarrollo económico; (4) respeto por los derechos humanos. No obstante, mucha de la literatura se olvida de enumerar el gran problema de la corrupción presente en la extracción, gestión y comercialización de los recursos. De hecho, uno de los mayores problemas de la gestión de recursos energéticos sigue siendo la corrupción y la falta de transparencia en la producción de petróleo y gas[54]. La mayor parte de las actividades extractivas tienen lugar en el Sur del mundo, donde no existen nociones de *accountability* y mucho menos responsabilidad corporativa, o good governance en función de la gestión de los recursos.

VI. CONCLUSIONES

El proceso de integración europeo con respecto al orden global ha seguido una órbita fija y fugaz hacía una consolidación de principios y valores supranacionales que van más allá de la integración económica y la cooperación energética que se pretendía en sus comienzos. Los retos actuales ligados a la complejidad del escenario geopolítico global, el conflicto bélico actual, la urgente necesidad de descarbonización y la lucha contra el cambio climático han acelerado una respuesta institucional integrada de acción a nivel Europeo para poder aunar los intereses de los estados miembros más vulnerables, así como los del consumidor (prosumidor), la industria, los gobiernos y la sociedad civil, desplazando los viejos planes jerárquicos regulatorios e introduciendo un enfoque de gobernanza que capacita a todos los sectores interesados a participar en los procesos decisorios e institucionales, incluso a nivel regulatorio energético, así como ya sucedía en los de acción climática.

---

53 FLORINI, A., "Global Governance and Energy", *Center on Asia and Globalization Working Paper Series*, núm. 1, septiembre 2008. Disponible en: www.lkyspp.nu.edu.sg/CAG

54 GRASSO, C. "The Dark Side of Power: Corruption and Bribery within the Energy Sector", en LEAL-ARCAS, R., WOUTERS, J., *Research Handbook on EU Energy Law and Policy*, Edward Elgar, 2017, pp. 237-256.

El Pacto Verde es una hoja de ruta que ambiciona la neutralidad climática en 2050 con la pretensión de trasformar la economía europea totalmente, disociando el crecimiento económico del uso de los recursos, a pesar de no trazar una verdadera ruta de colaboración internacional energética, ni enfatizar la importancia de la justicia social. No obstante, el Pacto no parte desde cero y nace ya con una herencia de valores y principios normativos constitucionales supranacionales. Dicho legado comprende no sólo la cohesión social, la sostenibilidad, y una economía de mercado altamente competitiva con pleno empleo y progreso social, sino que alcanza la protección de derechos fundamentales y un bienestar de la ciudadanía que son primordiales en los marcos políticos de una época compleja. Es por ello, que el Pacto presenta un plan ambicioso de transformación integral con un mayor nivel de protección climática. Europa contaba ya con una reciente política en ámbito energético fuertemente integrada con la política ambiental permitiendo el acceso, participación y gestión a los *prosumers*, e introduciendo fuertes criterios de gobernanza policéntrica que facilitan la justicia social que ya pretendía el Acuerdo de París. Pero carece todavía de un plan de cooperación energética con el exterior que favorezca verdaderamente una transición justa donde nadie se quede atrás en un sector que posee por naturaleza alcance global, y despierta gran incertidumbre con respecto a las expectativas ligadas a la transición y a la dependencia de los recursos energéticos.

La guerra de Ucrania no ha hecho más que evidenciar la necesidad de seguir cooperando y acelera una transición que no sólo permita nuevos aliados y nuevos equilibrios, sino que avance en la descarbonización e independencia energética. La manera en la que esta crisis ha afectado toda la cadena de suministros y el sistema alimentario nos revela una vez más la necesidad de pensar al tema de la energía integralmente ligado al tema social, económico y ambiental, que necesita trazar un plan ambicioso y solidario que pueda salvaguardar los más vulnerables.

Buscar soluciones globales basadas en *good governance* e introducir análisis nuevos fundados en *soft energy powers* y justicia social conjugados con perspectivas que enfaticen la transición energética hacía las renovables son cruciales. Un Pacto verde en función de la justicia social necesita exaltar la necesaria cooperación internacional y el cambio significativo de paradigma de transformación y sostenibilidad que se ambiciona para actuar compromisos de desarrollo global interdependientes, y con un factor social que debe estar más presente que nunca. Las propuestas teóricas de justicia social y cooperación aún son minoritarias, aunque estén entrando con fuerza en la gobernanza de la Unión energética para combatir los fallos regulatorios. A pesar de ello, otro de los mayores desafíos geopolíticos actuales se encuentra en la necesidad de buscar soluciones globales a pesar de proteger intereses locales.

La UE necesita preparar una estrategia de política exterior más robusta y preponderante que siga evocando "el viejo sueño europeo" para poder gestionar las repercusiones geopolíticas del Pacto Verde los próximos años en los que la pobreza energética y los nuevos equilibrios de poder deberán ser afrontados en forma colaborativa. Conciliar la independencia energética con la cooperación presenta una ecuación difícil, pero no imposible. Todavía hace falta esperar algún tiempo para luchar contra la corrupción existente ligada a los hidrocarburos y observar si la propensión a prescindir del petróleo y depender del litio, cobalto y otros minerales que no están exentas de riesgos, facilitan nuevas tendencias de "buena" gobernanza para una gestión adecuada de las redes e infraestructuras y permiten colaboraciones internacionales, o formas de cooperación nuevas no fundadas en el "dominio" y "la extracción de los recursos naturales".

La seguridad alimentaria en la acción exterior de la Unión Europea

MIGUEL ÁNGEL MARTÍN LÓPEZ*
ADRIANA FILLOL MAZO**

Sumario: I. La seguridad alimentaria y la lucha contra el hambre como prioridad de la UE en la cooperación internacional al desarrollo. II. La resiliencia ante las crisis alimentarias como propósito de la política de cooperación internacional de la UE en el marco de su acción exterior. III. La acción de la UE en el fomento de los sistemas alimentarios y agrícolas sostenibles en las acciones de cooperación. IV. El ODS2 Hambre Cero y su aplicación en Europa. V. El uso tradicional del concepto de seguridad alimentaria en la Unión Europea vinculado a *food safety*. VI. La necesidad de ampliar el concepto de seguridad alimentaria en Europa: la oportunidad que ofrece el programa de la Granja a la Mesa. VII. Conclusiones.

Resumen: La Unión Europea (UE) consagra una importancia estratégica fundamental a la lucha contra el hambre y la seguridad alimentaria en su política de acción exterior. En esta labor se utiliza el término en su acepción de *food security*. Ahora bien, ello contrasta con el uso que este término ha tenido tradicionalmente en la creación normativa de protección de los alimentos desarrollada en las últimas dos décadas para el interior de la Unión Europea, siguiendo unos parámetros propios de *food safety*. No obstante, cada vez se pone más de manifiesto que esta escisión no debiera mantenerse y se debe converger en un concepto unificado, coherente y que se encuentre en lo más alto de las prioridades de la agenda política y normativa, tanto en la acción *ad extra* como en la *ad intra*. El programa de la Granja a la Mesa y los recientes acontecimientos internacionales pueden mostrar un camino hacia esta dirección.

Palabras Clave: Unión Europea, Seguridad Alimentaria, Cooperación al Desarrollo, Sistemas Agrícolas Sostenibles, Resiliencia, Estrategia de la Granja a la Mesa, Crisis alimentarias.

---

* Profesor Titular de Derecho Internacional Público y Relaciones Internacionales en la Universidad de Sevilla. Email: maml@us.es. Es responsable de la parte dedicada al análisis de los epígrafes III, IV y V.

** Profesora Ayudante Doctor de Derecho Internacional Público y Relaciones Internacionales en la Universidad de Sevilla. Email: afillol@us.es. Es responsable de la parte dedicada al análisis de los epígrafes I, II y VI.

Ambos son responsables científicos del conjunto, incluyendo conclusiones y notas.

I. LA SEGURIDAD ALIMENTARIA Y LA LUCHA CONTRA EL HAMBRE COMO PRIORIDAD DE LA UE EN LA COOPERACIÓN INTERNACIONAL AL DESARROLLO.

No puede negarse que la Unión Europea (UE) en el marco de su política de cooperación al desarrollo muestra interés en contribuir a acabar con el hambre y lograr la seguridad alimentaria mundial. La buena voluntad, en principio, está presente.

En términos globales, la UE es el mayor actor de la cooperación al desarrollo mundial. De hecho, la política de desarrollo ocupa un lugar central en las políticas exteriores de la Unión. En este sentido, la UE y sus Estados miembros son los principales donantes a escala mundial de la Ayuda Oficial al Desarrollo (AOD). Según las últimas cifras del Comité de Ayuda al Desarrollo de la Organización para la Cooperación y el Desarrollo Económico (OCDE-CAD), la AOD de la Unión y sus Estados miembros ascendió conjuntamente a 70. 200 millones de euros en 2021 (lo que equivale al 43% de la ayuda mundial)[1].

Como principio general de su política de cooperación, la contribución a la consecución de los Objetivos de Desarrollo Sostenible (ODS) aparece en lo más alto. Ello incluye, naturalmente, al segundo objetivo de hambre cero y erradicación del hambre para el año 2030. No debemos olvidar que, en atención a lo dispuesto en el artículo 208 del TFUE, la UE ha de velar por la coherencia de las políticas para el desarrollo y debe tener en consideración los objetivos de la cooperación para el desarrollo en las políticas que puedan afectar a los Estados en desarrollo, así como también debe tener en cuenta la repercusión de todas las políticas sobre los Objetivos de Desarrollo Sostenible (ODS), definidos en la Agenda 2030 de Naciones Unidas[2].

---

1 Nota de Prensa del Consejo de la Unión Europea de 18 de julio de 2022, *Ayuda oficial al desarrollo: la UE y sus Estados miembros siguen siendo el mayor proveedor mundial.* Disponible en: https://www.consilium.europa.eu/es/press/press-releases/2022/07/18/official-development-assistance-the-eu-and-its-member-states-remain-the-biggest-global-provider/.

2 Reglamento (UE) 2021/947 del Parlamento Europeo y del Consejo de 9 de junio de 2021 por el que se establece el Instrumento de Vecindad, Cooperación al Desarrollo y Cooperación Internacional–Europa Global, DOUE L 209/1, 14.6.2021, párr. 6, p. 2. Desde el 1 de enero de 2021, la ayuda al desarrollo de la Unión se ha prestado a través del Instrumento de Vecindad, Cooperación al Desarrollo y Cooperación Internacional (IVCDCI-Europa Global). Este instrumento simplifica la arquitectura de financiación de la Unión res-

Lo anteriormente establecido se refleja en el documento estratégico más importante de diseño de esta política común de la Unión como es el Consenso Europeo plasmado en la Declaración conjunta del Consejo y los representantes de los Gobiernos de los Estados miembros reunidos en el seno del Consejo, del Parlamento Europeo y de la Comisión (2017/C 210/01) y que lleva por título "El Nuevo Consenso Europeo en Materia de Desarrollo: Nuestro Mundo, Nuestra Dignidad, Nuestro Futuro"[3]. El Consenso Europeo en materia de Desarrollo establece el marco para un enfoque común en el ámbito de la cooperación para el desarrollo de la Unión y de sus Estados miembros para la aplicación de la Agenda 2030[4].

En concreto, en el parágrafo 24 se afirma expresamente que la UE y sus Estados miembros trabajarán para *garantizar el acceso de todas las personas a unos alimentos asequibles, seguros, suficientes y nutritivos.* Se prestará especial atención a las personas en situaciones más vulnerables, entre ellas, a los niños menores de cinco años[5], a las adolescentes y a las mujeres, especialmente durante

---

pecto a la acción exterior pues fusiona los programas anteriores, incluidos el Instrumento de Financiación de la Cooperación al Desarrollo, el Instrumento Europeo de Vecindad, el Instrumento de Colaboración, el Instrumento Europeo para la Democracia y los Derechos Humanos, el Fondo Europeo de Desarrollo Sostenible y el Instrumento en pro de la Estabilidad y la Paz. En el Reglamento (UE) 2021/947, por el que se establece este Instrumento, se puede apreciar cómo la seguridad alimentaria y nutricional se sitúa entre los "retos mundiales" dotados de financiación en este marco. Asimismo, el reciente proyecto de informe de la Comisión de Desarrollo del Parlamento Europeo destaca el aumento de las crisis alimentarias mundiales desde 2020 y "pide a la Unión y a sus Estados miembros que movilicen inversiones financieras a largo plazo en seguridad alimentaria y nutricional y agricultura sostenible", considerando que "las necesidades crecientes no se acompañan de recursos adecuados". Proyecto de Informe de la Comisión de Desarrollo (Parlamento Europeo) de 5 de enero de 2022, *sobre la seguridad alimentaria en los países en desarrollo,* 2021/2208(INI), pp. 6-7.

3 Véase: Declaración conjunta del Consejo y los representantes de los Gobiernos de los Estados miembros reunidos en el seno del Consejo, del Parlamento Europeo y de la Comisión, *El Nuevo Consenso Europeo en Materia de Desarrollo «Nuestro Mundo, Nuestra Dignidad, Nuestro Futuro»,* 2017/C 210/01, DOUE C 210/1, 30.6.2017.

4 Reglamento (UE) 2021/947 *op.cit.* nota 2, p.3.

5 En esta línea, la UE venía trabajando de forma más pronunciada desde 2013, con el objetivo de *mejorar la nutrición mundial de los más vulnerables,* sobre todo de los niños menores de cinco años y de las madres, en el marco de sus acciones de cooperación internacional para el desarrollo. Reconociendo que

el embarazo y la lactancia. Harán esfuerzos coordinados, rápidos e intersectoriales para acabar con el hambre, aumentar la capacidad de producción de alimentos diversificados local y regionalmente, garantizar la seguridad alimentaria y la nutrición y mejorar la resiliencia de los más vulnerables, en particular en los países que se enfrentan a crisis largas y recurrentes[6].

Esta concepción de trabajo para favorecer la seguridad alimentaria tiene en cuenta además la necesidad, evidente, de incluir el desarrollo rural de los Estados en desarrollo y potenciar sus capacidades de producción y de mayor productividad, eliminando sus vulnerabilidades. Bien es sabido que los datos de Naciones Unidas muestran que casi el setenta por ciento de las personas en situación de inseguridad alimentaria severa se encuentran en las zonas rurales de dichos Estados[7].

---

la desnutrición representa un importante desafío mundial, la UE adoptó en marzo de 2013 la Comunicación "Mejorar la nutrición materna e infantil en la ayuda exterior: Un marco político de la UE". Las correspondientes conclusiones del Consejo de mayo de 2013 acogieron con satisfacción esta Comunicación e invitaron a la Comisión a elaborar un plan de acción en el que se estableciera cómo la Comisión cumpliría los objetivos: ayudar a los países socios a reducir el número de niños menores de cinco años con retraso en el crecimiento 2014 y 2020. El Plan de Acción determina cómo puede trabajar la Comisión para mejorar la nutrición a nivel nacional, regional e internacional, identificando los elementos necesarios. Sobre este plan de acción se han ido haciendo revisiones. Hay hasta un sexto informe que llega a marzo de 2021. En él se ofrece una actualización de los logros respecto a los dos ambiciosos compromisos de la UE en materia de nutrición. Véanse: Comunicación de la Comisión al Parlamento Europeo y al Consejo de 12 de marzo de 2013, *sobre la mejora de la nutrición materno-infantil en la ayuda exterior: un marco estratégico de la UE*, COM/2013/0141 final; Documento de Trabajo de la Comisión de 23 de agosto de 2021, *Sixth Progress Report on the Commission's Action Plan on Nutrition April 2020–March 2021*, SWD (2021) 229 final. Disponible en: https://knowledge4policy.ec.europa.eu/sites/default/files/st11320.en21-1.pdf

6 Declaración Conjunta *op.cit.* nota 3, párr. 24.

7 En este punto es importante destacar que la COP27 acordó la creación de un "Fondo de pérdidas y daños" para compensar el impacto del cambio climático en los Estados en desarrollo. La creación de un fondo específico para pérdidas y daños marcó un importante punto de avance a este respecto, ya que como se ha mencionado estos Estados son vulnerables tanto a los efectos del cambio climático como a las consecuencias de este en su seguridad alimentaria. Los Estados en desarrollo y los especialmente vulnerables ante este fenómeno ambiental, han venido reivindicando en el seno de la COP la necesidad de una respuesta específica frente a aquellos efectos adversos del cambio cli-

Todo ello aparece recogido en el parágrafo 55 del indicado documento, en el que de manera expresa se dice que la *agricultura sostenible,* junto con una pesca y una acuicultura sostenibles, siguen desempeñando un papel esencial en la erradicación de la pobreza, el desarrollo sostenible y son indispensables para *acabar con el hambre y garantizar la seguridad alimentaria.* Dos tercios de los pobres del mundo dependen de la agricultura para su sustento, y muchos Estados en desarrollo siguen dependiendo en gran medida del comercio de unas pocas materias primas. El apoyo a los pequeños agricultores, en particular a las explotaciones agrícolas y pastorales familiares, sigue siendo de importancia fundamental, ya que contribuye sustancialmente a la seguridad alimentaria y a la lucha contra la erosión del suelo y la pérdida de la biodiversidad, al tiempo que procura empleo. Por todo ello, se sigue indicando, que la UE y sus Estados miembros respaldarán mejoras de la gobernanza relativas a la gestión sostenible de los bosques, a la gestión participativa de los pastizales y al acceso equitativo a la tenencia de tierras[8]. La palabra clave de este párrafo parece ser la de conseguir la agricultura sostenible, aunque este concepto, como más adelante veremos, tiene un contenido y repercusión de mayor calado, no predicable sólo para los sectores rurales de los Estados en desarrollo.

El trabajo de la UE en esta materia se viene desarrollando a través de proyectos con organizaciones no gubernamentales, colaboraciones con organizaciones internacionales, como la Organización de Naciones Unidas para la Agricultura y Alimentación (FAO), y con programas multilaterales de ayuda alimentaria, como el Programa Mundial de Alimentos (PMA), e incluso tendiéndola como prioridad en los proyectos de investigación de la Unión Europea.

---

mático que no pueden ser evitados, y respecto a los que no caben medidas de adaptación. Esta reivindicación tuvo una primera respuesta a través de la creación del Mecanismo Internacional de Varsovia de Pérdidas y Daños, y en el Acuerdo de París se ha dado un relevante impulso a la actuación en este ámbito. En el marco de la COP27 los gobiernos también acordaron establecer un "comité de transición" para hacer recomendaciones sobre cómo poner en marcha los nuevos acuerdos de financiamiento y los fondos en la COP28 de 2023. Véase: Nota de prensa de 22 de noviembre de 2022 de la Convención Marco de Naciones Unidas sobre el Cambio Climático, *La COP27 llega a un acuerdo decisivo sobre un nuevo fondo de "pérdidas y daños" para los países vulnerables.* Disponible en https://unfccc.int/es/news/la-cop27-llega-a-un-acuerdo-decisivo-sobre-un-nuevo-fondo-de-perdidas-y-danos-para-los-paises

8 Declaración conjunta, *op.cit.* nota 3, párr. 55.

En esta línea, cabe destacar la alianza, desde 2017, que ha llegado a efectuar la UE con la FAO, a través del llamado Programa FIRST (por sus siglas en inglés). Este programa tiene un acrónimo en inglés que responde a las palabras Seguridad alimentaria y nutrición, Impacto, Sostenibilidad y Transformación. Como literalmente sus documentos indican, se trata de una alianza entre la UE y la FAO que trabaja codo con codo con los gobiernos en este ámbito (especialmente en África occidental y otros como Myanmar, Chad o la República Democrática Popular Lao), con el objetivo de crear condiciones adecuadas para promover inversiones públicas y privadas en *agricultura sostenible* y en la generación de un entorno propicio en el que dichas inversiones puedan contribuir a *alcanzar la seguridad alimentaria y mejorar la nutrición*. La UE tiene un papel activo en su financiación y en dirigir la ejecución del programa a través de la Dirección General de Cooperación Internacional y Desarrollo de la Comisión Europea. El programa se integra dentro de la estructura de gestión y coordinación de programas de la FAO[9].

Hay que destacar asimismo que en noviembre de 2018 la UE y la FAO, junto con el Fondo Internacional para el Desarrollo Agrícola (FIDA) y el Programa Mundial de Alimentos (PMA), firmaron un acuerdo por valor de 12 millones de euros, con los que la UE respaldó tres programas diferentes que abordaban diversos aspectos de la seguridad alimentaria. El primer proyecto de colaboración se basó en una propuesta conjunta para incorporar las consideraciones de género en el desarrollo rural, centrándose en las campesinas y procesadoras de alimentos; el segundo proyecto tenía como objetivo brindar apoyo al Comité de Seguridad Alimentaria Mundial (CSA) para definir una agenda global común para combatir el hambre y la malnutrición; por su parte, el tercer proyecto, denominado *Agrintel* se centraba en la colaboración de la Comisión Europea y la FAO en el área del fomento de las inversiones privadas en sistemas agroalimentarios que sean sostenibles y tengan un fuerte impacto en el desarrollo[10].

---

9 FAO-UE, "Impacto, resiliencia, sostenibilidad y transformación para la seguridad alimentaria y nutricional (FIRST): mecanismo de asistencia de la FAO y la UE para las políticas", Organización de Naciones Unidas para la Alimentación, Unión Europea, Roma, 2017; FAO-UE, "FIRST, Alianza FAO–UE, Mecanismo de Asistencia en Políticas", Organización de Naciones Unidas para la Alimentación, Unión Europea, Roma, 2020. Ambos Disponibles en: https://www.fao.org/europeanunion/eu-projects/first/es/.

10 Nota de Prensa de la Organización de las Naciones Unidas para la Agricultura y la Alimentación, de 23 de noviembre de 2018, EU Development Commissio-

Naturalmente, toda esta labor sobre terreno, plasmada en acciones y proyectos, es laudable y repercutirá en la vida de personas concretas, aunque es deseable que se produjera en esta materia una concepción más elaborada, con evaluaciones más precisas de estas acciones y con una estrategia concreta, medible y coordinada en este campo. No obstante, este nivel de concreción no está presente.

Con todo, rastreando en las planificaciones europeas de cooperación al desarrollo pasadas, puede encontrarse una comunicación de la Comisión al Consejo y al Parlamento, no publicada en el diario oficial COM (2006), de 25 de enero de 2006, en la que se adoptó una estrategia temática en favor de la seguridad alimentaria como guía para llevar a cabo los programas de seguridad alimentaria con fin de alcanzar el entonces objetivo de desarrollo del milenio primero. Su lectura es interesante y hace algunas aportaciones relevantes, destacando la referencia explícita a la necesidad de proveer en este campo bienes públicos mundiales y que podían ser entendidos, como se deduce del literal de esta estrategia, de cuestiones clave para la comunidad internacional que no pueden ser tratados adecuadamente con la actuación individual por cada Estado individualmente considerado y que, por tanto, deben ser tratados colectivamente de modo multilateral por los Estados desarrollados y los en desarrollo. Se constata, por tanto, un diagnóstico innovador, del que se deriva la necesidad de que la UE apoye la entrega de bienes públicos internacionales que contribuya directamente a la seguridad alimentaria[11].

Siguiendo esta línea, aunque sin nivel de concreción, al menos se contempla explícitamente en el Reglamento 2021/947 para el Instrumento de Vecindad, Cooperación al Desarrollo y Cooperación Internacional, la mención a los bienes públicos mundiales en el apartado de los ámbitos de intervención en materia de retos mundiales. Concretamente, una vez fijada la seguridad alimentaria como reto mundial de prosperidad en el citado instrumento, el Reglamento indica que la UE debe "mejorar los bienes

---

ner Mimica and FAO Director-General sign funding agreements for three new programs", ceremonia de firma, 23 noviembre 2018, disponible en: https://www.youtube.com/watch?v=sHYM7tdruu4; https://www.fao.org/director-general/former-dg/director-general/newsroom/news/detail/es/c/1171684/.

11 Comunicación de la Comisión Europea al Consejo y al Parlamento Europeo, de 25 de enero de 2006, *Estrategia temática en favor de la seguridad alimentaria: llevar adelante los programas de seguridad alimentaria para alcanzar los Objetivos de Desarrollo del Milenio*, [COM (2006) 21 final. Disponible en: https://eur-lex.europa.eu/legal-content/ES/TXT/HTML/?uri=LEGISSUM:r12546&from=ES.

públicos mundiales buscando poner fin al hambre y la desnutrición"[12]. Aunque no se mencionan ejemplos o supuestos concretos, podemos imaginar que ha de tratarse de ámbitos esenciales como las reglas de comercio internacional, la determinación del precio de los alimentos básicos en los mercados de futuro[13], la protección de los derechos campesinos, el sustento efectivo a la pequeña agricultura y la agricultura ecológica, el refuerzo del derecho a la alimentación, la determinación de limitaciones a la agricultura intensiva, el acogimiento de elementos de soberanía alimentaria, etc. Estos serían los cambios estructurales capaces de hacer realidad la deseada seguridad alimentaria global.

---

12 Reglamento (UE) 2021/947, *op.cit.* nota 2, p.72.

13 Fundamentalmente la crisis alimentaria de 2007 y 2008 fue provocada por la subida del precio de los alimentos básicos, lo que incrementó el número de personas hambrientas en el mundo, hasta llegar a los más de mil millones, debido a problemas de acceso económico a los mismos. Ciertamente, la UE reaccionó, con esta prioridad de atención, a través del Reglamento 1337/2008, que puso en funcionamiento el mecanismo de financiación de respuesta rápida a la crisis causada por la volatilidad de los precios de los productos alimenticios en los Estados en desarrollo. Fue lanzado en 2009, con una cantidad de mil millones euros, siendo un mecanismo de dos años de duración que buscaba ayudar a los Estados en desarrollo a avanzar hacia la seguridad alimentaria a largo plazo, incluyendo apoyo económico para incrementar la productividad agrícola, la mejora de acceso a los mercados y la producción de semillas certificadas. Este instrumento fue seguido por la Comunicación de la Comisión al Consejo y el Parlamento Europeo de 31 de marzo de 2010 que estableció un marco estratégico de ayuda a los Estados en desarrollo para afrontar los retos de la seguridad alimentaria. El mismo sigue la misma tendencia, buscando el acceso a los alimentos, la disponibilidad o el valor nutricional e incluyendo referencias a las necesidades de las zonas rurales, la prevención de crisis y la coherencia con las indicaciones del Comité de Seguridad Alimentaria. Véanse: Reglamento No 1337/2008 del Parlamento Europeo y del Consejo de 16 de diciembre de 2008, *por el que se establece un mecanismo de respuesta rápida frente a la fuerte subida de los precios de los productos alimenticios en los países en desarrollo,* DOUE L 354/62, 31.12.2008; Comunicación de la Comisión Europea al Parlamento Europeo, al Consejo, al Comité Económico y Social Europeo y al Comité de las Regiones de 31 de marzo de 2010, *Programa de Trabajo de la Comisión para 2010 . El momento de actuar* COM(2010) 135 final.

II. LA RESILIENCIA ANTE LAS CRISIS ALIMENTARIAS COMO PROPÓSITO DE LA POLÍTICA DE COOPERACIÓN INTERNACIONAL DE LA UE EN EL MARCO DE SU ACCIÓN EXTERIOR.

De acuerdo con el artículo 21 del TUE, uno de los fines de la política de cooperación de la UE, en el marco de su acción exterior, es ayudar a las poblaciones, países y regiones que se enfrenten a catástrofes naturales o de origen humano. Las crisis humanitarias y alimentarias, debidas en gran parte a las situaciones de violencia y guerra, están presentes y afectan a las personas[14]. Como pone de manifesto expresamente el Informe sobre las Crisis Alimentarias Globales de 2021, "the growing severity and magnitude of these crises with at least 155 million acutely food-insecure people in need of urgent assistance in 55 countries in 2020"[15].

La ayuda humanitaria es un ámbito de la acción exterior de la Unión que responde a esta asistencia y en este marco es importante el papel que desempeña la UE en la ayuda alimentaria[16]. Los datos manifiestan que la

---

14 Véase por ejemplo una síntesis de cuál ha sido el impacto de la guerra en Ucrania sobre los suministros alimentarios y por qué debido a ello el precio de los alimentos ha subido en: FILLOL MAZO, A., "La guerra en Ucrania puede provocar más hambre en el mundo: así podríamos remediarlo", *The Conversation*, 14 junio 2022. Disponible en: https://theconversation.com/la-guerra-en-ucrania-puede-provocar-mas-hambre-en-el-mundo-asi-podriamos-remediarlo-183300. El riesgo de crisis alimentaria mundial y la subida de los precios de los alimentos, debido al impacto del conflicto armado entre Ucrania y Rusia, han provocado a este respecto la movilización de Naciones Unidas en aras de implicarse en la implementación de un acuerdo firmado en Estambul en julio de 2022 para garantizar que no se paralicen las exportaciones de cereales y fertilizantes por la travesía del Mar Negro. Véase: Naciones Unidas "Beacon on the Black Sea", Black Sea Grain Initiative, Joint Coordination Centre. Disponible en: https://www.un.org/en/black-sea-grain-initiative.

15 GNFC-FSIN, "2021 Global report on food crises", Global Network against Food Crisis / Food Security Information Network, septiembre de 2021, p. 3. Disponible en: https://www.fsinplatform.org/sites/default/files/resources/files/FINAL_GRFC2021%20Sept%20Update.pdf.

16 El Consenso europeo sobre la ayuda humanitaria (2008), suscrito por las tres principales instituciones de la Unión (la Comisión, el Consejo y el Parlamento), perfila el marco general de la política en materia de asistencia humanitaria. En concreto, en la Declaración conjunta del Consejo y los Representantes de los Gobiernos de los Estados miembros reunidos en el seno del Consejo, del Parlamento Europeo y de la Comisión Europea, se manifiesta que la ayuda alimentaria es una parte importante de la estrategia de la Unión ante los principales retos humanitarios, sobre todo de

UE se constituye en el primer actor global de prestación de ayuda humanitaria[17]. La Dirección General de Protección Civil y Operaciones de Ayuda Humanitaria Europeas de la Comisión, más conocida por su acrónimo en inglés ECHO, financia operaciones de socorro y coordina las políticas y la actuación de los Estados miembros a este respecto. Ciertamente, la ECHO se ha convertido en un actor esencial en este campo. Bien es verdad que su papel es de financiación y no de ejecución sobre el terreno. De ello se encargan otros actores del sistema humanitario, como la Cruz Roja/Media Luna Roja Internacional y otras organizaciones no gubernamentales. Sin embargo, tiene presencia en numerosos Estados, y cuenta con más de cuarenta oficinas, con capacidad de análisis y evaluación.

En el marco de la ayuda humanitaria europea, se abordan varios campos y actividades, siendo uno de las más importantes, como hemos establecido anteriormente, el de atención a las crisis alimentarias. Según datos publicados por la propia UE, su asistencia humanitaria ha llegado a cubrir a veintiséis millones de personas en situación de inseguridad alimentaria[18].

En las diferentes publicaciones y memorias de resultados de esta labor humanitaria suele ser habitual entender que en esta materia la prioridad es la construcción de resiliencia[19]. Este es el término que suele repetirse

---

acuerdo a las necesidades de las poblaciones más vulnerables a este respecto. En este sentido, se propone no sólo la ayuda alimentaria de urgencia, a corto plazo, sino también fortalecer, a más largo plazo, los recursos locales en este sentido para favorecer la economía local y regional de la zona de acción. Declaración conjunta del Consejo y los Representantes de los Gobiernos de los Estados miembros reunidos en el seno del Consejo, del Parlamento Europeo y de la Comisión Europea, *Consenso Europeo sobre la Ayuda Humanitaria*, 2008/C 25/01, DOUE C 25/1, 30.1.2008, p.4.

17 La Unión Europea, junto con sus Estados miembros, es el mayor donante de ayuda humanitaria del mundo, a la que aporta aproximadamente el 36 % del total. En 2020, el conjunto de la financiación asignada por la UE y los Estados miembros ascendió a 7.577 millones de euros. Véanse: Comunicación de la Comisión al Parlamento Europeo y al Consejo de 10 de marzo de 2021, *relativa a la acción humanitaria de la UE: nuevos desafíos, mismos principios*, COM (2021) 110 final; Fichas temáticas sobre la Unión Europea del Parlamento Europeo, *Ayuda Humanitaria*, 2021. Disponible en: https://www.europarl.europa.eu/factsheets/es/sheet/164/la-ayuda-humanitaria.

18 COMISIÓN EUROPEA, "Resilience to food crises: Nutrition and food security", 2019. Disponible en: https://ec.europa.eu/international-partnerships/topics/resilience-food-crises_en#related-projects.

19 El propio Parlamento Europeo destaca "la importancia general de la programación conjunta de las acciones de la Unión relativas a la resiliencia en su ayuda humanitaria y al desarrollo para garantizar la máxima complementariedad y la

con mayor profusión en la labor humanitaria en seguridad alimentaria. La Comunicación de la Comisión, de 3 de octubre de 2012, titulada "El planteamiento de la UE sobre la resiliencia: aprender de las crisis alimentarias"[20] y el Documento de trabajo de los servicios de la Comisión, de 19 de junio de 2013, titulado "Plan de acción para la resiliencia en los países propensos a las crisis 2013-2020"[21], hacen explícitamente referencia a ello.

Encontramos, por ejemplo, referencias concretas al trabajo de la UE, en este sentido, a través del programa *Resilience building and creation of economic opportunities programme* (RESET II). El objetivo específico de este programa fue fortalecer las oportunidades económicas y la resiliencia de las comunidades más vulnerables a las crisis provocadas por el hombre y los desastres naturales, a través de medidas que aumentarán los medios de vida y el empleo, y un mejor acceso a los servicios básicos[22].

El concepto de resiliencia alude a la capacidad de volver al estado inicial tras recibir un golpe, abordando las causas profundas de las crisis recur-

---

mínima fragmentación de la ayuda, y velar por que las acciones a corto plazo sienten las bases para las intervenciones a medio y a largo plazo". En este sentido, insta a la Comisión a que incorpore la resiliencia y su carácter multidimensional como un elemento esencial de su diálogo político con los países en desarrollo. Resolución del Parlamento Europeo, de 1 de junio de 2017, *sobre la resiliencia como prioridad estratégica de la acción exterior de la Unión,* 2017/2594(RSP), párrs. 8 y 9.

20 Comunicación de la Comisión al Parlamento Europeo y al Consejo de 3 de octubre de 2012, *El Planteamiento de la UE sobre la Resiliencia: Aprender de las Crisis Alimentarias,* COM (2012) 586 final: "La presente Comunicación aspira a contribuir al debate internacional sobre la mejora de la seguridad alimentaria y la resiliencia en un sentido más amplio". Disponible en: https://eur-lex.europa.eu/legal-content/ES/TXT/PDF/?uri=CELEX:52012DC0586&from=ES.

21 Documento de Trabado de la Comisión Europea de 19 de junio de 2013, *Action Plan for Resilience in Crisis Prone Countries 2013-2020,* SWD(2013)227 final. Disponible en: https://ec.europa.eu/echo/files/policies/resilience/com_2013_227_ap_crisis_prone_countries_en.pdf.

22 Projecto del "Emergency Trust Fund for Africa" (Comisión Europea), *Resilience Building and Creation of Economic Opportunities in Ethiopia (RESET II),* 2017. Disponible en: https://ec.europa.eu/trustfundforafrica/region/horn-africa/ethiopia/resilience-building-and-creation-economic-opportunities-ethiopia-reset_en. La *Alliance Globale pour l'Initiative Résilience Sahel* (AGIR), ayuda de emergencia prevista en el marco del 11° Fondo de Desarrollo (FED), o el *Supporting the Horn of Africa's Resilience* (SHARE), estrategia de la Comisión para el Cuerno de África (2012), también iban dirigidas a reforzar la resiliencia de las poblaciones vulnerables.

rentes y no solo sus consecuencias[23]. Ha sido de uso común en la agenda internacional tras la crisis alimentaria de 2008. Se entiende que quiere hacerse alusión a acoger una estrategia de afrontamiento que permita hacer un trabajo no solo de atención a la necesidad inmediata de provisión de ayuda alimentaria sino de medio y largo plazo. En los documentos de la UE se hace referencia a que esa es la estrategia, promoviendo la interacción entre la ayuda humanitaria y al desarrollo (ayuda de emergencia, rehabilitación y desarrollo) para abordar las causas profundas de la inseguridad alimentaria a largo plazo. En este sentido, la UE apoya la Clasificación Integrada de las Fases de la Seguridad Alimentaria (*Integrated Food Security Phase Classification*)[24] en los protocolos humanitarios, puesto que en las estrategias de ayuda alimentaria, en alianza con sus distintos socios humanitarios y otros donantes en este sentido, procede a evaluar la situación, ver los problemas, compararlos con otras crisis y dar la mejor respuesta a estas situaciones intentando acabar con el carácter crónico que suelen presentar[25]. En este sentido, la UE pretende aumentar la resiliencia a las crisis

---

23 En relación al concepto de resiliencia, que incluye como se ha mencionado la dimensión de prevención, es importante destacar la Resolución del Parlamento Europeo, de 1 de junio de 2017, *sobre la resiliencia como prioridad estratégica de la acción exterior de la Unión*, 2017/2594(RSP). En dicha Resolución se pone de manifiesto que el término resiliencia, que se define como "la capacidad de los Estados y las sociedades para reformarse, aguantando así los desastres, y para recuperarse de las crisis internas y externas", incluye el refuerzo a la democracia, la confianza en las instituciones y el desarrollo sostenible. De hecho, la acción exterior de la Unión, a este respecto, viene adoptando un planteamiento polifacético de la resiliencia, no sólo aumentando la ayuda al desarrollo y la asistencia humanitaria cuando corresponda, sino también reforzando las políticas relativas al medio ambiente, el desarrollo sostenible, el respeto a los derechos humanos, la inversión en sistemas de alerta rápida, el empoderamiento de las mujeres, etc., para reducir la vulnerabilidad de las sociedades y el riesgo de desastres en aras de reducir las necesidades humanitarias. El propio Parlamento insta a la Comisión a que incorpore la resiliencia y su carácter multidimensional como un elemento esencial de su diálogo político con los Estados en desarrollo. Resolución del Parlamento Europeo de 1 de junio de 2017, *La resiliencia como prioridad estratégica de la acción exterior de la UE*, 2017/2594(RSP), párr. 8, apartados E, F, H de la introducción.

24 CIF, "Manual Técnico Versión 3.1: Información y Normas que garantizan Mejores Decisiones relativas a Seguridad Alimentaria y Nutrición", Clasificación Integrada de la Seguridad Alimentaria en Fases–Organización de las Naciones Unidas para la Agricultura y la Alimentación, Roma, 2021, pp. ii.

25 Ficha de la Comisión Europea del 2 de mayo de 2019, *Increasing resilience to food crises: EU approach*, Dirección General para la Cooperación Internacional y el Desarrollo, 2019. Disponible en: https://capacity4dev.europa.eu/media/91545/download/0e768149-4851-458c-847b-f27a026ac076

alimentarias basándose en pruebas, integrando acciones humanitarias y de desarrollo, así como una consolidación de la paz[26] en determinadas circunstancias. Por lo tanto, se puede apreciar que, en la prestación de ayuda alimentaria, en este ámbito, la UE apoya la *integración de la ayuda humanitaria, el desarrollo y la paz* de una manera sistemática y catalizadora[27].

Es destacable también la participación de la UE en las alianzas internacionales presentes para dar respuesta a las situaciones de crisis humanitarias alimentarias, conseguir sinergias y mejorar la coordinación, sobre todo en las regiones más afectadas como el cuerno de África o Sahel. Ejemplos de ello son *The Global Network against Food Crises* (GNFC), *The Global alliance for resilience initiative* (AGIR) o *The Supporting the Horn of Africa's resilience initiative* (SHARE)[28]. En este sentido, la coordinación y la asociación a todos los niveles, desde el global al local, es esencial para desarrollar la resiliencia ante las crisis alimentarias en todo el mundo, algo que se aprecia en la estrategia europea a este respecto.

---

26 La Cumbre sobre los Sistemas Alimentarios, celebrada el 23 de septiembre de 2021, entre sus objetivos, se ha centrado en analizar y adoptar medidas para conseguir que los sistemas alimentarios puedan fomentar la paz. Marie Haga, Vicepresidenta Adjunta encargada del Departamento de Relaciones Exteriores y Gobernanza del Fondo Internacional de Desarrollo Agrícola de las Naciones Unidas, establecía que "la Cumbre sobre los Sistemas Alimentarios ofrecerá una oportunidad para sentar las bases de los sistemas alimentarios sostenibles del futuro, una tarea de la que dependen la paz y la prosperidad de las próximas generaciones". Discurso de Marie Haga ante la Cumbre sobre los Sistemas Alimentarios, *Romper el círculo vicioso del hambre y los conflictos,* ante la "Cumbre sobre los Sistemas Alimentarios", Naciones Unidas, 2021. Disponible en: https://www.un.org/es/food-systems-summit/news/breaking-vicious-circle-hunger-and-conflict?fbclid=IwAR3PgO0tfq-dU3iTr-W3sZeNetQWsWat5PFpZSgH4Cgtl9VYNytkmZg5Wh0.

27 Comunicación de la Comisión Europea al Parlamento Europeo y al Consejo del 10 de marzo de 2021, *relativa a la acción humanitaria de la UE: nuevos desafíos, mismos principios,* COM (2021) 110 final; Conclusiones del Consejo de la UE de 19 de mayo de 2017, *Poner en práctica el nexo entre lo humanitario y el desarrollo,* 9383/17. Disponibles en: https://www.consilium.europa.eu/media/24010/nexus-st09383en17.pdf

28 Partenariado entre la Organización de Naciones Unidas para la Agricultura y la Alimentación y la Unión Europea de 2018-2022, *Global Network Against Food Crises Programme: Promoting evidence, innovations and policy change for lasting solutions to food crises,* Disponible en: http://www.fao.org/europeanunion/eu-projects/gnafc/en/.

III. LA ACCIÓN DE LA UE EN EL FOMENTO DE LOS SISTEMAS ALIMENTARIOS Y AGRÍCOLAS SOSTENIBLES EN LAS ACCIONES DE COOPERACIÓN.

Como se ha puesto de manifiesto anteriormente, y al hilo de fomentar la resiliencia, la UE también concede importancia, en el marco de sus acciones de cooperación, a invertir en agricultura sostenible y en sus sistemas alimentarios[29]. Con ello se pretende apoyar a este sector que, ciertamente, muestra que tres cuartas partes de los pobres del mundo viven en zonas rurales y dependen en gran medida de la agricultura. Además, en los Estados en vías de desarrollo, la mayoría de la población vive de la agricultura, sobre todo la de pequeña escala. Por esta razón, la Unión centra su trabajo en invertir en las pequeñas explotaciones agrícolas, reduciendo la vulnerabilidad de los pequeños agricultores (ya que está demostrado que son los que más beneficios aportan a la reducción de la pobreza), apoyando iniciativas y programas gubernamentales que fomenten la sostenibilidad y la innovación en el sector agrícola y mejoren el acceso de los agricultores a los activos productivos (como la tierra, el capital, etc.), fomentando la cooperación local y las asociaciones entre agricultores, impulsando más inversiones privadas en el sector agrícola y capacitando a las mujeres en la agricultura[30].

En este sentido, por ejemplo, el pasado octubre de 2019, el Comisario Europeo de Cooperación Internacional y Desarrollo, Neven Mimica, y el Director General de la FAO, Qu Dongyu, firmaron un nuevo acuerdo en virtud del cual la UE aportará 9 millones de euros adicionales para apoyar la labor de este organismo especializado de Naciones Unidas en África, el Caribe y el Pacífico (países ACP). El impulso financiero estuvo dirigido a promover cambios, en dichos Estados, hacia políticas y prácticas agrícolas sostenibles, con el fin de conservar y utilizar de manera sostenible la biodiversidad y los recursos naturales[31]. Actualmente hay en curso un nuevo Acuerdo de Asocia-

---

29 Reglamento (UE) 2021/947 *op.cit.* nota 2, p.72, 77.

30 Comunicación de la Comisión Europea, *op.cit.* nota 20, pp. 4, 5, 9.

31 El acuerdo firmado forma parte de un programa más amplio de apoyo de la UE a los países ACP. En concreto, el Acuerdo de Cotonú constituye la columna vertebral de la asociación entre la UE, los Estados miembros y 79 países de África, el Caribe y el Pacífico. Su objetivo era reducir y, en última instancia, erradicar la pobreza, apoyar el desarrollo económico, cultural y social sostenible de los países socios y facilitar la integración progresiva de sus respectivas economías en la economía mundial. Actualmente, dado que el Acuerdo de Cotunú expiró el 30 de noviembre de 2021, hay una negociación en curso para adoptar un nuevo Acuerdo de Asociación UE-África, el Caribe y el Pacífico.

ción entre UE y los miembros de la Organización de los Estados de África, el Caribe y el Pacífico (OEACP, antes denominado países ACP) que, entre sus prioridades está la sostenibilidad medioambiental, el cambio climático y el desarrollo económico inclusivo y sostenible. Para el período 2021-2027 y en el marco financiero plurianual, la cooperación con los Estados de África, el Caribe y el Pacífico se financiará con cargo al presupuesto de la UE y al Instrumento de Vecindad, Desarrollo y Cooperación Internacional.

También cabe destacar que, en la asociación institucional de la UE con África, como prioridad clave para la Comisión y el Servicio Europeo de Acción Exterior se fija, en su comunicación conjunta titulada "Hacia una estrategia integral con África" y respaldada por las Conclusiones del Consejo, que:

> *"La UE y África deben aunar esfuerzos para lograr el Objetivo de Desarrollo Sostenible de hambre cero y para hacer frente a los retos relacionados con la nutrición y la seguridad alimentaria fomentando sistemas agroalimentarios seguros y sostenibles. Una asociación en materia de agricultura respaldaría el desarrollo de prácticas agrícolas respetuosas con el medio ambiente, promovería la producción local e integraría las consideraciones relativas a la diversidad. Esto incluye el establecimiento de normas sanitarias y fitosanitarias y la protección de los recursos naturales. El comercio entre la UE y África contribuye a apuntalar las oportunidades para crear sistemas alimentarios sostenibles"*[32].

Desde 2017, se promueve la iniciativa "Innovación inteligente para el desarrollo a través de la investigación en agricultura" (DeSIRA) con los países socios para vincular mejor la investigación y la innovación con los programas nacionales y para una transformación de sus sistemas agrícolas y alimentarios que tengan en cuenta el clima y los efectos del cambio climático[33]. La Unión se ha comprometido a destinar 270 millones de euros

---

Véanse: Nota de Prensa de la Comisión Europea de 15 de abril de 2021, *Conclusión de las negociaciones posteriores a Cotonú sobre el nuevo Acuerdo de Asociación UE-África, el Caribe y el Pacífico,* Disponible en: https://ec.europa.eu/commission/presscorner/detail/es/ip_21_1552; COMISIÓN EUROPEA,"Preguntas y respuestas sobre el Acuerdo de Asociación UE-África, el Caribe y el Pacífico", 15 de abril de 2021. Disponible en: https://ec.europa.eu/commission/presscorner/detail/es/qanda_21_1553.

32 Comunicación conjunta del Alto Representante de la Unión para Asuntos Exteriores y Política de Seguridad al Parlamento Europeo y al Consejo del 9 de marzo de 2020, *Hacia una estrategia global con África,* JOIN (2020) 4 final. Disponible en: https://eur-lex.europa.eu/legal-content/ES/TXT/PDF/?uri=CELEX:52020JC0004

33 Programa de la Comisión Europea DeSIRA, *Development Smart Innovation through Research in Agriculture,* Disponible en: https://international-partnerships.ec.europa.eu/policies/programming/programmes/desira-development-smart-innovation-through-research-agriculture_es

a apoyar la aplicación de DeSIRA, empezando por más de 20 Estados de África y América Latina.

Naturalmente, todas estas iniciativas son interesantes. Probablemente, son gotas de agua ante una problemática muy amplia y considerable. No puede olvidarse que el cambio climático afecta a la producción de alimentos y a ello influye en un buen porcentaje, se estima en más de un 30 por ciento, la emisión de la actual agricultura intensiva, basada en fertilizantes. Es necesario un cambio hacia un sistema de producción que incluya esa variante. Hay sistemas como la agroecología, la protección de la agrobiodiversidad, la mitigación del cambio, o la *Smart* agricultura, que no estuvieron en la agenda de la Cumbre Mundial sobre los sistemas alimentarios de 2021. Hay un gran debate de fondo, pero tenemos que tener claro que es un ámbito primordial de actuación. Así, la seguridad alimentaria tiene que ser también una garantía frente a los riesgos que el futuro puede generar para el aprovisionamiento alimentario[34]. Está claro que la amenaza cierta y grave más importante es el cambio climático.

---

[34] Una de las consecuencias negativas del cambio climático es el perjuicio que provoca en la seguridad alimentaria. Los sistemas agrícolas están ya sufriendo los efectos de las bruscas variaciones del clima (por ejemplo, con los cambios en el patrón de las precipitaciones, las sequías extremas, el aumento de las temperaturas medias del aire, etc.), las cuales afectan a la accesibilidad, disponibilidad y estabilidad de la oferta alimentaria. Asimismo, el déficit alimentario producido por las consecuencias del cambio climático puede provocar desplazamientos forzosos (frecuentes en las regiones de África Subsahariana), para buscar alimentos, tierras con mayores posibilidades de cultivo y mejores condiciones climáticas, algo que podría perturbar la seguridad internacional. A medida que la población mundial crece, el cambio climático agrega un desafío adicional, ya que los cambios en la temperatura y en las precipitaciones amenazan la productividad agrícola y la capacidad de alimentar a la población mundial. Antes de la aprobación del Acuerdo de París sobre el Cambio Climático, ya el PMA anunciaba la creación de un índice de vulnerabilidad de la seguridad alimentaria y el cambio climático, alentando que si no se reducen las emisiones de CO2 el hambre se disparará para el año 2080. El Mapa elaborado por el PMA y el Centro Hadley de Met Office (al servicio nacional de meteorología del Reino Unido) muestra las regiones con mayor vulnerabilidad de su seguridad alimentaria frente al cambio climático. Base de datos de la Met Office (Hedley Centre) y el Word Food Programme, *Food Insecurity and Climate Change Vulnerability Index*, Disponible en: https://www.metoffice.gov.uk/food-insecurity-index/.

IV. EL ODS2 HAMBRE CERO[35] Y SU APLICACIÓN EN EUROPA.

Al contrario que los mencionados Objetivos de Desarrollo del Milenio, para los actuales Objetivos de Desarrollo Sostenibles (ODS) se pide una aplicación general para todos los países y no sólo para los Estados en vías de desarrollo. Por tanto, también en Europa debe tomarse en cuenta y deben realizarse acciones en dicho sentido.

Las evaluaciones de cumplimiento de los ODS auspiciadas por las instituciones europeas han puesto de manifiesto, sobre todo, los problemas de obesidad y malnutrición presentes en Europa[36], dando a entender que ahí han de cargarse las tintas. Las dietas actuales son una de las principales

---

35 Concretamente, el Objetivo 2 consiste en: "2.1 De aquí a 2030, poner fin al hambre y asegurar el acceso de todas las personas, en particular los pobres y las personas en situaciones de vulnerabilidad, incluidos los niños menores de 1 año, a una alimentación sana, nutritiva y suficiente durante todo el año. 2.2 De aquí a 2030, poner fin a todas las formas de malnutrición, incluso logrando, a más tardar en 2025, las metas convenidas internacionalmente sobre el retraso del crecimiento y la emaciación de los niños menores de 5 años, y abordar las necesidades de nutrición de las adolescentes, las mujeres embarazadas y lactantes y las personas de edad. 2.3 De aquí a 2030, duplicar la productividad agrícola y los ingresos de los productores de alimentos en pequeña escala, en particular las mujeres, los pueblos indígenas, los agricultores familiares, los ganaderos y los pescadores, entre otras cosas mediante un acceso seguro y equitativo a las tierras, a otros recursos e insumos de producción y a los conocimientos, los servicios financieros, los mercados y las oportunidades para añadir valor y obtener empleos no agrícolas. 2.4 De aquí a 2030, asegurar la sostenibilidad de los sistemas de producción de alimentos y aplicar prácticas agrícolas resilientes que aumenten la productividad y la producción, contribuyan al mantenimiento de los ecosistemas, fortalezcan la capacidad de adaptación al cambio climático, los fenómenos meteorológicos extremos, las sequías, las inundaciones y otros desastres, y mejoren progresivamente la calidad de la tierra y el suelo. 2.5 De aquí a 2020, mantener la diversidad genética de las semillas, las plantas cultivadas y los animales de granja y domesticados y sus correspondientes especies silvestres, entre otras cosas mediante una buena gestión y diversificación de los bancos de semillas y plantas a nivel nacional, regional e internacional, y promover el acceso a los beneficios que se deriven de la utilización de los recursos genéticos y los conocimientos tradicionales conexos y su distribución justa y equitativa, según lo convenido internacionalmente". Resolución de la Asamblea General de Naciones Unidas de 21 de octubre de 2015, *Transformar nuestro mundo: la Agenda 2030 para el Desarrollo Sostenible*, A/RES/70/1.

36 Así se indica expresamente que la obesidad es un importante problema de salud en la UE: el 15,9 % de la población adulta total era obesa en 2014. Véase: EUROSTAT, "Sustainable development in the European Union - Monitoring report on progress towards the SDGS in an EU context", Oficina de Estadística de la Unión

causas del aumento de los costes sanitarios en la UE, debido al incremento de las tasas de obesidad y de las enfermedades crónicas[37]. La UE obtiene resultados especialmente malos en el ODS 2 (No al Hambre) debido a dietas insostenibles, tasas de obesidad elevadas y crecientes, y a la insostenibilidad de la agricultura[38].

Por lo general, estas evaluaciones mantienen una actitud optimista acerca de la propia capacidad de la UE para mantener su seguridad alimentaria, en términos de cantidad y acceso a los alimentos, y que esta no sea siquiera una preocupación para ella. Igualmente, de manera expresa, indican que lo esperable es que la UE siga progresando de manera ininterrumpida hacia la eliminación del hambre y la promoción de prácticas sostenibles en el futuro. Conforme a las "Perspectivas Agrícolas de la UE

Europea, 2018, p.71; EUROSTAT, "EUROSTAT Regional Yearbook", Oficina de Estadística de la Unión Europea, 2021, p.87.

37 Debido a ello, si bien los Estados miembros tienen sus propias políticas sanitarias, la UE pretende apoyarlas con algunos objetivos compartidos a este respecto. Por ejemplo, en las Conclusiones del Consejo de la Unión Europea, *sobre la nutrición y la actividad física*, 2014/C 213/01, DOUE C 213 de 8.7.2014, pp. 1-6, se tratan en particular la epidemia de obesidad en la UE y sus consecuencias. Cada año, hasta un 7% de los presupuestos sanitarios se gastan directamente en enfermedades asociadas a la obesidad y se generan otros costes indirectos resultantes de la pérdida de productividad por motivos de salud y muertes prematuras. Ante ello, los ministros hacen un llamamiento a los Estados para que apliquen políticas e iniciativas tales como: el fomento de una dieta saludable y la actividad física durante toda la vida; la reducción de la obesidad infantil y la utilización del Plan de acción de la UE contra la Obesidad Infantil 2014-2020; la ayuda a las familias para que puedan efectuar elecciones con conocimiento de causa sobre dieta alimenticia y actividad física, facilitando información sobre las repercusiones del estilo de vida en la salud; la promoción de las opciones dietéticas saludables haciéndolas disponibles, accesibles y asequibles; la incorporación de la marcha y el ciclismo en las políticas de transporte; la utilización de la Plataforma de acción de la UE sobre alimentación, actividad física y salud como base para la cooperación en materia de reformulación de alimentos (por ejemplo, para reducir al mínimo los ácidos grasos trans, las grasas saturadas, los niveles de azúcar y sal en todos los alimentos y adecuar el tamaño de las porciones), etc.

38 Sustainable Development Solutions Network, Institute for European Environmental Policy, *Europe Sustainable Development Report 2021, Transforming the European Union to achive the Sustainable Development Goals*, 2021. Disponible en: *https://s3.amazonaws.com/sustainabledevelopment.report/2021/Europe+Sustainable+Development+Report+2021.pdf.*

para 2030", no se esperan que se produzcan grandes carencias en materia de seguridad alimentaria en la UE, siempre y cuando no se den grandes perturbaciones del mercado[39].

No obstante, esta perspectiva optimista choca con algunos datos, siquiera coyunturales, que muestran la presencia de inseguridad alimentaria en el territorio europeo. En este sentido también en Europa hay problemas de acceso a los alimentos y carencias alimentarias graves. Alrededor del 8 % de la población de Europa sufre niveles de inseguridad alimentaria entre moderados y graves[40]. En 2016, se estimó que más de una de cada cinco personas de la UE-28 no podía acceder y permitirse una comida con carne, pescado o un equivalente vegetariano cada dos días, debido a problemas de pobreza. Se cifró, para ese año que el 23,5 % de la población de la UE-28, es decir, unos 118 millones de personas, estaban en riesgo de pobreza o exclusión social[41]. En los Estados anglosajones, por ejemplo, suele constatarse dificultades de acceso a las tiendas y mercados por las distancias y lejanía, lo que no suele darse en Estados mediterráneos. Ello afecta sobre todo a grupos en desventaja, como ancianos, dependientes, etc. Con todo, esta inseguridad alimentaria también está presente en la Europa meridional. En el caso de España, por ejemplo, durante la crisis económica de 2008, se constató que el veinticinco por ciento de los niños españoles menores de dieciséis años estaban en situación de malnutrición[42]. También, por ejemplo, en España la encuesta de Condiciones de Vida (INE) mostró cómo en 2017 el porcentaje de personas que ya sufría carencia material alimentaria, medido a través del porcentaje de personas que no pueden permitirse una comida con carne, pollo o pescado una vez cada dos días, alcanzó un valor

---

39 Informe de la Comisión Europea (Dirección General Agricultura y Desarrollo Rural) de 17 de enero de 2023, *EU agricultural outlook 2022-32. For markets, income and environment until 2032*, 2022. Disponible en: https://agriculture.ec.europa.eu/system/files/2023-04/agricultural-outlook-2022-report_en_0.pdf

40 FAO, "The State of Food Security and Nutrition in the World 2019", Organización de las Naciones Unidas para la Agricultura y la Alimentación, Roma, 2019, p.vii.

41 EUROSTAT, "Living conditions in Europe", Oficina de Estadística de la Unión Europea, 2018, pp. 42, 26.

42 Véase: Observatorio del Derecho a la Alimentación en España, *El Derecho a la Alimentación en España: Desafíos y Propuestas, Aportación del ODA-E y ODA-ALC ante la Cumbre Mundial contra el hambre y la malnutrición dirigido a las Cortes Generales*, Cumbre Parlamentaria Mundial contra el Hambre y la Malnutrición, Madrid, 29-30 octubre de 2018. Disponible en: https://www.derechoalimentacion.org/sites/default/files/pdf-materiales/Derecho_alimentacion_desafios_propuestas_COMPLETO.pdf.

de 3,7%. Por sexo, las mujeres se encontraban ligeramente peores que los hombres (tasa del 3,8% en mujeres frente al 3,5% en hombres). Finalmente, por edades, el grupo más afectado fue el de los menores de edad, cuya cifra en el 2017 era del 3,4%, destacándose también la carestía en las personas mayores de 65 años, cuya tasa aumentó a 3,3% en 2017. Estos valores han aumentado actualmente debido a las circunstancias de la crisis económica derivada de la pandemia.

Ahora bien, las perspectivas que se avecinan tras la invasión rusa de Ucrania pueden suponer un punto de inflexión de hondo calado en esta concepción. Ambos países producen entre un treinta y cuarenta por ciento del cereal mundial y los flujos de importaciones hacia la UE son considerables, imprescindibles y difícilmente sustituibles a corto plazo, sobre todo en lo que respecta al pienso para el ganado de la Unión. La repercusión en una subida de precios a los alimentos básicos es una alerta real y podemos estar actualmente avecinándonos a una crisis alimentaria mundial con peores efectos que la producida en 2008[43]. Además, debido a la invasión han surgido otros problemas diferentes que han influido en el comercio intracomunitario y extracomunitario de productos agroalimentarios y la disponibilidad de insumos esenciales.

La UE no es ajena al sentir los efectos directos y ya se empieza a hablar en el vocabulario interno de la Unión de seguridad alimentaria en el sentido de *food security*, concepto propio utilizado por la FAO referido a la cantidad de alimentos y el acceso a los mismos de forma segura. Bien ilustrativo al respecto fue la reunión de 21 de marzo 2022 del Consejo de agricultura y pesca[44] de la Unión en la que se habla abiertamente de preocupación por la seguridad alimentaria en la zona a consecuencia del mencionado conflicto armado. Incluso puede, como novedad, observarse el uso de un concepto importante, ampliamente reivindicado por los movimientos de sociedad civil y de pequeños campesinos, como es el de soberanía alimen-

[43] Véase por ejemplo: Comunicación de la Comisión Europea al Parlamento Europeo, al Consejo Europeo, al Consejo, Al Comité Económico y Social Europeo y al Comité de las Regiones de 23 de marzo de 2022, *Garantizar la seguridad alimentaria y reforzar la resiliencia de los sistemas alimentarios*, COM(2022) 133 final, pp. 1 y 2.

[44] Consejo de la Unión Europea de Agricultura y Pesca de 21 de marzo de 2022, *sobre la Situación del mercado tras la invasión de Ucrania*, Disponible en: https://www.consilium.europa.eu/es/meetings/agrifish/2022/03/21/.

taria[45]. No aparece en los documentos publicados, pero si en la información ofrecida por la propia Unión, fruto de los debates del mencionado Consejo. Expresamente, la página web sobre el tema se indica que los ministros han reflexionado sobre las medidas que podrían adoptarse no solo para seguir garantizando el suministro de alimentos a corto plazo, sino también para mejorar la seguridad alimentaria y la soberanía alimentaria de la UE a medio y largo plazo. En el debate también se ha abordado el posible efecto de la crisis en la seguridad alimentaria de los terceros países. Entre las medidas se han presentado la posibilidad de cultivar tierras retiradas de la producción en 2022[46]. También se está estudiando permitir que se usen las tierras en barbecho declaradas superficie de interés ecológico para pastoreo o cultivos proteaginosos, así como aprobar un aumento en los niveles de anticipos de pagos directos y medidas de desarrollo rural relacionadas con las superficies y los animales que se pagarán a los agricultores[47]. La Comisión ha dado su respuesta detallada a la situación en la

---

45 Con respecto a la soberanía alimentaria, se trata de un concepto que no genera obligaciones ni está plasmado en textos jurídicos vinculantes, pero, a diferencia de la seguridad alimentaria, es un concepto emergente, relativamente nuevo, que surge desde el seno de la sociedad civil y que no ha recibido, por ahora, la aceptación que ha tenido el concepto de seguridad alimentaria. La soberanía alimentaria promueve un modelo alternativo de agricultura, políticas comerciales y prácticas que sirvan a los derechos de las personas a la alimentación y a una producción de alimentos segura, saludable y ecológicamente sostenible. La soberanía alimentaria promueve la producción local de alimentos, en el marco del principio de soberanía permanente de los pueblos sobre sus recursos naturales, por lo que propone un cambio en el modelo de producción del sistema alimentario internacional. Asimismo, para la soberanía alimentaria priman los circuitos propios de comercio y la producción local y sostenible de alimentos. Por tanto, la soberanía alimentaria profundiza sobre el origen del alimento que se consume, pero no avala la autarquía alimentaria, sí la llamada autonomía alimentaria. Mientras que la seguridad alimentaria busca abordar la cuestión de la alimentación de las personas y la lucha contra el hambre a través del actual régimen agroalimentario existente, en cambio la soberanía alimentaria pretende desafiar este paradigma y buscar nuevas alternativas al modelo agro-liberal-industrial imperante en este sector. Para analizar las diferencias y los puntos de encuentro entre el derecho a la alimentación, la seguridad alimentaria y la soberanía alimentaria véase: FILLOL MAZO A., *Seguridad Alimentaria y Derecho Internacional,* Dykinson, Madrid, 2020, pp. 85-125.

46 Consejo de la Unión Europea de Agricultura y Pesca, *op.cit.* nota 44.

47 Documento oficioso de la Comisión de 13 de marzo de 2022, *sobre medidas analizadas para hacer frente a la situación del mercado y a las consideraciones en materia de seguridad alimentaria tras la invasión de Ucrania,* 7099/22. Disponible en: https://data.consilium.europa.eu/doc/document/ST-7099-2022-INIT/es/pdf.

Comunicación sobre la seguridad alimentaria y el refuerzo de la resiliencia de los sistemas alimentarios[48].

Hasta ahora, el énfasis del concepto de seguridad alimentaria por parte de la Unión Europea ha estado en un contenido propiamente de *food safety* o de calidad e inocuidad de los alimentos, como vamos a ver a continuación.

V. EL USO TRADICIONAL DEL CONCEPTO DE SEGURIDAD ALIMENTARIA EN LA UNIÓN EUROPEA VINCULADO A *FOOD SAFETY*.

Lo expuesto en los epígrafes I, II y II vendría a constituir, a grandes rasgos, la visión exterior de la seguridad alimentaria de la UE, aunque es interesante poner de manifiesto que no es esta la política tradicional de seguridad alimentaria propiamente europea aplicada *ad intra*. Ambas visiones difieren considerablemente. Para comprender esta cuestión en necesario aclarar que el concepto traducido al español como "seguridad alimentaria"[49] engloba en realidad a dos dimensiones que esta presenta y

---

48 Anexos 1 y 2 de la Comunicación de la Comisión Al Parlamento Europeo, al Consejo Europeo, al Consejo, al Comité Económico y Social Europeo y al Comité de las Regiones, de 23 marzo 2022, *Garantizar la seguridad alimentaria y reforzar la resiliencia de los sistemas alimentarios*, COM (2022) 133 final, Disponible en: https://eur-lex.europa.eu/resource.html?uri=cellar:5391557a-aaa2-11ec-83e1-01aa75ed71a1.0011.02/DOC_2&format=PDF.

49 Actualmente contamos con un concepto de seguridad alimentaria que es aceptado a nivel internacional. Este concepto ha surgido y se ha ido perfilando tras las sucesivas Cumbres Mundiales sobre la Alimentación que se han desarrollado a lo largo del tiempo. El concepto de seguridad alimentaria, aunque ha sido auspiciado y promovido por la FAO, se reitera en los diferentes Planes y Declaraciones que se han adoptado tras la celebración de las Cumbres Mundiales, sobre todo a partir de 1996. En dichas Cumbres los Estados participan y se manifiestan a través de sus representantes (Jefes de Estado y de Gobierno). Por tanto, podemos considerar que el actual concepto de seguridad alimentaria también es fruto del consenso de los Estados, que se revela en esos Planes y Declaraciones que se adoptan tras las Cumbres y en los que se reitera, de forma acrítica, el concepto de seguridad alimentaria iniciado por la FAO. En este marco, el verdadero punto de inflexión del desarrollo del concepto contemporáneo de seguridad alimentaria se llevó a cabo en la Cumbre Mundial de la Alimentación que se celebró en Roma durante los días 13 a 17 de noviembre de 1996. Tras esta Cumbre se adoptó de Declaración de Roma sobre seguridad alimentaria y un Plan de Acción para cumplir los objetivos acordados. En dicho Plan de Acción se señaló expresamente que: "Existe seguridad alimentaria

que acogen en inglés dos definiciones separadas: *food security*, referida fundamentalmente a la cantidad de alimentos disponibles, así como al acceso a los mismos, y *food safety*, referida a la calidad o inocuidad de los alimentos.

En este sentido, a nivel interno, la política de la Unión en materia de seguridad alimentaria fue sometida a una reforma sustancial a principios de 2000 con el objetivo de garantizar unos alimentos y piensos seguros y nutritivos, un alto grado de salud y bienestar de los animales y plantas y una información clara sobre el origen, contenido, etiquetado y uso de los alimentos. Es clave en este orden de ideas la creación de la Agencia europea para la seguridad alimentaria (EFSA). Esta Agencia ofrece asesoramiento científico independiente sobre los riesgos, existentes o emergentes, relacionados con los alimentos. Su asesoramiento se aplica en la legislación y en las políticas europeas y, de este modo, contribuye a proteger a los consumidores ante los riesgos en la cadena alimentaria. Sus funciones están financiadas con los presupuestos de la Unión. Se creó en enero de 2002, tras las crisis alimentarias que tuvieron lugar a finales de los años 90 en Europa, como fue el caso de las llamadas "vacas locas", mediante el Reglamento (CE) 178/2002, con el objetivo de proteger a los consumidores y restablecer y mantener su confianza en los productos alimenticios europeos[50].

Dentro del campo de esta política de seguridad alimentaria *ad intra* se incluyen cuestiones de considerable interés, como: la higiene de los pro-

---

cuando todas las personas tienen en todo momento acceso físico y económico a suficientes alimentos inocuos y nutritivos para satisfacer sus necesidades alimenticias y sus preferencias en cuanto a los alimentos a fin de llevar una vida activa y sana". Posteriormente, en otra Cumbre Mundial de la Alimentación celebrada en 2009 se reiteró el anterior concepto de seguridad alimentaria (expuesto ut supra) y se afinó sobre los elementos que la componen. A modo de entender qué implica la seguridad alimentaria, se establecieron los llamados pilares de la seguridad alimentaria: disponibilidad, acceso, utilización, estabilidad. Para que exista seguridad alimentaria, estas cuatro dimensiones deben estar suficientemente presentes. La definición de seguridad alimentaria, sin embargo, no destaca explícitamente la dimensión de sostenibilidad de la producción de alimentos, aunque es inherente en términos de garantizar la "estabilidad" de nuestro suministro de alimentos a largo plazo. La ausencia de este reconocimiento explícito podría ser una de las razones por las que la sostenibilidad no ha recibido suficiente atención, hasta ahora, en los debates en torno a la seguridad alimentaria.

50 Reglamento (CE) 178/2002 del Parlamento Europeo y del Consejo, de 28 de enero de 2002, por el que se establecen los principios y los requisitos generales de la legislación alimentaria, se crea la Autoridad Europea de Seguridad Alimentaria y se fijan procedimientos relativos a la seguridad alimentaria. DOUE L 31, 1.2.2002, p. 1–24.

ductos alimenticios, la contaminación de los alimentos, el etiquetado de alimentos, las sustancias añadidas a los alimentos, la sanidad animal y vegetal[51], la fitosanidad y plaguicidas, los nuevos alimentos y organismos modificados genéticamente, etc.[52].

Son cuestiones de considerable valor y es previsible además un mayor desarrollo. La Comisión Europea incluso está concediendo importancia a la cooperación internacional en estas materias, buscando mayor proyección exterior. Puede encontrarse un proyecto denominado "Mejora de la formación para aumentar la seguridad alimentaria", que incluye formación sobre estas materias para Estados en vías de desarrollo, dotado con ocho millones de euros. Los programas de formación, que se desarrollan

---

51 Las plantas son la base fundamental para la vida en la tierra y son un pilar esencial para la nutrición humana y la seguridad alimentaria. Nos proporcionan el 80% de los alimentos que consumimos y producen el 98% del oxígeno que respiramos. La salud de las plantas y el cambio climático están irreversiblemente relacionados. El cambio climático está influyendo en el movimiento y en los ciclos de vida de las plagas de una manera impredecible. El aumento de las temperaturas, por los efectos del cambio climático, hace que las plagas crezcan y se propaguen fácilmente. Pero no sólo los cambios de temperatura son los que representan el peligro, sino también los fenómenos climáticos extremos. Los efectos del cambio climático se asocian por ejemplo a tormentas tropicales y a movimientos violentos de vientos que pueden trasladar a una plaga a miles de kilómetros. En este sentido de la sanidad vegetal es importante destacar la nueva normativa aprobada en el marco de la UE. El pasado 14 de diciembre de 2019, entró en vigor el Reglamento (UE) 2016/2031 sobre medidas de protección contra las plagas de los vegetales. El nuevo Reglamento 2016/2031 se trata de un Reglamento Base. Esto es, se va a complementar con otros Reglamentos adoptados mediante actos delegados y de ejecución para garantizar la correcta aplicación de la legislación en todos los Estados miembros de la UE. La idea que subyace en el nuevo Reglamento es que debemos asignar más recursos en una fase temprana para evitar que, en el futuro, las plagas acarreen grandes pérdidas al destruir nuestra producción agrícola o el medio ambiente. También el nuevo Reglamente introduce el concepto de Plagas prioritarias. Se trata de plagas cuarentenarias de la Unión que pueden tener repercusiones más graves sobre la economía, el medio ambiente y la sociedad de la UE. Estarán sujetas a medidas más estrictas sobre la agrimensura, planes de acción para su erradicación, planes de contingencia y ejercicios de simulación. Es necesario establecer un orden prioritario de las plagas más nocivas a fin de que la UE y cada Estado miembro concentren sus recursos de la forma más eficiente para proteger la producción agrícola y el medio ambiente. Se prevé una mayor cofinanciación de la UE para alcanzar estos objetivos.

52 COMISIÓN EUROPEA, "Seguridad de los Alimentos". Disponible en: https://ec.europa.eu/info/strategy/food-safety_es.

tanto dentro como fuera de Europa, tienen como objetivo hacer que los controles sean más eficientes y armonizados y que la industria alimentaría respete los reglamentos de la UE destinados a salvaguardar la salud del público, de los animales y de las plantas[53].

VI. LA NECESIDAD DE AMPLIAR EL CONCEPTO DE SEGURIDAD ALIMENTARIA EN EUROPA: LA OPORTUNIDAD QUE OFRECE EL PROGRAMA "DE LA GRANJA A LA MESA".

Hemos comentado que tradicionalmente la política de seguridad alimentaria *ad intra* promueve que los ciudadanos europeos disfruten de un acceso a los alimentos seguros, sanos, a lo largo de toda la cadena alimentaria, afianzando y garantizando más bien la dimensión de *food safety*. No obstante, la UE empieza a combinar e integrar los elementos de *food security* y de *food safety* en su política de seguridad alimentaria. Esta integración está tomando cuerpo actualmente con fuerza sobre todo al hilo de la aprobación del importante paquete "De la Granja a la Mesa", que pretende dar fuerza a un cinturón verde para la agricultura y alimentación europea.

La estrategia "De la Granja a la Mesa", como una de las iniciativas clave en el marco del Pacto Verde Europeo, busca precisamente reforzar los sistemas agrícolas desde una visión sostenible, esto es, en toda la cadena de valor alimentaria. Por tanto, asume elementos de estabilidad-sostenibilidad en la alimentación a largo plazo, relacionados con la dimensión de *food security*, incluyendo la necesidad de reforzar la resiliencia de Europa para detener la pérdida de biodiversidad y construir un sistema alimentario saludable y sostenible[54]. Asimismo, la Comisión entiende que es necesario desarrollar un plan de contingencia para garantizar el suministro y la seguridad de los alimentos en tiempos de crisis[55].

---

[53] Informe anual de la Comisión Europea de 2018, *Mejora de la formación para aumentar la seguridad alimentaria*, Oficina de Publicaciones de la Unión Europea, 2020. Disponible en: https://op.europa.eu/es/publication-detail/-/publication/5d20678d-af50-11e9-9d01-01aa75ed71a1.

[54] Nota de Prensa de la Comisión Europea de 20 de mayo de 2020, *Reinforcing Europe's resilience: halting biodiversity loss and building a healthy and sustainable food system*, Disponible en: https://ec.europa.eu/commission/presscorner/detail/en/ip_20_884.

[55] Comunicación de la Comisión Europea al Parlamento Europeo, al Consejo, al Comité Económico Y Social Europeo y al Comité de las Regiones de 20 de mayo

La estrategia hace hincapié en la naturaleza interconectada de la producción alimentaria y tiene entre sus objetivos mantener las plantas sanas, al tiempo que reducir el impacto de los sistemas alimentarios sobre el medio ambiente[56]. A fin de contribuir al logro de la neutralidad climática de aquí a 2050, esta estrategia pretende hacer evolucionar el actual sistema alimentario de la UE hacia un modelo sostenible[57]. Los principales objetivos son: garantizar suficientes alimentos y que sean asequibles y nutritivos, sin superar los límites del planeta; apoyar una producción alimentaria sostenible, también mediante una reducción sustancial del uso de plaguicidas, antimicrobianos y fertilizantes y el aumento de la agricultura ecológica; promover un consumo de alimentos y unas dietas saludables más sostenibles; reducir la pérdida y el desperdicio de alimentos[58]. Ahora bien, la Estrategia de la Granja a la Mesa no contempla la gestión sostenible del suelo ni del acceso al a las tierras. Esta es una importante omisión dado que representa uno de los principales obstáculos para la renovación generacional de la población agrícola, sin la cual se perderá la base europea de una agricultura productiva y sostenible[59].

---

de 2020, *Estrategia «de la granja a la mesa» para un sistema alimentario justo, saludable y respetuoso con el medio ambiente,* COM (2020) 381 final, pp.10-11.

56 Ficha temática de la Comisión Europea, *Estrategia de la granja a la mesa: por un sistema alimentario justo, saludable y respetuoso con el medio ambiente,* 2020. Disponible en: *https://ec.europa.eu/food/horizontal-topics/farm-fork-strategy_en.* Entre los objetivos que la estrategia pretende alcanzar para el 2030 destacan: Reducir en un 50% el uso y el riesgo de pesticidas químicos; Reducir el uso de fertilizantes al menos un 20%; Lograr que al menos un 25% de las tierras agrícolas de la UE se dediquen a la agricultura ecológica.

57 *Op.cit* nota 55.

58 Ficha temática del Consejo de la Unión Europea de 26 de mayo de 2023, *¿Qué es la Estrategia «De la Granja a la Mesa»?,* Disponible en: https://www.consilium.europa.eu/es/policies/from-farm-to-fork/#:~:text=Su%20objetivo%20principal%20es%20impulsar,planes%20nacionales%20de%20agricultura%20ecol%C3%B3gica.

59 Actualmente, el acaparamiento de tierras por empresas multinacionales, en detrimento de la producción local y sostenible de alimentos y de los productores primarios, es también un problema en el marco de la UE. La política de tierras de la UE sigue siendo algo indefinida y descoordinada. Si bien el acceso a la tierra se ve claramente afectado por una variedad de políticas y regulaciones de la UE, la mayoría de los Estados miembros y las instituciones de la UE son reacias a abordar este tema en su debate y a desarrollar propuestas de políticas que se opongan al acaparamiento de tierras. La tendencia a la concentración de tierras en manos de inversores, no dedicados a la agricultura, y de grandes explotaciones agrícolas es contraria al modelo de una agricultura sostenible y pone en entredicho lo

Los objetivos anteriores son acordes a los Objetivos de Desarrollo Sostenible (ODS), en concreto al ODS2. El presupuesto de la Política Agrícola Común (PAC) no debe reducirse ni mantenerse al nivel actual, sino que debe incrementarse de acuerdo con dichos objetivos.

La propuesta de un marco legislativo para los sistemas alimentarios sostenibles es una de las iniciativas emblemáticas de la estrategia que la Comisión la adoptará a finales de 2023, por tanto estaremos a la espera de mayor concreción legislativa a este respecto[60], sobre todo en el marco de la coherencia de las políticas a nivel nacional y de la UE en aras de incorporar la sostenibilidad en todas las políticas relacionadas con la alimentación y fortalecer la resiliencia de los sistemas alimentarios en atención a lo dispuesto en el artículo 208 del TFUE. Para que sea eficaz, la Estrategia ha de ir acompañada de un marco claro con metas, indicadores y un mecanismo de control, pero sin aumentar la burocracia. Además, debería crearse, a este respecto, Consejo Europeo de Política Alimentaria, que aceleraría la armonización de políticas a escala europea, nacional y local.

Por tanto, se puede apreciar que la política de seguridad alimentaria, *ad intra*, de la UE empieza a combinar las dimensiones de *food security* y de *food safety*. De hecho, en nuestro reciente libro publicado por la editorial Nova[61], precisamente entendemos que hay que aunar en un solo concepto comprensivo de ambas dimensiones todo lo concerniente a los alimentos. Esta es la verdadera seguridad alimentaria, que debe estar en lo más alto de las prioridades. Esto es, han de ser aunadas ambas dimensiones y extraer todas las consecuencias. Viendo además que las cuestiones alimentarias deben tener la máxima prioridad y deben ser tratadas de manera conjunta, coherente.

---

dispuesto en los artículos 39 y 191 del TFUE. Este fenómeno puede acarrear consecuencias negativas a largo plazo, en la medida en que el fomento de una agricultura industrial acentúa los riesgos asociados a la producción de alimentos y la degradación de la tierra, haciendo disminuir la seguridad alimentaria en el marco de la UE. Para mayor información, véase: FILLOL MAZO, A., "El fenómeno de los acaparamientos de tierras en Europa: principales problemas y retos jurídico-políticos ad intra", en MARTÍN LÓPEZ, M.A. (Coord.), *Hacia la consolidación del Derecho a la Tierra en el Orden Internacional*, Dykinson, 2020, pp.167-197.

60 Ficha temática de la Comisión Europea, *Marco legislativo para sistemas alimentarios sostenibles.* Disponible en: https://ec.europa.eu/food/horizontal-topics/farm-fork-strategy/legislative-framework_en.

61 FILLOL MAZO, A., MARTÍN LÓPEZ, M.A. (eds.), *Food Security Issues and Challenges*, Nova Science Publishers, Nueva York, 2021.

Además, no se puede negar que la definición internacional más aceptada de seguridad alimentaria, como expusimos en la nota 46, acoge plenamente esta idea. Este es el caso, efectivamente, de la Cumbre mundial sobre la alimentación, celebrada en Roma en 1996[62], la cual expresamente dispone que aquella solo se consigue cuando todas las personas tienen acceso por sí mismas o económicamente a alimentación suficiente, segura y nutritiva. El acceso debe llevar consigo *food security* y *food safety*, pues van de la mano.

La muestra de que ha de haber un solo concepto de seguridad alimentaria, con una política unida y coherente, tanto *ad extra* como *ad intra*, está en los grandes retos a los que se enfrenta la alimentación mundial. Una buena muestra de ello es la reciente Cumbre sobre los Sistemas Alimentarios de las Naciones Unidas de septiembre de 2021, donde se pusieron de manifiesto los grandes retos a los que se enfrenta la alimentación y a la necesidad de prever una transición del sistema actual, afectado por el cambio climático y la deficiente sostenibilidad. La Cumbre no consiguió resultados relevantes, salvo poner en lo más alto de la agenda internacional a estas cuestiones.

Esta Cumbre sobre los sistemas alimentarios pudo haber sido una oportunidad de primer orden para incluir a estas dos dimensiones de la seguridad alimentaria en un solo concepto, sirviendo de base para los cambios y transformaciones que precisan tales sistemas. No obstante, actualmente, no parece que de momento esto sea realidad. Es necesario continuar trabajando en este sentido. Ha habido oposición por los grupos y movimientos de la sociedad civil, como lo demostró la carta de febrero de 2021 del mecanismo de la sociedad civil y de los pueblos indígenas para las relaciones con el Comité de seguridad alimentaria dirigida al Secretario general de las Naciones Unidas, en la que se muestra gran preocupación por la escasa atención a un enfoque de derechos humanos para abordar la cuestión[63], aparte de la desatención que se está produciendo al multilateralismo, en

---

62 Véase: Plan de Acción de la Cumbre Mundial sobre la Alimentación, Roma, 1996, apartado primero. Disponible en: http://www.fao.org/wfs/index_es.htm.

63 Una muestra son también los derechos de los campesinos, cuestión clave donde se vio la división de la Unión Europea en la votación ante la Asamblea General de Naciones Unidas en diciembre de 2018. Resolución 73/165 de la Asamblea General de Naciones Unidas de 17 de diciembre de 2018, *Declaración de las Naciones Unidas sobre los Derechos de los Campesinos y de Otras Personas que Trabajan en las Zonas Rurales,* A/RES/73/165. Para un comentario sobre la posición de los diferentes Estados ver la Nota de Prensa de la Asamblea General del 17 de diciembre de 2018, *General Assembly Endorses Landmark Global Compact on Refugees, Adopting 53*

beneficio de un multisectorialismo[64]. Esta oposición fue mostrada también en el plano concreto europeo, sobre todo a partir de Vía Campesina Europa. La organización campesina Coordinadora Europea Vía Campesina (ECVC) expresó su profunda preocupación por el proceso poco transparente e ilegítimo que rodeó la organización de la Cumbre, en una carta dirigida a legisladores y representantes que participaron en la reunión del Consejo de la UE. Se criticó que el Parlamento europeo también se viera incapaz de expresar su posición porque el proceso de la Cumbre estaba dirigido verticalmente por un organismo no institucional, con una secretaría privada y fuera de cualquier control de los Estados miembros.

Con todo, fue interesante leer el discurso de posición que mantuvo la Unión Europea en dicha Cumbre, indicando expresamente que:

> *"En esta década decisiva, la humanidad se enfrenta a un reto global: aprender a vivir dentro de los límites del planeta. Y que quede claro: si fracasamos, el planeta seguirá ahí. Será la humanidad quién pagará el precio más alto. La producción y el consumo de alimentos son los principales impulsores de la crisis climática y del ecocidio que se avecina. Y, sin embargo, la agricultura y los agricultores son los primeros en sufrir las consecuencias si fracasamos. Así que debemos actuar ahora si no queremos que nuestros hijos tengan que luchar en guerras por el agua y por los alimentos. Debemos actuar ahora si no queremos que millones se duerman con hambre. En la Unión Europea hemos presentado la estrategia "de la granja a la mesa" para cambiar fundamentalmente la forma en que nos alimentamos. Pero el cambio hacia sistemas alimentarios sostenibles debe ser un movimiento global"*[65].

Estas posiciones deben exigir una concreción y un abordaje específico dando entrada a políticas trasformadoras y de cambio estructural tanto en el interior de la Unión como en el exterior, abogando en los foros internacionales para un pleno acogimiento. A este respecto, la Comisión considera que la UE debe apoyar la transición mundial hacia sistemas agroalimentarios sostenibles, en consonancia con los objetivos de la estrategia de la Granja a la Mesa y de los ODS, a través de sus políticas exteriores, incluidas la cooperación internacional y la política comer-

---

Third Committee Resolutions, 6 Decisions Covering Range of Human Rights, GA/12107. Disponible en: https://press.un.org/en/2018/ga12107.doc.htm

64 CSM, "Letter to the CFS Chair on Food Systems Summit", Comité de Seguridad Alimentaria Mundial, 9 de febrero de 2021. Disponible en: http://www.csm4cfs.org/letter-csm-coordination-committee-cfs-chair/.

65 Discurso de la Unión Europea ante la Cumbre mundial sobre la alimentación. Disponible en: https://www.un.org/sites/un2.un.org/files/2021/10/FSS_statement_EU.pdf. Traducción realizada por los autores.

cial. En su Comunicación de 2020, al Parlamento Europeo, al Consejo, al Comité Económico y Social y al Comité de las Regiones, dispone que la UE "centrará su cooperación internacional en la investigación e innovación alimentarias, con especial referencia a la adaptación al cambio climático y su mitigación; la agroecología la gestión sostenible del paisaje y la gobernanza de la tierra; la conservación y el uso sostenible de la biodiversidad; cadenas de valor inclusivas y justas; nutrición y dietas saludables; prevención y respuesta a las crisis alimentarias, especialmente en contextos frágiles"[66]

VII. CONCLUSIONES

Está claro que uno de los problemas globales más perjudiciales es el Hambre. Siguen persistiendo altas tasas de personas hambrientas en el mundo. Más de 690 millones de personas están en están en esta condición, según el último Informe sobre el Estado de la Seguridad Alimentaria y la Nutrición en el Mundo (FAO 2020), siendo, por tanto, sumamente urgente su erradicación. No obstante, no parece que el Objetivo de Desarrollo Sostenible número dos, de hambre cero, vaya a ser cumplido el año 2030. La propia Organización de Naciones Unidas así lo reconoce, estableciendo que "the world is not on track to achieve Zero Hunger by 2030. If recent trends continue, the number of people affected by hunger would surpass 840 million by 2030"[67].

Los problemas a los que se enfrenta la alimentación en el mundo se han incrementado considerablemente, incluyendo a factores y fenómenos diversos que aumentan la complejidad de las cuestiones o situaciones que entran dentro del ámbito de la seguridad alimentaria. Ciertamente, la alimentación está ineludiblemente vinculada al cambio climático, al manten-

---

66 *Op.cit.* nota 55 pp.17-18; Nota de Prensa de la Organización de las Naciones Unidas para la Agricultura y la Alimentación, *La Unión Europea y la FAO hacen un llamamiento a la transformación de los sistemas agroalimentarios.* Disponible en: https://www.fao.org/news/story/es/item/1398181/icode/ ; Nota de Prensa de la Organización de las Naciones Unidas para la Agricultura y la Alimentación de 25 de febrero de 2021, *La FAO y la UE se mantienen unidas en aras de la transformación de los sistemas agroalimentarios,* Disponible en: https://www.fao.org/director-general/news/news-article/es/c/1378159/.

67 Ficha Temática de las Naciones Unidas sobre el ODS2, *Lucha contra el hambre,* Disponible en: https://iraq.un.org/index.php/en/sdgs/2.

imiento de la paz, a la globalización económica, al sistema comercial mundial, a la salud global, a la biodiversidad agrícola, a las nuevas tecnologías, etc. Todas ellos son cuestiones globales de considerable relevancia que impactan sobre la seguridad alimentaria, tanto en el interior de la UE como en el exterior. En consecuencia, la seguridad alimentaria debe ampliar su campo de acción y atender a todas estas variables de una manera unitaria y coherente. Ahora bien, junto a ello debiera quedar claro además que esta seguridad alimentaria debe ser prioritaria en las políticas y acciones dirigidas a conducir y gobernar todos los *global issues* antes indicados. Debe dársele una posición jerárquicamente superior, incluyéndola transversalmente y dándole una protección jurídica adecuada.

La política de desarrollo ocupa un lugar central en las políticas exteriores de la Unión, siendo el principal donante de ayuda al desarrollo. Dentro de esta política se asume el compromiso político y financiero de garantizar la seguridad alimentaria mundial como parte de su respuesta a la Agenda 2030 de Naciones Unidas para el Desarrollo Sostenible. El rol de la UE, al ser el principal donante de ayudas al desarrollo, es fundamental y constituye una manifestación clara del artículo 3 del TUE. En este marco es importante la creación del Instrumento de Vecindad, Cooperación al Desarrollo y Cooperación Internacional (IVCDCI) a través del Reglamento (UE) 2021/947, pues integra mayor una coherencia y simplifica la arquitectura de financiación de la Unión respecto a la acción exterior, ya que fusiona los programas anteriores, incluidos el Instrumento de Financiación de la Cooperación al Desarrollo, el Instrumento Europeo de Vecindad, el Instrumento de Colaboración, el Instrumento Europeo para la Democracia y los Derechos Humanos, el Fondo Europeo de Desarrollo Sostenible y el Instrumento en pro de la Estabilidad y la Paz. La ayuda al desarrollo de la Unión, desde enero de 2021, se ha prestado a través del IVCDCI. En el Reglamento (UE) 2021/947, por el que se establece este Instrumento, se puede apreciar cómo la seguridad alimentaria y nutricional se sitúa entre los "retos mundiales" dotados de financiación en este marco.

Asimismo, la Unión viene desempeñando un papel importante, a través programas de financiación y alianzas estratégicas, para mejorar la resiliencia ante las crisis alimentarias en el exterior, en colaboración con la FAO, otros organismos de Naciones Unidas y ONGs. La ayuda alimentaria, por tanto, es una parte importante de la estrategia de la Unión ante los principales retos humanitarios en el mundo. Muestra de ello son algunas de estas comunicaciones, programas y estrategias: Comunicación de la Comisión sobre Salvaguardar la seguridad alimentaria y reforzar la resiliencia del sistema alimentario (2022); Hacia una estrategia integral con África; Nuevo Consenso Europeo sobre Desarrollo (2018) "Nuestro mundo, nuestra dignidad, nuestro futuro"; Comunicación de la Comisión al Parlamento Europeo y al Consejo sobre la acción humanitaria de la UE (2021): nuevos retos, mismos principios; Estrategia de la granja a la mesa (2020): por un sistema alimentario justo, saludable y respetuoso con el medio ambiente; Programas geográficos y temáticos, etc.

La nueva Estrategia de la Granja a la Mesa es ambiciosa, tanto en las medidas que pretende aplicar en el interior de la UE, como en su intención de aplicación exterior, y fusiona las dimensiones de *food security* y *food safety*. Las medidas previstas en la Estrategia deben contribuir a aplicar los Objetivos de Desarrollo Sostenible, el Acuerdo de París y los objetivos fijados en el Convenio sobre la Diversidad Biológica. Ahora bien, es preciso adoptar un enfoque cooperativo y coherente en su aplicación, dada la gran variedad de ámbitos de actuación, de actos legislativos y de instrumentos no vinculantes que pueden influir en la ejecución de la Estrategia. Ante ello, será necesario que la Comisión instaure evaluaciones por objetivos y una base sólida de propuestas legislativas, garantizándose la coherencia entre la Estrategia y las políticas agrícola y pesquera comunes, la política comercial, la Estrategia de la UE sobre Biodiversidad para 2030, así como otras políticas y estrategias conexas de la UE. La imposición de un arancel aduanero sobre el carbono puede ser importante para evitar que los agricultores y las empresas alimentarias de la UE se vean perjudicados por las importaciones de otros Estados con controles menos estrictos respecto a la mitigación del cambio climático.

Dentro de la política de seguridad alimentaria europea, *ad intra* y *ad extra*, es fundamental consolidar la posición de los productores primarios en la cadena agroalimentaria y los incentivos basados en el rendimiento para las prácticas sostenibles con el fin de garantizar la seguridad alimentaria y los bienes públicos. Esto también es relevante si queremos ir instaurando la llamada soberanía alimentaria en el marco de la Unión y apoyar la resiliencia de los sistemas agroalimentarios en el exterior. En este sentido, es importante la inclusión de sistemas alimentarios sostenibles como objetivo de las políticas exteriores de la UE y la fijación de capítulos específicos sobre sistemas alimentarios sostenibles en las nuevas alianzas y acuerdos con todos los socios (en especial en el marco del apoyo de la UE al desarrollo rural africano).

Es importante también, dado que la Estrategia de la Granja a la Mesa no lo hace, reconocer y evaluar el impacto de las exportaciones europeas para los pequeños productores de los Estados en desarrollo y la contribución de las empresas multinacionales de la UE a las prácticas insostenibles. Debe articularse un mecanismo de control de cumplimiento a las empresas radicadas en la Unión para rendir cuentas de que sus cadenas de suministro no sean responsables de prácticas de deforestación, apropiaciones de tierras, ni de violaciones de derechos. En este sentido, debieran introducirse estándares vinculantes en materia de diligencia debida medioambiental y en derechos humanos para las multinacionales de la UE. Actualmente, el acaparamiento de tierras, en detrimento de la seguridad alimentaria, es también un problema acuciante dentro de la UE.

Asimismo, la transición hacia sistemas alimentarios sostenibles incluye apoyar a los Estados en desarrollo en su transición hacia ello y hacer de la seguridad alimentaria una prioridad máxima en futuros acuerdos bilaterales de la UE. En este sentido, la UE debe priorizar las intervenciones centradas en las personas que fortalezcan la agricultura a pequeña escala y la seguridad alimentaria de una manera socialmente justa y equitativa. Así pues, esta transición debe ser tenida en cuenta también a través de las políticas comerciales europeas y de los instrumentos de cooperación internacional, incorporando estas cuestiones *ad intra* y *ad extra*. Para permitir y acelerar la transición hacia un sistema alimentario justo, saludable y respetuoso con el medio ambiente, los servicios de asesoramiento, instrumentos financieros, pero también de investigación e innovación, son fundamentales ya que pueden ayudar a resolver tensiones, desarrollar y probar soluciones, superar barreras y descubrir nuevas oportunidades de mercado.

Conclusiones

JUSTO CORTI VARELA[*]
ÁLVARO JARILLO ALDEANUEVA[**]

La transición ecológica es probablemente el mayor impulso que ha vivido la Unión Europea, tanto hacia dentro como hacia afuera, desde la creación del mercado único. Ni la unión política, inacabada por el fracaso del Tratado por el que se establecía una constitución para Europa; ni la seguridad interior, también con múltiples problemas para completarla con una política migratoria común, han sido tan ambiciosas como el actual Pacto Verde que pretende cambiar por completo la economía europea. Es, sin duda, el complemento que necesitaba la unión monetaria para alcanzar una coordinación macroeconómica suficiente que evite futuras crisis, como la de 2008. Al mismo tiempo, al incluir elementos de justicia social, conlleva un elemento legitimador que trasciende el deber moral de luchar contra el cambio climático ya que permite redistribuir los costes y los beneficios del nuevo ciclo económico de una forma justa.

La UE siempre ha desarrollado sus políticas a través del Derecho, y la transición ecológica no es una excepción. Es el Derecho climático europeo el modo a través del cual la Unión, en tanto que organización internacional, impulsa sus objetivos de política climática y también de acción exterior en pos de lograr el objetivo de la neutralidad de emisiones. Debe ponerse de relieve que, si bien las políticas internas son muy importantes, e incluso conllevan muchas veces el valor de servir de ejemplo para otros países (lo que se conoce como liderazgo blando de la Unión) la lucha contra el cambio climático es una tarea colectiva. Sin la acción coordinada de todos los Estados, siempre bajo el principio de responsabilidades compartidas pero diferenciadas, no se podrán alcanzar los compromisos

[*] Profesor Titular de Universidad. Departamento de Derecho Internacional Público (UNED). Titular del módulo *Jean Monnet* en Derecho Climático Europeo (Ref. 620617-EPP-1-2020-1-ES). Email: jcorti@der.uned.es.

[**] Profesor Contratado Doctor. Departamento de Derecho Internacional Público (UNED). Email: ajarillo@der.uned.es.

acordados en la Convención Marco de Naciones Unidas sobre el Cambio Climático, y en particular el Acuerdo de Paris.

En este contexto, el módulo Jean Monnet en Derecho Climático Europeo, cuyas principales aportaciones académicas recoge este libro, comenzó con un curso de verano monográfico sobre «Acción climática exterior de la UE» (Ávila, 12 al 16 de julio de 2021). Así lo señala Ismael Aznar Cano en su presentación, en la cual brinda una visión práctica excepcional fruto de su experiencia en la delegación del gobierno español en las reuniones de la COP que dieron inicio a la implementación del Protocolo de Kioto y en la DG CLIMA de la Comisión Europea, donde participó en la aplicación y reajuste del Régimen Europeo de Comercio de Derechos de Emisión. Estas palabras iniciales del libro ya describen la complejidad de las negociaciones, los múltiples escollos vividos (por ejemplo, en Copenhague en 2009) y lo difícil que resultó alcanzar acuerdos como el de Paris de 2015, que vivió en primera mano. En este tratado, la acción de la UE y de sus Estados miembros con mayor peso diplomático en las negociaciones internacionales (Francia, Alemania, Reino Unido) fueron cruciales para resolver posiciones que parecían irreconciliables.

Tal como se ha expuesto en el primer capítulo de Justo Corti Varela, o en el séptimo capítulo de Nuria Pastor, fue necesario crear nuevos mecanismos internacionales, hasta ese momento inexistentes, y permitir declaraciones interpretativas y otras declaraciones unilaterales que, sin eliminar el contenido esencial garantizado por la prohibición de reservas, brindaran al conjunto la flexibilidad necesaria para permitir la ratificación de sujetos tan dispares como Estados Unidos, China, India o el Grupo de los 77. Lo comprometido por la UE en dicho acuerdo, y en particular los ambiciosos objetivos de reducción de emisiones para alcanzar la neutralidad en 2050, son el inicio de los grandes paquetes europeos, como el *Fit for 55*, y de los actuales impulsos para redistribuir los costes de la transición, tanto interna (lo que se conoce como justicia climática europea) como externamente, a través de mecanismos como los negociados en la COP de Egipto de 2022.

La transición, como tal, no deja de ser una gran política transversal, en palabras del Álvaro Jarillo en el capítulo segundo, que se concreta en un proceso dinámico asumido por todos los Estados miembros de la UE y en un compromiso con el Pacto Verde europeo y con las demás obligaciones internacionales contraídas en los últimos años. Los elementos del concepto analizados en este libro demuestran que es un ejemplo de la necesaria coherencia y transversalidad que debe guiar las políticas de los Estados miembros y de la propia Unión. En este sentido, el enfoque holístico asumido en el proceso de transición implica también conectar las dimensiones *ad extra* y *ad intra* de todas esas políticas. El compromiso con el Pacto Verde analizado en los distintos capítulos muestra el camino que se ha iniciado en esa búsqueda de la coherencia en torno a la lucha contra el cambio climático. En el momento de redactar estas conclusiones, el Parlamento Europeo está trabajando en la propuesta de Reglamento sobre la restauración de la naturaleza[2] (COM/2022/304 final) que es último paso que se ha dado en esa dirección.

Pero la transición también puede analizarse, en su vertiente más económica (al menos en este momento inicial), como transición energética, la que necesariamente conllevará una nueva gobernanza con impactos tanto internos como externos. Así, María Dolores Galera, en el capítulo octavo, analiza los efectos beneficiosos para el proyecto europeo y su mercado, permitiendo disminuir su dependencia energética (tan evidente en relación con el conflicto Rusia-Ucrania). Este proceso redundará en una mayor independencia de actuación de la UE como actor global, pero también en su vertiente microeconómica, donde vuelve a aparecer el elemento de justicia social, esta vez centrado en la vulnerabilidad que conlleva la pobreza energética, y el impacto de los objetivos de la Agenda 2030 al aplicarse dentro de la Unión.

Como puede apreciarse, estos elementos de análisis interno y externo, económico y social se entremezclan e influyen mutuamente, siendo el Derecho (climático europeo) el hilo conductor de los mismos. La justicia no sólo es social en un sentido socioeconómico, sino que en algunos casos va más allá implicando a los derechos humanos. Fernando Val, en el capítulo cuarto ha analizado cómo el impacto nocivo que el cambio climático está generando en las personas y en los ecosistemas ha llevado a los Estados y a las organizaciones internacionales a considerarlo como una vulneración de algunos derechos básicos de las personas. Así, la grave afectación que estos efectos están produciendo en elementos esenciales de la dignidad de las personas y sus recursos vitales básicos ha llevado a incorporar la lucha contra el cambio climático entre las prioridades de la agenda internacional de la protección de los derechos humanos. Como corolario, al igual que en el pasado se desarrolló toda una protección específica para los defensores de los derechos humanos, se están llevando a cabo iniciativas similares para proteger a los defensores del medio

---

2 Propuesta de Reglamento del Parlamento Europeo y del Consejo de 22 de junio de 2022, *sobre la restauración de la naturaleza*, COM(2022) 304 final.

ambiente. Como hemos visto a través de los distintos capítulos, en este ámbito también se promueve la necesaria transversalidad en la acción política, lo que ha permitido a la Unión ampliar su enfoque de la condicionalidad hacia los compromisos climáticos en la relación con terceros. Así, las cláusulas de condicionalidad incluidas en los acuerdos con terceros Estados están experimentando un proceso de adaptación para lograr los deseados efectos en la lucha contra el cambio climático sin afectar por ello a otros objetivos de desarrollo relevantes para esos Estados.

La condicionalidad climática, como la condicionalidad medioambiental, es un elemento esencial en la política de desarrollo de la Unión Europeo. No es casual que, en palabras de Eduardo Trillo (capítulo quinto), el año 2015 fuera "el año del cambio", en coincidencia con el Acuerdo de Paris y la Agenda 2030, en donde la política de cooperación al desarrollo asumió plenamente los objetivos climáticos y los ODS como parte de esta. El poder normativo que la UE expande a través de esta condicionalidad es también parte de la acción climática exterior, por lo que completa la acción realizada en las negociaciones climáticas (tratadas en los capítulos primero y séptimo) y en otros foros menos permeables al tratamiento de la lucha contra el cambio climático. En el ámbito de seguridad, y más concretamente en el Consejo de Seguridad de Naciones Unidas, la UE, a través de los Estados miembros que tienen representación en este órgano (alguno incluso miembro permanente como el caso de Francia), viene propiciando un diálogo sobre las interacciones entre cambio climático y seguridad, tal como se estudia en el capítulo primero.

El binomio justicia/injusticia tiene una manifestación conflictiva en el principio de responsabilidades comunes pero diferenciadas. Las profesoras Nuria Pastor (capítulo séptimo) y Susana Borràs (capítulo tercero), al analizar, respectivamente, las declaraciones unilaterales de los Estados en el Acuerdo de Paris y las migraciones climáticas, han confirmado que dicho principio todavía necesita demarcación para posibilitar una correcta aplicación.

Resulta curioso que, cuanto más nos alejamos aparentemente del núcleo duro material de la regulación climática, que en principio estaba ligado a la reducción de las emisiones a través de la transición energética, y del contexto geográfico de nuestro ámbito (es decir la regulación europea), el cambio climático sigue demostrando capacidad de afectación y de influir en el Derecho climático europeo. Así ocurre, por ejemplo, con las migraciones climáticas (capítulo tercero) y con los efectos del cambio climático en materia de seguridad alimentaria en el Sur global (capítulo noveno). Si bien ambas materias figuraban aparentemente alejadas, están cada vez más ligadas a la actualidad del Derecho de la Unión, afectando a políticas que parecía que nada tenían que ver con el cambio climático como son la política de asilo y migraciones o la propia política agrícola europea en su interacción con la política de cooperación al desarrollo. En el ámbito migratorio, en este libro abogamos por un reconocimiento jurídico del "refugiado" climático; y en relación con la seguridad alimentaria, planteamos la necesidad de unificar los conceptos de *food safety* (utilizado internamente en la PAC) y *food security* (utilizado hacia fuera en materia de cooperación al desarrollo) siguiendo estrategias como la "de la granja a la mesa", instaurada a nivel intra-europeo, que demuestra estar mucho más adaptada a los objetivos de la lucha contra el cambio climático y a los ODS de la Agenda 2030 que la visión tradicional de lucha contra el hambre.

Las migraciones climáticas y la seguridad alimentaria, además, demuestran que el cambio climático afecta a todos los Estados (tanto del norte como del sur global) y que la visión paternalista de simplemente "exportar" los modelos regulatorios no es una opción única. Volviendo al capítulo segundo, en donde se analiza el concepto de transición ecológica, vemos que la transición parte de la base de un modelo, nuestro modelo capitalista tradicional, que se presupone único y universal, pero pueden existir otros modelos, que tienen otros puntos de partida y, por lo tanto, pueden realizar propuestas diferentes. Valeria Berros nos introduce es estas visiones "exo-europeas", donde se desarrollan "diálogos" a nivel normativo y jurisprudencial (litigación climática) entre la justicia ecológica y la justicia climática, con otros sujetos y derechos a proteger, en donde la naturaleza, como tal, tiene derechos incluso a nivel constitucional, y la reducción de emisiones no es sólo un problema económico, sino que se mezcla con derechos fundamentales básicos para esas sociedades.

Entre los objetivos de esos modelos, destacan el mantenimiento de los ecosistemas que permiten la pervivencia cultural de pueblos originarios y la lucha contra los abusos de las industrias extractivas que, por su condición de multinacionales extranjeras, recuerdan mucho al neocolonialismo de otros tiempos ya que actúan sin cortapisas ante la pasividad de un Estado débil y necesitado de demostrar avances en el desarrollo económico, incluso a cualquier precio. Estos planteamientos, que sí se contempla en la jurisprudencia de otras latitudes, está totalmente ausente en el núcleo central del Pacto Verde y en la política europea de cooperación al desarrollo de la Unión. A pesar de estas críticas, que hacemos propias, es verdad que, tenuemente, se está abriendo en la UE una incipiente normativa que, utilizando instrumentos cercanos al *soft-law*, pretende aportar coherencia a las actividades de nuestras empresas dentro y fueran de la Unión. La propuesta de Directiva sobre Diligencia debida de las empresas en materia de sostenibilidad, aprobada en junio de 2023 por el Parlamento Europeo[3], es un vivo ejemplo de lo que se debería hacer para garantizar dicha coherencia.

En definitiva, este libro ha querido ser una aportación a los estudios de Derecho climático que, por el carácter multidimensional del objeto de estudio, tienen una naturaleza necesariamente multidisciplinar. De igual forma, el enfoque global y holístico adoptado en el análisis de los efectos del cambio climático hace necesario que los estudios en la materia trasciendan las fronteras estatales, incluso las europeas, abriendo una importante oportunidad para las contribuciones que puedan hacerse desde el Derecho internacional. El cuidado del planeta y la defensa de los bienes comunes merecen una nueva mirada desde el ordenamiento internacional para responder, una vez más, a las necesidades de esa *comunitas orbis* de la Escuela de Salamanca.

---

3 Propuesta de Directiva del Parlamento Europeo y del Consejo de 23 de febrero de 2022, *sobre diligencia debida de las empresas en materia de sostenibilidad y por la que se modifica la Directiva (UE) 2019/1937, COM(2022) 71 final. Ver Enmiendas aprobadas por el Parlamento Europeo el 1 de junio de 2023 sobre la propuesta de Directiva del Parlamento Europeo y del Consejo sobre diligencia debida de las empresas en materia de sostenibilidad y por la que se modifica la Directiva (UE) 2019/193, P9_TA(2023)0209.*

ABREVIATURAS

ACNUR	Alto Comisionado de las Naciones Unidas para los Refugiados
ACP	África, Caribe y Pacífico
AEA	Agenda de Eficacia de la Ayuda
AETR	Acuerdo Europeo sobre Transportes por Carretera
AGIR	Alliance Globale pour l'Initiative Résilience Sahel
ALE	Alianza Libre Europea
AOD	Ayuda Oficial al Desarrollo
APCC	Acuerdo de París sobre el Cambio Climático
AUE	Acta Única Europea
BEI	Banco Europeo de Inversiones
BERD	Banco Europeo para la Reconstrucción y el Desarrollo
BRIC	Brasil, Rusia, India y China
CAD	Comité de Asistencia para el Desarrollo de la OCDE
CDFUE	Carta de Derechos Fundamentales de la Unión Europea
CDH	Consejo de Derechos Humanos
CEDH	Convenio Europeo de Derechos Humanos
CE	Comunidad Europea
CEE	Comunidad Económica Europea
CEP	Clean Energy for all Europeans Package
CEPAL	Comisión Económica para América Latina y el Caribe
CLIM	Comisión Temporal sobre el Cambio Climático
CMNUCC	Convención Marco de las Naciones Unidas sobre el Cambio Climático
CO2	Dióxido de Carbono
COHOM	Grupo "Derechos Humanos" del Consejo Europeo
COP	Conferencia de las Partes
COPINH	Consejo Cívico de Organizaciones Populares e Indígenas de Honduras
CSA	Comité de Seguridad Alimentaria Mundial
CSWD	Commission Staff Working Document
DDHH	Derechos Humanos
DeSIRA	Digitalisation: Economic and Social Impacts in Rural Areas
DEVCO	Dirección General para la Cooperación Internacional y el Desarrollo de la Comisión Europea
DRR	Reducción del Riesgo de Desastre
EACH-FOR	Escenarios de Cambio Ambiental y Migración Forzosa
EASO	Oficina Europea de Apoyo al Asilo

EBA	Everything But Arms (Todo Menos Armas)
ECHO	Dirección General de Protección Civil y Operaciones de Ayuda Humanitaria Europeas de la Comisión
ECVC	Coordinadora Europea Vía Campesina
EEUU	Estados Unidos
EFA	Agencia Europea para la Seguridad Alimentaria
EIP	Plan de Inversiones Externas de la UE
EITI	Extractive Industries Transparency Initiatives
EM	Estados Miembro
EUR	Euro
FAO	Organización de Naciones Unidas para la Agricultura y Alimentación
FED	Fondo Europeo de Desarrollo
FIDA	Fondo Internacional para el Desarrollo Agrícola
FIRST	Programa de Impacto, Resiliencia, Sostenibilidad y Transformación de la Seguridad Alimentaria y Nutricional
G7	Grupo de los Siete
G77	Grupo de los 77
GATT	Acuerdo General sobre Aranceles Aduaneros y Comercio
GCHA	Alianza Global para el Clima y la Salud
GEG	Gobernanza Energética Global
GEI	Gases de Efecto Invernadero
GNFC	Global Network against Food Crises
GNL	Gas Natural Licuado
GRG	Good Resource Governance
ICD	Instrumento de Cooperación al Desarrollo
IDMC	Centro de Monitoreo de Desplazamiento Interno
IEE	Iniciativas del Equipo Europa
ILA	Asociación de Derecho Internacional
IPCC	Grupo Intergubernamental de Expertos sobre el Cambio Climático
ITMCC	Instrumento de Transversalización Medioambiental y de Cambio Climático
IVDCI/NDICI	Instrumento de Vecindad, Desarrollo y Cooperación Internacional
LGBTIQ	Lesbiana, Gay, Bisexual, Transgénero, Transexual, Travesti, Intersexual y Queer
LIBE	Libertades Civiles, Justicia y Asuntos de Interior
MERCOSUR	Mercado Común del Sur
NRGI	Natural Resource Governance Institute
NNUU	/ONU Naciones Unidas
OCDE/OECD	Organización para la Cooperación y el Desarrollo Económicos
ODM	Objetivos de Desarrollo del Milenio

ODS	Objetivos de Desarrollo Sostenible
OEACP	Organización de los Estados de África, el Caribe y el Pacífico
OIM	Organización Internacional para las Migraciones
OMC	Organización Mundial del Comercio
OSACT	Órgano Subsidiario de Asesoramiento Científico y Tecnológico
OSE	Órgano Subsidiario de Ejecución
OTAN	Organización del Tratado del Atlántico Norte
PAC	Política Agrícola Común
PEAM	Programa Europeo de Acción Medioambiental
PESC	Política Exterior y Seguridad Común
PIB	Producto Interior Bruto
PMA	Programa Mundial de Alimentos
PMR	Partenariado para la Adecuación al Mercado
PND	Plan Nacional de Desarrollo
PNUD	Programa de la Naciones Unidas para el Desarrollo
PNUMA/UNEP	Programa de las Naciones Unidas para el Medio Ambiente
RAE	Real Academia Española
RESET II	Resilience Building and Creation of Economic Opportunities Programme
SEAE	Servicio Europeo de Acción Exterior
SECA	Sistema Europeo Común de Asilo
SHARE	Supporting the Horn of Africa's Resilience Initiative
SPG	Sistemas de Preferencias Generalizadas
TCEE	Tratado constitutivo de la Comunidad Económica Europea (Tratado de Roma)
TEDH	Tribunal Europeo de Derechos Humanos
TFUE	Tratado de Funcionamiento de la Unión Europea
TJUE	Tribunal de Justicia de la Unión Europea
TLC	Tratados de Libre Comercio
TUE	Tratado de la Unión Europea (Tratado de Maastricht)
UE/EU	Unión Europea (European Union)